MINERVA
福祉ライブラリー
86

市町村合併と地域福祉
「平成の大合併」全国実態調査からみた課題

川村匡由 編著

ミネルヴァ書房

はじめに

　周知のように，政府は，地方分権推進計画を法制化するための「地方分権の推進を図るための関係法律の整備等に関する法律（地方分権一括法）」が1999（平成11）年7月に成立したことをふまえ，翌2000（平成12）年4月に同法を施行させたが，これに連動すべく，1999（平成11）年に成立した「市町村の合併の特例に関する法律の一部を改正する法律及び市町村の合併の特例等に関する法律（市町村合併特例法）」，さらには地方への税源の移譲や地方交付税，国庫支出金制度の改革と併せ，2000（平成12）年12月に閣議決定した行政改革大綱のなかで，当時，全国に3233あった市町村を2005（平成17）年3月までに1000に縮減すべく，合併特例債の発行などの優遇策を前面に押し出し，市町村合併に乗り出すことになった。

　そこで，関係市町村ではそれぞれの都道府県の指導や住民投票などを通じ，合併特例債を資金としたインフラの整備，あるいは政令市や中核市，特例市の指定を受け，財政危機を乗り切るべく合併に踏み切ったところもあれば，合併は国家財政の逼迫の責任を市町村に押しつけるものだとし，これを拒絶して自立の道を選んだり，地域があまりにも広大な中山間地域や，離島地域のなかには合併を断念せざるを得なかったところもある。このような背景には，それぞれの市町村の首長や議員，あるいは新市町の名称や新庁舎の整備をめぐって調整がつかなかったり，住民を巻き込んだ利権・利害もからんだりするなどさまざまである。

　その結果，合併の進捗状況は当初の予想に反して思わしくないため，政府は同法を改正して2006（平成18）年3月まで効力を延ばした結果，2006（平成18）年3月までに1411市町村が合併した。しかし，それでも当初の目標である1000市町村を下回ったため，政府は，新合併特例法が失効した2006（平成18）年4月以降も，合併特例債などの支援措置は講じないものの，引き続き人口1万人未満の町村を中心に合併の再検討をするよう，さらに強力に指導しているのが実態である。

　いずれにしても，今回の市町村合併は，明治維新，戦後改革に続く分権改革という国策のなかでも象徴的なもので，明治以来，連綿と続いた国と地方との「上下・主従」の関係を「対等・協力」の関係に改めるだけでなく，合併そのものが「明治の大合併」，「昭和の大合併」に次ぐ「平成の大合併」といわれるように，わが国の地方自治制度史上，かつてないエポックである。また，それは戦後の高度

経済成長に伴う都市化の「負の遺産」の一つとして地域社会が変貌しつつあるなか，21世紀の本格的な少子高齢社会を前に，長年にわたった機関委任事務が廃止されるなど，国家統治によるソーシャルガバメント，すなわち，集権型行政システムから国民協治によるソーシャルガバナンス，すなわち，分権型行政システムへの転換をめざす自治体改革に対し，市町村は今後，地方自治の根幹をなす住民自治，あるいは議会の活性化をどのように図るべきかが緊喫の課題となっている。

　ひるがえって，国民にとって，国家財政や地方財政が逼迫しているなか，住み慣れた地域で自立した生活を営んでいくべく，安心・安全，さらには安定の確保にかかわる社会福祉の領域にあっては，国政レベルにおいて，他のいずれの領域よりも一早く地方分権化されていることもまた，事実である。

　具体的には，社会福祉は1970年代，施設の社会化など，コミュニュティケアの視点の必要が重要であることを提唱した中央社会福祉審議会の意見具申以来，在宅サービスの重視や保健・医療・福祉の連携を図り，1986（昭和61）年の「地方公共団体の執行機関が国の機関として行う事務の整理及び合理化に関する法律」の制定に伴い，それまで機関委任事務であった特別養護老人ホームや養護老人ホームの入所措置が市，および福祉事務所を置く所掌の事務のほか，ショートステイ事業やデイサービス事業も市町村の事務となった。これがいわゆる団体委任事務化であるが，上述した2000（平成12）年4月の地方分権一括法の施行に伴い，その後，自治事務とされ，社会福祉の領域においては，わずかに生活保護など一部に限り政府の関与がより強い法定受託事務となった。

　また，市町村の役割を重視した1989（平成元）年の中央社会福祉関係三審議会合同企画分科会の意見具申「今後の社会福祉の在り方について」，および「高齢者保健福祉推進十か年戦略（ゴールドプラン）」の策定，1990（平成2）年の老人福祉法等の一部を改正する法律など，社会福祉関係八法の改正に伴い，国から地方への措置権の移譲をはじめ，施設福祉から在宅福祉への重点的な転換，市町村レベルにおける保健・医療・福祉の連携，老人保健福祉計画による高齢者の保健・福祉サービスの一体的な提供，民活導入と国民の自助努力の推進，あるいは1994（平成6）年の「今後の子育て支援のための施策の基本的方向について（エンゼルプラン）」にもとづく市町村児童育成計画，障害者プラン（ノーマライゼーション七か年戦略）にもとづく市町村障害者計画，2000（平成12）年4月の介護保険法の施行，さらに同

●はじめに

年6月の「社会福祉の増進のための社会福祉事業法等の一部を改正する等の法律」、すなわち、社会福祉事業法の改称・改正による社会福祉法の成立に伴って地域福祉の推進が法定化され、社会福祉は今後、市町村主導による地域福祉として計画的に推進していくことになった。また、2003（平成15）年4月から障害者福祉および児童福祉の一部の領域においても従来の措置制度を改め、障害児者も自らサービスを購入する支援費制度がスタートしたほか、2005（平成17）年4月から身体・知的・精神の障害区分を一本化した障害者自立支援法も施行されることになった。

その基調は、戦後まもないころまで貧困対策や施設福祉を重視せざるを得なかった国民の貨幣的ニーズが、その後の高度経済成長や平均寿命の伸長、年金制度の充実、あるいは少子高齢化に伴う老後への不安のなか、住み慣れた地域でいつまでも安心して暮らしたいという国民の在宅福祉への志向、すなわち、非貨幣的ニーズに対する在宅福祉重点型の地域福祉の必要性を説いた三浦文夫のニード論に依拠するものである。それだけに、今回の市町村合併を契機とした地方分権化の論議のなか、地域福祉のあり方を考えることは今に始まったわけではないが、戦後、現在の憲法が制定され、地方自治の本旨が定められて約60年経った今なお、長年にわたり国および全国社会福祉協議会の主導によって行われてきた社会福祉、あるいは地域福祉は、岡村重夫や右田紀久惠が提唱しているように、21世紀の本格的な少子高齢社会に向け、すべての国民が住み慣れた地域で自立して生活していくことができるよう、住民自治にもとづく公私協働によって地域福祉を推進し、それぞれの市町村においてどのような福祉コミュニティを構築していくべきか、国民一人ひとりが問われているのである。

そこで、筆者は2004（平成16）年6月、本務校の大学院のゼミ生OB・OGをはじめ、全国の研究者に対し、今回の市町村合併による地域福祉への影響を調査し、その結果に考察を加えて公表し、わが国における地域福祉の向上に多少なりとも寄与すべきむねの問題提起の必要性を提案した結果、北は北海道から南は沖縄までの関係者14人の賛同を得た。これを受け、「市町村合併と地域福祉」研究会を設置し、以後、毎月1回、研究会を開いたり、夏季には合宿を行ったりして意見交換するとともに、全国の合併市町村すべてに調査票を郵送し、その回答を集計・解析する一方、各ブロックごとに踏査調査を実施し、今回の合併による関係市町村における地域福祉の動向とその課題について、日本地域福祉学会や日本社会福

祉学会,日本社会学会でそれぞれ報告し,会場でいただいた会員諸兄の意見や助言を参考に,さらに考察を加えた。

　本書はこれらの研究の成果の一端であり,行財政改革や地方分権化のなかで行われた今回の市町村合併により,関係市町村は今後,どのような理念や政策にもとづいて地域福祉を実体化すべきか,その現状をふまえて当面の課題を提起した。その意味で,地方分権時代を迎えたなか,本書を各地における地域福祉の推進に広く役立てていただければ幸いである。

　もとより,合併したからといって,ただちにその効果が地域福祉の推進に表れるというような短期的なものではないため,中長期的なスパンのなかで見守っていくことが必要である。また,北海道の「時のアセスメント」を機に,政府が1998（平成10）年に成立させた,中央省庁等改革基本法のなかで導入した政策評価制度もまだ10年を経ていないため,その具体的な効果測定に必要な評価の指標やその方法が開発されていないことも確かである。

　そこで,本研究においても,当然のことながら今回の調査により関係市町村において合併の効果がただちに表れたのかどうか,評価することは容易ではない。このため,われわれのこの研究は少なくとも向こう10年,関係市町村を定点観測し,合併の効果が果たして地域福祉にどのように表れたのか,追跡調査していくつもりである。

　一方,地域福祉の概念に照らし合わせれば,地域福祉はこのような市町村合併に左右されることなく,住民の自主的,自発的な地域活動によって展望を拓（ひら）くべきソーシャルワークではあるが,それにしても,今回の「平成の大合併」が地域福祉の推進に与えるインパクトが否めないこともまた,確かではないか。それだけに,読者諸兄におかれては引き続き当研究会の成り行きを厳しいなかにも温かく見守っていただければ幸いである。

　最後に,当初より本企画に絶大なご支援をいただいたミネルヴァ書房社長の杉田啓三氏をはじめ,編集部の北坂恭子,音田潔両氏,また,調査研究に尽力された研究会の会員各位に対し,貴重な紙面をお借りして深く感謝したい。

　　2007（平成19）年初夏　武蔵境にて

　　　　　　　　　　　　　　　　　　　　　　　　　　　　川村匡由

目　次

はじめに

[第Ⅰ章] 市町村合併と地域福祉

❶ 市町村合併の背景とねらい……2

1　市町村合併の背景　2
わが国における現状と課題…3　分権改革と「三位一体の改革」…3

2　市町村合併のねらい　4
地域再生による福祉のまち…5　「飴と鞭」の市町村合併…7　国家統治による"集権改革"の懸念も…8

❷ 市町村合併の経緯と地域福祉……10

1　市町村合併の経緯　10
明治，昭和，そして，平成の大合併…11　地方分権化のこれまでの流れ…12　政府の六大改革と市場原理…13　西尾私案と総務省・片山プラン…13

2　地域福祉のあり方　14
地方分権時代の社会福祉…15　地域福祉の計画化と多元化…15　住民自治にもとづく公私協働…16　福祉型自治体の台頭…17　自主合併から強制合併へ…18　問われる国民・住民の主体性…19

❸ 当面の課題と展望……21

1　行政の自治能力の強化　22
国と地方の関係と政治の民主化…23　住民自治をベースにした地方自治…24

2　社会福祉協議会の機能の強化　25
新たな福祉のパラダイムの構築…26

3　サービスの統合化　27
総合福祉としての地域福祉…27

4　財源とマンパワーの確保　28
マンパワーの確保とその具体策…29

5　地域福祉計画の総合化と進行管理　29
住民の意識改革と市民文化…30　住民自治としての地方自治，地域福祉…31

[第Ⅱ章] 全国の合併市町村に対するアンケート調査結果

❶ 調査の目的と概要 ……………………………………………………34
- *1* 調査研究の目的　34
- *2* 調査の方法　34
- *3* 調査の実施状況　35
  - 調査の対象・実施時期・回収数・回収率…35
- *4* 調査項目の設定　36
  - 質問紙調査の項目…36　面接・聞き取り調査の項目…38
- *5* 集計・解析の方法　39
  - 標本の取り扱い方法…39

❷ 調査の結果 ……………………………………………………………41
- *1* 合併の形態　41
  - 合併件数の状況…41　合併年度の状況…41　合併の方式の様相 43　合併関係市町村について…44
- *2* 人口規模　44
  - 合併市町村の人口規模について…44　政令市・中核市・特例市について…46　合併市町村の面積について…46
- *3* 高齢化の状況　46
  - 合併市町村の高齢化率…46　市町村合併と高齢化率との関連…47
- *4* 合併の目的　47
  - 合併の主な理由について…47
- *5* 合併するまでの経緯　48
  - 住民の意思の確認について…48
- *6* 新市町村での福祉計画の策定状況　49
  - 老人保健福祉計画・介護保険事業計画の策定状況…49　障害者福祉計画…49　児童育成計画（次世代育成支援対策行動計画）…51
- *7* 合併前後の行財政改革の状況　53
  - 職員数の状況…53　一般職員の給与（人件費）の状況…54　合併前後の議員数・議員報酬の状況…54　合併前後の市町村長の報酬の状況…54
- *8* 合併前後の財政の変化　57
  - 合併前後の一般会計の状況…57　合併前後の民生費の一般会計に占める割合の状況…57
- *9* 合併特例債などの活用　58

特例債を適用した主な事業（図）…58　保健医療・福祉の事業への合併特例債の適用例…59

10 地域福祉施策の変化　59

新市町村の保育所の保育料の状況…59　新市町村の介護保険料の状況…60　地域福祉施策を進める基礎単位と，地域福祉の組織化の考え方について…60

11 地域福祉計画の動向　62

地域福祉計画…62　社会福祉協議会の地域福祉活動計画…63

12 新たな地域福祉施策　66

新規の保健医療・福祉の事業…66　新市町村の介護保険事業の市町村特別給付の状況…66　合併を機に廃止・統廃合された保健医療・福祉関係の事業…67

13 社会福祉協議会の地域福祉活動　67

社会福祉協議会の合併の状況…67　社会福祉協議会の地域福祉活動…67

14 合併前後の変化　68

合併が地域福祉の推進に及ぼした影響…68　合併が地域福祉の推進にプラスになったと考える理由…68　合併が地域福祉の推進にマイナスになったと考える理由…69　メリット・デメリット…71　地域福祉の推進のための新たな仕組み，しかけ…73

15 考察　76

資料　単純集計表≪市町村合併と地域福祉に関する調査≫　78

[第Ⅲ章] 各地の動向

❶ 埼玉県さいたま市 …………………………………………94

1 調査の概要　94
2 地域の特性　95
3 合併の経緯　98
4 合併前の地域福祉　99
5 合併後の地域福祉　101
6 合併の効果　102
7 当面の課題　108

❷ 東京都西東京市 …………………………………………110

1 調査の概要　110
2 地域の特性　111
3 合併の経緯　115

　　　　4　合併後の地域福祉　119
　　　　5　合併の効果　125
　　　　6　当面の課題　127
　　❸　新潟県長岡市 ·· 130
　　　　1　調査の概要　130
　　　　2　地域の特性　132
　　　　3　合併の経緯　134
　　　　4　合併前の地域福祉　134
　　　　5　合併後の地域福祉　135
　　　　6　合併の効果　138
　　　　7　当面の課題　138
　　❹　群馬県沼田市 ·· 139
　　　　1　調査の概要　139
　　　　2　地域の特性　141
　　　　3　合併の経緯　143
　　　　4　合併前の地域福祉　146
　　　　5　合併後の地域福祉　149
　　　　6　合併の効果　152
　　　　7　当面の課題　152
　　❺　岐阜県中津川市 ·· 154
　　　　1　調査の概要　154
　　　　2　地域の特性　155
　　　　3　合併の経緯　156
　　　　4　合併前の地域福祉　159
　　　　5　合併後の地域福祉　162
　　　　6　合併の効果　164
　　　　7　当面の課題　165
　　❻　岐阜県高山市 ·· 168
　　　　1　調査の概要　168
　　　　2　地域の特性　170
　　　　3　合併の経緯　176
　　　　4　合併前の地域福祉　178
　　　　5　合併後の地域福祉　182
　　　　6　合併の効果　189
　　　　7　当面の課題　189
　　❼　兵庫県篠山市 ·· 192
　　　　1　調査の概要　192
　　　　2　地域の特性　192
　　　　3　合併の経緯　194

4 合併前の地域福祉　195
　　　5 合併後の地域福祉　196
　　　6 合併の効果　200
　　　7 当面の課題　205
　❽ 愛媛県四国中央市 ································· 207
　　　1 調査の概要　207
　　　2 地域の特性　208
　　　3 合併の経緯　209
　　　4 合併前の地域福祉　210
　　　5 合併後の地域福祉　213
　　　6 合併の効果　215
　　　7 当面の課題　217
　❾ 佐賀県佐賀市 ····································· 219
　　　1 調査の概要　219
　　　2 地域の特性　221
　　　3 合併の経緯　223
　　　4 合併前後の地域福祉　225
　　　5 合併の効果　227
　　　6 当面の課題　233
　❿ 沖縄県伊江村 ····································· 234
　　　1 調査の概要　234
　　　2 地域の特性　234
　　　3 自立の経緯　240
　　　4 自立前の地域福祉　243
　　　5 自立後の地域福祉　246
　　　6 自立の効果　250
　　　7 当面の課題　251
　　　資料　全国市町村合併実態調査（自立用・伊江村）　254

参考文献
資料編
　　　アンケート調査票郵送・回収市町村一覧
索引
執筆者一覧
編著者紹介

[第Ⅰ章] 市町村合併と地域福祉

❶ 市町村合併の背景とねらい

要点　「平成の大合併」といわれる今回の市町村合併は，従来の「明治の大合併」や「昭和の大合併」と異なり，戦後の経済優先の国策に伴う国家財政や集権型行政システムの疲労，少子高齢化への対応，さらには地方自治の活性化にそのねらいがある。このため，市町村は自治能力，国民は地方自治への参画により，国民生活優先，集権型行政システムから分権型行政システムへの転換，住民自治および地域福祉としての社会参加により，21世紀の本格的な少子高齢社会を乗り切ることが望まれている。

１ 市町村合併の背景

　人々が日々，生活を営んでいくとき，その安心や安全，安定のために社会の形成が必要になってくるが，その場合の中央行政体や地方行政体として，前者は国家，後者は地方自治体からなっているのは自然の法理である。しかし，歴史的には国家は地方自治体，すなわち，地域共同体としての自治型組織を集約し，国家統治が行われてきた。

　たとえば1760年から1830年にかけ，世界で最初の産業革命を迎えたイギリスをはじめとしたヨーロッパの国々では，19世紀末までに選挙によって選出された議員が構成する議会をベースとして運営する国家と基礎自治体（コミューン）が構成されたほか，フランスのように基本的にはほぼ近代社会の当時のまま今日に至っているところもある。また，地方自治体の政策開発能力や行政管理能力などのいわゆる自治能力を考えれば，スウェーデンなどのように地方自治体の財政基盤を強化することによって国民の福祉サービスを充実させるため，市町村を合併して再編したところもあるが，その一方で，アメリカではヨーロッパやアフリカなどから移民した人々により，自然発生的にできた地域共同体を元にコミュニティが形成されたという経緯もある。イギリスが「地方自治の母国」といわれるのに対し，アメリカが「地方自治の実験室」といわれるのはこのような事情によるものである。[1]

◆わが国における現状と課題

　その点、明治維新を機に近代国家への道を志向したわが国では、廃藩置県をすべく、大日本帝国憲法、いわゆる明治憲法には地方自治に関する条文は定められなかったものの、この憲法が公布される前年の1888（明治21）年の市制および町村制の制定により、翌1889（明治22）年、それまで血縁や地縁をベースに日々の生活のなかで自然発生的に形成された7万1314の地域共同体、いわゆる"自然村"を行政機構の末端組織とすべく、政策的に"行政村"として1万5859市町村に合併させ、富国強兵および殖産興業を二大スローガンとした近代国家の建設に向け、再編した。そして、戦後は昭和30年代、中学校の設置令および公共投資や地域開発によって高度経済成長をめざすべく、地方財政の合理化、効率化を図るため、約3200の市町村にまとめた。

　また、その際の市町村は、現行の日本国憲法第92条で定められているように、地方自治の本旨にもとづき、地方公共団体のなかでも住民に最も身近な基礎自治体として、住民自治と団体自治によって地方行政に取り組むべきであると解されている。以来、地方公共団体は一般に地方自治体といわれていることはもとより、市町村が基礎自治体、都道府県が広域自治体としてそれぞれ位置づけられ、今日に至っているのは周知のとおりである。

　もっとも、1970年代の石油危機に続く1990年代初めのバブル経済の崩壊により、日本経済は戦後の高度経済成長から低成長に様変わりしたほか、少子高齢化や経済のグローバル化による産業競争力の低下に伴い、長年にわたり産業・経済政策に特化した土建型公共事業や社会保障などにかかわる国家予算が増大し、国および地方の債務残高は2005（平成17）年度末現在、790兆円に達し（図表1-1）、GDP（国内総生産）の実に137.6％を占めるなど、世界でもまれにみる"借金大国"に陥ることになった。

◆分権改革と「三位一体の改革」

　また、地域社会の変貌や国民の行政に対するニーズの多様化とサービスの効率化、公平化、さらには交通や物流、IT（情報技術）の発展、社会・経済生活の広域化、国際化も顕著になってきた。このため、政府は1990年代初頭より行われている分権改革をめぐる論議、すなわち、細川連立政権時代に示された政治改革、地方分権、規制緩和からなる「三大改革」の一つとして位置づけられた地方分権、すなわち、分権改革を推進すべく、地方自治法の改正により、2000（平成12）年4月に地方分権一括法を施行し、従来の国家統治、

3

図表1-1　国債・地方債の残高

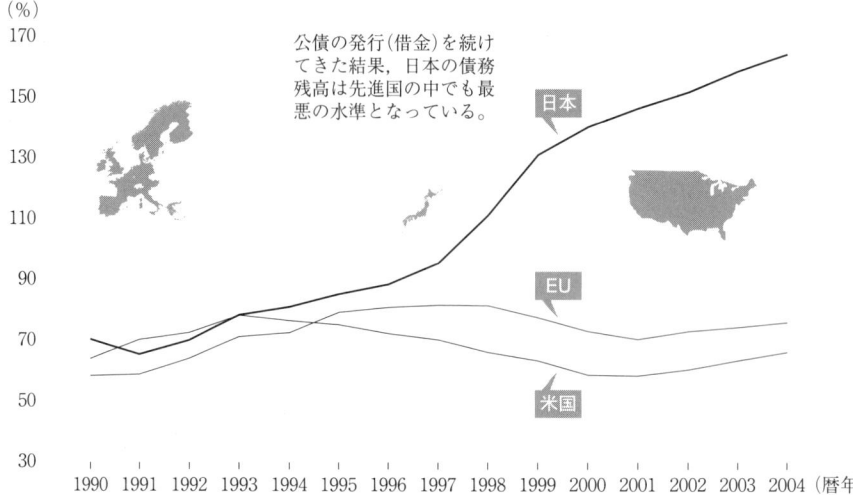

公債の発行(借金)を続けてきた結果、日本の債務残高は先進国の中でも最悪の水準となっている。

資料：OECD/Economic outlook 74（2003年12月）
出典：財務省「日本の財政を考える」2005年、2頁。

　すなわち、ソーシャルガバメントによる集権型行政システムから国民協治、すなわち、ソーシャルガバナンスによる分権型行政システムへと転換すべく、地方への税源の移譲や地方交付税、国庫支出金制度の改革からなる「三位一体の改革」の具体化と平行し、市町村合併を強力に推進することになった。

　そこで、政府は、責任ある地方自治を推進するためには一定以上の行財政規模や体制、そして、何よりも住民の自治意識の高揚が必要だが、大半の市町村は長年、政府や都道府県に依存してきたため、政策開発能力や行政管理能力などのいわゆる自治能力の不十分さ、いわゆる"受け皿論"を根拠に、合併によって人口10万人規模以上の基礎自治体に再編し、いわゆるスケールメリットによって「大きな政府」よりも「小さな政府」を選択することにより、財政再建のための活路を見出そうとしているのである。

2　市町村合併のねらい

　市町村合併のねらいは、国家財政の逼迫に伴う財政構造改革の断行や少子高齢社会の到来に対する地域福祉の拡充、地方分権化による市町村の自治能力の強化、土建型公共事業をさらに推進して内需を拡大し、景気浮揚させることにある。こ

のため，今後の成り行きによっては，本来，分権改革としての市町村合併が，実は国家統治としての再編をもくろむ"集権改革"になりかねない危険性をはらんでいることに注意する必要がある。

それにしても，今，なぜ市町村合併なのであろうか。

そのまず第一は，国家財政の逼迫に伴う財政構造改革の断行である。

具体的には，第二次世界大戦後，わが国は焼け野原と化したため，新幹線や高速道路，ダムなどの土建型公共事業を重点とした経済復興に力を入れて高度経済成長を遂げたものの，1971（昭和46）年の石油危機，また，1990（平成2）年から1993（平成4）年にかけてのバブル経済の崩壊，さらにはデフレ不況に見舞われて景気低迷となったうえ，税収不足や民間金融機関の不良債権が累積し，その処理のために公的資金が注入されたりして，2005（平成17）年度現在，国債・地方債を合わせて約790兆円に達し（前出・図表1－1），GDP（国内総生産）の137.6％を占めるなど国家財政が瀕死の状態に陥ったため，市町村に対する地方交付税や国庫支出金を少しでも消減し，財政再建の必要に迫られているからである。現に，2003（平成15）年6月に閣議決定された「経済財政運営と構造改革に関する基本方針（骨太の方針第二弾）」のなかで提起された「三位一体の改革」により，2004（平成16）年度から2006（平成18）年度にかけ，都道府県と市町村を合わせ，総額5兆円を超える地方交付税と国庫支出金の削減を盛り込んでいるのは周知の事実である。

第二は，少子高齢社会の到来に対する地域福祉の拡充である。

具体的には，戦後の高度経済成長によって国民生活や医療技術の水準が大幅に向上する一方，少子高齢化が進行し，平均寿命が伸びて世界最長寿国になったものの，人口減少社会の到来を招いているにもかかわらず（図表1－2），家族形態の変化や地域社会の変貌に伴う家庭における介護機能の低下，施設福祉から在宅福祉への志向，老後の生きがいや社会参加など貨幣的ニーズから非貨幣的ニーズへの対応，さらには東京一極集中による地域格差の拡大の是正が望まれるようになったため，それぞれの地域の特性に応じた地域福祉の推進の必要に迫られているからである。

◆地域再生による福祉のまち

第三は，地方分権化による市町村の自治能力の強化である。

具体的には，地方分権化が叫ばれているなか，市町村は，長年にわたる国と地方との「上下・主従」の関係のもと，一部事務組合や広域連合な

図表1-2　高齢化率の推計

年次	人口（千人）				年齢3区分別割合（％）			1)従属人口指数	2)年少人口指数	3)老年人口指数
	総数	年少人口（0～14歳）	生産年齢人口（15～64歳）	老年人口（65歳以上）	年少人口（0～14歳）	生産年齢人口（15～64歳）	老年人口（65歳以上）			
昭和25年（1950）	83,200	29,428	49,658	4,109	35.4	59.7	4.9	67.5	59.3	8.3
30 ('55)	89,276	29,798	54,729	4,747	33.4	61.3	5.3	63.1	54.4	8.7
35 ('60)	93,419	28,067	60,002	5,350	30.0	64.2	5.7	55.7	46.8	8.9
40 ('65)	98,275	25,166	66,928	6,181	25.6	68.1	6.3	46.8	37.6	9.2
45 ('70)	103,720	24,823	71,566	7,331	23.9	69.0	7.1	44.9	34.7	10.2
50 ('75)	111,940	27,221	75,807	8,865	24.3	67.7	7.9	47.6	35.9	11.7
55 ('80)	117,060	27,507	78,835	10,647	23.5	67.3	9.1	48.4	34.9	13.5
60 ('85)	121,049	26,033	82,506	12,468	21.5	68.2	10.3	46.7	31.6	15.1
平成元年 ('89)	123,205	23,201	85,745	14,309	18.8	69.6	11.6	43.7	27.1	16.7
2 ('90)	123,611	22,486	85,904	14,895	18.2	69.5	12.0	43.5	26.2	17.3
3 ('91)	124,101	21,904	86,557	15,582	17.7	69.8	12.6	43.3	25.3	18.0
4 ('92)	124,567	21,364	86,845	16,242	17.2	69.8	13.1	43.3	24.6	18.7
5 ('93)	124,938	20,841	87,023	16,900	16.7	69.8	13.5	43.4	23.9	19.4
6 ('94)	125,265	20,415	87,034	17,585	16.3	69.6	14.1	43.7	23.5	20.2
7 ('95)	125,570	20,014	87,165	18,261	15.9	69.4	14.5	43.9	23.0	20.9
8 ('96)	125,864	19,686	87,164	19,017	15.6	69.3	15.1	44.4	22.6	21.8
9 ('97)	126,166	19,366	87,042	19,758	15.3	69.0	15.7	44.9	22.2	22.7
10 ('98)	126,486	19,059	86,920	20,508	15.1	68.7	16.2	45.5	21.9	23.6
11 ('99)	126,686	18,742	86,758	21,186	14.8	68.5	16.7	46.0	21.6	24.4
12 (2000)	126,926	18,505	86,380	22,041	14.6	68.1	17.4	46.9	21.4	25.5
13 (2001)	127,291	18,283	86,139	22,869	14.4	67.7	18.0	47.8	21.2	26.5
14 (2002)	127,435	18,102	85,706	23,628	14.2	67.3	18.5	48.7	21.1	27.6
15 (2003)	127,619	17,905	85,404	24,311	14.0	66.9	19.0	49.4	21.0	28.5
16 (2004)	127,687	17,734	85,077	24,876	13.9	66.6	19.5	50.1	20.8	29.2
17 (2005)	127,756	17,400	83,373	26,820	13.6	65.3	21.0	53.0	20.9	32.2
将来推計人口										
平成18年（2006）	127,762	17,436	83,729	26,597	13.6	65.5	20.8	52.6	20.8	31.8
22 (2010)	127,176	16,479	81,285	29,412	13.0	63.9	23.1	56.5	20.3	36.2
25 (2013)	126,254	15,542	78,859	31,852	12.3	62.5	**25.2**	60.1	19.7	40.4
27 (2015)	125,430	14,841	76,807	33,781	11.8	61.2	26.9	63.3	19.3	44.0
32 (2020)	122,735	13,201	73,635	35,899	10.8	60.0	29.2	66.7	17.9	48.8
35 (2023)	120,735	12,381	72,144	36,210	10.3	59.8	**30.0**	67.4	17.2	50.2
37 (2025)	119,270	11,956	70,960	36,354	10.0	59.5	30.5	68.1	16.8	51.2
42 (2030)	115,224	11,150	67,404	36,670	9.7	58.5	31.8	70.9	16.5	54.4
47 (2035)	110,679	10,512	62,919	37,249	9.5	56.8	33.7	75.9	16.7	59.2
50 (2038)	107,733	10,118	59,528	38,087	9.4	55.3	**35.4**	81.0	17.0	64.0
52 (2040)	105,695	9,833	57,335	38,527	9.3	54.2	36.5	84.3	17.2	67.2
57 (2045)	100,443	9,036	53,000	38,407	9.0	52.8	38.2	89.5	17.0	72.5
62 (2050)	95,152	8,214	49,297	37,641	8.6	51.8	39.6	93.0	16.7	76.4
67 (2055)	89,930	7,516	45,951	36,463	8.4	51.1	40.5	95.7	16.4	79.4

注：各年10月1日。昭和25年～60年，平成2年，平成7年および平成12年は国勢調査による人口。平成元年，3年，4年，5年，6年，8年，9年，10年，11年，13年，14年，15年，16年，17年は推計人口。

1) $\dfrac{(0～14歳)+(65歳以上)}{(15～64歳)} \times 100$　　2) $\dfrac{(0～14歳)}{(15～64歳)} \times 100$　　3) $\dfrac{(65歳以上)}{(15～64歳)} \times 100$

出所　年次推移は，『国民衛生の動向』による。将来推計人口は，国立社会保障・人口問題研究所「日本の将来推計人口（平成18年12月推計）結果の概要」2006年12月，による。老年人口割合は，平成25年に25％，平成35年に30％，平成50年に35％に達すると推計されている。（太字）

出典：ミネルヴァ書房編集部編『社会福祉小六法（2007）』ミネルヴァ書房，2007年，892頁。

どの広域行政によって地方行政をしのいできたところもあるが、所詮は複数の市町村との特定の事業をめぐる連携にすぎないばかりか、明治以来の国家統治、すなわち、ソーシャルガバメント、および官僚主導と政官財の癒着による護送船団方式に伴う弊害、あるいは機関委任事務や補助金行政による地方自治としての限界に気づき始めたにもかかわらず、地方自治体、とりわけ、市町村は今なお、長年にわたる国や都道府県に依存する体質から抜け切れないため、政令市や中核市、特例市、あるいはせめて普通市に昇格し、行財政規模の拡大や過疎地域から脱却すべく、政策開発能力や行政管理能力などのいわゆる自治能力を高め、住民とともに新たなまちづくりに取り組むべきとの願望が強くなったからである。

　そこで、このような政治的、経済的な背景を受け、政府によって断行されているのが市町村合併である。それだけに、今回の市町村合併は単に「明治の大合併」や「昭和の大合併」に続くものであるというだけでなく、この合併問題を機に、国民が地方自治や地域福祉の原点に立ち返り、当該市町村の自治権をふまえた将来のまちづくりを論議する機会としてとらえ、真の地方自治、および地域福祉の推進の糧とするのであれば、明治以来の官僚主導によるソーシャルガバメントを改め、国民主導によるソーシャルガバナンスに転換し、分権化時代における地域福祉を推進する絶好のチャンスである。なぜなら、近年は社会福祉協議会（社協）や住民のボランティア活動、消費生活協同組合（生協）、農業協同組合（農協）、特定非営利活動法人（NPO）、企業などが社会福祉や環境、まちづくり等、さまざまな領域で市民活動や社会貢献活動として取り組んでおり、従来、ややもすれば行政依存型に止まり、受け身的な住民の地方自治や地域福祉に対する姿勢が改められつつある。また、市町村も従来の一部事務組合や広域連合の機能の強化、さらには自治基本条例やまちづくり条例を制定し、かつ住民と合意形成を図り、分権・自治型社会を通じ、住民自治から市民自治、さらには市民主権へと発展させて地域再生をめざし、草の根的な福祉コミュニティの構築のための展望が拓かれつつあるからである。

◆「飴と鞭」の市町村合併

　しかし、その一方で、今回の市町村合併はこのような「分権改革」という看板が掲げられているものの、真のねらいは、戦後、わが国がめざした「大きな政府」、すなわち、福祉国家から新自由主義（新保守主義）的な思想にもとづく政治改革、地方分権、規制緩和の名のもと、

合理化，効率化一辺倒の集権・統治型社会，すなわち，「小さな政府」に転換するかのような様相を呈しながらも，その実は弱小の市町村を減らし，土建型公共事業をさらに推進して内需を拡大し，景気浮揚をするため，政府に働きかけている財界の要望を受けてという側面もある。そればかりか，今後も引き続き市町村合併を強力に推進し，最終的には道州制を実現させ，地方分権化というよりもむしろ中央集権をさらに強化し，あわよくば戦時下の大政翼賛体制のような状況を視野に入れているような形勢も予見される。現に，財務大臣の諮問機関である財政制度等審議会の委員は，財界やそれを支援する学識者，さらにはマスコミ関係者に委嘱し，情報操作を行っているきらいが散見されるのである。

このほか，過去の市町村合併においては，たとえば「昭和の大合併」当時の1954（昭和29）年，地方交付税制度の改革があり，この交付税の削減と同時に財政支援も半減されたように，当初は財政的な支援が約束されたものの，合併後，その支援が打ち切られたため，関係市町村にあってはその影響をもろに受け，合併前よりも財政がかえって厳しくなった，という苦い経験を味あわされたことも思い起こすべきである。

◆**国家統治による"集権改革"の懸念も**

ともあれ，関係市町村においては，合併直後，いわゆる合併特需を呼び起こすとともに，財政危機の回避が可能となり，かつ地域経済の浮揚になるかもしれないが，それはあくまでも一時的なものにすぎない。そればかりか，本来，このような国および地方の累積赤字は長年にわたる官僚主導，および政官財癒着による護送船団方式としての集権型行政システム，およびアメリカへの政治・経済的従属による失政が最大の原因であるにもかかわらず，その責任を地方自治体や国民に押しつけ，結局は国民が納める税金や国債および地方債の発行によって帳尻を合わせ，そのツケを後世に回すだけにすぎない。この結果，ただでさえ瀕死の状態にある国および地方の累積赤字をますます膨らませるだけでなく，本来，分権改革としての市町村合併が，実は国家統治としての再編をもくろむ"集権改革"になりかねない危険性をはらんでいる，との指摘があることにも十分注意する必要がある。

注
(1) 岩崎美紀子「分権時代の基礎自治体－市町村合併に何が求められるか」岩崎美紀子

編『市町村の規模と能力』（分権型社会を創る7）ぎょうせい，2000年，12-15頁，および藤岡純一・自治体問題研究所編『特集　海外の地方分権事情』（地域と自治体第23集）自治体研究社，1995年，13-217頁。
(2) 重森暁『入門現代地方自治と地方財政』（現代自治選書）自治体研究社，2003年，26頁。
(3) 中西啓之『日本の地方自治』（現代自治選書）自治体研究社，1997年，8-18頁。
　　なお，住民とは住民基本台帳法上，当該の地方自治体傘下の構成員に限定されるが，私見によれば各種福祉サービスの提供者や利用者は広域的であり，かつ今後，地域福祉や福祉文化の実体化という必要性を考えれば，市民文化の担い手としての「市民」に言い換えた方が現実的と考える（川村匡由「地域福祉の位置づけ」川村匡由編著『地域福祉論』（シリーズ・21世紀の社会福祉⑦）ミネルヴァ書房，2005年，3頁および今川晃「市町村合併における県の支援」山梨学院大学行政研究センター編『広域行政の諸相』（YGU現代行政叢書②）中央法規出版，2001年，121-131頁。
(4) 白藤博行「地方自治制度をめぐる『改革』の論理と憲法の原理」白藤博行・山田公平・加茂利男編著『地方自治制度改革論』（シリーズ　地方自治構造改革を問う）自治体研究社，2004年，13-44頁，岡田知弘「グローバル経済下の自治体大再編」岡田知弘・京都自治体問題研究所編『市町村合併の幻』自治体研究社，2004年，15-33頁。
(5) 加茂利男『増補版　地方自治・未来への選択』自治体研究社，2002年，76-77頁および91頁。

❷ 市町村合併の経緯と地域福祉

要点　わが国の市町村は明治維新以来，廃藩置県から新制中学校の設置によって再編されてきたが，長年にわたる利益誘導型の集権型行政システムが国民のニーズに応えることができなくなり，分権型行政システムへとシフトされつつある。そのなかでも社会福祉の領域においては，福祉三プランの策定やこれを総合化する地域福祉の推進へというように，その先導的な改革がみられるが，今回の合併は，財政危機からの脱却を基調としているのが特徴である。

1 市町村合併の経緯

　ところで，わが国における市町村合併は，実は今に始まったことではない。国と地方自治体の関係が明らかでなかった原始社会はもとより，貴族社会や武家社会などといった封建社会の古代から中世，近代までの時代はともかく，徳川幕府が崩壊し，人々に文明開化を告げた明治維新から今日までの地方行政に目をやると，「明治の大合併」から「昭和の大合併」へと取り組まれた。

　このうち，わが国最初の大合併となった「明治の大合併」は，明治新政府が1871（明治4）年の戸籍法の制定を機に，それまで300余りあった徳川幕府時代の藩を廃止し，大日本帝国憲法，いわゆる明治憲法が公布された1889（明治22）年，府県という新たな地方組織を設置するとともに，その末端の組織として市制および町村制を敷き，徴税事務や戸籍事務，尋常高等小学校の事務処理などのため，当時全国に7万1314あった"自然村"を1万5859の市町村からなる政策的な"行政村"をつくり，4分の1から5分の1に統廃合した。

　現に，その生みの親である内務卿・山縣有朋は，その理由について，「市制町村制理由」のなかで「全国ノ統治ニ必要ニシテ官府自ラ処理スベキモノヲ除ク外之ヲ地方ニ分任スルヲ得策ナリトスル」と述べているが，これをみても明らかなように，大日本帝国憲法，いわゆる明治憲法には地方自治の本旨などが明文化されていないことは明白であった。

図表1-3　市町村数の変遷

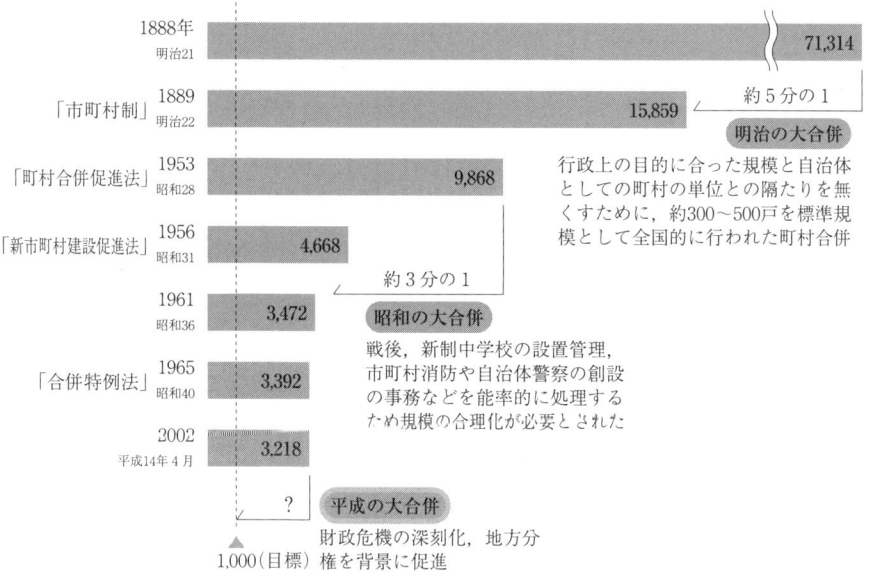

出典：佐々木信夫『市町村合併』筑摩書房，2003年，28頁。

◆明治,昭和,そして,平成の大合併

　この「明治の大合併」のあと，時代は大正から昭和へと変わり，現行の日本国憲法が1946（昭和21）年に制定されたのち，1953（昭和28）年の町村合併促進法の制定を受け，1961（昭和36）年，新制中学校の設置・事務処理や市町村消防，および自治体警察の創設事務，社会福祉や保健衛生関係の事務などの効率的な処理，さらには高度経済成長を図るため，地方自治体の合理化，効率化を図るべく，さらにその3分の1に当たる3472の市町村に再編した。これが「昭和の大合併」であるが，翌1962（昭和37）年には「市の合併の特例に関する法律」が制定されたのち，これらの法律は1965（昭和40）年に廃止され，これに代わり，同年，10年間の時限立法として「市町村の合併の特例に関する法律（市町村合併特例法）」が制定された。その後，政令市や中核市，特例市の施策などがこれに拍車をかけ，2002（平成14）年3月現在，3218の市町村になったのである（図表1-3）。

　しかし，上述したように，戦後，高度経済成長を迎えたものの，産業・経済政策を優先した結果，新幹線や高速道路などの整備のほか，ダムなど地域によっては不必要と思われる土建型公共事業に対して巨額の国家予算が投じられ，都市と

農村との間の地域格差を拡大させたほか，民間金融機関の間では不良債権が累積し，かつデフレ不況を招くとともに，税収の大幅な減収，人口の高齢化や国民のライフスタイルの変化，福祉ニーズの多様化にもかかわらず，医師会や製薬会社など一部の業界に特化した利益誘導型の政治に固執し，その抜本的な制度改革を先送りしてきた。その結果，社会保障費が増大して国家財政が逼迫したため，市町村に対する地方交付税や国庫支出金を削減して打開すべく，行財政改革の一環として，従来の中央集権から地方分権へと転換すべき論議が交わされるようになった。

◆**地方分権化のこれまでの流れ** そこで，政府は市町村合併特例法を1995（平成7）年に延長し，その効力の期限を2005（平成17）年3月までとした。また，1999（平成11）年に一部改正し，地方債の発行額の7割の償還を国が負担する合併特例債の発行や合併後10年間の地方交付税額の維持，さらには議員の定数や在任特例，合併による議会の変動に対する緩和措置，議員退職年金の特例，合併したのちの旧市町村を単位とした地域審議会の任意設置などの優遇策を盛り込み，この期限までに合併した市町村に対しては合併特例債を適用して支援するだけでなく，普通地方交付税の財政措置を講じて生活基盤の整備などの事業を奨励すべく，推進することになったのが今回の「平成の大合併」である。

具体的には，1980年代の臨時行政調査会の行財政改革路線に端を発するが，直接的には1989（平成元）年12月の第2次行革審（臨時行政改革推進審議会）の「国と地方の関係等に関する答申」を嚆矢とする。その後，1991（平成3）年11月の第22次地方制度調査会の答申「都道府県連合試案」，1992（平成4）年6月の第3次行革審の「国際化対応・国民生活重視の行政改革に関する第3次答申（地方分権特例制度＝パイロット自治体制度の導入の提言）」，1992（平成4）年12月の閣議決定「地方分権特例制度について」，そして，1993（平成5）年6月の衆参両議院における「地方分権の推進に関する決議」を経て，同年10月の第3次行革審の最終答申「地方分権の大綱方針を1年程度を目途に策定」，ならびに1994（平成6）年9月の地方6団体の「地方分権推進委員会報告」および「地方分権推進要綱案」，さらには同年11月の第24次地方制度調査会の最終答申「地方分権の推進に関する答申」，「市町村の自主的な合併の推進に関する答申」，同年12月の閣議決定「地方分権の推進に関する大綱方針」により，分権改革の緊急性を提起した。

また，同年6月には地方自治法の改正に伴い，中核市と広域連合が創設され，この2つの制度化が地方分権化に拍車をかけた。そして，1995（平成7）年4月に地方分権推進法が成立したことを受け，地方分権推進委員会によって改革の作業が進められることになった。

◆政府の六大改革と市場原理

そこで，この委員会の4次にわたる勧告を受け，1998（平成10）年5月の閣議決定による地方分権推進計画の策定を経て，地方分権一括法が1999（平成11）年に成立するとともに，翌2000（平成12）年4月に地方自治法の改正の施行を受け，地方自治体が長年，国の機関として位置づけられ，あたかもその委任を受けた形で国の事務を実施させられてきた機関委任事務が廃止され，それぞれの市町村が地域の特性に応じ，地方自治の本旨にもとづき，団体委任事務を中心として地方自治に取り組むことができるようになったのである。

ただ，ここで注意しなければならないことは，この1980年代の臨時行政調査会の行財政改革路線といえば，アメリカのレーガノミックス，イギリスのサッチャーリズムと重なる日米英の行革政権であることは決して偶然ではない，ということである。しかも今回の分権改革は，1980年代当時，日米経済摩擦や構造協議によるわが国における長年の官僚主導，および護送船団方式の見直しを迫る"外圧"に屈し，回答として示した政府の「六大改革」の一つである財政構造改革，あるいは政治改革に関連し，政府をして「市町村合併による分権改革と市場原理にもとづく規制緩和」といわしめたように，ブキャナンやフリードマンを旗手とした新自由主義（新保守主義）的な思想に依拠する政治改革，地方分権，規制緩和という名の合理化，効率化により，瀕死の状態に陥っている国家財政を再建するため，合併しない人口4000人以下の小規模の市町村に対し，地方交付税を削減するなどといった圧力をかけているところがレーガノミックス，サッチャーリズムに相通じており，従来の市町村合併と異なる政治的，経済的背景があるということである。

◆西尾私案と総務省・片山プラン

現に，小泉政権が2000（平成12）年に発足するやいなや，今次の「平成の大合併」は当初の基本理念であった自主合併が強制合併へと変節したほか，経済財政諮問会議の同年6月の「骨太方針第一弾」によってさらに強化された。また，2002（平成14）年11月の地方制度調査会での副会長私案「今後の基礎的自治体のあり方について（西尾私案）」により，2005（平成17）年

3月の従来の市町村合併法の失効後もさらに合併特例債などの優遇策を継続させるべく，2004（平成16）年に制定された「市町村の合併の特例等の関する法律（新合併特例法）」を翌2005（平成17）年4月から施行させ，同年3月までに議会での議決を経て所轄の都道府県知事に合併の申請を行い，かつ2006（平成18）年3月までに合併する市町村については現行の市町村合併特例法が適用され，合併特例債などの支援を行うことにした。時あたかも，総務省・片山プランは，これに沿うように2005（平成16）年3月までに今次の市町村合併を強力に推進するとし，かつそのための地方財政構造改革の方針を明示するほどであったことを考えても，政府の意気込みは尋常ではなかったのである。⁽³⁾

2　地域福祉のあり方

　ひるがえって，わが国の社会福祉に目を転ずると，上述したような社会・経済の変化や平均寿命の伸長の一方，家庭における介護機能の低下や産業・就業構造の変化，あるいは過疎・過密化に伴う地域社会の変貌などにより，国民の老後に対する不安がつのるようになったため，従来の貨幣的ニーズから非貨幣的ニーズへの変化に応じ，施設福祉から在宅福祉へと施策の重点を移行し，それぞれの地域の特性に応じ，住民自治にもとづく公私協働による地域福祉へと政策転換する必要に迫られることになった。⁽⁴⁾

　具体的には，1970年代，今後の社会福祉は，在宅の要援護者に対しては地域における施設の社会化，および関係機関によるサービスの提供と住民参加を通じ，コミュニティケアによって地域再生を図ることの必要性を提唱した東京都社会福祉協議会の答申，および中央社会福祉審議会の意見具申以来，地域における在宅サービスの重視や保健・医療・福祉の連携，および1986（昭和61）年の「地方公共団体の執行機関が国の機関として行う事務の整理及び合理化に関する法律」の制定に伴い，10省庁に及ぶ計43の法律が改廃された。その結果，50項目の機関委任事務の整理・合理化が行われ，そのなかで厚生省（現厚生労働省）関係の事務が最も多く，老人福祉法の改正により，それまで機関委任事務であった特別養護老人ホームや養護老人ホームの入所措置が市，および福祉事務所を置く町村の事務となったほか，ショートステイ事業およびデイサービス事業が市町村の事務，すなわち，団体委任事務として法定化された。

◆地方分権時代
　の社会福祉
　　また，児童福祉法の改正では保育所や助産施設，および母子生活支援施設への入所措置も機関委任事務から市町村の団体委任事務となった。もっとも，これらの団体委任事務は2000（平成12）年４月の地方分権一括法の施行に伴い，いずれも自治事務として引き継がれ，社会福祉の領域においては，わずかに生活保護など一部の事務に限り，政府の関与がいまだに強い法定受託事務に止まるところにまで改善され，今日に至っている。

　さらに，今後の社会福祉行政における市町村の役割を重視した1989（平成元）年３月の中央社会福祉関係三審議会合同企画分科会の意見具申「今後の社会福祉の在り方について」，また，1989（平成元）年の「高齢者保健福祉推進十か年戦略（ゴールドプラン）」の策定，および翌1990（平成２）年の老人福祉法等，社会福祉関係八法改正による施設福祉から在宅福祉への移行，国から地方へ，とりわけ，市町村主導による福祉施策の転換，および民活導入の推進，市町村老人保健福祉計画の策定による高齢者の保健・福祉サービスの一体的な提供，民活導入と国民の自助努力の推進，あるいは1994（平成６）年の「今後の子育て支援のための施策の基本的方向について（エンゼルプラン）」にもとづく市町村児童育成計画，および「地域保健対策強化のための関係法律の整備に関する法律」の制定により，保健所法が地域保健法に改正・施行され，保健所の再編と保健所の事務の市町村への移譲，すなわち，従来の都道府県の保健所に代わって保健センターが市町村に設置され，地域保健が重視されることになり，これにより市町村レベルにおける保健・医療・福祉の連携が図られる条件が整備されることになった。

◆地域福祉の
　計画化と多元化
　　一方，1995（平成７）年の「障害者プラン（ノーマライゼーション七か年戦略）」の策定，および高齢社会対策基本法の制定のほか，「障害者プラン（ノーマライゼーション七か年戦略）」にもとづく市町村障害者計画，また，1997（平成９）年には児童福祉法の改正により，保育所の入所は市町村の措置から市町村と保護者との契約に変わった。さらに，1999（平成11）年に「今後５か年間の高齢者保健福祉施策の方向（新ゴールドプラン）」，および「重点的に推進すべき少子化対策の具体的実施計画について（新エンゼルプラン）」，2000（平成12）年４月に1997（平成９）年に制定された介護保険法の施行，そして，同６月には「社会福祉の増進のための社会福祉事業法等の一部を改正する等の法律」，すなわち，旧社会福祉事業法の改称・改正による社会福祉法の成立に伴い，地域福祉の推進

が法定化され，社会福祉は今後，先導的な社協と連動し，地域福祉として計画的に推進していくことになった。

このほか，2002（平成14）年4月には「精神保健及び精神障害者福祉に関する法律（精神保健福祉法）」の改正に伴い，福祉サービス，また，知的障害者の福祉サービスもそれぞれ市町村に移譲されたほか，翌2003（平成15）年4月にはこれらの障害者福祉および児童福祉の一部の領域において従来の措置制度を改め，障害児・者が必要なサービスを契約して購入する支援費制度がスタートした。また，一時，廃案に追い込まれた障害者自立支援法案も，先の衆議院解散に伴う総選挙で自民党が大勝したこともあって再提案され，賛成多数によって成立し，2007（平成18）年4月に一部，同10月に全面施行されることになった。

一方，民間レベルでは，1951（昭和26）年，GHQ（連合国軍総司令部）の指導のもと，日本社会事業協会や全日本民生委員会連盟，同朋援護会が全国社会福祉協議会（全社協）として再編され，その全社協は1962（昭和37）年に「社会福祉協議会基本要項」を定め，「住民主体の原則」によって在宅福祉やボランティア活動，ふれあいのまちづくり事業などに取り組むことになった。そして，1992（平成4）年には「新・社会福祉協議会基本要項」として改定するとともに，行政の下請けから事業型社協へと転換させ，2000（平成12）年6月の社会福祉法の改称・改正のなかで，「地域福祉の推進を図ることを目的とする団体」として法定化された。

また，生協や農協については，1992（平成4）年の消費生活協同組合法および農業協同組合法の改正により，いずれも在宅サービスの供給組織として位置づけられ，以後，さまざまな住民参加型有償在宅福祉サービスを展開しているが，1998（平成10）年3月には特定非営利活動促進法（NPO法）が制定され，コミュニティビジネスや民間営利のシルバービジネス（高齢者福祉産業）もお目見えし，いずれも地域の有力な社会資源として注目されるようになった。

◆住民自治にもとづく公私協働　　その意味で，これらの社会資源を調達し，それぞれの地域の特性に応じた地域福祉を推進すべき基礎自治体である市町村の役割は重要で，今後，地方自治としての地域福祉，すなわち，住民自治にもとづく公私協働によって地域福祉を推進し，福祉コミュニティを構築していく必要に迫られているのである。現に，政府は「市町村の合併の推進についての指針の策定について」（自治振第95号1999年8月6日）という自治事務次官通知の「③人口規模

と関連する事項」のなかで，保健福祉や学校といった基幹的な行政サービスを適切，かつ効率的に提供するためには少なくとも人口1万～2万人程度という類型の規模は期待される」とし，次のような行政サービスの基準を提示している。

①町村合併促進法（1953年）における標準（最低）規模　おおむね8000人
②中学校の設置　標準法による基準での最小　1万3200人程度に1校（1学校当たりの生徒数を480人とするなどの仮定をおいた場合）
③デイサービス・デイケアの設置　新ゴールドプラン1万7000か所（7300人程度に1か所）
④在宅（老人）介護支援センターの設置　新ゴールドプラン1万か所（1万2500人程度に1か所）
⑤特別養護老人ホームの整備　最小規模50床を基準（大都市，過疎地などでは例外的に30床）2万人程度
⑥2万人ではデイサービス3か所，ホームヘルパー30人弱

これは，自治省として，市町村の合併についてのこれまでの施策の集大成を都道府県知事に示すとともに，都道府県に対し，市町村を包括する広域の地方公共団体として，市町村の合併について具体的なアクションを起こすことを要請したものとしてとらえることができる。また，都道府県において，市町村合併をどのように進めていくかを具体的に地図に落として示す，合併のパターンを含む『市町村の合併の推進についての要綱』を具体的に作成することを求めているものである。

◆**福祉型自治体の台頭**

しかし，政府は，その一方で，大半の市町村においては政策開発能力や行政管理能力などのいわゆる自治能力が欠けるため，基礎自治体として認められないという，いわゆる"受け皿論"を根拠に合併を促しているが，長野県泰阜村のように「小さくともキラリと輝く」過疎地域の市町村も少なくなく，住民とともにさまざまな知恵を絞って地方自治を推進していることもまた，事実である。その典型的なケースが，「介護の社会化を進める1万人市民委員会」が後押しし，1997（平成9）年11月に設立された「福祉自治体ユニット」で，2000（平成12）年4月に施行された介護保険法を前に，従来の土建型自治体から福祉型自治体への転換をめざす市町村が集まった。ちなみに加盟市町村は2005（平成17）年8月現在，114に達している。

このように広域行政に抗し，独自の政策開発と行政管理に努め，自立して狭域行政を推進している市町村の実績や意向を無視するかのような中央からの合併の強行策は，憲法で定める地方自治の本旨に反するものである。また，このような市町村，とりわけ，国土の7割を占め，数にして約2500もの中山間地域や離島地域にあっては，古来，単に「地産地消」に努めてきたというだけでなく，ダムや水力発電所などの建設による治山治水事業をはじめ，スーパー林道や保養地の整備などの観光事業，あるいは在日米軍基地や原子力発電所，産業廃棄物処理施設などの整備への協力，さらには自然環境の保全や農村文化の伝承，都市部の水源の確保，農産物を供給する生産地として都市住民のライフラインの保持やわが国の産業経済全体の発展に貢献しており，21世紀はこのような農山村と都市との共生こそ，新たな地方自治のパラダイムとして期待されていることも忘れてはならない。[7]

　もとより，このような自立した市町村があるなか，これといった自助努力もせず，旧態依然としてただ単に地方交付税や国庫支出金をアテにした市町村ならいざ知らず，地方自治の本旨からいえば，このような努力をしてでもなお"三割自治"によって厳しい行財政事情にある市町村に対しては，政府が責任をもって財政支援を行うことは当然のことで，それが本来の地方自治の本旨である。にもかかわらず，このような措置は講せず，問答無用に合併を強制するかのようなトップダウンが許されてよいはずはない。

◆**自主合併から強制合併へ**　そればかりか，人口5000人以下の市町村に対しては地方交付税を削減するなどといった圧力をかける一方[8]，合併すれば時限立法にもとづき，起債発行額の7割の償還を国が負担する特例債を発行し，合併後，10年間の地方交付税を維持するいう合併特例債を認めたり，100万人市制度の政令市を70万人に，また，30万人市制度の中核市に次ぎ，分権の担い手の市制度として20万人の特例市を新たに創設するとともに，5万人市制である普通市制度を10万人市制に見直すことも検討する一方，合併した市町村にあっては議員や首長の任期切れを猶予したりするなど，中央主導の政治改革，地方分権，規制緩和というの名の合理化，効率化，あるいは市場原理により，都道府県を通じて優遇策を講じ，合併を誘導しているのは地方自治の本旨に反するものである。なぜなら，市町村合併は何よりも当該住民の自主的な判断によるべきであり，かつこのよう

な強権の発動は将来に禍根を残す以外の何物でもないからである。

ともあれ、市町村は今後、21世紀の本格的な少子高齢社会を前に、上述したようないわゆる福祉三プランや介護保険法など、一連の制度改革によって取り組んできた実績を前面に押し出していくとともに、これまで、ややもすれば国や都道府県の指導を待って取り組んでいればよかった国および都道府県への依存型から自立型へと転換を図りながら、多様化している住民のニーズに応じた政策開発能力、および行政管理能力のいわゆる自治能力の強化に努めていかなければならなくなった。

とりわけ、今回、合併によって現下の財政危機を打開すべく、隣接の市町村と合併した市町村にとって、合併特例債を活用したり、地方交付税額の維持によって実施したりする事業資金も所詮は借金であるため、いずれは返済しなくてはならないものである。また、上述したように、「昭和の大合併」では1954（昭和29）年に地方交付税制度の改革によって交付税の削減のほか、財政支援も半減され、合併した市町村はかえって財政危機が深刻になったという経緯もある。[8]

◆問われる国民・住民の主体性

一方、政府は政府で、ただでさえ"借金地獄"のなか、今回合併した市町村に対し、向こう10年間に最大で総額約20兆円という巨額の合併特例債を発行したり、地方交付税額を維持したりする約束をしているが、その返済のアテはまったくなく、国および地方の累積赤字はますます膨れあがるばかりで、このまま高齢化率が35.7％に上昇するものものと予測される2050（平成75）年には社会保障費などの増大もこれに拍車をかけ、日本経済が破綻状態となることは明らかである。そればかりか、従来の集権型行政システムから分権型行政システムへの転換を図り、住民自治にもとづく公私協働による地域福祉の推進という政策課題の解決に逆行し、むしろますます中央集権化が図られ、縮減された市町村に対する中央の指導が強化されるとともに、財界が望む土建型公共事業が、これまで以上に展開しやすい土壌を整備するだけに終わる懸念もある、ということである。なぜなら、現に、財界において、今回の市町村合併が一段落すれば次回は47ある都道府県を数か所にまとめる道州制によって整理し、中央集権化をさらに推進したいむねの思惑が働いているからである。[9]

いずれにしても、このように今回の市町村合併は、分権改革のために不可欠の地方自治体に対する一般財源の拡充や課税自主権および起債自主権など、市町村

の財政自治権の確立という長年にわたる課題を積み残したまま，中央主導の財政構造改革の一環として強行されているところに，従来の「明治の大合併」や「昭和の大合併」と異なることに注意する必要がある。その意味で，21世紀の本格的な少子高齢社会を前に，地方自治としての地域福祉を国からのトップダウンによって進めるべきなのか，それとも国民からのボトムアップで進めるべきなのか，市町村，ひいてはその構成員である住民一人ひとりが問われているのである。[10]

注
(1) 椎名慎太郎「市町村合併論議の批判的検討」山梨学院大学行政研究センター編『広域行政の諸相』（YGU現代行政叢書②）中央法規出版，2001年，163頁。
(2) 『朝日新聞』1999年10月17日付。
(3) 加茂利男「地方自治制度改革の政治プログラム」『地方自治制度改革論』（シリーズ地方自治構造改革を問う）自治体研究社，2004年，304-320頁。
(4) 三浦文夫「地域と社会福祉」青井和夫監修・三浦文夫編『社会福祉の現代的課題－地域・高齢化・福祉－』（ライブラリー社会学＝9）サイエンス社，1993年，13-19頁。
(5) 村上芳夫「広域行政の問題性と狭域行政」松下圭一・西尾勝・新藤宗幸編『制度』（岩波講座 自治体の構想7）岩波書店，2002年，205-206頁。
(6) 山崎重孝「分権改革と市町村の合併」岩崎美紀子編『市町村の規模と能力』（分権型社会を創る7）ぎょうせい，2000年，67-68頁。
(7) 大森彌「自治体計画の課題転換」松下圭一・西尾勝・新藤宗幸編『政策』（岩波講座 自治体の構想3）岩波書店，2003年，8-9頁。
(8) 佐々木信夫『市町村合併』筑摩書房，2003年，106頁。
(9) 経済団体連合会（現日本経済団体連合会）「財政民主主義の確立と納税に値する国家を目指して（財政構造改革に向けた提言）」1996（平成8）年12月，経済同友会「市場主義宣言」1997（平成9）年1月，同『地方主権による新しい国づくり』1999（平成11）年7月，同『地方の活性化・自立のための七か条』1999（平成11）年7月および新藤兵「『地方キ権』から『地方構造改革』へ」加茂利男編著『『構造改革』と自治体再編』自治体研究社，2003年，296-312頁。
(10) 川上岳人「地方自治と地域福祉」川村匡由編著『地域福祉論』（シリーズ・21世紀の社会福祉⑦）ミネルヴァ書房，2005年，16-21頁。

❸ 当面の課題と展望

> **要点**　地方分権時代における地域福祉の推進にあたっては，行政の自治能力の強化はもとより，社会福祉協議会の機能の強化やサービスの統合化，財源とマンパワーの確保，地域福祉計画の総合化と進行管理が必要であるが，そのためには何よりも住民の意識改革と市民文化の創造，および住民自治としての地方自治，地域福祉の実体化が必要である。今回の市町村合併が地域福祉に与える影響の大きさも，実はそこにある。

　最後に，本章の結びとして当面の課題と展望について述べてみたいが，今回，市町村合併をしたからといって，その効果がただちに現れるというようなことはまずなく，そこには自ずから一定の実施期間を経たのち，その効果測定を行って評価をする必要であることはいうまでもない。この点について，政府は，北海道が提唱して実践した「時のアセスメント」，およびこれを機に，三重県など一部の都道府県で従来の行政監査や会計監査に政策評価制度を加え，1998（平成10）年に制定した中央省庁等基本法の制定のなかで，中央省庁においてもこの政策評価機能の充実・強化を図るべく，規定している。もっとも，以来，約10年経った現在でも，その具体的な効果測定のための評価の指標や方法は開発されていないのが実態である。それは，市町村レベルにおける地域福祉計画に関わる論議においても然りである。

　しかし，政策開発能力や行政管理能力などのいわゆる自治能力をより強化したいからこそ，関係市町村が合併するわけであるが，このような期待がある一方，不安があることもまた，確かである。また，政策開発能力および行政管理能力などのいわゆる自治能力を期待できる市町村の適正規模について，宮城県が1999（平成11）年3月にまとめた「みやぎ新しいまち・未来づくり構想調査研究報告書」によると，人口に対する職員数やその歳出額からみると人口約17万人が最適の規模としているが（図表1-4），このような数値だけで即断できるのかどうか，一概にいえないことは明らかである。

　いずれにしても，このような議論に注目しながらも，関係市町村が合併して人

図表1-4　自治体の適正規模（理論値）

人口に対する職員数			人口に対する歳出額		
人口	職員数	指数	人口	歳出総額	指数
1000	38.0	5.06	1000	2370839	7.61
3000	20.5	2.73	3000	1091415	3.51
5000	16.2	2.15	5000	810640	2.60
10000	12.3	1.64	10000	577395	1.85
30000	9.1	1.21	30000	392416	1.26
50000	8.2	1.10	50000	349343	1.12
100000	7.6	1.02	100000	318157	1.02
173598	7.5	1.00	169796	311364	1.00
300000	7.6	1.02	300000	319229	1.03
500000	8.0	1.07	500000	340623	1.09
1000000	9.0	1.21	1000000	396651	1.27

注　面積の平均値＝114km^{2}と置いた場合

資料：宮城県「みやぎ新しいまち・未来づくり構想調査研究報告書」（1999年3月）
出典：図表1-3と同じ、54頁。

口や財政規模が増えても，中山間地域や離島地域においては面積が広大になったため，かえって行政サービスが遠のき，かつ財政の負担が逆効果になる場合もあり得る。これがいわゆるスケールメリットならぬスケールデメリットであるが，このようなことを承知のうえで，今回合併した関係市町村における地域福祉推進上の当面の課題と展望について述べてみたい。

1　行政の自治能力の強化

まず第一に，今回の合併によって，関係市町村が今後，少子高齢化や財政の逼迫のなか，将来の当該地域のグランドデザイン，すなわち，まちの将来像を住民とともにどのように描き，かつ職員や議員の人員の削減や財源の適正配分，およびその有効活用により，従来の政策開発能力や行政管理能力などのいわゆる自治能力をさらに強化することができるのかどうか，という課題がある。それというのも，市町村の総面積や人口数，財政力指数などが一定以上であれば，政策開発能力および行政管理能力などのいわゆる自治能力が担保されるのかというと，必ずしもそうとは言い切れないからである。

具体的には，わが国の市町村の総面積は平均116平方キロ，人口は約3万8000人

であるが，これよりも総面積が広いにもかかわらず，人口はこれよりもはるかに少ない長野県泰阜村などのように，過疎地域のなかには「地産地消」などを積極的に推進し，合併を拒否して自立の道を引き続き歩もうとしている市町村も少なくない。それは，当該市町村の政策開発能力および行政管理能力などのいわゆる自治能力を十二分に発揮しようとしているからである。

　もちろん，今回の市町村合併は，少子高齢化の進行に伴う社会保障費の増大やバブル経済の崩壊以降の景気低迷に伴う税収入の減少，事業の一時凍結や廃止などをためらう土建型公共事業，さらには今世紀中に予測されるという東海沖大地震などの災害対策もあって，国および地方の財政の逼迫は止まることを知らない。また，郵政民営化の流れのなか，社会保障構造改革や消費税の引き上げ，指定管理者制度や市場化テスト（公共サービス効率化法）など，相次ぐ規制緩和や民活導入，さらには「三位一体の改革」などの成り行きにかかっていることも事実である。

◆国と地方の関係と政治の民主化

　その意味で，機関委任事務が廃止されたからといって，行財政規模の限られた市町村が自主財源だけで憲法に定められた地方自治を全うすることは土台，無理な話で，そこには政府自ずから国庫支出金制度を原則として廃止したり，地方交付税制度を名実ともに地方財政調整制度に改めたり，また，市町村が地方債を自由に発行したりすることができるように改めるなど，何らかの支援がなければならない。それはまた，戦後のわが国の財政制度のあるべき姿として，1949（昭和24）年，政府に対するシャウプ勧告のなかで提起された国庫支出金制度の全廃による一般財源の拡充，および巿町村を中心とした行政責任の明確化や合理化，効率化を目的とした国と地方との事務の再配分，課税自主権および起債自主権の確立からなる財政自治権の確立という原点に立ち返るべき問題である。

　このほか，地方分権によって余剰となる中央省庁の有能な人材は市町村や都道府県の職員として登用するなど，懸案の公務員制度改革の断行を通じ，従来のトップダウンによる集権型行政システムからボトムアップによる分権型行政システムに転換する。また，右肩上がりの高度経済成長期の土建型公共事業など，地域開発という名の公共投資を大幅に削減し，「あらたな公共」としての社会保障や社会福祉，環境整備に対して重点的に予算を投入する一方[1]，東西の冷戦構造が収束し，中国やインド，韓国などが台頭しつつある国際社会の変化に対応し，アメリ

図表 1-5　地域の福祉と地域福祉

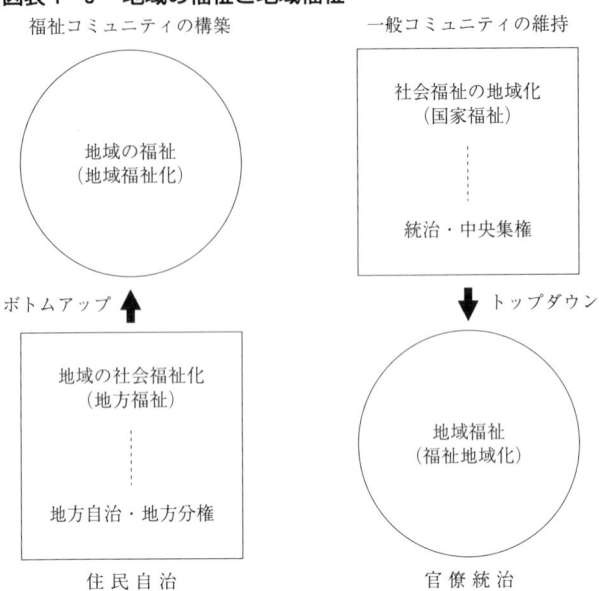

```
   福祉コミュニティの構築              一般コミュニティの維持

      ┌─────────┐              ┌──────────────┐
     /           \              │ 社会福祉の地域化  │
    /   地域の福祉   \             │   （国家福祉）    │
   │   （地域福祉化）  │             │        ┊        │
    \             /              │   統治・中央集権   │
     \           /               └──────────────┘
      └─────────┘                         │
                                          ▼ トップダウン
 ボトムアップ ▲
            │                         ┌─────────┐
  ┌──────────────┐               /           \
  │ 地域の社会福祉化  │              /   地域福祉    \
  │   （地方福祉）    │             │  （福祉地域化）  │
  │        ┊        │              \             /
  │  地方自治・地方分権 │               \           /
  └──────────────┘                └─────────┘

      住 民 自 治                      官 僚 統 治
```

出典：川村匡由編著『地域福祉論（シリーズ・21世紀の社会福祉⑦）』ミネルヴァ
書房，2005年，15頁。

カ一辺倒の外交を見直すとともに，防衛費や宇宙開発などへの投入を大幅に削減
し，非核・軍縮へと志向することである。[2]

◆住民自治をベースにした地方自治　このように考えてみると，通説によれば地方自治は住民自治と団体自治からなるが[3]，主権在民という憲法の精神をかんがみれば，地方自治は何よりもその地域社会の構成員である住民参加による自治，すなわち，住民自治を形成する当該地域の住民だけでなく，他の地域に在住しながらも当該地域においてサービスを提供したり，サービスを利用したりするなど，生活圏域が拡大している今日，当該地域にかかわるすべての住民の参加・参画によってはじめて当該地域の自治も成り立つことを考えれば，今後は従来の住民参加から住民自治として地方自治，さらには地域福祉の向上に努めることによってその地方自治体の存在意義があるとともに，その政策能力や行政管理能力などのいわゆる自治能力によって地方自治の運営，すなわち，団体自治も成り立つわけである。その意味で，住民自治と団体自治は並立するものというよりも，むしろ団体自治は住民自治があってはじめて成り立つものということができる。[4] すなわ

ち，官僚統治による福祉地域化でなく，住民自治による地域福祉化を通じ，福祉コミュニティの構築を図ることである（図表1-5）。フランスの政治家・思想家，A.トックヴィル（1805-59年）が，その著書『アメリカの民主政治（上・中・下）』のなかで，「地方自治は民主主義の小学校」[5]などと述べたが，団体自治は住民自治によって成り立つことをいみじくも説いているのである。

2 社会福祉協議会の機能の強化

　第二に，市町村の合併後，当該市町村の社協の機能を強化することができるのかどうか，という課題がある。それというのも，市町村合併によって大方の市町村社協は市町村と同時進行，あるいは4～6か月後に合併しているのが大半であるが，だからといって，その効果が必ずしもただちに期待できるのかどうかは未知数だからである。また，社会福祉法によれば，行政の合併とは関係なく，そのスクールメリットを期待し，隣接する市町村社協と広域的な連携を図り，広域圏社協として取り組むことも可能なため，今後，このような対応も十分考えられるからである。

　いずれにしても，分権改革時代を迎え，社協も従来のような行政の下請け型社協，さらには起業型社協に転換し[6]，行政と同様，自主財源の確保や職員の意識改革，機構改革が求められるため，住民の福祉ニーズに応じて地域福祉を計画的に推進していくべく，さまざまな機会を通じ，一般住民に対して地域福祉活動への理解と協力を促すことが必要である。

　具体的には，定期的な住民実態調査や地域福祉大会，シンポジウム，タウンミーティング，パブリックコメント，モニター制度，ワークショップ，各種イベントでの共催行事，市民福祉講座などの企画がそれである。また，地域の社会福祉施設や関係機関・団体などの協力を得て，職員の資質の向上のために研修制度を導入したり，社協職員の雇用環境や身分保障の改善に努めたりして社協の事務局の体制の整備と財政の確立が必要である。

　また，ややもすると都道府県や市町村の下請け的な事業，職員の天下り先に甘んじやすい体質から脱皮することも必要である。そして，行政に対して補助金や委託金などの増額を要望するだけでなく，住民や社会福祉施設などに対し，社協を主体とした地域福祉活動への理解と協力を要請し，世帯会員や法人会員，賛助

図表1-6　サービスの水準と役割分担

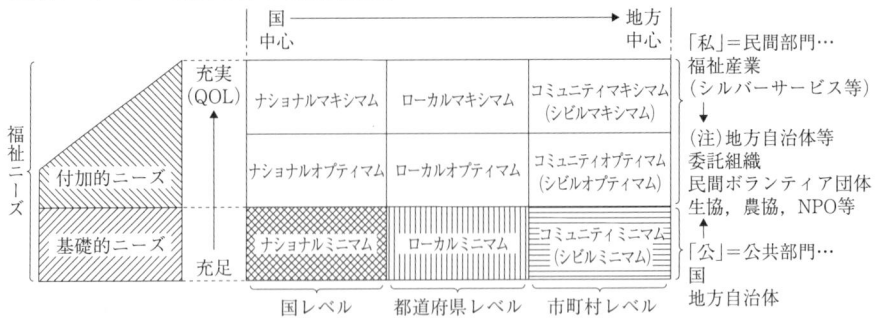

	国中心 → 地方中心			
福祉ニーズ	充実(QOL)	ナショナルマキシマム	ローカルマキシマム	コミュニティマキシマム(シビルマキシマム)
付加的ニーズ		ナショナルオプティマム	ローカルオプティマム	コミュニティオプティマム(シビルオプティマム)
基礎的ニーズ	充足	ナショナルミニマム	ローカルミニマム	コミュニティミニマム(シビルミニマム)
		国レベル	都道府県レベル	市町村レベル

「私」＝民間部門…福祉産業（シルバーサービス等）
（注）地方自治体等委託組織　民間ボランティア団体　生協、農協、NPO等
「公」＝公共部門…国　地方自治体

出典：図表1-5と同じ、69頁。

会員などの増強や寄付金の増額、住民参加型有償在宅福祉サービスなどの単独事業の開発、社協運営基金の設立、公共施設における売店および駐車場の経営などの収益事業を展開し、自主財源の確保に努めることが必要である。

◆**新たな福祉のパラダイムの構築**

このほか、地域福祉の実践にあたり、それぞれのサービスの水準と役割分担について、行政と住民との間で合意形成を図ることが必要である。前述したように、地域福祉は住民自治にもとづく公私協働による福祉コミュニティの構築にそのねらいがあるため、住民の福祉ニーズに応じた福祉課題を解決すべく、さまざまなサービスの水準をめぐり、コミュニティミニマム（地域最低生活水準）などについて合意形成を図るとともに、それぞれのサービスの役割分担を明確にするよう、コミュニティソーシャルワークに努めることが必要である（図表1-6）。

具体的には、住民の多様な福祉ニーズのうち、いずれを基礎的ニーズ、または付加的ニーズとすべきか、あるいはそれぞれのサービスの水準をめぐり、いずれをナショナルミニマム（国家最低生活水準）、またはローカルミニマム（地方最低生活水準）、もしくはコミュニティミニマム（地域最低生活水準）とすべきかなどを検討する。そして、その供給主体は、国、または都道府県や市町村、もしくは都道府県社協や市町村社協、ひいては個々の住民であるべきか、それぞれのサービスごとに役割分担を明確にし、新たな福祉のパラダイムを構築する必要がある（図表1-7）。なぜなら、このような検討もせず、単に地域福祉ということだけで福祉課題のすべてを解決していこうものなら、そのサービスの供給主体はいずれも住

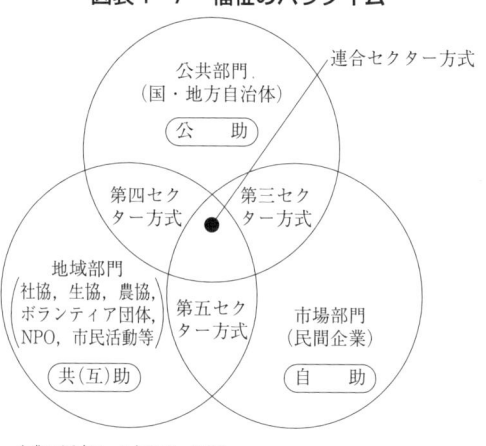

図表1-7　福祉のパラダイム

```
          公共部門
         (国・地方自治体)        連合セクター方式
            公　助

      第四セク    第三セク
      ター方式    ター方式
                 ●
   地域部門
   社協,生協,農協,
   ボランティア団体,  第五セク
   NPO,市民活動等    ター方式    市場部門
                               (民間企業)
     共(互)助                    自　助
```

出典：図表1-5と同じ，73頁。

民および市町村社協などに押しつけられ，地方自治体や国の地域福祉に対する責任がうやむやとなり，結局，地域福祉は住民福祉とされ，行政の責任転嫁を招きかねないからである。

3 サービスの統合化

　第三に，ノーマライゼーションの理念にもとづくインテグレーション，すなわち，地域福祉にかかわるサービスの統合化を図ることができるかどうかという課題がある。それというのも，保健・医療・福祉に関する施策を統合化するため，市町村レベルにあっては福祉事務所と保健所，または保健センター，および地域包括支援センターや在宅（老人）介護支援センターと地域の社会福祉施設や介護老人保健施設（老人保健施設），老人訪問看護事業所（老人訪問看護ステーション），病院，診療所などと各種サービスを合理的，効率的に供給すべく，プロジェクトチームを編成してネットワーク化し，高齢者だけでなく，障害者や児童，母子および寡婦，貧困者など，すべての要援護者を対象に地域福祉として展開していくことが必要だからである。

◆総合福祉としての地域福祉
　また，多くの住民が望むサービスは，従来のような収容型の施設福祉ではなく，生活型の施設福祉であるが，それ以上に希望が強いのは，住み慣れた地域で，いつまでも自立して生活することのできる在宅

福祉である。このため、高齢者や障害者に配慮した、安心で安全な住宅対策の整備・拡充が必要である。そこで、今後、在宅福祉を地域福祉の中心的なサービスとするためには、住宅対策を旧態依然として住宅行政に止まるのではなく、福祉の機能を重視し、住環境福祉として対応することが望まれる。高齢者や障害者に配慮した住宅の増改築を促進するため、住宅資金を低利融資したり、高齢者世話付き住宅（シルバーハウジング）、あるいはケア付きの高齢者福祉住宅の供給に力を入れたり、バリアフリーやユニバーサルデザインによるまちづくりに取り組んだりすることはその一つの例である。

　その意味で、高齢者や障害者に配慮した住宅行政の実施主体は、単に市町村に限定せず、国および都道府県も基本政策の一つとしてとらえ、よい意味での国主導、あるいは都道府県主導が望まれる。また、それと同時に、国および地方自治体は現行の"縦割り行政"を是正し、国民や住民に必要な情報を提供するとともに、デベロッパーなど民間事業者に対し、民活導入の一つとして高齢者や障害者に配慮した住宅の供給や住環境の整備などの住民の多様な福祉ニーズに応えるべく、社協など関係機関・団体と連携し、総合福祉としての地域福祉への展開が期待されるのである。

4　財源とマンパワーの確保

　第四に、財源とマンパワーが確保できるのかどうかという課題がある。それというのも、地域福祉を推進していくためには「人・もの・カネ」が十二分に確保されてはじめて実体化するものだからである。

　このうち、まず「人・もの」、すなわち、マンパワーの確保や施設の整備について、政府は1990（平成2）年に保健医療・福祉マンパワー対策本部、翌1991（平成3）年に福祉人材情報センター、および福祉人材バンクをそれぞれ設置している。さらに、1992（平成4）年には中央とそれぞれの都道府県にナースセンターと福祉人材センターを設置し、その実現に努めている。

　しかし、より抜本的には、社会福祉施設における職員の配置基準の緩和、都道府県による社会福祉従事者の広域的な職員の採用に伴う市町村への補充、および派遣制度の確立が必要である。また、学歴や経験、技術、資格の有無を考慮した給与体系の整備、およびフレックスタイム制の導入による勤務形態の多様化、時

短・週休二日制の完全実施，業務の省力化など労働条件を改善することが望まれる。

　このほか，一般住民に対する福祉教育の徹底や社会福祉職を志望する学生に対する奨学金支給の制度化，大学入試および入社試験におけるボランティア活動歴の評価制度の導入を行うべきである。また，民間事業者のコーポレートシチズンシップにもとづくフィランソロピーに対し，社会福祉事業への寄付金の控除枠の拡大や贈与における税制優遇の拡充を講ずる必要がある。

◆マンパワーの確保とその具体策

　一方，「カネ」，すなわち，財源の確保については，当面，政府からの地方交付税や国庫支出金の増額はもとより，市町村における超過負担の解消，不公平税制の是正，地方債の発行など財政の合理的，効率的な運営と予算の適正配分，人件費の抑制，直営方式から委託方式への転換，市民に対する福祉意識の啓発，あるいはシルバーサービス（高齢者福祉産業）の民活導入などを心がけるべきである。もっとも，このような対応はあくまでも対症療法にすぎない。このため，中長期的には年金や医療保険などの社会保障は政府，地域福祉などの社会福祉は地方自治体というように，国と地方との適正な役割分担により地方分権を推進するとともに，市町村の課税自主権および起債自主権を保障し，地域福祉は市町村を実施主体とし，住民自治にもとづく公私協働によって推進すべく，条件整備を図ることが必要である。

⑤ 地域福祉計画の総合化と進行管理

　そして，第五に，地域福祉計画の総合化とその進行管理をどのように行っていくかどうか，という課題がある。それというのも，地域福祉計画には市町村を主体とする地域福祉計画もあれば，市町村社協を中心とした住民による地域福祉活動計画などがあるため，同じ地域で数多くの地域福祉計画がバラバラで策定されようものなら，限られた財源やマンパワーのなか，不合理，かつ不効率な"計画漬け"に終わってしまう懸念があるからである。

　そこで，住民自治にもとづく公私協働によって地域福祉を実体化するためには，これらの地域福祉計画の総合化を図ることが必要である。なぜなら，それぞれの計画の策定主体は異なるものの，地域福祉に対する基本理念やサービスの目的などについては共通し，かつ合致すべきものであるため，いずれも相互補完の関係

図表1-8　「Plan−Do−See」理論

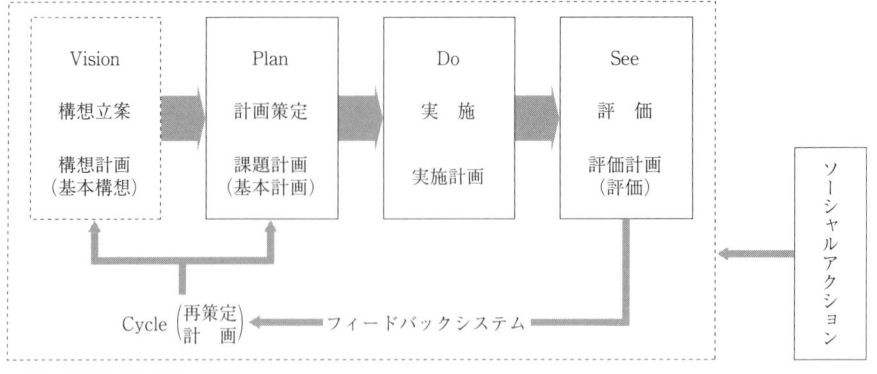

Vision	Plan	Do	See
構想立案	計画策定	実施	評価
構想計画 （基本構想）	課題計画 （基本計画）	実施計画	評価計画 （評価）

Cycle（再策定／計画）　←　フィードバックシステム

ソーシャルアクション

出典：図表1-5と同じ、115頁。

にあるからである。

　具体的には、地域福祉の計画的な実践にあっては、本来、住民が当該地域の福祉問題を福祉課題としてとらえ、その解決のために主体形成を図り、その方策を展望するソーシャルアクションとして、地域福祉活動計画の策定を通じて実体化することが必要だからである。もっとも、住民の主体形成がそこまでレベルアップしていない現状では、基礎自治体である市町村の地域福祉計画を支柱とし、かつそれぞれの地域福祉計画により提供されるべきサービスの水準や供給主体の役割分担について、それぞれの相互の長所を生かしつつ論議を深め、より合理的、効率的に策定して推進していくことが望まれる。このため、地域福祉を実践していくには地域福祉計画の策定の準備段階から、市町村や市町村社協など関係機関・団体の事務局レベルにより、住民の福祉ニーズの把握や社会資源の調達、事業の開発、サービスの水準や実施主体の役割分担、事業費の負担を協議することが必要である。

◆住民の意識改革と市民文化

　また、地域福祉計画が適正な財源やマンパワーの確保のもと、必要なサービスが住民の福祉ニーズを充足しうるものであるのかどうか、その実態化のなかで効果測定のための評価を行い、場合によっては計画そのものをローリングするなど、進行管理していくことが必要である（図表1-8）。なぜなら、地域福祉はこのような地域福祉計画の進行管理により、住民の福祉ニーズに応じた計画的な実践を通じ、制度化することができるからである。

このように今回の市町村合併と地域福祉との関係における課題は山積しているわけであるが，これらの課題を解決していくにはひとえに当該地域の住民の意識を改革する以外にほかはない。それというのも，住民の福祉ニーズに応じ，地域福祉を計画的に推進していくためには，市町村，あるいは市町村社協は，さまざまな機会を通じ，広く一般住民に対して地域福祉活動への理解と協力を促すことが必要だからである。このため，今回の市町村合併の論議のなかで，従来の一部の関係市町村における旧市町村民意識による施設の誘致合戦や議員の選出の際の利権・利害争いなど，地域エゴを持ち出しての不信感や憎悪による争いなどは論外であることはいうまでもないが，近年の市民活動を通じた市民文化の醸成に期待感を持つのはわれわれだけではない。なぜなら，1972（昭和47）年5月の沖縄県の本土復帰，あるいは1995（平成7）年1月に発生した阪神・淡路大震災をきっかけに，全国に広がっている住民のボランティア活動，あるいは近年のNPOの普及をみればそれも決して杞憂ではないからである。

◆**住民自治としての地方自治，地域福祉**

　いずれにしても，今回の市町村合併が関係市町村にとって，隣接した市町村に組み入れられ，その傘下に入った「編入合併」，すなわち，吸収合併であったのか，それとも隣接した市町村が互いに従来の市町村名を廃止するなどして新たな市町村を名乗ることになった「新設合併」，すなわち，対等合併であったのかによってその評価も分かれるところであるが，それはともかく，市町村合併は，あくまでも関係市町村が従来の政策開発能力や行政管理能力などのいわゆる自治能力をより一層強化し，かつ地方自治，さらには地域福祉を拡充すべく，政策の連携による究極の行財政改革という手段にすぎず，合併そのものが目的であってはならない。

　したがって，関係市町村のすべての住民が，合併されて新たな行政区域に拡大されようとも，住み慣れた地域で自立して生活していくことができるよう，住民自治にもとづき，今次の合併問題に対して住民投票などを通じて自主的に判断すべきものであり，それは現行憲法の定める地方自治であるだけでなく，1985年に制定され，今日の国際社会のバイブルとされている「ヨーロッパ地方自治憲章」の精神にかなうものである。それだけに，今回の市町村合併をめぐる論議は住民自治としての地方自治，さらには地域福祉としての取り組みがいかに重要であるのか，国民一人ひとりが問われている問題なのである。

注
(1) 右田紀久惠『自治型地域福祉の理論』(社会福祉研究選書2) ミネルヴァ書房, 2005年, 1-29頁。
(2) 北野弘久「地方分権的租税国家の提唱」『地方自治職員研修』臨時増刊号 No.57, 通巻420, 公職研, 1998年, 38-44頁。
(3) 川村匡由「社会福祉協議会の地域福祉事業・活動」川村匡由編著『地域福祉論』(シリーズ・21世紀の社会福祉⑦) ミネルヴァ書房, 2005年, 132-134頁。
(4) 兼子仁『新 地方自治法』岩波書店, 1999年, 37頁, および宇賀克也『地方自治法概説』有斐閣, 2004年, 6頁。
(5) A.トックヴィル・井伊玄太郎訳『アメリカの民主政治(上・中・下)』(講談社学術文庫) 講談社, 1987年。
なお, 同書名は訳者により, 『アメリカの民主主義』, あるいは『アメリカの民主政』また, 「民主主義」は「民主政治」などとそれぞれ訳されている文献もある。
(6) 前掲書, 川村匡由「地域福祉の位置づけ」『地域福祉論』7-72頁。
(7) 宮本憲一『地方自治の歴史と展望』自治体研究社, 1991年, 14-28頁。
(8) 須田春海「市民活動と市民参加」松下圭一・西尾勝・新藤宗幸編『課題』(岩波講座 自治体の構想1) 岩波書店, 2003年, 149-172頁。

[第Ⅱ章]
全国の合併市町村に対するアンケート調査結果

1 調査の目的と概要

1 調査研究の目的

 この数年間の総務省と厚生労働省の政策の動向をみると，総務省の政策（地方行財政改革と市町村合併）が，行政の主導によって「地域の枠組みの広域化」を進め，そのスケールメリットを得ようとしてきたのに対し，厚生労働省の政策（地域福祉の推進）は，地域住民自身の手による「小規模な単位の地域組織化」を促進し，その組織による独自で主体的な福祉活動に焦点を当て，活性化していこうとしてきた。これら相対する二つの政策は，ほぼ同時期に全国の地方自治体に対して指導が行われ，地域の枠組みを大きく変えた市町村は，社会福祉法に示された地域福祉の推進にさまざまな形で影響を及ぼすことになった。

 そこで，「市町村合併と地域福祉」研究会（代表・川村匡由）は，全国的に展開されてきた市町村合併が，市町村が行う地域福祉の推進にどのように影響を及ぼしたのか，すべての合併市町村を対象とした調査によって検証することとした。

 具体的には，①市町村合併が地域福祉の推進に及ぼした影響について，量的，質的に検証する，②市町村合併が地域福祉の推進に及ぼした効果，および問題点を明確化する，③市町村合併が地域福祉の推進にプラスの効果をもたらした市町村，あるいは問題点への対処に取り組んできた市町村についてはモデルケースとして示す，④地域福祉の推進状況を評価する指標について探る，⑤これらの成果を公表することにより，国および地方自治体の地域福祉政策に対し，何らかの提言をする。

2 調査の方法

 調査は，質問紙による量的調査と，特色のある合併市町村の関係者との面接・聞き取りによる質的調査を行った。

 このうち質問紙による調査は，1999（平成11）年4月1日から2006（平成18）年3月31日までに合併した全合併市町村を対象に，郵送法で行った。もっとも，合併時期から調査時期までの間に時間差が生ずることを考え，調査対象と調査時期を

第1期，第2期，第3期の3回に分け，いずれの市町村についてもすべて合併後の新市町村に対して実施することとした。さらに，第1期から第3期の調査期間の間に同じ市町村が2回以上合併を行っている場合は再調査を実施し，最も直近の合併についての回答を求めた。また，調査記入の基準日を調査期内で統一し，調査期間内でのデータの偏向をできる限り少なくするように努めた。

一方，面接・聞き取りによる調査は，北海道・東北・関東甲信越・東海北陸・近畿・中国四国・九州沖縄の地域ブロック別に，合併について特徴のある市町村を10か所取り上げ，研究員が市町村職員や社会福祉協議会（社協）の職員，その他の福祉関係者や住民などに対し，設問に沿ってインタビュー形式で行うこととした。また，面接・聞き取りで十分に情報を収集できなかった部分については，収集した各種資料を参照して整理した。

3 調査の実施状況

◆調査の対象・実施時期・回収数・回収率

〔第1期（質問紙）調査〕

  対象：1999（平成11）年4月1日から2004（平成16）年9月30日までに合併した全国の60の新市町村

  調査期間：2004（平成16）年11月22日から同年12月13日まで

  回収数：40市町村／60市町村中（合併件数は61，※広島県呉市が重複）

  回収率：66.7％

〔第2期（質問紙）調査〕

  対象：2004（平成16）年10月1日から2005（平成17）年3月31日までに合併した全国の193の新市町村

  調査期間：2005（平成17）年4月28日から2005（平成17）年5月20日まで

  回収数：112市町村／193市町村中（合併件数は196，※広島県福山市，福岡県宗像市，新潟県新潟市が2期の中で重複，さらに広島県呉市が1期と重複）

  回収率：58.0％

〔第3期（質問紙）調査〕

  対象：2005（平成17）年4月1日から2006（平成18）年3月31日までに合併した全国の321の新市町村

調査期間：2006（平成18）年4月27日から同5月20日まで

回収数：188市町村／321市町村中（合併件数は324，※新潟県長岡市，長崎県佐世保市，香川県高松市が3期のなかで重複，また，埼玉県さいたま市，新潟県新発田市，愛知県田原市，広島県廿日市市，静岡県静岡市，山梨県富士河口湖町が1期，新潟県南魚沼市，福島県会津若松市，佐賀県唐津市，長崎県長崎市，広島県尾道市，山梨県北杜市，滋賀県東近江市，滋賀県米原市が2期とそれぞれ重複し，新潟県新潟市，広島県福山市は1期と2期との両者に重複）

回収率：58.6％

〔面接・聞き取り調査〕

対象：①関東甲信越ブロック　　埼玉県さいたま市，東京都西東京市，新潟県長岡市，群馬県沼田市
　　　②東海北陸ブロック　　　岐阜県中津川市，岐阜県高山市
　　　③近畿ブロック　　　　　兵庫県篠山市
　　　④中国・四国ブロック　　愛媛県四国中央市
　　　⑤九州・沖縄ブロック　　佐賀県佐賀市，沖縄県伊江村

調査期間：2005（平成17）年7月～2006（平成18）年8月

4　調査項目の設定

◆質問紙調査の項目　　調査項目は，次のように内容ごとに大項目として7つに分け，設問は計38項目とした（市町村合併と地域福祉に関する調査票（78頁）を参照）。

① 合併について

合併の時期，合併の形態，合併関係市町村の数，合併の主な理由，合併前の合併に対する住民の意思の確認の状況など，市町村合併に関する基礎的な内容について把握する設問で，合併を決めた主な理由の状況から合併と地域福祉政策との関係性をとらえた。

② 合併後の新市町村の状況について

合併後の新市町村の人口規模，人口の年齢構成，面積，合併特例債の額，およびその適用事業に関する内容について把握する設問で構成し，合併後の少子高齢化の状況や保健医療・福祉の分野への合併特例債の適用の状況から，合併と地域

福祉政策との関連性をとらえた。

　③　合併前と合併後の変化の状況について

　合併前と合併後の一般会計の予算総額の増減，民生費の増減，職員数の増減，保健医療・福祉関係の職員数の増減，職員の給与の調整，議会議員の定数の増減，議会議員の報酬の調整，首長の報酬の調整などの状況について把握する設問で構成し，合併による行財政改革の成果についてとらえた。

　④　主要な福祉計画の策定状況について

　合併前の策定状況と，合併後の各種福祉計画の策定状況について把握する設問で構成し，主に市町村合併と各種福祉計画の策定状況の関連性をとらえた。また，地域福祉計画など義務化されていない福祉計画の策定が合併，および合併の協議のために先送りされているのではないか，という仮説を立てて検証した。

　⑤　新市町村における主要な福祉諸制度について

　保育所の保育料の調整，介護保険料の調整，介護保険事業の市町村特別給付の実施状況，新規の保健医療・福祉事業の展開，合併を機に統廃合された保健医療・福祉事業の状況などに関する設問，合併後の新市町村における地域福祉政策の取組状況，および地域福祉に対するとらえ方・意識に関する設問で構成し，合併協議における主要な福祉関連制度の調整の動向や，行政による地域福祉の推進の姿勢をとらえた。

　⑥　社協について

　社協の合併の時期と，合併後の新しい社協における地域福祉の取り組み状況，地域福祉活動計画の策定状況，さらに，補助金などに依存しない社協独自の事業の状況などに関する設問で構成し，社協による合併と地域福祉政策との関連性をとらえた。

　⑦　合併と地域福祉政策について

　合併が地域福祉政策の展開に現時点でどのような影響があったのか，また，その理由は何か，今後はどのような影響があると思うのか，などについて直接尋ねる設問，および新市町村において，今後，新たに地域福祉を推進しようとする施策（仕組み・仕掛け）があるのかどうか，また，合併が市町村による地域福祉の推進にもたらしたメリット・デメリットについて自由記述をしてもらう設問で構成し，市町村合併が地域福祉の推進にもたらした影響を評価的にとらえた。

◆面接・聞き取り調査の項目　　面接調査の項目は，各調査先の共通の聞き取り項目として，「①地域の特性について」，「②合併の経緯について」，「③合併前と合併後の地域福祉の状況について」，「④合併の効果，地域福祉への影響」，「⑤当面の課題」の5つの項目を設定し，地域の状況を質的にとらえた。

①　地域の特性について

主に合併市町村の地理的位置，気候，風土，歴史，文化，産業，行政の規模や財政状況など，基本的な地域の特性について，関係者からの聞き取り調査のほか，関連資料などからも情報を収集した。

②　合併の経緯について

昭和の合併時の状況，今回の合併の背景，合併前の旧市町村の特徴的な施策や財政状況，合併協議や住民の意思の確認など，合併までの経緯について関係者の聞き取りのほか，公表されている合併協議会の関連資料・新市町村建設計画などから情報を収集した。

③　合併前と合併後の地域福祉の状況について

合併前の関係市町村における地域福祉の状況，および合併後の地域福祉の展開について，市町村，社協，ボランティアやNPOなどの組織，民間諸団体などのさまざまな関係者から聞き取りをし，情報を収集した。また，合併後の市町村については，中心的な政策，財政の状況，合併特例債の活用の状況，社協との関係や連携の取り方，行政への一般住民の参画の状況，住民の自主的な地域活動，地域住民の組織化の状況などについても併せて確認した。

④　合併の効果，地域福祉への影響

市町村職員だけでなく，地域福祉に関係している機関や組織に属している関係者，住民に対し，現時点で確認できる市町村合併の効果と，合併が地域福祉に及ぼした影響について聞き取りを行ったほか，公表されている合併協議会などの関連資料などからも，さまざまな見解を多角的に収集した。

⑤　合併による課題

合併を総括的にとらえたうえ，合併市町村が合併により抱えることとなった現在の課題，当面の間の課題，今後の課題と関係者の合併に関する評価を収集した。

5 集計・解析の方法

◆標本の取り扱い方法　　標本より得られたデータを集計・解析するにあたっては、第1期～3期に回収した調査期別のデータ集計をまず行い、最終的には調査期間の合併市町村の重複を精査した後、第1期～3期までのデータを結合したものを解析データとした。

〔解析データ〕

　回収数：334市町村／556市町村中（ただし、母数は第1期～3期内で重複して合併した市町村の数は減じている。また、標本では第1期～3期内で重複して回答があった市町村は最も新しい時期で得られた回答を採用）

　回収率：60.0％（図表2-1、図表2-2）

　調査票に記された回答のうち、「市町村の合併年度」、「関係市町村数」、「合併後の人口」、「合併後の面積」などについては、回答に誤りや基準日時点の数値ではない数値が記されているものが見受けられたため、これらの基礎データは総務省ホームページの合併相談コーナー（http://www.soumu.go.jp/gapei/）に記載されているデータを引用することにした。

　また、人口の年齢構成や高齢化率などのデータについては、調査で得られた標本の数値のみを扱うこととした。このほか、これらも同じような理由で誤差が生じているため、あくまで参考データとして扱うこととした。

図表2-1　県別回収状況

	調査対象	回収サンプル	回収率
北海道	21	12	57%
青森県	17	12	71%
岩手県	12	11	92%
宮城県	9	4	44%
秋田県	15	7	47%
山形県	3	3	100%
福島県	11	7	64%
茨城県	25	17	68%
栃木県	9	7	78%
群馬県	14	9	64%
埼玉県	14	9	64%
千葉県	11	7	64%
東京都	1	1	100%
神奈川県	1	1	100%
新潟県	22	10	45%
富山県	6	5	83%
石川県	10	7	70%
福井県	10	2	20%
山梨県	15	10	67%
長野県	18	11	61%
岐阜県	17	13	76%
静岡県	15	13	87%
愛知県	13	6	46%
三重県	16	4	25%
滋賀県	11	2	18%
京都府	6	1	17%
大阪府	1	1	100%
兵庫県	19	15	79%
奈良県	4	4	100%
和歌山県	12	4	33%
鳥取県	10	3	30%
島根県	15	8	53%
岡山県	17	9	53%
広島県	23	14	61%
山口県	11	6	55%
徳島県	10	4	40%
香川県	10	4	40%
愛媛県	18	13	72%
高知県	10	5	50%
福岡県	16	11	69%
佐賀県	11	6	55%
長崎県	15	11	73%
熊本県	16	8	50%
大分県	12	5	42%
宮崎県	6	4	67%
鹿児島県	18	9	50%
沖縄県	5	5	100%
47	581	340	59%

図表2-2　地域別回収状況

	調査対象	回収サンプル	回収率
北海道	21	12	57%
東北(6県)	67	44	66%
関東(1都6県)	75	51	68%
甲信越(3県)	55	31	56%
北陸(3県)	26	14	54%
東海(3県)	45	32	71%
近畿(2府5県)	69	31	45%
中国(5県)	76	40	53%
四国(4県)	48	26	54%
九州(7県)	94	54	57%
沖縄	5	5	100%
計	581	340	59%

2 調査の結果

1 合併の形態

◆合併件数の状況　1999（平成11）年度から2005（平成17）年度までに合併した件数の総計は全国で581件（以下，合併件数。ただし，合併件数という場合，この期間内に重複して合併した件数を含む数であり，2006（平成18）年1月10日に高松市が牟礼町を編入した，いわゆる「合併新法」による合併の1件は含まない。以下，本節で期間内の「合併件数」の総数はこれを用いる）で，都道府県別でみると，最も件数が多いのが茨城県の25件で，以下，広島県の23件（期間中に呉市3回，福山市3回，廿日市2回，尾道市2回重複して合併），新潟県の22件（期間中に新潟市3回，新発田市2回，南魚沼市2回，長岡市2回重複して合併），北海道の21件の順である（図表2-3）。

　一方，合併件数の少ない県は東京都，神奈川県，大阪府で，それぞれ1件ずつである。続いて山形県の3件，奈良県の4件，沖縄県の5件となっている。このように都道府県によって合併件数に差はあるものの，すべての都道府県で市町村合併が行われており，都道府県の合併件数の平均は12.4件となっている。首都圏では合併件数が少ないが，地域ブロック間では差はあまりみられず，47都道府県中，36都道府県で10件以上の合併が行われている（図表2-4）。

◆合併年度の状況　市町村合併を合併が行われた年度別にみると，1999（平成11）年度は兵庫県篠山市の1件（0.2％），2000（平成12）年度は新潟県新潟市と東京都西東京市の2件（0.3％），2001（平成13）年度は茨城県潮来市，埼玉県さいたま市，岩手県大船渡市の3件（0.5％），2002（平成14）年度は香川県さぬき市ほか計6件（1％），2003（平成15）年度は宮城県加美町ほか計30件（5.2％），2004（平成16）年度は新潟県阿賀野市ほか計215件（37％），2005（平成17）年度は北海道森町ほか324件（55.8％）となっている（図表2-5）。

　なお，2004（平成16）年度に合併件数が急増しているのは，2005（平成17）年3月31日までに合併した市町村には財政支援を含めた特例措置が適用されるため，その期限内での合併を合併関係市町村がめざした結果とみることができる。2005（平成17）年度にさらに合併件数が増加しているのは，その後の経過措置として，

図表2-3　県別合併件数

	合併市町村（件数）	新設	編入	関係市町村	
北海道	21	16	5	53	※印の県は期間内に重複して合併を行った市町村を含む。
青森県	17	14	3	44	
岩手県	12	10	2	36	
宮城県	9	9	0	44	
秋田県	15	13	2	58	
山形県	3	3	0	12	
福島県※	11	8	3	40	会津若松市2回
茨城県	25	13	12	66	
栃木県	9	7	2	25	
群馬県	14	9	5	45	
埼玉県※	14	10	4	35	さいたま市2回
千葉県	11	8	3	35	
東京都	1	1	0	2	
神奈川県	1	0	1	3	
新潟県※	22	11	11	99	新潟市3回, 新発田市2回, 南魚沼市2回, 長岡市2回
富山県	6	6	0	26	
石川県	10	10	0	32	
福井県	10	8	2	28	
山梨県※	15	12	3	52	北杜市2回, 富士河口湖町2回
長野県	18	12	6	56	
岐阜県	17	9	8	75	
静岡県※	15	12	3	47	静岡市2回
愛知県※	13	5	8	37	田原市2回
三重県	16	15	1	56	
滋賀県※	11	8	3	35	東近江市2回, 米原市2回
京都府	6	4	2	22	
大阪府	1	0	1	2	
兵庫県	19	17	2	69	
奈良県	4	2	2	12	
和歌山県	12	11	1	32	
鳥取県	10	8	2	30	
島根県	15	13	2	53	
岡山県	17	13	4	66	
広島県※	23	10	13	86	呉市3回, 福山市3回, 廿日市2回, 尾道市2回
山口県	11	10	1	45	
徳島県	10	9	1	36	
香川県※	10	8	2	35	高松市2回
愛媛県	18	16	2	68	
高知県	10	9	1	28	
福岡県※	16	14	2	44	宗像市2回
佐賀県※	11	10	1	37	唐津市2回
長崎県※	15	10	5	71	長崎市2回, 佐世保市2回
熊本県	16	16	0	62	
大分県	12	9	3	52	
宮崎県	6	3	3	19	
鹿児島県	18	17	1	65	
沖縄県	5	5	0	17	
47	581	443	138	1992	

図表 2-4　地域別合併件数

地域ブロック	合併件数
北海道	21
東北（6県）	67
関東（1都6県）	75
甲信越（3県）	55
北陸（3県）	26
東海（3県）	45
近畿（2府5県）	69
中国（5県）	76
四国（4県）	48
九州（7県）	94
沖縄	5
計	581

図表 2-5　合併年度の状況

合併年度	合併件数	割合
11年度	1	0.2%
12年度	2	0.3%
13年度	3	0.5%
14年度	6	1.0%
15年度	30	5.2%
16年度	215	37.0%
17年度	324	55.8%
計	581	100.0%

図表 2-6　合併の形態

編入，138／24％
新設，443／76％

2005（平成17）年3月31日までに知事に市町村の廃置分合の申請をし，2006（平成18）年3月31日までに合併する市町村も，財政支援措置の対象として含めるという対応がとられた結果である。

◆合併の方式の様相　合併方式では，合併関係市町村のすべてを廃して新たな市町村を設置する「新設合併」と，ある合併関係市町村を廃して既存の市町村に属する「編入合併」があるが，1999（平成11）年度から2005（平成17）年度までの合併では「新設合併」が443件で76％，「編入合併」が138件で24％と，全体として「新設合併」が7割以上を占めている（図表2-6）。

　編入合併については，主に人口規模の比較的大きな市町村に人口規模の小さな市町村が編入するという傾向がみられる。また，宮城県，山形県，東京都，富山県，石川県，熊本県，沖縄県の各都道府県内での市町村合併はすべて「新設合併」となっている。合併の形態の選択は各合併協議会で協議されるものであるが，合併関係市町村間での力関係や住民感情が関与する場合も大きい。市町村合併を推進するためにもそれらに配慮し，"吸収される" というイメージの強い「編入合併」よりも，各合併関係市町村が "対等な立場で合併に臨む" という「新設合併」を選択したのではないか，と推察される。

図表2-7　合併関係市町村数の状況

合併関係市町村数	合併件数	割合
2市町村	229	39.4%
3市町村	157	27.0%
4市町村	79	13.6%
5市町村	49	8.4%
6市町村	25	4.3%
7市町村	18	3.1%
8市町村	10	1.7%
9市町村	5	0.9%
10市町村	5	0.9%
11市町村	0	0.0%
12市町村	2	0.3%
13市町村	1	0.2%
14市町村	1	0.2%
計	581	100%

◆合併関係市町村について

1999（平成11）年度から2005（平成17）年度末までの合併で，合併関係市町村数が最も多い市町村は新潟県新潟市の15市町村で，新潟県上越市の14市町村，愛媛県今治市と静岡県浜松市がともに12市町村であった。都道府県別でみると，合併関係市町村数が最も多い都道府県は新潟県の94市町村で，続いて広島県の80市町村，岐阜県の75市町村となっている。

　また，2市町村の合併によるものが最も多く，229市町村で（39.4％），3つの市町村の合併件数が157市町村（27％）となっている（図表2-7）。1999（平成11）年3月31日から2006（平成18）年3月31日までの間に，合併により市町村数が最も減少した都道府県は新潟県で77市町村，続いて広島県の63市町村，岐阜県の57市町村となっている（図表2-8）。

2 人口規模

◆合併市町村の人口規模について

1999（平成11）年度から2005（平成17）年度の間に合併した市町村のうち，合併後の人口が多い市町村の上位は京都市（147万4471人），広島市（113万4134人），さいたま市（113万3300人），堺市（82万9639人），新潟市（80万8969人），浜松市（78万6306人），静岡市（71万9967人）で，さいたま市（2001（平成13）年の浦和市と大宮市と与野市の合併は新設，2005（平成17）年の岩槻市との合併は編入）と静岡市（2003（平成5）年の清水市との合併は新設，2006（平成18）年の庵原郡蒲原町との合併は編入）を除き，上位の合併市町村のほとんどの合併形態は「編入合併」となっている。

　一方，合併後の人口が少ない合併市町村は愛知県豊根村（1629人），福岡県東峰村（2948人），群馬県神流町（3210人），長野県筑北村（6049人）島根県飯南町（6541人）で，愛知県豊根村，長野県明智村を除く人口規模の小さい下位の合併市町村

図表2-8 都道府県別市町村数の状況

		平成11年3月31日の市町村数				平成17年3月31日の市町村数				平成18年3月31日の市町村数				削減市町村数
		計	市	町	村	計	市	町	村	計	市	町	村	
1	北海道	212	34	154	24	208	34	151	23	180	35	130	15	32
2	青森県	67	8	34	25	48	9	28	11	40	10	22	8	27
3	岩手県	59	13	30	16	58	13	29	16	35	13	16	6	24
4	宮城県	71	10	59	2	69	10	57	2	36	13	22	1	35
5	秋田県	69	9	50	10	42	11	24	7	25	13	9	3	44
6	山形県	44	13	27	4	44	13	27	4	35	13	19	3	9
7	福島県	90	10	52	28	85	11	48	26	61	12	33	16	29
8	茨城県	85	20	48	17	62	26	27	9	44	32	10	2	41
9	栃木県	49	12	35	2	44	13	29	2	33	14	19	0	16
10	群馬県	70	11	33	26	58	11	27	20	39	12	17	10	31
11	埼玉県	92	43	38	11	89	41	40	8	71	40	30	1	21
12	千葉県	80	31	44	5	77	33	39	5	56	36	17	3	24
13	東京都	40	27	5	8	39	26	5	8	39	26	5	8	1
14	神奈川県	37	19	17	1	37	19	17	1	35	19	15	1	2
15	新潟県	112	20	57	35	65	20	30	15	35	20	9	6	77
16	富山県	35	9	18	8	27	10	13	4	15	10	4	1	20
17	石川県	41	8	27	6	22	10	12	0	19	10	9	0	22
18	福井県	35	7	22	6	28	8	16	4	17	9	8	0	18
19	山梨県	64	7	37	20	38	12	16	10	29	13	9	7	35
20	長野県	120	17	36	67	111	18	32	61	81	19	25	37	39
21	岐阜県	99	14	55	30	47	21	24	2	42	21	19	2	57
22	静岡県	74	21	49	4	68	23	41	4	42	23	15	4	32
23	愛知県	88	31	47	10	87	32	45	10	64	34	27	3	24
24	三重県	69	13	47	9	47	15	26	6	29	14	15	0	40
25	滋賀県	50	7	42	1	33	13	20	0	26	13	13	0	24
26	京都府	44	12	31	1	39	13	25	1	28	14	13	1	16
27	大阪府	44	33	10	1	43	33	9	1	43	33	9	1	1
28	兵庫県	91	21	70	0	77	25	52	0	41	29	12	0	50
29	奈良県	47	10	20	17	46	11	18	17	39	12	15	12	8
30	和歌山県	50	7	36	7	49	7	36	6	30	8	21	1	20
31	鳥取県	39	4	31	4	20	4	15	1	19	4	14	1	20
32	島根県	59	8	41	10	29	8	18	3	21	8	12	1	38
33	岡山県	78	10	56	12	34	14	18	2	29	15	12	2	49
34	広島県	86	13	67	6	29	15	14	0	23	14	9	0	63
35	山口県	56	14	37	5	33	13	19	1	22	13	9	0	34
36	徳島県	50	4	38	8	38	6	29	3	24	8	15	1	26
37	香川県	43	5	38	0	35	7	28	0	18	8	10	0	25
38	愛媛県	70	12	44	14	27	11	16	0	20	11	9	0	50
39	高知県	53	9	25	19	48	9	26	13	35	9	18	6	18
40	福岡県	97	24	65	8	85	26	53	6	69	27	38	4	28
41	佐賀県	49	7	37	5	35	8	23	4	23	10	13	0	26
42	長崎県	79	8	70	1	51	10	40	1	23	13	10	0	56
43	熊本県	94	11	62	21	68	14	43	11	48	14	26	8	46
44	大分県	58	11	36	11	28	12	14	2	18	14	3	1	40
45	宮崎県	44	9	28	7	44	9	28	7	31	9	19	3	13
46	鹿児島県	96	14	73	9	78	14	59	5	49	17	28	4	47
47	沖縄県	53	10	16	27	52	11	17	24	41	11	11	19	12
	計	3,232	670	1,994	568	2,521	732	1,423	366	1,822	777	847	198	1,410

についてはほとんどが「新設合併」の合併形態をとっている。

◆政令市・中核市・特例市について
1999（平成11）年度から2005（平成17）年度の間の合併により，さいたま市は2003（平成15）年4月1日，静岡市は2005（平成17）年4月1日，堺市は2006（平成18）年4月1日にそれぞれ政令市に移行した。また，新潟市と浜松市は2007（平成19）年4月1日，政令市への移行を予定している。

しかし，これらの結果をみると，今回の平成の合併を経ても政令市への移行はあまり進まなかったといえる。また，中核市および特例市への移行についても1999（平成11）年度以降の合併によっても進んでいるとはいえない。つまり，合併によって中核市や特例市となり，権限の移譲によって地方分権を進めるという流れはあまり実現していない，と推察することができる。

◆合併市町村の面積について
合併市町村の面積では，面積が広い合併市町村から岐阜県高山市（279.35平方キロ），静岡県浜松市（1511.17平方キロ），栃木県日光市（1449.93平方キロ），静岡県静岡市（1388.74平方キロ），北海道北見市（1374.95平方キロ）となっている。また，面積の狭い合併市町村は，順に愛知県清須市（13.31平方キロ），埼玉県ふじみ野市（14.67平方キロ），東京都西東京市（15.85平方キロ），愛知県北名古屋市（18.37平方キロ），沖縄県八重瀬町（26.9平方キロ）となっている。

これを人口密度でみると，人口密度が高い合併市町村は上位から東京都西東京市（1万1412.3人/平方キロ），埼玉県ふじみ野市，（6824.7人/平方キロ），埼玉県さいたま市（5210.8人/平方キロ），大阪府堺市（5531.3人/平方キロ），愛知県清須市（5210.8人/平方キロ）で，これらのほとんどの合併市町村は都市部，あるいは都市部近郊に所在する市町村である。反対に，人口密度が低い合併市町村は北海道枝幸町（9.4人/平方キロ），愛知県豊根村（10.4人/平方キロ），岩手県西和賀町（13.5人/平方キロ），北海道むかわ町（15.7人/平方キロ），北海道日高町（15.9人/平方キロ）で，これらの市町村のほとんどは地方の中山間地域である。

3 高齢化の状況

◆合併市町村の高齢化率
第1期～第3期調査の有効回答の結果の範囲内で，人口の年齢構成比の高齢化率が高い合併市町村は高知県仁淀川町（45.5％），群馬県神流町（44.8％），島根県美郷町（41.1％），広島県安芸太田町（40.7％），愛知県豊根村（40.6％）となっており，上位7位までの市町村で高齢化率が40

図表2-9
人口と高齢化率の分散図

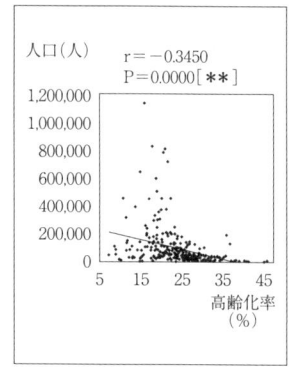

図表2-10
高齢化率と一般会計に占める民生費割合の分散図

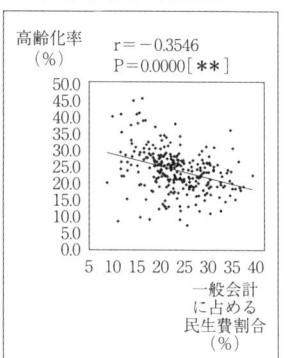

図表2-11
人口と一般会計に占める民生費割合の分散図

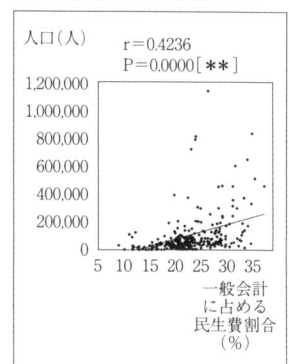

％を超えている。また、回答を得た合併市町村のうち、高齢化率が25％以上であったのは334市町村中、143市町村（全体の42.8％）であった。

一方、高齢化率の低い合併市町村は滋賀県湖南市（7.2％）、千葉県成田市（8.6％）、岐阜県可児市（9.0％）、栃木県下野市（9.1％）、山梨県富士河口湖町（9.8％）となっている。また、回答を得た合併市町村のうち、高齢化率が14％以下であったのは334市町村中、19市町村（全体の5.7％）であった。

◆市町村合併と高齢化率との関連

合併と高齢化率との関連をみると、高齢化率の高い上位10市町村では人口が2万人台以下の小規模な市町村で、民生費の一般会計に占める割合が15％前後と比較的低い。一方、高齢化率が低い下位10市町村では人口が2万人台から40万人台と幅があり、一般会計の民生費に占める割合についても11％から31％と幅があった。

このように「人口」と「高齢化率」、「高齢化率」と「一般会計に占める民生費の割合」、「人口」と「一般会計に占める民生費の割合」の関連を統計的に見た場合、緩やかではあるが、関連をみることができる（図表2-9、図表2-10、図表2-11）。

4 合併の目的

◆合併の主な理由について

合併理由については、市町村の財政への対応に関する理由を選択する市町村が多く、「効率的・安定的な行財政運営の強化のため」が293市町村、「現在の財政状況の悪化を回避するため」が151市

図表2-12　合併の主な理由（n＝331）上位3つまで複数回答可

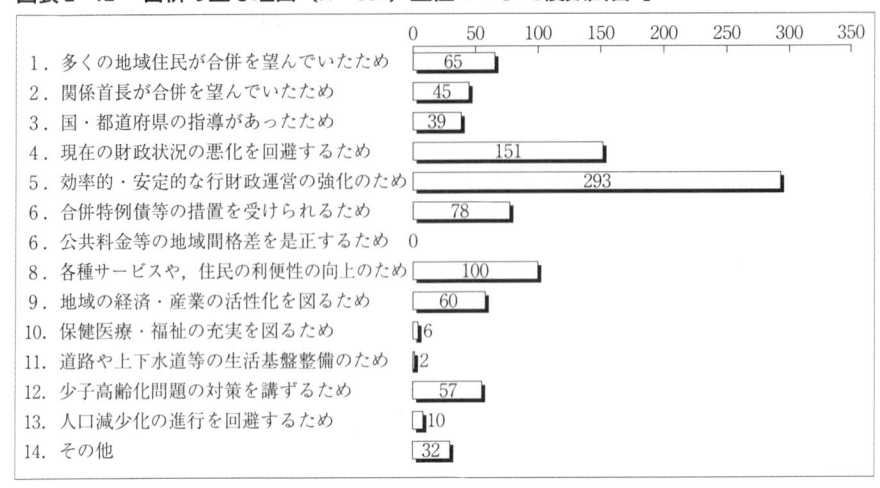

	件数
1. 多くの地域住民が合併を望んでいたため	65
2. 関係首長が合併を望んでいたため	45
3. 国・都道府県の指導があったため	39
4. 現在の財政状況の悪化を回避するため	151
5. 効率的・安定的な行財政運営の強化のため	293
6. 合併特例債等の措置を受けられるため	78
6. 公共料金等の地域間格差を是正するため	0
8. 各種サービスや、住民の利便性の向上のため	100
9. 地域の経済・産業の活性化を図るため	60
10. 保健医療・福祉の充実を図るため	6
11. 道路や上下水道等の生活基盤整備のため	2
12. 少子高齢化問題の対策を講ずるため	57
13. 人口減少化の進行を回避するため	10
14. その他	32

町村，「合併特例債などの措置を受けられるため」が78市町村となっている（上位3つまで複数回答）（図表2-12）。このように財政的理由と他の理由との差は大きく開いており，多くの市町村合併では財政対策に大きなウエートが置かれていたということがわかる。

これに対し，「保健医療・福祉の充実を図るため」を選択している市町村はわずかに6市町村で，下位に位置づけられている。また，合併理由として「公共料金などの地域間格差を是正するため」を選択した市町村はなかった。

5　合併するまでの経緯

◆住民の意思の確認について

合併前の合併関係市町村のうち，「全部の市町村において住民説明会の実施」としているのは，有効回答の333合併市町村のうち，305市町村であるが，これが合併前に「全部の市町村でアンケート（意向調査）を実施」となると，全体の約半数の177市町村と減少し，「一部の市町村で住民投票を実施」が82市町村，さらには「全部の市町村で住民投票を実施」した市町村は，わずかに7市町村となっている（図表2-13）。調査は，合併した市町村を対象としたものであるため，合併の協議があっても合併を選択しなかった市町村との比較はできないものの，合併した市町村においては住民投票の実施率が低いことがうかがえる。

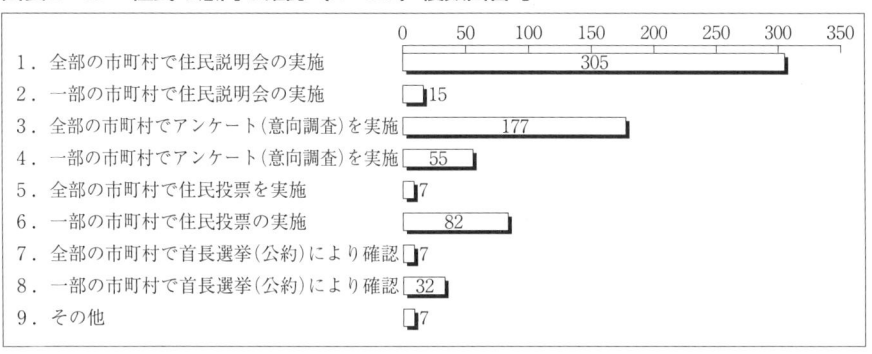

図表2-13　住民の意向の確認（n=332）複数回答可

1．全部の市町村で住民説明会の実施	305
2．一部の市町村で住民説明会の実施	15
3．全部の市町村でアンケート（意向調査）を実施	177
4．一部の市町村でアンケート（意向調査）を実施	55
5．全部の市町村で住民投票を実施	7
6．一部の市町村で住民投票の実施	82
7．全部の市町村で首長選挙（公約）により確認	7
8．一部の市町村で首長選挙（公約）により確認	32
9．その他	7

　また，市町村長の選挙で候補者が合併に関する内容を公約などに掲げ，合併の意向を住民に問うという過程を経てきている合併市町村については，「全部の市町村で首長選挙（公約）により確認」が7市町村，「一部の市町村で首長選挙（公約）により確認」が32市町村と少なかった。計量的な調査結果だけでは，実際の各合併市町村における住民意思の確認の背景やそれが十分であったかという判断はできないが，この結果を見る限りでは1999（平成11）年度以降の合併は「行政主導」のパターンが多かったのではないか，と推察することができる。

6　新市町村での福祉計画の策定状況

◆老人保健福祉計画・介護保険事業計画の策定状況

　老人保健福祉計画，および介護保険事業計画の第3期の計画年度が2006（平成18）年度から2010（平成22）年度で，その時期はちょうど調査の時期と重なった。このため，第1期調査および第2期調査の対象市町村では計画の改定前，第3期調査対象の市町村ではほとんどが新合併市町村での計画を策定したあとに調査を行うことになり，調査結果は調査時期による偏向が生じてしまっているため，これらのデータは検証には用いないことにした。

◆障害者福祉計画

　合併後の新市町村において，調査時点で障害者福祉計画を策定しているのは，わずかに33市町村（10％）であった（図表2-14）。合併した年度別にみてみると，1999（平成11）年度が1市町村，2000（平成12）年度が1市町村，2001（平成13）年度は2市町村，2002（平成14）年度は2市町村，2003

図表2-14　合併後の障害者プラン策定状況（n=334）

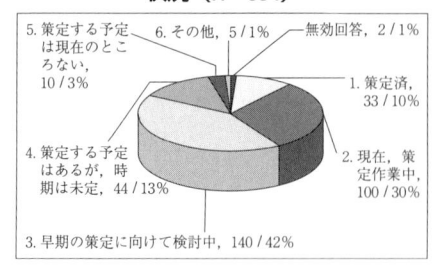

- 1. 策定済, 33 / 10%
- 2. 現在、策定作業中, 100 / 30%
- 3. 早期の策定に向けて検討中, 140 / 42%
- 4. 策定する予定はあるが、時期は未定, 44 / 13%
- 5. 策定する予定は現在のところない, 10 / 3%
- 6. その他, 5 / 1%
- 無効回答, 2 / 1%

図表2-15　合併前の障害者福祉計画の策定状況

	関係市町村数	割合
合併前に障害者福祉計画を策定した市町村	912	75%
合併前に障害者福祉計画が未策定だった市町村	228	19%
不明	70	6%
計	1210	100%

図表2-16　合併前に障害者プランが未策定であった主な理由（n=101）

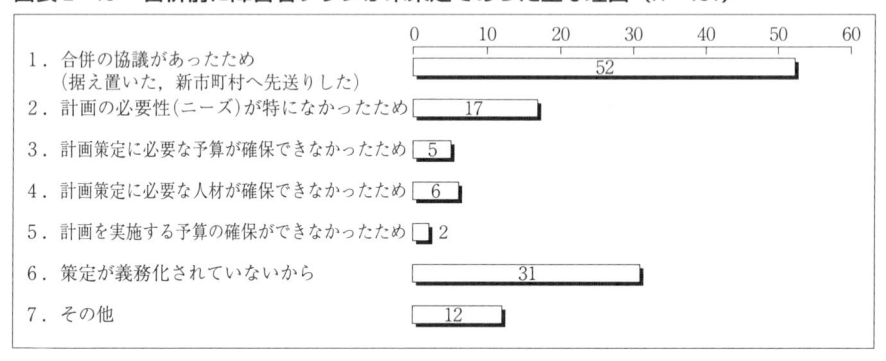

1．合併の協議があったため（据え置いた、新市町村へ先送りした）	52
2．計画の必要性（ニーズ）が特になかったため	17
3．計画策定に必要な予算が確保できなかったため	5
4．計画策定に必要な人材が確保できなかったため	6
5．計画を実施する予算の確保ができなかったため	2
6．策定が義務化されていないから	31
7．その他	12

（平成15）年度は3市町村，2004（平成16）年度は10市町村，2005（平成17）年度は14市町村となっている。また，合併後の新市町村で「現在，策定作業中」としているのは100市町村（30％），「早期の策定に向けて検討中」が140市町村（42％）で，全体の約8割の合併市町村においては合併により計画の再編，あるいは新市町村における新規の計画策定が予定されていることがうかがえる。これらは，2005（平成17）年11月に成立した障害者自立支援法にもとづき市町村による障害者福祉計画の策定が規定されたことも大きく影響をしている。

　一方，「策定する予定はあるが，時期が未定」が44市町村（13％），「策定する予定は現在のところない」とする回答が10市町村（3％）あった。その理由についてみると，「障害者自立支援法案が国会で検討されている最中で，法案によると計画策定が市町村で必須となるため，法の成立を待って策定を保留」，「合併直後でまだ間がない」，「もう一つの合併を控えている」，「合併直後のため余裕がない」と

いう回答があり，障害者福祉計画の策定について合併と法案可決の遅れによる影響を受けている市町村も確認された。また，合併前に障害者福祉計画が策定されていた市町村は，回収標本の全合併関係市町村1210市町村のうち，912市町村（75％）で，合併前の市町村においては策定率が高かったことがわかった（図表2-15）。

なお，合併前の市町村で計画が未策定であった主な理由については101市町村が回答しており，その理由（3つまで複数回答可）は，上位から「合併の協議があったため（据え置いた，新市町村へ先送りした）」（52市町村），「策定が義務化されていないから」（31市町村），「計画の必要性（ニーズ）がとくになかったため」（17市町村）となっている（図表2-16）。

これら結果を総合してとらえると，合併前について策定率の高かった障害者福祉計画は，合併後についても新たに計画を策定する方向に向かっている，というプラスの影響があったと推察される一方，合併の協議や2005（平成17）年度中の郵政民営化法案をめぐる政治的な影響（衆院の解散により，障害者自立支援法案の国会審議が中断した）に伴い，障害者福祉計画の策定を先送りせざるを得なかった，というマイナスの面もあったとみることができる。

◆児童育成計画（次世代育成支援対策行動計画）

「市町村児童育成計画（エンゼルプラン）」は，市町村に計画の策定が義務づけられていないが，「次世代育成支援行動計画」については，2005（平成17）年度からの計画の策定が全市町村に義務づけられており，2005（平成17）年3月末までに策定しなければならないという規定があった。次世代育成支援対策は内閣府で進める少子化対策の一環であるが，多くの市町村では児童福祉を管轄する部署において計画が作られており，内容についても児童育成計画と重なる部分が多く，両計画を明確に区分できないところがある。このため，調査では両計画を問わず，児童福祉に関する計画が合併前後でどのような状況であったのかをとらえることとした。

その結果，児童育成計画，あるいは次世代育成支援行動計画が合併後に策定済みであるという回答は157市町村（46％）であった（図表2-17）。このうち，策定時期が2005（平成17）年3月以前であったのは135市町村で，合併前の関係市町村で策定されたものを新市町村の計画とみなし，「策定済」と回答した市町村が多かった。実際，合併前にこの計画が策定されていた市町村は回収標本の全合併関係市町村1210市町村のうち，818市町村（68％）で，障害者福祉計画に比べ，合併前の

図表2-17　合併後のエンゼルプラン策定状況（n=334）

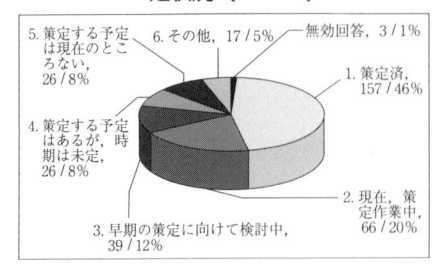

- 1. 策定済, 157/46%
- 2. 現在, 策定作業中, 66/20%
- 3. 早期の策定に向けて検討中, 39/12%
- 4. 策定する予定はあるが, 時期は未定, 26/8%
- 5. 策定する予定は現在のところない, 26/8%
- 6. その他, 17/5%
- 無効回答, 3/1%

図表2-18　合併前の児童育成計画等の策定状況

	関係市町村数	割合
合併前に児童育成計画等を策定した市町村	818	68%
合併前に児童育成計画等が未策定だった市町村	352	29%
不明	40	3%
計	1210	100%

図表2-19　合併前に児童育成計画等が未策定であった主な理由（n=100）

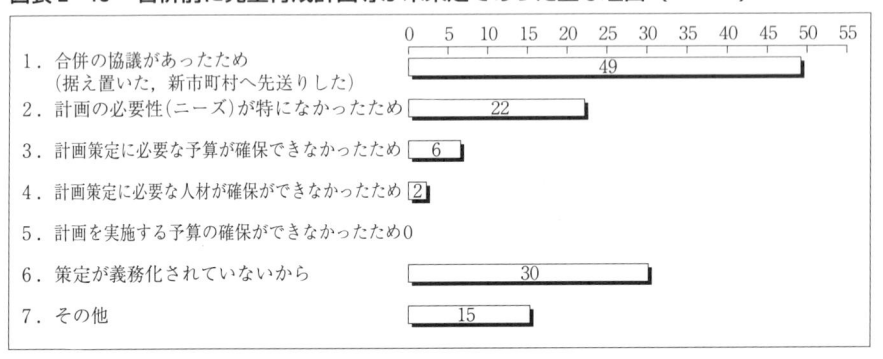

1. 合併の協議があったため（据え置いた, 新市町村へ先送りした）　49
2. 計画の必要性（ニーズ）が特になかったため　22
3. 計画策定に必要な予算が確保できなかったため　6
4. 計画策定に必要な人材が確保ができなかったため　2
5. 計画を実施する予算の確保ができなかったため　0
6. 策定が義務化されていないから　30
7. その他　15

　計画策定率は若干低くなっているものの, 行動計画が義務づけられていることもあって高い策定率であった（図表2-18）。また, 合併前の市町村において計画が未策定であった主な理由については100市町村が回答しており, その理由（3つまで複数回答可）は, 上位から「合併の協議があったため（据え置いた, 新市町村へ先送りした）」が49市町村,「策定が義務化されていないから」が30市町村,「計画の必要性（ニーズ）がとくになかったため」が22市町村となっている（図表2-19）。

　この行動計画については, 2005（平成17）年度途中に合併することがすでに予定されている市町村においても, 策定義務の規定のとおり, 合併前の関係市町村ごとの個々の行動計画を2004（平成16）年度末までに策定するよう, 市町村に対して指導した都道府県もあった。このため, 合併後に整合性のとれない計画が残ってしまい, 形だけの計画となった市町村や, 少子化の状況, また, サービス基盤に格差がある市町村同士が合併した合併市町村では合併後計画の内容を大幅に修正

しなければならない状況となっている例もあり，合併が計画に大きく影響を及ぼしていることがわかる。

7 合併前後の行財政改革の状況

◆職員数の状況　　合併前の関係市町村の職員数の合計と合併後の新市町村の職員数との比較の調査結果をみると，一般職員については「減った」が278市町村（83％），「変わらない」が33市町村（10％），「増えた」が17市町村（5％）であった。増減数については調査の時期，および回答者の基準日などの扱いから誤差が生じていると思われるため，参考データとして扱うことにとどめた。

一方，保健医療・福祉事業に関係する職員については，「減った」が105市町村（31％），「変わらない」が114市町村（34％），「増えた」が93市町村（28％）と傾向が分かれた。保健医療・福祉事業に関係する職員が「減った」と回答している市町村は，すべて一般職員についても「減った」と回答している。また，一般職も保健医療・福祉事業に関係する職員もともに「増えた」と回答したのは10市町村，一般職は「減った」が保健医療・福祉事業に関係する職員は「増えた」と回答したのは76市町村であった（図表2-20）。

保健医療・福祉事業に関係する職員が「増えた」とする理由としては，93市町村のうち76市町村が市制をとっていることから，福祉事務所などに従事する職員（社会福祉主事等）を増員する必要が生じたためと考えられる（合併に伴い，都道府県設置の福祉事務所で行われていた町村の生活保護など，一部の業務は市へ移管している）。また，2006（平成18）年度から介護保険関連事業の地域包括支援センターの設置や障害者自立支援法に関連する事務，あるいは都道府県独自の施策によっては身体障害者手帳の交付などの事務を移管する市町村もあるため，市の保健医療・福祉事業に関係する業務量が増えている市町村もある。

なお，合併の効果として掲げられていた「専門性のある人材を確保することができる」という面からみると，保健医療・福祉事業に関係する職員が「増えた」とする市町村においては効果があったといえるが，全体の量から見た場合，「増えた」のは「変わらない」，「減った」とする市町村の半数以下で，実際には効果が得られなかった市町村も存在するとみることができる。

◆一般職員の給与
◆（人件費）の状況

合併と職員の給与（人件費）についての設問の回答では，「当面は合併後の市町村ごとのままにした」が143市町村（43％）で最も多かった。また，「どちらかというと高い方に合わせた」が48市町村（14％），「同等規模の市町村に合わせて既存額より高くした」が14市町村（4％）であった。「その他」を選択した79市町村の内の約半数は「編入合併のため，編入先の市に合わせた」（高く合わせた）という回答であった。

合併の前後で相対的に「人件費」が削減されたか，という点については十分にとらえることはできなかったが，職員数と給与の増減の関係については一般職員数を削減し，給与でも「どちらかというと低い方の市町村に合わせた」，「概ね平均に合わせた」と調整したのが37市町村あったのに対し，一般職員数を増員し，さらに給与でも「どちらかというと高い方の市町村に合わせた」と調整したのが5市町村，職員数は削減したものの，給与では「どちらかというと高い方の市町村に合わせた」と調整したのが37市町村あり，合併による行革の効果が現れていない市町村もあることがわかった（図表2-21）。

◆合併前後の議員数
◆・議員報酬の状況

合併直後の議会の議員数と議員報酬の調整については，議員数が「減った」（「定数特例」により期間限定の定数を設定した場合も含む）と回答したのは169市町村（51％），「変わらない（議員在任特例の適用）」が154（46％）とほぼ二分した（合併時期が2002（平成14）年度以前の市町村については特例の期間が過ぎているということもあり，今回の調査の回答ではすべての市町村について議会議員は減少となっている）。

議員の報酬については，「どちらかというと高い方に合わせた」が112市町村（34％），「当面は合併後の市町村ごとのままにした」が57市町村（17％），「同等規模の市町村に合わせて既存額より高くした」が44市町村（13％）で，「その他」では一般職員の給与と同じように「編入先の市に合わせた」とする回答が半数近く含まれていた。特徴的なことは，一般職員の給与を抑えている市町村であっても合併直後の議会議員の報酬は「高く」調整する市町村がみられたことである（図表2-22，図表2-23）。

◆合併前後の市町村
◆長の報酬の状況

市町村長の報酬の調整については，「どちらかというと高い方に合わせた」が121市町村（37％）で，「同等規模の市町村に合わせて既存額より高くした」が52市町村（16％），「当面は合併後の市町村ごとの

図表2-20　一般職員数の増減と保健医療・福祉職員数の増減とのクロス集計

合併前市町村合算一般職員数との対比	合併前市町村合算保健医療福祉職員数との対比				
	減	増	不変	無効回答	総計
減	105	76	81	16	278
増		10	6	1	17
不変		7	26		33
無効回答			1	5	6
総計	105	93	114	22	334

図表2-21　一般職員数の増減と一般職員の給与の調整とのクロス集計

合併前市町村合算一般職員数との対比	合併後の一般職員の給与							
	低いほう	平均	高いほう	合併前のまま	同等規模	その他	無効回答	総計
減	10	27	37	119	14	66	5	278
増	1	2	5	4		5		17
不変		4	5	17		7		33
無効回答			1	3		1	1	6
総計	11	33	48	143	14	79	6	334

図表2-22　議会議員数の増減と議会議員の報酬の調整とのクロス集計

合併前市町村合算議員数との対比	合併後の議員の報酬							
	低いほう	平均	高いほう	合併前のまま	同等規模	その他	無効回答	総計
減	3	7	65	8	35	49	2	169
増		1	1			3		5
不変	8	17	45	49	8	26	1	154
無効回答		1	1		1		3	6
総計	11	26	112	57	44	78	6	334

図表2-23　議会議員の報酬の調整と一般職員の給与の調整とのクロス集計

合併後の議員の報酬	合併後の一般職員の給与							
	低いほう	平均	高いほう	合併前のまま	同等規模	その他	無効回答	総計
低いほう	1		2	7		1		11
平均		6	1	13	1	3	2	26
高いほう	4	10	26	51	6	15		112
合併前のまま	4	7	7	26		12	1	57
同等規模		7	5	21	7	4		44
その他	2	2	7	23		44		78
無効回答		1		2			3	6
総計	11	33	48	143	14	79	6	334

図表2-24　合併後の首長の報酬の調整（n=334）

1. どちらかというと低いほうの市町村に合わせた, 13/4%
2. 概ね平均にあわせた, 21/6%
3. どちらかというと高いほうの市町村に合わせた, 121/37%
4. 当面は合併前の市町村ごとのままにした, 35/10%
5. 同等規模の市町村に合わせて既存額より高くした, 52/16%
6. その他, 81/24%
無効回答, 11/3%

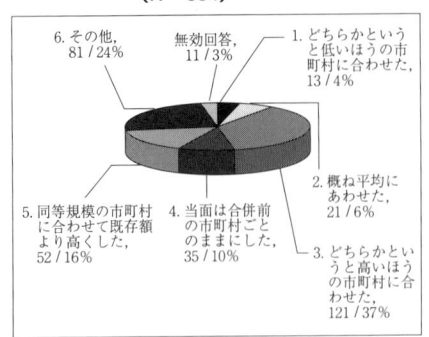

図表2-25　合併後の一般会計予算（n=334）

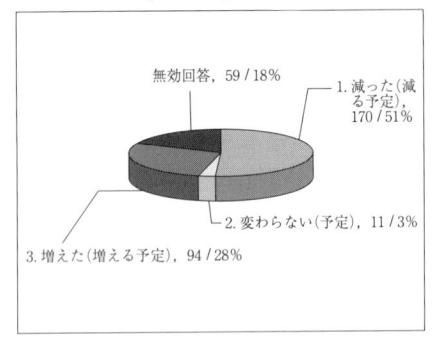

1. 減った(減る予定), 170/51%
2. 変わらない(予定), 11/3%
3. 増えた(増える予定), 94/28%
無効回答, 59/18%

ままにした」が35市町村（10％）で，半数以上の市町村において市町村長の報酬は「高く」調整されている（図表2-24）。

　総務省は，2004（平成16）年12月24日に内閣で閣議決定された「今後の行政改革の方針」を踏まえ，「地方公共団体における行政改革の推進のための新たな指針」（「新地方行革指針」）を策定し，これを2005（平成17）年3月29日付で地方自治体に通知している。そこには地方自治体が今後取り組む新しい地方行政改革の推進に関する具体的な内容や方向性が示されているが，なかでも地方自治体の職員の定員の削減については2005（平成17）年度を起点とし，2009（平成21）年度までに4.6％を上回る職員定員の純減をめざすこと，また，具体的数値目標を集中改革プラン（2005（平成17）年度末までに策定）として示し，これを公表することを促した。

　しかし，実際，合併直後の状況をこの調査結果からみると，市町村によっては保健医療・福祉事業については職員の増員が図られ，住民の利便性の向上やスケールメリットによる効果が示された事例がある一方，合併の効果として期待された職員や議会議員の定数の調整，人件費の調整については政治・政策に関わるステークホルダー（利害関係者）の影響を大きく受け，必ずしも行財政改革の効果が現れていない事例もあり，総務省の意図したとおりに地方行革が進むのかどうかが懸念される。

8 合併前後の財政の変化

◆合併前後の一般会計の状況

第2期および第3期の調査の対象市町村のうち，新市町村の長や議会議員の選挙があるまで，あるいは合併後に議会で本予算が確定されるまでの間，市町村長の職務代理者の専決処分で執行される「暫定予算」で運営が行われている市町村があった。また，本予算の内容が年度途中からの額である市町村もあり，比較する数値（予算額）の基準が一定とならなかったため，額については参考データとしたが，予算の増減についての回答については興味深い結果が得られた。

図表2-26 合併後の民生費予算（n=334）

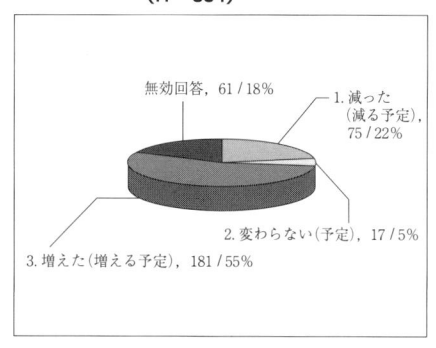

無効回答，61／18％
1.減った（減る予定），75／22％
2.変わらない（予定），17／5％
3.増えた（増える予定），181／55％

合併後の一般会計の予算については，合併前の合併関係市町村の直近年度の予算の合算額と比較し，「減った（減る予定）」としているのが170市町村（51％）と約半数を占めており，「増えた（増える予定）」が94市町村（28％）で，「変わらない（予定）」としているのが11市町村（3％）という結果であった（図表2-25）。

ここで注目すべき点は，合併によっても財政のスリム化を図ることができなかった合併市町村があったことである。予算が増えた理由としては，合併特例債を適用する事業の予算を計上したこと，合併後において新たに市制を敷いたことで，市に義務化されている事務処理経費を計上したこと，さらに，合併に伴う電算・情報通信処理の統合にかかる経費を計上したこと，また，人口規模が大きくなり，事務処理の高度化への対応するための経費を計上したことなどが考えられる。

◆合併前後の民生費の一般会計に占める割合の状況

一方，民生費の増減については，一般会計とは別に「増えた（増える予定）」としている市町村が181市町村（54％）と半数以上を占め，「変わらない（予定）」としているのが17市町村（5％），「減った（減る予定）」としているのが75市町村（22％）となっている（図表2-26）。一般会計に占める民生費の割合と人口規模，高齢化率との関連については前述のとおりであるが，人口規模の大きい上位の都市では高齢化率は比較的低く，民生費の割合も20％から38％と高くなっていた。これは，ニーズの絶対数が多いことに加え，

図表2-27　合併特例債の適用事業（n=314）

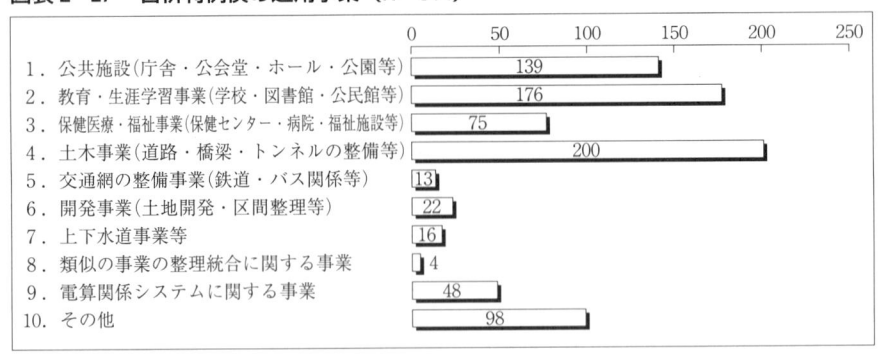

1. 公共施設（庁舎・公会堂・ホール・公園等）	139
2. 教育・生涯学習事業（学校・図書館・公民館等）	176
3. 保健医療・福祉事業（保健センター・病院・福祉施設等）	75
4. 土木事業（道路・橋梁・トンネルの整備等）	200
5. 交通網の整備事業（鉄道・バス関係等）	13
6. 開発事業（土地開発・区間整理等）	22
7. 上下水道事業等	16
8. 類似の事業の整理統合に関する事業	4
9. 電算関係システムに関する事業	48
10. その他	98

対象年齢層にも幅があり，多様で高度な保健医療・福祉ニーズが存在し，それに応える必要性も高くなるためと考えられる。

　一方，人口規模の小規模な地方の市町村では高齢化率は比較的高く，民生費の割合は12％から20％までと低くなっている。これらの市町村ではニーズの絶対数が少ないため，これらニーズへの対応の必要性があっても，都市部のように経費をかけた保健医療・福祉事業を展開することが困難であるためと推察される。都市部と地方の格差はこのような点からも推量することができる。

9 合併特例債などの活用

◆特例債を適用した主な事業（図）

　合併特例債を適用した（する予定の）主な事業についてでは（3つまで複数回答可），「土木事業（道路・橋梁・トンネルの整備など）」が200市町村で最も多く，続いて「教育・生涯学習事業（学校・図書館・公民館など）」が176市町村，「公共施設（庁舎・公会堂・ホール・公園など）」が139市町村であった（図表2-27）。「その他」の具体的な内容では，「基金造成」，「環境衛生事業」，「火葬場整備」，「焼却施設整備」，「廃棄物処理施設整備」，「CATV施設整備」，「情報通信網の整備」，「消防防災関係事業」，「バイオマス活用事業」，「温浴療養施設建設」，「美術館建設」が主なものであった。「保健医療・福祉事業（保健センター・病院・福祉施設など）」は75市町村で上位から第5位となってはいるが，3位までと比較するとその差は大きく開いていることがわかる。

　特例債に関して興味深い点は，前述の合併の理由について尋ねた問いで「道路

や上下水道などの生活基盤整備のため」という回答が下位に位置づけられていたのに対し，特例債の適用の内容を見ると実際には「土木事業（道路・橋梁・トンネルの整備等）」が上位に位置づけられているというように，市町村の「建前」と「本音」の二面性がうかがえたことである。

◆保健医療・福祉の事業への合併特例債の適用例

　また，合併特例債の保健医療・福祉事業への適用事業の具体例では，児童福祉関係は「保育所整備，放課後児童クラブ施設整備，児童館建設など」，高齢者福祉関係は「高齢者福祉施設整備，高齢者グループホーム整備，デイサービス施設整備，一人暮らし高齢者支援システム整備，地域包括支援センター整備など」，障害者関係は「知的障害者グループホーム，知的障害者更生施設など」，保健医療関係は「保健センター整備，診療所，中核病院の整備，健康増進（温泉）施設建設など」となっている。

　合併特例債は地域の基盤整備を中心とする事業への適用であるが，全体的にみると，ソフト面である事業の導入・拡大，基金創設への活用・投資に比べ，施設建設・施設整備などのいわゆるハコモノといわれるハード面への活用・投資の方がやはり主となっている。地域福祉の観点からみると，地域に拠点となる施設や機関が充実することは地域福祉の発展，展開にとって有益となるが，新たに多額の借金を抱え，それを後世に残すという側面も同時にはらむことになる。

10 地域福祉施策の変化

◆新市町村の保育所の保育料の状況

　「合併市町村の保育所の保育料をどのように調整したか」という設問の回答では，「どちらかというと低いほうの市町村に合わせた」がもっとも多くて92市町村（28％），続いて「概ね平均に合わせた」が80市町村（24％），「その他」が78市町村（23％）となっている。「その他」には「市又は編入先の市に合わせた」，「国の示す基準に合わせた」，「新しい基準を定めた」とするものがあった。

　注目されるのは，3割近い合併市町村が合併後の保育所の保育料を合併関係市町村の中の低い市町村の額に合わせていることである。これらは市町村の少子化対策，または次世代育成支援対策法に規定する行動計画の成果，あるいは合併に伴い，周辺市町村間での保育料の格差の是正・統一が促された結果ととらえることができる。また，保育所の入所については市町村の合併に伴って地域の枠組み

図表2-28　地域福祉組織の状況（n=334）

- 1. すべての地域にある, 61／18％
- 2. 半数以上の地域にある, 15／4％
- 3. 一部の地域にある, 56／17％
- 4. ない, 185／56％
- 5. その他, 11／3％
- 無効回答, 6／2％

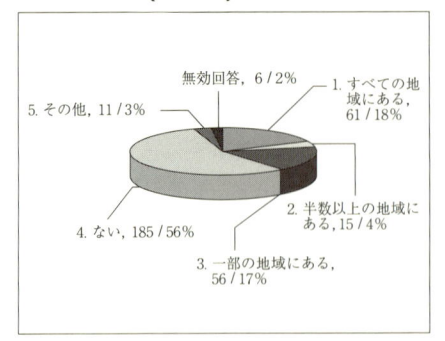

図表2-29　地域福祉組織の整備目標（n=267）

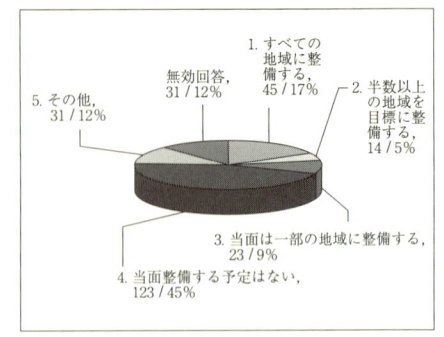

- 1. すべての地域に整備する, 45／17％
- 2. 半数以上の地域を目標に整備する, 14／5％
- 3. 当面は一部の地域に整備する, 23／9％
- 4. 当面整備する予定はない, 123／45％
- 5. その他, 31／12％
- 無効回答, 31／12％

が拡大し，広域入所の規制や手続きが緩和され，入所できる保育所の選択の幅が広がったという点では，合併がプラスの効果をもたらしたといえる。

　一方，「どちらかというと高いほうの市町村に合わせた」が29市町村（9％）あった。また，「当面は合併前の市町村ごとのままにした」と回答する市町村も47市町村（14％）あった。合併後の急激な格差の発生を避けるため，緩和策として旧市町村の地域ごとに違う制度体系をとり（一国二制度），徐々に統一へと向かわせる方法を採用する市町村もあり，合併直後では望ましい効果を得られていない例もあった。

◆新市町村の介護保険料の状況

　介護保険料については，老人保健福祉計画および介護保険事業計画と同様，保険料の改定が第3期の調査時期と重なり，調査結果は調査時期による偏向が生じてしまっているため，データは検証に用いないこととした。

　ただし，介護保険料は保育料とは若干違い，地域のサービス供給量により大きく影響を受ける。このため，すでに「一部事務組合」や「広域連合」などの広域行政による事業運営や，周辺地域のサービス供給量を見込んで介護保険料を設定してきている。このように介護保険料についてはある程度地域間の格差について是正する措置が取られていたことから，合併による影響は保育所の保育料に比べ，やや少ないと推測される。

◆地域福祉施策を進める基礎単位と，地域福祉の組織化の考え方について

　地域福祉施策を進める基礎単位については地域の実情でそれぞれに違いがあり，結果から傾向

図表2-30　地域福祉組織の行政による関与（n=267）

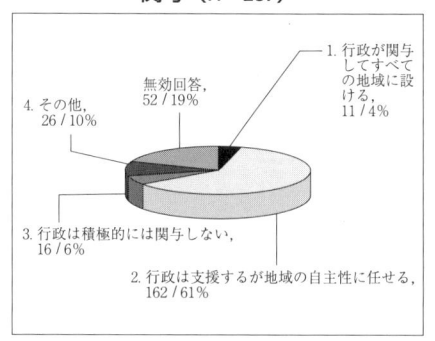

1. 行政が関与してすべての地域に設ける, 11/4%
2. 行政は支援するが地域の自主性に任せる, 162/61%
3. 行政は積極的には関与しない, 16/6%
4. その他, 26/10%
無効回答, 52/19%

図表2-31　合併後の地域福祉計画策定状況（n=334）

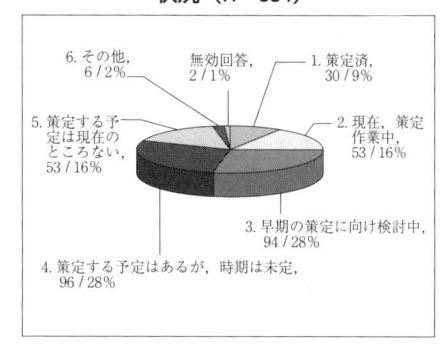

1. 策定済, 30/9%
2. 現在，策定作業中, 53/16%
3. 早期の策定に向け検討中, 94/28%
4. 策定する予定はあるが，時期は未定, 96/28%
5. 策定する予定は現在のところない, 53/16%
6. その他, 6/2%
無効回答, 2/1%

を読み取ることはできなかった。しかし，地域住民や保健医療・福祉の関係者が小地域ごとに集い，地域の福祉問題について話し合う組織など（地区社協は除く）の状況を問う設問では「ない」と回答したのが185市町村（56％）と，全体の半数以上を占め，「すべての地域にある」が61市町村（18％），「一部の地域にある」が56市町村（17％），「半数以上の地域にある」が15市町村（4％）であった。この結果，合併によっても地域福祉施策を進めるための組織化があまり進まなかったということが読み取れる（図表2-28）。

さらに，「ない」，「一部の地域にある」，「半数以上の地域にある」に回答した市町村に対し，今後（向こう10年以内）に小地域ごとの組織をどの程度整備していく予定があるのか，その方向性や意気込みについて回答を求めたところ，「当面整備する予定はない」が123市町村（45％）と最も多く，「すべての地域に整備する」と回答したのは45市町村（17％），「半数以上の地域を目標に整備する」が14市町村（5％），「当面は一部の地域に整備する」が23市町村（9％）と，将来の展望について尋ねてもこの地域組織化への意識・意向は高いとはいえなかった（図表2-29）。

また，同じく，「ない」，「一部の地域にある」，「半数以上の地域にある」に回答した市町村に対し，小地域ごとの組織化についてどのように考えているのか，回答を求めたところ，「行政は支援するが地域の自主性に任せる」が162市町村（61％），「行政は積極的には関与しない」が16市町村（6％），「行政が関与してすべての地域に設ける」が11市町村（4％）と，合併市町村による地域福祉への関与の消極性がクローズアップされた（図表2-30）。これらの結果から全体的な傾向をみ

図表2-32　合併後に地域福祉計画が未策定である主な理由（n=149）

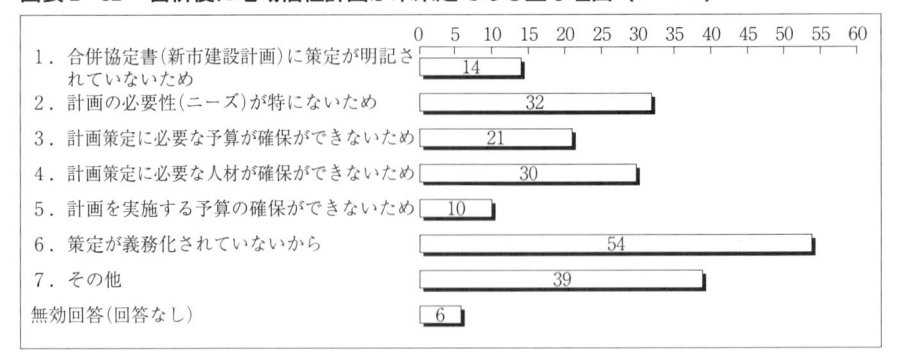

項目	数
1．合併協定書（新市建設計画）に策定が明記されていないため	14
2．計画の必要性（ニーズ）が特にないため	32
3．計画策定に必要な予算が確保ができないため	21
4．計画策定に必要な人材が確保ができないため	30
5．計画を実施する予算の確保ができないため	10
6．策定が義務化されていないから	54
7．その他	39
無効回答（回答なし）	6

図表2-33　合併前の地域福祉計画の策定状況

	関係市町村数	割合
合併前に地域福祉計画を策定した市町村	179	15%
合併前に地域福祉計画が未策定だった市町村	960	79%
不明	71	6%
計	1210	100%

ると，市町村が実施主体となって行うべき諸制度に対しては合併の影響を考慮し，その対策を図るという様子がうかがえるものの，地域住民や保健医療・福祉の関係者が主体となって地域の福祉問題に対応していく，という住民主体の地域福祉活動に対しては行政による支援の意識や意気込みが非常に希薄ととらえることができる。

11 地域福祉計画の動向

◆地域福祉計画

地域福祉計画の策定状況については，「策定済」が30市町村（9％），「現在，策定作業中」が53市町村（16％），「早期の策定に向けて検討中」が94市町村（28％），「策定する予定はあるが，時期は未定」が96市町村（28％），「策定する予定は現在のところない」が53市町村（16％）であった（図表2-31）。続いて，「策定する予定はあるが，時期は未定」，「策定する予定は現在のところない」と回答した149市町村を対象に，計画の策定が未定である理由について回答を（3つまで複数回答可）求めたところ，「策定が義務化されていないから」が54市町

村ともっとも多く,第2位は「その他」の39市町村であり,第3位は「計画の必要性(ニーズ)が特にないため」が32市町村であった(図表2-32)。「その他」の内容では「合併後間がないため」や「総合計画と併せて策定する」などが多かったが,なかには「明確な目的が今まだない」,「合併時に策定した保健・福祉計画があるため」という回答も含まれていた。「その他」が多かったというのは設問の設計にも問題があったとみるべきであるが,この結果からは「計画策定の義務化」,「必要性の認識」が市町村の計画策定の動機づけに影響していることがわかる。

次に,合併前の関係市町村における地域福祉計画の策定の状況では,1210市町村中,計画が策定されていたのが179市町村(15%)で,未策定であったのが960市町村(79%),不明が71市町村(6%)であった(図表2-33)。このように合併前における地域福祉計画の策定率は障害者福祉計画や児童育成計画(次世代育成支援行動計画)に比べ,圧倒的に低かった。

さらに,合併前に計画が策定されていなかった関係市町村に「策定しなかった主な理由」について回答を求めたところ(3つまで複数回答可),「合併の協議があったため(据え置いた,新市町村へ先送りした)」が162市町村で,第2位が「策定が義務化されていないから」で77市町村であった(図表2-34)。

これらを総合すると,合併前の関係市町村では計画が未策定であったものの,合併を機に地域福祉計画の策定について前向きになった市町村があることがわかる。しかし,その一方で,合併の協議があったために計画の策定を据え置き,新市町村へ先送りした市町村も多くあり,それらにより,2003(平成15)年度以降の地域福祉計画の全国的な策定の推進にブレーキがかかったとみることができる。

◆**社会福祉協議会の地域福祉活動計画**

また,合併した社協に対しては地域福祉活動計画の策定状況について回答を求めた(318社協が回答)。結果は,「策定済」(43社協,14%),「現在,策定作業中」(36社協,11%),「早期の策定に向けて検討中」(63社協,20%),「策定する予定はあるが,時期は未定」(125社協,39%)「策定する予定は現在のところない」(34社協,11%)であった(図表2-35)。続いて,「策定する予定はあるが,時期は未定」,「策定する予定は現在のところない」と回答した159社協を対象に,計画の策定が未定である理由について回答を(3つまで複数回答可)で求めたところ,社協の地域福祉活動計画については「その他」が75社協と最も多く,第2位は「計画策定に必要な人材が確保できないため」で,35市町村で

図表2-34　合併前に地域福祉計画が未策定であった主な理由（n=279）

理由	件数
1．合併の協議があったため（据え置いた，新市町村へ先送りした）	162
2．計画の必要性（ニーズ）が特になかったため	46
3．計画策定に必要な予算が確保できなかったため	23
4．計画策定に必要な人材が確保できなかったため	31
5．計画を実施する予算の確保ができなかったため	11
6．策定が義務化されていないから	77
7．その他	24

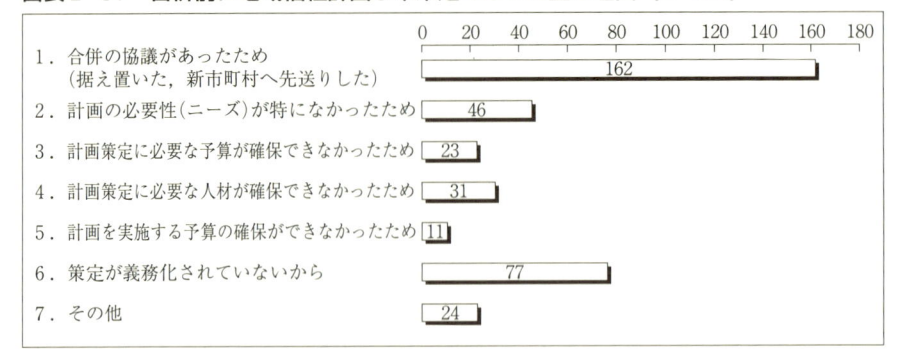

図表2-35　社協合併後の地域福祉活動計画策定状況（n=317）

- 1．策定済，43／14％
- 2．現在，策定作業中，36／11％
- 3．早期の策定に向け検討中，63／20％
- 4．策定する予定はあるが，時期は未定，125／39％
- 5．策定する予定は現在のところない，34／11％
- 6．その他，7／2％
- 無効回答，9／3％

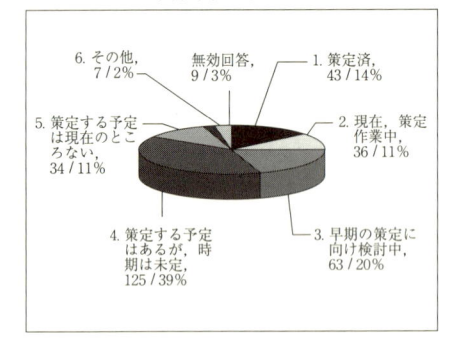

図表2-37　合併前の社協の地域福祉活動計画の策定状況

	関係自治体数	割合
合併前に地域福祉活動計画を策定した市町村	331	27％
合併前に地域福祉活動計画が未策定だった市町村	822	68％
不明	57	5％
計	1210	100％

図表2-36　合併後に社協の地域福祉活動計画が未定となっている主な理由（n=159）

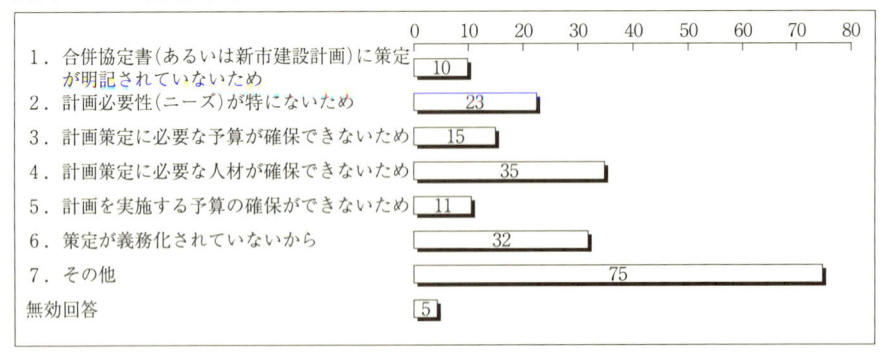

理由	件数
1．合併協定書（あるいは新市建設計画）に策定が明記されていないため	10
2．計画必要性（ニーズ）が特にないため	23
3．計画策定に必要な予算が確保できないため	15
4．計画策定に必要な人材が確保できないため	35
5．計画を実施する予算の確保ができないため	11
6．策定が義務化されていないから	32
7．その他	75
無効回答	5

図表2-38　合併前に社協の地域福祉活動計画が未策定であった主な理由（n=264）

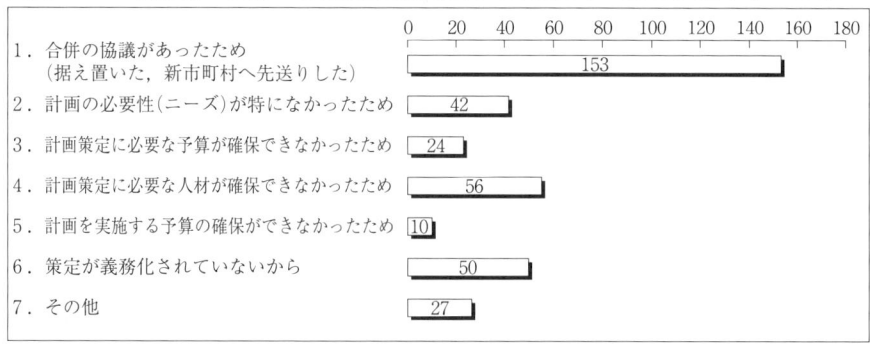

1．合併の協議があったため（据え置いた，新市町村へ先送りした）	153
2．計画の必要性(ニーズ)が特になかったため	42
3．計画策定に必要な予算が確保できなかったため	24
4．計画策定に必要な人材が確保できなかったため	56
5．計画を実施する予算の確保ができなかったため	10
6．策定が義務化されていないから	50
7．その他	27

あった。「その他」の内容では地域福祉計画と同様に「合併後間がないため」という回答とともに，「市（町村）の地域福祉計画と整合性を図るため」，あるいは「市（町村）の地域福祉計画の策定を待ってから」とするものが多かった（図表2-36）。

地域福祉計画の策定状況の設問と同じく「その他」が最も多くなったのは，設問の設計に問題があったとみるべきであるが，社協の地域福祉活動計画に対する考え方が消極的で，市町村の動向に対し，受け身的である様子についてはうかがうことができた。

次に，合併前の合併関係市町村の社協で地域福祉活動計画がどれくらい策定されていたのか，回答を求めたところ（調査対象および回収標本の合併関係市町村の社協数は前述と同様である），1210市町村中，合併前に地域福祉活動計画が策定されていたのは331社協（27％）で，未策定であったのは822市町村（68％），不明が57市町村（5％）であった（図表2-37）。市町村の地域福祉計画に比べれば策定率はやや高いものの，前述の行政の保健福祉関連の計画に比べれば，やはり策定率は低いとみるべきであろう。

また，地域福祉計画と同様，合併前に計画が策定されていなかった社協に「策定しなかった主な理由」について回答を求めたところ（3つまで複数回答可），「合併の協議があったため（据え置いた，新市町村へ先送りした）」を選択したのが153社協，計画策定に必要な人材が確保できなかったため」が56社協，「策定が義務化されていないから」が50社協であった（図表2-38）。

これらの結果から，社協による地域福祉活動計画の策定についても市町村の地

域福祉計画とほぼ同じような傾向を示していることがわかった。また，同時に社協の地域福祉への主体性，先導性の問題についてもクローズアップされた。

12 新たな地域福祉施策

◆新規の保健医療・福祉の事業

合併前の関係市町村において，どの市町村でも行われていなかった事業で，合併後になって新規で実施することになったという事業の実施状況については，「行っている」が42市町村（13％），「行う予定がある」が18市町村（5％），「予定がない」が256市町村（77％）という結果で，今後，新規の事業を実施するという市町村の意気込みや意識は全般に低かった。

市へ「編入合併」の場合，これまで得られなかったサービスの提供が受けられるようになるというメリットがあるが，小規模な市町村同士による「新設合併」では既存のサービス利用の対象地域の拡大は図ることができても，スケールメリットによる新たな事業の展開を期待するのは現実的には難しい，ということが推察される。

ちなみに，合併前の関係市町村において行われていなかった新たな保健医療・福祉事業を「行っている」，または「行う予定がある」とした市町村の事業では，「保育所同時入所で2子以降の保育料無料化」，「障害者生活支援センター」，「発達クリニック」，「身体障害者航送料補助事業」，「高齢者虐待防止事業」，「新婚学級」，「フッ化物洗口事業」，「高齢者筋力トレーニング事業」，「親子教室」，「障害児タイムケア事業」，「地域主体の福祉マップ作成支援」，「障害児児童クラブ」，「介護予防運動指導者養成事業」，「不妊治療費助成事業」，「運動習慣普及特別事業」，「地域組織育成事業」，「シルバーハウジング事業」，「子育て支援アドバイザー設置・運営事業」，「出産子育奨励金」，「歯科の節目検診」，「高齢者虐待防止宿泊措置事業」，（主なものを抜粋して掲載）などがあった。

◆新市町村の介護保険事業の市町村特別給付の状況

また，合併後の新市町村において，介護保険制度のなかで市町村が独自に設定できる市町村特別給付の実施の状況については「行っている」が31市町村（9％），「行う予定がある」が6市町村（2％），「予定はない」が285市町村（85％）という結果で，市町村特別給付の実施については低迷しており，合併による影響もあまりみられなかった。

「行っている」の内容については「給付限度額の上乗せ」，「低所得者利用者負担

軽減」,「紙おむつの支給」,「成年後見制度利用助成」,「地域福祉権利擁護事業利用助成」,「寝具乾燥サービス」,「在宅復帰支援特別給付」,「緊急短期入所サービス」,「介護用品の支給」,「移送サービス」,「訪問理美容」,「家族介護見舞金」などがあった（主なものを抜粋して掲載。ただし，調査は2005（平成17）年6月「介護保険法等の一部を改正する法律」に成立以前に作成したものであるため，各期の調査とも「地域支援事業等」については設問で触れていない）。

◆合併を機に廃止・統廃合された保健医療・福祉関係の事業

合併を機に廃止，または統廃合された保健医療・福祉事業の状況については「ある」が181市町村（54％），「ない」が140市町村（42％）と二分した。

「ある」とした内容については各市町村でそれぞれに特徴があるが，全体的な傾向としては市町村の独自の財源で行っていた事業が多く，高齢者への祝金や慰労金の給付，障害児者への手当て，出産や育児への祝金・奨励金，医療福祉費の助成などの現金や補助金の給付サービスなどが主に廃止されている。また，保健事業では各種の健康診査のメニューを減らしたりするという動きがあり，施設の関係では，とくに在宅介護支援センター，保育所，保健センター，公立病院の統廃合や民営化が目立った。

この結果，行財政改革の側面からみれば合併はプラスの影響を及ぼしているといえるが，地域福祉の推進の側面からみた場合，地域の拠点であり，かつ社会資源でもある施設の統廃合が行われたことは，当該地域住民の立場に立って考えればやはりマイナスの影響を及ぼすものと考えられる。

13 社会福祉協議会の地域福祉活動

◆社会福祉協議会の合併の状況

社協の合併については，「新市町村に合わせて合併した」がやはり多く，221社協（66％）である。実際には「新市町村の合併後，遅れて合併した」と回答した96社協（29％）を加え，317社協が調査時点で合併を行っていた。

◆社会福祉協議会の地域福祉活動

また，317社協のうち，ボランティア・市民活動・NPOを支援する事業について，「実施されている」と回答したのは267社協（85％）で，8割の社協で住民の自主的な地域福祉活動を支援する体制があることがわかった。

図表2-39 合併が地域福祉の推進に与えた影響（n=334）

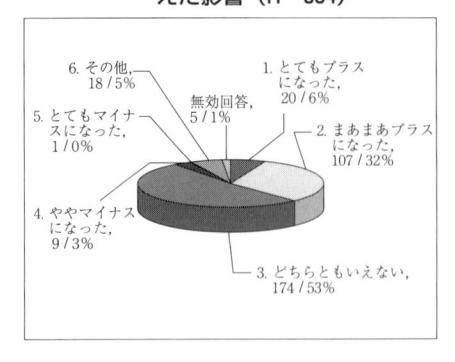

1. とてもプラスになった, 20／6％
2. まあまあプラスになった, 107／32％
3. どちらともいえない, 174／53％
4. ややマイナスになった, 9／3％
5. とてもマイナスになった, 1／0％
6. その他, 18／5％
無効回答 5／1％

しかし、国・県・県社協の補助事業（各種メニュー事業）以外の新社協独自の保健医療・福祉関係の事業の実施状況についての設問では「ある」が167社協（50％）で、「ない」が155社協（46％）と二分した。社協によっては財政的にも運営的にも市町村にかなり依存していたり、市町村の補助事業や委託事業などの請負が中心となっていたり、社協による地域福祉活動の独自性・先導性が十分に発揮されなくなっていたりする、といわれることがある。

実際、今回の調査結果からみても、前述の社協における地域福祉活動計画の策定への取り組みと同様、社協固有の地域福祉への取り組みである地域内の組織化や、住民への意識の啓発などの具体的活動例・事業例は回答のなかに少なく、地域福祉活動への消極性が表れていた。

14 合併前後の変化

◆合併が地域福祉の推進に及ぼした影響

最後に、合併が地域福祉の推進に及ぼした影響については「どちらともいえない」という回答がもっとも多く、174市町村（53％）で、「まあまあプラスになった」が107市町村（32％）、「とてもプラスになった」が20市町村（6％）であった（図表2-39）。また、わずかではあるが、マイナスになったと回答する市町村もあった。

このように合併が地域福祉の推進に及ぼした影響については自由記述でも「合併直後のため判断はできない」とコメントする市町村が多く、合併直後においては行政サイドの視点であっても、合併の効果について「明確な評価」を示すことができない状況であることがわかった。

◆合併が地域福祉の推進にプラスになったと考える理由

上記の設問を受け、「とてもプラスになった」、「まあまあプラスになった」と回答した127市町村に対し、その主な理由について回答を求めたところ（3つまで複数回答可）、「利用できる地域の社会資源が増えたから」が98市町村で第1位、続いて「サービスの利便性が高

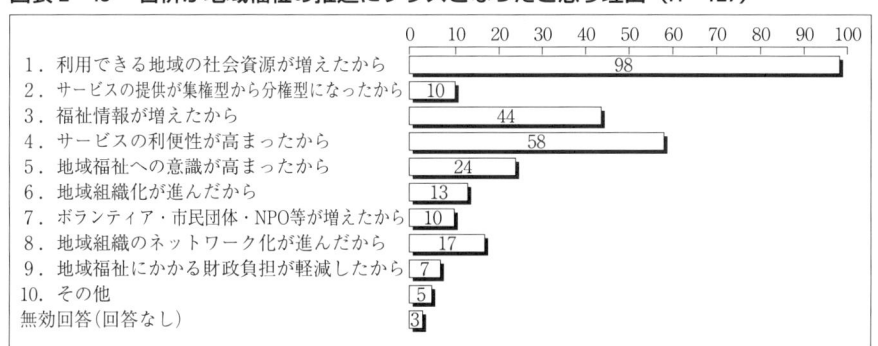

図表2-40　合併が地域福祉の推進にプラスとなったと思う理由（n=127）

項目	数
1．利用できる地域の社会資源が増えたから	98
2．サービスの提供が集権型から分権型になったから	10
3．福祉情報が増えたから	44
4．サービスの利便性が高まったから	58
5．地域福祉への意識が高まったから	24
6．地域組織化が進んだから	13
7．ボランティア・市民団体・NPO等が増えたから	10
8．地域組織のネットワーク化が進んだから	17
9．地域福祉にかかる財政負担が軽減したから	7
10．その他	5
無効回答（回答なし）	3

まったから」が58市町村、「福祉情報が増えたから」が44市町村となっており、「計量的な比較」が可能な理由が上位に集まった（図表2-40）。

一方、「地域福祉への意識が高まったから」、「地域組織化が進んだから」、「ボランティア・市民団体・NPOなどが増えたから」、「地域組織のネットワーク化が進んだから」というように、リレーションシップやプロセスなど「質的な評価」を必要とする理由に回答する市町村は少なかった。

「とてもプラスになった」理由の具体例としては「福祉分野について県から多くの権限を委譲されている特例市と合併したため」、「合併に伴い旧町区域の住民の福祉サービスが市直轄となることによって、より迅速にきめ細かく提供することができ、大幅な福祉向上が見込まれるため」、「各地区にある施設間の利用や、事業展開が広くなり、市民も利用しやすくなったため」などがあった。また、「まあまあプラスになった」理由の具体例としては、「サービスのメニューが多くなり、選択範囲が拡大したため」、「合併前には、特定の町村にしかなかった福祉施設などが、新町の施設として、住民が利用できるようになったため」、「高齢者のための地域住民によるミニデイサービス事業が全市的に展開されたため（旧両市の優れた施設の事業化が合併をきっかけとして、よりスムースに行えるようになった）」などがあった。

◆**合併が地域福祉の推進にマイナスになったと考える理由**

逆に、合併が地域福祉の推進に及ぼした影響について「どちらともいえない」、「ややマイナスになった」、「とてもマイナスになった」、「その他」と回答した202市町村に対し、その主な理

図表2-41　合併が地域福祉の推進にマイナス（変わらない）になったと思う理由（n=202）

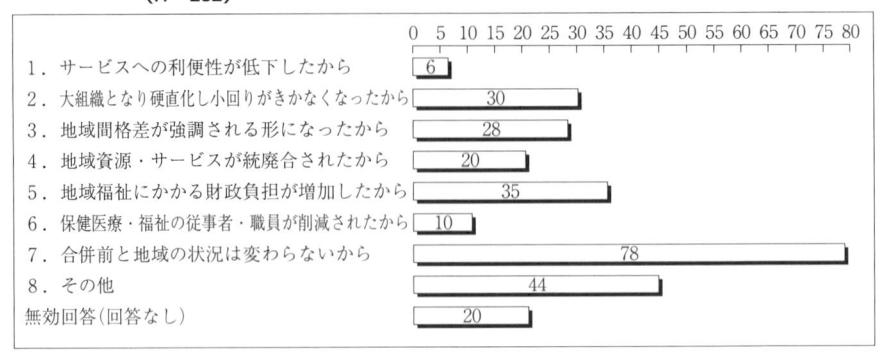

1．サービスへの利便性が低下したから	6
2．大組織となり硬直化し小回りがきかなくなったから	30
3．地域間格差が強調される形になったから	28
4．地域資源・サービスが統廃合されたから	20
5．地域福祉にかかる財政負担が増加したから	35
6．保健医療・福祉の従事者・職員が削減されたから	10
7．合併前と地域の状況は変わらないから	78
8．その他	44
無効回答（回答なし）	20

図表2-42　合併が地域福祉推進に与える今後の影響（n=202）

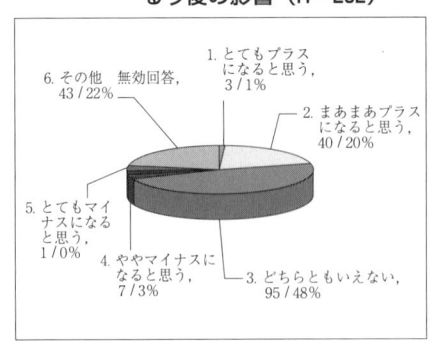

- 1. とてもプラスになると思う，3／1％
- 2. まあまあプラスになると思う，40／20％
- 3. どちらともいえない，95／48％
- 4. ややマイナスになると思う，7／3％
- 5. とてもマイナスになると思う，1／0％
- 6. その他　無効回答，43／22％

　由について回答を求めたところ（2つまで複数回答可），「合併前と地域の状況は変わらないから」が78市町村，続いて「その他」が44市町村，「地域福祉にかかる財政負担が増加したから」が35市町村，「大組織となり硬直化し小回りがきかなくなったから」が30市町村であった（図表2-41）。「その他」の理由は「合併直後のため判断できない」というものがほとんどであった。

　さらに，合併が地域福祉の推進に及ぼした影響について「どちらともいえない」，「ややマイナスになった」，「とてもマイナスになった」，「その他」と回答した93市町村に対して，今後（将来）については合併が地域福祉の推進にどのような影響を及ぼすかについて回答を求めたところ，「どちらともいえない」が95市町村（48％），「まあまあプラスになると思う」が40市町村（20％），「とてもプラスになる」が3

市町村（1％）であった（図表2-42）。ここでも、わずかではあるが、「ややマイナスになると思う」が7市町村（3％）、「とてもマイナスになると思う」が1市町村あった。

「どちらともいえない」とした理由の具体例では、「合併間もないため判断できないから」とする回答がやはり多かった。ほかにも「サービスの格差が均一化され、サービス水準が低下した地域があるから」、「地域の状況があまり変わらないから」、「財政の硬直化により、今後、独自のサービス展開が見込めないから」、「旧町村で実施していたサービスの水準を高いところに合わせて実施することにより、レベルアップが図られた反面（カバーする地域の範囲が広くなったことから）財政負担も増加しているから」、「地域福祉はそれぞれの地域に根ざして進むものであり、当面それぞれの地域は合併前の自治体区分から大きく外れることはないと考えるから」という理由もみられた。

また、「ややマイナスになった」とした理由の具体例では「合併町村のうち単独で行っていた事業などの廃止が多かったから」などという理由が、「とてもマイナスになった」とした理由の具体例では「小規模で小回りができていた施設が、全市的展開になり、タイムリーに施策展開できなくなったから」などという理由があった。

なお、合併後の効果については長期的にみてとらえる必要もあるが、全体的にみると、市町村合併と地域福祉の推進との関連性については、市町村の関心はあまり高くないようであった。

◆メリット・デメリット　合併したことによるメリットやデメリットについては次のような自由回答を得た（一部抜粋）。

〔メリット〕
○行政区域の範囲が広くなったことで行政依存型から脱却し、自分たちでできる地域福祉を考える土壌が整いつつある。
○福祉サービスの平準化、ボランティア活動の活性化が図られた。
○旧役場を支所として残しているため、サービスを変えずに提供できる。また、これまで以上にNPO、ボランティア団体の活動の幅が広がった。
○合併協議会で策定された「新町まちづくり計画」のなかで、子育て支援と健康づくりを重点プロジェクトとして位置づけている。
○健（検）診の受診が旧地域を問わず、市内のどこにおいても可能となった。チャイルドシートの貸与制度（リサイクル活動の一環として）が全市において可能となった。

○合併は国の財政負担の軽減の目的もあるため，町村にかかる負担，住民への負担はかかってくるが，新町としての新たな政策も取り組むことができる。
○町民ボランティア，インストラクターが活動できる場が増えた。
○旧町村間で異なっていたサービスの水準を高い町村に合わせたことにより，福祉のレベルアップを図ることができた。
○住民と職員の意識改革を図ることができる。
○地域型に加え，基幹型在宅介護支援センターが設置され，相談体制が充実した。
○利用できる社会資源が増加し，地域間格差が解消した。
○市社協をスリム化し，区社協の機能を充実させることにより，きめの細かい部分に対して福祉コミュニティづくり，および地域福祉の推進を目指すことができる。
○どの施策（事業）についても，一つの方針で広域的に実践が可能である（スケールメリットが大）。
○互いの地域のよさを活かす。逆に，悪いところを改善。
○旧役場を支所として残しているため，サービスを変えずに提供できる。
○合併による市域の拡大・統合により，福祉・保健の資源の増加，地域福祉計画の策定による地域福祉推進の理念の明確化，および事業実施について統一的な考えをもっての施策展開が可能となる。
○マンパワーの確保・充実，人的資源の利用の効率化。
○合併前はそれぞれの役所・役場でしか申請できなかったが，市内の本庁，支所（旧町村役場）のどの窓口でも申請できるようになった。
○地域の社会資源，関係機関が増えたことによって，情報量が増え，サービスの選択肢も増え，利用者にとってもメリットとなった。
○全市民がもれなく市独自の福祉サービスを受けられることができるようになった。
○事業の統廃合による財政負担の軽減。
○行財政基盤が拡大したことで，より総合的，かつ合理的な保健医療サービスの提供が図れる。
○新市全体で福祉サービスが同一の料金で利用できる。
○婦人，家庭相談分野において，専門家による専門的，かつ高度なサービスの提供が可能となった。

〔デメリット〕
○行政組織の細分化により，横の連携が取りにくくなった。
○合併前の町においては行政範囲が狭いことから，きめ細かいサービスができたが，合併して区域が広くなると従来のような福祉サービスができなくなる。
○周辺地域の総合的サービス（小規模多機能型サービスが不足）の格差が生じる。
○やむを得ず出張健診を縮小したため，不便をかけてしまう場合がある。市民の声が政策に反映するまで若干時間がかかる。
○保育料を統一する方針の考えのため，旧町村のものと比べると，統一することにより高くなる状況が起きる町村がある。
○合併によって，サービス水準を一本化したため，旧町村独特の事業，活動などが行え

なくなった。
○市域の多くが山間地域であり，拠点整備が困難である。
○地域の広さに応じたマンパワーの確保が困難であるとともに，財政負担の増大がある。
○施策によっては地域間の平準化を図るため，負担増となる地区がある。
○市民側からは福祉施策が後退した側面がある。
○旧市町村単位で行ってきた，きめ細かな行政サービスが実施しにくくなるのではと思慮する。
○福祉サービスに係る経費が増大した。
○旧町独自施策の廃止，継続事業の規模縮小，地域の拡大によるサービスの低下。
○サービス一元化による財政負担の増加。
○センターが1か所となり，遠くなった利用者がいる（他機関からのつなぎと訪問でカバー）。
○広範囲となるため，地域格差があること。
○旧市町の構図がまだ存在する。
○町民一人当たりの職員の減少等に伴い，きめ細かなサービス提供が困難になるため，町民との共同作業による環境づくりが課題となっている（人づくりが課題）。
○合併だけでなく，今回は介護保険法の抜本改正が重なったことにより，住民にとっては二重の変化が強いられる結果となった。
○医師が1人しかおらず，2つの診療所の運営等が広域化となったため，厳しくなった。
○旧町村で実施していた独自の福祉施策が廃止となる可能性あり。

◆ **地域福祉の推進のための新たな仕組み，しかけ**

最後の設問である自由回答のなかには地域福祉の推進に向けてのヒントやアイデア，また，先駆的な取り組みや非常に参考になる事例などが紹介されている回答もあったため，それを「取組例」と「地域福祉への意気込み」に分け，市町村名とともに次のようにまとめた。

〔地域福祉推進の取組例〕

○行政に頼るだけでなく，自分たちが住み慣れた地域でお互いに助け合いながら暮らしていくため，「地域福祉推進員」を中心とした福祉ネットワークの確立に取り組む。地域福祉の「核」づくりのため，社協と連携しながら人材育成，連絡体制の整備を推進する（石川県七尾市）。
○公民館単位の地域組織化と地域活動計画の策定（愛媛県愛南町）。
○保健福祉推進員の設置により，市民の食生活の改善や向上に取り組む。「治療より予防」を重視，敬老祝い金を見直し，寝たきり老人在宅支援（給食サービス）や要介護老人おむつ代補助などに充てる（山形県北杜市）。
○行政・大学・病院などの連携により，佐賀関・野津原地域で実施されるサロン活動の利用者を対象に介護予防の推進を図るとともに，その担い手となるボランティアを育成し，サロン活動の活性化により福祉コミュニティづくりを進めるため，「介護予防モデル事業」を開始している（大分県大分市）。

○福祉バスの推進（今後，地域バスを含めての協議を行う予定）（岡山県真庭市）。
○市内の小学校区単位程度のエリアに住民自治協議会を立ち上げ，地域のまちづくりを勧めていく体制となっている。福祉部会において地域福祉を推進する（三重県伊賀市）。
○市域全体に自治振興区が設置され，地域課題を話し合う場が整備された。行政支援として自治振興区振興交付金，活動補助金，地域づくりリーダー研修助成などの制度が設けられている（広島県庄原市）。
○おおむね小学校区を単位とした地域福祉ネットワークの構築（鹿児島県鹿児島市）。
○地域担当制度といって合併前に1町村にあった制度を合併後においても拡大して施行したもので，職員がグループとなり（1地域4〜5人），地域福祉に限らず，その地域問題点，課題について地元自治会（住民）と一緒になって検討協議し，対応策や解決策を考えていく制度である（島根県美郷町）。
○西東京市では地域福祉を普及・推進するためには単なる啓発活動だけではなく，一つの事業を通し，より多くの市民が主体的にかかわることにより，そこに「市民主体のネットワーク」が生まれ，さらには福祉の担い手となる「人材育成」につながると考える。そこで，2004（平成16）年度は「バリアフリーマップづくり」に取り組み，2005（平成17）年度は「人にやさしいイスによるまちづくり」に取り組む予定である（東京都西東京市）。
○合併して政令市に移行したことに伴い，区社協の早期設立および法人化を推進する。また，地域福祉実現のための地区ごとのネットワークである（仮称）健康福祉連絡会の設置の推進や市社会福祉協議会の各区事務所の設置（地域福祉推進の助力）する（埼玉県さいたま市）。
○福祉の人づくり推進事業として，ボランティア養成・育成・組織化する事業の支援をするとともに，次の世代を担う若者のボランティア養成事業等を行う福祉団体等への補助を行っている。また，市独自の研修プログラムを開発し，地域の福祉リーダーや大学生等の参加や協力を得て，地域福祉カレッジや地域福祉リーダー実践技法習得講座を開催し多数の福祉リーダーを輩出している。福祉のまちづくり推進事業では，地区社協や福祉団体等が行う特色があり，かつ継続性のある事業に対し，上限30万円を限度として事業費の2分の1の補助を行っている。現在，5地域で小地域ネットワークづくり事業や声掛け運動など世代間交流事業が進められており，各地区の自主的事業が増えつつある（静岡県沼津市）。
○新町にある公立総合病院を核とした保健・医療・福祉ネットワークづくり，CATVを活用した在宅医療への転換（兵庫県神河町）。
○各地区において拠点となる集会所等を整備（新規・既存の改修，空き家，空き店舗の活用）し，話し合える場所，機会をつくり，地域福祉を推進する（宮崎県小林市）。
○地域包括支援センターを障害者，生活支援を含め，自立生活支援センターとして，より統合的な窓口として4月に設置，福祉にかかわる住民の入り口を1か所として地域の問題発見機能を強化する（長野県阿智村）。
○人間ドック助成制度の拡充（負担軽減，対象年齢の拡大），父子家庭医療費支給制度の新設，町民健診の完全無料化（京都府与謝野町）。

○合併前より1市2町の行政と社協で共同して策定してきた地域福祉計画と活動計画が3月にまとまった。2年間にわたり，行政，社協が延べ66か所の地域説明会，懇談会を開催。真の市民の声を取り込んだ計画が完成。真に地域福祉の考え方から策定と同時進行で社協で地域福祉組織化研究委員会を立ち上げ，地域での受け皿となる組織として地域社協を19年度，全域に設置をめざす（静岡県掛川市）。

〔今後の地域福祉推進への市町村の意気込み〕

○地域福祉計画の策定について住民主導で取り組んでおり，広大な市域をつなぐ新たな仕組みづくりを現在検討中である（岐阜県高山市）。
○地域福祉ではだれもが安心して家庭や地域で生きられるよう，地域全体で支え合う社会福祉の実現が求められている。そこで，計画の策定にあたっては地域住民とともに考え，相互に協力できる地域福祉体制づくりが重要と考えている。このため，合併前町村における地域コミュニティ組織の活用とともに，新たにボランティア団体やNPOの参加を得ることができる持続可能な地域福祉の実現をめざしたい（山形県笛吹市）。
○地域福祉計画に掲げた各種施策の実現が急務である。情報提供体制の整備などを進めながら社協（地区社協）や地域住民との協働の形を整え，地域ケアシステムの基盤整備を行っていきたいと考えている（茨城県日立市）。
○支所区域のエリアでは，市民活動をコーディネートするための人員の配置を社協の職員の配置とセットで実現していきたい（大阪府堺市）。
○市民の参加と行動を得た地域福祉計画を今後策定し，推進する過程そのものが地域福祉の推進施策と考えている（岐阜県山県市）。
○今後，「地域福祉計画」を策定していくなかで，地域福祉を推進具現化する施策を検討していきたい（静岡県御前崎市）。
○合併前のすぐれた施策を市中に拡大していきたい（長野県千曲市）。
○「三位一体の改革」に負けず，独自の福祉施策を進めていきたい（山梨県富士河口湖町）。
○市民主役のふるさと運営を進める実践テーマの一つとして支え合い助け合いを基盤とした，人と人との温かいネットワークを築き，共に生きようとする地域に根ざした福祉システムを構築するため，地域福祉計画を策定する。この策定過程を通じ，地域福祉の担い手養成をめざす（兵庫県西脇市）。
○地域福祉計画，地域福祉活動計画を18〜19年度に策定の予定。18年度から住民座談会，各種団体との座談会を予定（熊本県天草市）。
○地域間格差の是正（市の面積が県土の4分の1を占め，これまでサービスに大きな差があったため）（栃木県日光市）。
○地域福祉推進の中核となる社協と密接な連携を図り，在宅福祉活動の充実，ボランティアセンター機能の強化，福祉情報提供体制の充実に努める（北海道名寄市）。
○各種計画の策定にあたり，合併前のコミュニティ組織を活用することにしたい。福祉施策の立案に対する市民の参画を得，既存施策の格差是正を新たな施策に対する民意の立場を図りたい（茨城県古河市）。

○包括ケアシステムを構築する。在宅ケアを必要とする方が，必要なときに適切なサービスを早期に利用できるよう保健・医療・福祉の関係者が連携をとり，総合的，一体的なサービス提供体制の構築を図るとともに，地域住民や民間福祉活動との連携強化を努めていく（青森県おいせら町）。
○合併による新たな施策はないが，地域福祉については市民のだれもが住み慣れた地域のなかで安全で安心して暮らすため，地域レベルでの共助の仕組みづくりを進めていきたいと考えている（山口県山口市）。
○合併後，半年が経過したばかりであるが，「みんなが笑顔，すこやか安心の暮らしづくり」を合言葉に，保健，医療，福祉，の連携によるサービスの充実を進め，統合的な健康づくりを推進し，さらに「元気で安心自然の中で交流の輪が広がる文化創造都市」の実現をめざす（和歌山県紀の川市）。
○介護，福祉，健康づくり課でチームをつくり，各種サービスの精査およびすり合わせを行い，住民に対して広報する予定。これにより福祉に対する住民意識の向上を図る（福岡県みやこ町）。
○旧窪川町で取り組んでいた「地域支えあいネットワーク事業」を町内に広げたい。これにより地域内の支え合い，連携を推進し，高齢者の権利擁護はもとより，地域防災組織での災害弱者への対応まで活かしたいと考えている（高知県四万十町）。
○合併後間もないため，とくにないが，地域自治区を設置するなかで，地域の課題について協議〜解決するためのしくみづくりを進めており，そのための組織である地域協議会の活動にも期待するものがある（神奈川県相模原市）。

15 考　察

　以上，市町村合併が市町村による地域福祉の推進に及ぼした影響について，調査の結果を詳細にみてきたが，全体として次の5つの視点でまとめることができる。

　第一は，合併理由の順位をみると，市町村合併はやはり財政問題を中心として進められており，保健医療・福祉の充実を図るためとする理由を上位に掲げる市町村はわずかであったという点である。ただし，実際の合併後の新市町村の行財政改革の状況をみると，政治やさまざまなステークホルダー（利害関係者）などの関与により，行財政改革が進んでいない場合もあった。

　第二は，保健医療・福祉関連事業へ合併特例債を適用する例が土木・建築など他の行政分野への適用に比較して少なく，保健医療・福祉，あるいは地域福祉に重点を置いた公共投資やまちづくりを展望する合併市町村が全体的に少なかった，という点である。併せて地域福祉のための基金の創設などへの適用例も少なかっ

た。

　第三は，合併前の多くの市町村では各種保健福祉計画や地域福祉計画の策定が，合併協議があることによって先送りされており，市町村による地域福祉の推進にブレーキがかかった，という点である。しかし，合併後については市町村の規模が大きくなったことなどにより，地域福祉計画の策定に向けての市町村の意識が高くなりつつあることもわかった。

　第四は，合併したことによりサービスや施設の統廃合，社会資源の利用の広域化は進んだが，新たな保健医療・福祉施策，あるいは地域福祉への戦略的な推進についてはあまり進んでいないとともに，合併前後の事務調整を優先するため，同時期の各種法制度の改正によって必要となった事業実施体制の整備が遅れた市町村もあった，という点である（介護保険関連では地域包括支援センターの設置など，児童福祉関連では市町村の児童相談体制の確保・要保護児童対策地域協議会の設置・児童手当の特例給付の拡大など，障害者関連では障害者自立支援法にもとづく新体制の実施など）。

　第五は，地域の住民や地域の保健医療・福祉分野の関係者が主体的，自主的に集い，地域のさまざまな問題に自ら対応しようとする自治型地域福祉を市町村側から推進しようという意気込みや意識はやや希薄で，全国的にみると合併市町村においては「地域組織との協働」による地域福祉の推進という考えは十分に浸透しているとはいえない，という点である。

　このようにみると，今後の地域福祉政策の進め方のいかんによっては市町村による「地域福祉の推進」が脆弱化し，住民や地域組織の主体的な活動への意欲が積極的になることが懸念される。この流れを断ち切るためにも各市町村，あるいは厚生労働省や都道府県がこれらの状況に対して認識を持ち，何らかの改善措置や意識改革行動を具体的に示す必要がある。

　また，前項で紹介しているように，市町村によってはさまざまなアイデアやユニークな独自事業などを展開し，住民や地域組織の主体的な地域福祉活動を積極的に支援する動きもある。市町村合併の影響がやや落ち着いた今こそ，各市町村においてはこれらのような先駆的な事業をモデルとし，地域の独自性を加味しながら事業を展開していくことが望まれる。そして，その情報を全国の市町村へ向けて発信することにより，さらに各地の地域福祉活動が促進され，活性化されていくことが期待される。

●資料・単純集計表　<<市町村合併と地域福祉に関する調査>>●
●以下の質問にご回答ください。

1．合併について

設問	(SQ)	選択肢	集計	n	%
Q1		貴市町村の合併日はいつですか。(年度)	334	334	100%
		11年度	1	334	0.3%
		12年度	1	334	0.3%
		13年度	2	334	0.6%
		14年度	3	334	0.9%
		15年度	18	334	5.4%
		16年度	121	334	36.2%
		17年度	188	334	56.3%
		18年度	0	334	0.0%
Q2		合併方式は次のうちどちらですか。	334	334	100%
		1．編入	79	334	24%
		2．新設	255	334	76%
Q3		いくつの市町村が合併しましたか。	334	334	100%
		1．2市町村	115	334	34%
		2．3市町村	93	334	28%
		3．4市町村	50	334	15%
		4．5市町村	28	334	8%
		5．6市町村	18	334	5%
		6．7市町村	12	334	4%
		7．8市町村	8	334	2%
		8．それ以上	10	334	3%
Q4		合併の主な理由について，最も近いものを上位3つまで選んでください。	937	331	
		1．多くの地域住民が合併を望んでいたため	65	331	
		2．関係首長が合併を望んでいたため	45	331	
		3．国・都道府県の指導があったため	39	331	
		4．現在の財政状況の悪化を回避するため	151	331	
		5．効率的・安定的な行財政運営の強化のため	293	331	
		6．合併特例債等の措置を受けられるため	78	331	
		7．公共料金等の地域間格差を是正するため	0	331	
		8．各種サービスや，住民の利便性の向上のため	100	331	
		9．地域の経済・産業の活性化を図るため	60	331	

			集計	n	
		10. 保健医療・福祉の充実を図るため	6	331	
		11. 道路や上下水道等の生活基盤整備のため	2	331	
		12. 少子高齢化問題の対策を講ずるため	57	331	
		13. 人口減少化の進行を回避するため	10	331	
		14. その他（　　　　　　）	32	331	
Q5	貴市町村の合併前の各市町村（合併協議会主催のものも含む）では，合併の可否等（合併の枠組みや新市町村の名称などについても含む）について住民の意向をどのように確認しましたか。（複数回答可）		687	332	
		1．全部の市町村で住民説明会の実施	305	332	
		2．一部の市町村で住民説明会の実施	15	332	
		3．全部の市町村でアンケート（意向調査）を実施	177	332	
		4．一部の市町村でアンケート（意向調査）を実施	55	332	
		5．全部の市町村で住民投票を実施	7	332	
		6．一部の市町村で住民投票の実施	82	332	
		7．全部の市町村で首長選挙（公約）により確認	7	332	
		8．一部の市町村で首長選挙（公約）により確認	32	332	
		9．その他（　　　　　　）	7	332	

2．合併後の新市町村の状況について

設問	(SQ)	選択肢	集計	n	％
Q6		合併後の新市町村の人口規模は，次のうちどれに当てはまりますか。	334	334	100%
	1．	90万人以上	1	334	0%
	2．	90万人未満～50万人以上	8	334	2%
	3．	50万人未満～30万人以上	14	334	4%
	4．	30万人未満～25万人以上	2	334	1%
	5．	25万人未満～20万人以上	8	334	2%
	6．	20万人未満～15万人以上	14	334	4%
	7．	15万人未満～10万人以上	35	334	10%
	8．	10万人未満～5万人以上	90	334	27%
	9．	5万人未満～3万人以上	77	334	23%
	10．	3万人未満～1万人以上	68	334	20%
	11．	1万人未満	17	334	5%
Q7		合併後の新市町村の人口と年齢構成の人数，割合をご記入ください。			
Q8		合併後の新市町村の面積は何km²ですか。			
Q9		合併特例債を適用した主な事業を3つまで選んでください（予定を含む）。	791	313	

	1．公共施設（庁舎・公会堂・ホール・公園等）	139	313	
	2．教育・生涯学習事業（学校・図書館・公民館等）	176	313	
	3．保健医療・福祉事業（保健センター・病院・福祉施設等）	75	313	
	4．土木事業（道路・橋梁・トンネルの整備等）	200	313	
	5．交通網の整備事業（鉄道・バス関係等）	13	313	
	6．開発事業（土地開発・区画整理等）	22	313	
	7．上下水道事業等	16	313	
	8．類似の事業の整理統合に関する事業	4	313	
	9．電算関係システムに関する事業	48	313	
	10．その他（　　　　　　　　　　）	98	313	
SQ1→特例債の適応事業費の総額はどれくらいですか。				
SQ2→Q9で3と回答した市町村では，具体的にどのような保健医療・福祉の事業に合併特例債を適用しましたか（予定を含む）。また，その事業費はどれくらいですか。				

3．合併前と合併後の変化の状況

設問	(SQ)	選択肢	有効回答	n	％
Q10		合併後の新市町村の平成16年度の一般会計の予算総額，民生費予算（及び一般会計の総額に占める割合）の規模はどれくらいですか。			
Q11		合併前の各市町村の直近の年度の，一般会計予算（一年間分の予算）の合計金額と，合併後の新市町村の一般会計予算（一年間分の予算）の金額を比較して，どのようになりましたか（平成16年の4月～9月の間に合併した市町村の場合は17年度の予算案と比較してください）。	275	334	82％
		1．減った（減る予定）	170	334	51％
		2．変わらない（予定）	11	334	3％
		3．増えた（増える予定）	94	334	28％
		無効回答	59	334	18％
Q12		合併前の各市町村の直近の年度の民生費予算（一年間分の予算）の合計額と，合併後の新市町村の民生費予算（一年間分の予算）の金額を比較してどのようになりましたか（平成16年の4月～9月の間に合併した市町村の場合は17年度の予算案と比較してください）。	273	334	82％
		1．減った（減る予定）	75	334	22％
		2．変わらない（予定）	17	334	5％
		3．増えた（増える予定）	181	334	54％
		無効回答	61	334	18％

Q13　合併前の各市町村の直近の年度の一般職員（付属機関等への出向派遣は含む，特別職・嘱託・非常勤・パート・アルバイトは除く）の合計の人数と，合併後の新市町村の職員の数（平成16年10月1日現在の職員数）とを比較してどのようになりましたか。		328	334	98%
	1．減った	278	334	83%
	2．変わらない	33	334	10%
	3．増えた	17	334	5%
	無効回答	6	334	2%
Q14　合併前の各市町村の直近年度の保健医療・福祉の事業に従事する職員（付属機関等への出向派遣は含む，特別職・嘱託・非常勤・パート・アルバイトは除く）の合計の人数と，合併後の新市町村の保健医療・福祉の事業に従事する職員の数（平成16年10月1日現在の職員数）とを比較してどのようになりましたか。		312	334	93%
	1．減った	105	334	31%
	2．変わらない	114	334	34%
	3．増えた	93	334	28%
	無効回答	22	334	
Q15　新市町村の職員（付属機関等への出向派遣含む，特別職・嘱託・非常勤・パート・アルバイトは除く）給与は，合併によりどのように調整しましたか。		328	334	98%
	1．どちらかというと低いほうの市町村に合わせた	11	334	3%
	2．概ね平均にあわせた	33	334	10%
	3．どちらかというと高いほうの市町村に合わせた	48	334	14%
	4．当面は合併前の市町村ごとのままにした	143	334	43%
	5．同等規模の市町村に合わせて既存額より高くした	14	334	4%
	6．その他	79	334	24%
	無効回答	6	331	2%
Q16　合併前の各市町村の直近年度の議員の合計数と，合併後の新市町村の議員数（平成16年10月1日現在の議員数）とを比較してどのようになりましたか。		328	334	98%
	1．減った	169	334	51%
	2．変わらない（議員在任特例の適用）	154	334	46%
	3．増えた	5	334	1%
	無効回答	6	334	2%
Q17　新市町村の議員報酬は，合併によりどのように調整しましたか。		328	334	98%
	1．どちらかというと低いほうの市町村に合わせた	11	334	3%
	2．概ね平均にあわせた	26	334	8%
	3．どちらかというと高いほうの市町村に合わせた	112	334	34%
	4．当面は合併前の市町村ごとのままにした	57	334	17%

		選択肢	集計	n	%
		5．同等規模の市町村に合わせて既存額より高くした	44	334	13%
		6．その他	78	334	23%
		無効回答	6	334	2%
Q18	新市町村の首長給与は，合併によりどのように調整しましたか。		323	334	97%
		1．どちらかというと低いほうの市町村に合わせた	13	334	4%
		2．概ね平均にあわせた	21	334	6%
		3．どちらかというと高いほうの市町村に合わせた	121	334	36%
		4．当面は合併前の市町村ごとのままにした	35	334	10%
		5．同等規模の市町村に合わせて既存額より高くした	52	334	16%
		6．その他	81	334	24%
		無効回答	11	334	3%

4．主要な福祉計画の策定状況について

設問	(SQ)	選択肢	集計	n	%
Q19	現在，貴市町村では新市町村としての老人保健福祉計画は策定されていますか。		333	334	100%
		1．策定済	207	334	62%
		2．現在，策定作業中	61	334	18%
		3．早期の策定に向けて検討中	40	334	12%
		4．策定する予定はあるが，時期は未定	15	334	4%
		5．策定する予定は現在のところない	4	334	1%
		6．その他	6	334	2%
		無効回答	1	334	0%
	SQ→Q19で4，5と回答した市町村で，策定が未定である理由は何ですか。（3つまで可）		19	18	
		1．合併協定書（あるいは新市建設計画）に策定が明記されていないため	2	19	
		2．計画の必要性（ニーズ）が特にないため	3	19	
		3．計画策定に必要な予算が確保できないため	3	19	
		4．計画策定に必要な人材が確保できないため	3	19	
		5．計画を実施する予算の確保ができないため	0	19	
		6．その他	8	19	
		無効回答	1	19	
Q20	現在，貴市町村では新市町村としての介護保険事業計画は策定されていますか。		334	334	100%

	1．策定済	218	334	65%
	2．現在，策定作業中	58	334	17%
	3．早期の策定に向けて検討中	19	334	6%
	4．策定する予定はあるが，時期は未定	4	334	1%
	5．策定する予定は現在のところない	9	334	3%
	6．その他	26	334	8%
	無効回答	0	334	0%
SQ→Q20で4，5と回答した市町村で，策定が未定である理由は何ですか。（3つまで可）		14	13	
	1．合併協定書（あるいは新市建設計画）に策定が明記されていないため	2	13	
	2．計画の必要性（ニーズ）が特にないため	2	13	
	3．計画策定に必要な予算が確保できないため	0	13	
	4．計画策定に必要な人材が確保できないため	1	13	
	5．計画を実施する予算の確保ができないため	1	13	
	6．その他	8	13	
	無効回答	0	13	
Q21　現在，貴市町村では新市町村としての障害者プラン（障害者計画）は策定されていますか。		332	334	99%
	1．策定済	33	334	10%
	2．現在，策定作業中	100	334	30%
	3．早期の策定に向けて検討中	140	334	42%
	4．策定する予定はあるが，時期は未定	44	334	13%
	5．策定する予定は現在のところない	10	334	3%
	6．その他	5	334	1%
	無効回答	2	334	1%
SQ→Q21で4，5と回答した市町村で，策定が未定である理由は何ですか。（3つまで可）		64	52	
	1．合併協定書（あるいは新市建設計画）に策定が明記されていないため	8	54	
	2．計画の必要性（ニーズ）が特にないため	2	54	
	3．計画策定に必要な予算が確保できないため	5	54	
	4．計画策定に必要な人材が確保できないため	12	54	
	5．計画を実施する予算の確保ができないため	5	54	
	6．策定が義務化されていないから	7	54	
	7．その他	25	54	
	無効回答	2	54	

Q22	貴市町村の，合併前の構成市町村の内，障害者プラン（障害者計画）は策定されていましたか。				
	SQ→Q22の策定されていなかった市町村で，策定しなかった主な理由は何ですか。（3つまで可）		125	101	
		1．合併の協議があったため（据え置いた，新市町村へ先送りした）	52	101	
		2．計画の必要性（ニーズ）が特になかったため	17	101	
		3．計画策定に必要な予算が確保できなかったため	5	101	
		4．計画策定に必要な人材が確保できなかったため	6	101	
		5．計画を実施する予算の確保ができなかったため	2	101	
		6．策定が義務化されていないから	31	101	
		7．その他	12	101	
Q23	現在，貴市町村では新市町村としてのエンゼルプラン（あるいは市町村次世代育成計画または行動計画）は策定されていますか。		331	334	99%
		1．策定済	157	334	47%
		2．現在，策定作業中	66	334	20%
		3．早期の策定に向けて検討中	39	334	12%
		4．策定する予定はあるが，時期は未定	26	334	8%
		5．策定する予定は現在のところない	26	334	8%
		6．その他	17	334	5%
		無効回答	3	334	1%
	SQ→Q23で4，5と回答した市町村で，策定が未定である理由は何ですか。（3つまで可）		51	45	
		1．合併協定書（あるいは新市建設計画）に策定が明記されていないため	2	52	
		2．計画の必要性（ニーズ）が特にないため	6	52	
		3．計画策定に必要な予算が確保できないため	3	52	
		4．計画策定に必要な人材が確保できないため	3	52	
		5．計画を実施する予算の確保ができないため	4	52	
		6．策定が義務化されていないから	4	52	
		7．その他	29	52	
		無効回答	7	52	
Q24	貴市町村の，合併前の構成市町村の内，児童育成計画（及び市町村次世代育成行動計画）は策定されていましたか。				
	SQ→Q24の策定されていなかった市町村で，策定しなかった主な理由は何ですか。（3つまで可）		124	100	

	1．合併の協議があったため（据え置いた，新市町村へ先送りした）	49	100	
	2．計画の必要性（ニーズ）が特になかったため	22	100	
	3．計画策定に必要な予算が確保できなかったため	6	100	
	4．計画策定に必要な人材が確保できなかったため	2	100	
	5．計画を実施する予算の確保ができなかったため	0	100	
	6．策定が義務化されていないから	30	100	
	7．その他	15	100	
Q25 現在，貴市町村では新市町村としての地域福祉計画は策定されていますか。		332	334	99%
	1．策定済	30	334	9%
	2．現在，策定作業中	53	334	16%
	3．早期の策定に向けて検討中	94	334	28%
	4．策定する予定はあるが，時期は未定	96	334	29%
	5．策定する予定は現在のところない	53	334	16%
	6．その他	6	334	2%
	無効回答	2	334	1%
	SQ→Q25で4，5と回答した市町村で，策定が未定である理由は何ですか。（3つまで可）	200	143	
	1．合併協定書（新市建設計画）に策定が明記されていないため	14	149	
	2．計画の必要性（ニーズ）が特にないため	32	149	
	3．計画策定に必要な予算が確保できないため	21	149	
	4．計画策定に必要な人材が確保できないため	30	149	
	5 計画を実施する予算の確保ができないため	10	149	
	6．策定が義務化されていないから	54	149	
	7．その他	39	149	
	無効回答（回答なし）	6	149	
Q26 貴市町村の合併前の構成市町村の内，社会福祉法上の地域福祉計画は策定されていましたか。				
	SQ→Q26の策定されていなかった市町村で，策定しなかった主な理由は何ですか。（3つまで可）	374	279	
	1．合併の協議があったため（据え置いた，新市町村へ先送りした）	162	279	
	2．計画の必要性（ニーズ）が特になかったため	46	279	
	3．計画策定に必要な予算が確保できなかったため	23	279	
	4．計画策定に必要な人材が確保できなかったため	31	279	
	5．計画を実施する予算の確保ができなかったため	11	279	

		選択肢		集計	n	%
		6．策定が義務化されていないから		77	279	
		7．その他		24	279	

5．新市町村における主要な福祉諸制度について

設問	(SQ)	選択肢		集計	n	%
Q27		新市町村の保育所の保育料は，合併によりどのように調整しましたか。		326	334	98%
		1．どちらかというと低いほうの市町村に合わせた		92	334	28%
		2．概ね平均にあわせた		80	334	24%
		3．どちらかというと高いほうの市町村に合わせた		29	334	9%
		4．当面は合併前の市町村ごとのままにした		47	334	14%
		5．その他		78	334	23%
		無効回答		8	334	2%
Q28		新市町村の介護保険料は，現在，どのような状況となっていますか		326	334	98%
		1．統一された保険料となっている（予定）		247	334	74%
		2．当面は合併前の市町村ごとのまま（予定）		63	334	19%
		3．その他		16	334	5%
		無効回答		8	334	2%
Q29		新市町村において，介護保険事業の市町村特別給付は行っていますか（近いうちに行う予定ですか）。		322	334	96%
		1．行っている		31	334	9%
		2．行う予定がある		6	334	2%
		3．予定はない		285	334	85%
		無効回答		12	334	4%
Q30		貴市町村の合併前にどの構成市町村でも行われていなかった，新規の保健医療・福祉の事業を行っていますか（予定を含む）。		316	334	95%
		1．行っている		42	334	13%
		2．行う予定がある		18	334	5%
		3．予定はない		256	334	77%
		無効回答		18	334	5%
Q31		貴市町村の合併後，合併を機に廃止・統廃合された保健医療・福祉関係の事業はありましたか（予定はありますか）。		321	334	96%
		1．ある		181	334	54%
		2．ない		140	334	42%
		無効回答		13	334	4%

	SQ→Q31で1と回答した市町村では，具体的にどのような保健医療・福祉の事業が廃止・統廃合されましたか（予定を含む）。			
Q32 貴市町村では，合併後の新市町村において，保健医療・福祉の連携を重視した地域福祉施策を進める上で，その基礎単位としてどのような地域分けをしていますか（予定を含む）。（最も近いものに○印）		323	334	97%
	1．行政区単位（西区・北区等）	50	334	15%
	2．地区名・地域名単位	68	334	20%
	3．中学校区単位	39	334	12%
	4．小学校区単位	31	334	9%
	5．町丁名単位	2	334	1%
	6．自治会（町内会）単位	36	334	11%
	7．小地域の設定はない	60	334	18%
	8．その他	37	334	11%
	無効回答	11	334	3%
Q33 貴市町村では，地域住民や保健医療・福祉の関係者が小地域ごとに集い，地域の福祉問題について話し合う組織等はありますか（地区社協は除く）。		328	334	98%
	1．すべての地域にある	61	334	18%
	2．半数以上の地域にある	15	334	4%
	3．一部の地域にある	56	334	17%
	4．ない	185	334	55%
	5．その他	11	334	3%
	無効回答	6	334	2%
SQ1→Q33で2～5に回答した市町村では今後（向こう10年以内），小地域ごとの組織をどの程度整備していく予定ですか。		236	267	88%
	1．すべての地域に整備する	45	267	17%
	2．半数以上の地域を目標に整備する	14	267	5%
	3．当面は一部の地域に整備する	23	267	9%
	4．当面整備する予定はない	123	267	46%
	5．その他	31	267	12%
	無効回答	31	267	12%
SQ2→Q33で2～5に回答した市町村では，小地域ごとの組織についてどのように考えていますか。		215	267	81%
	1．行政が関与してすべての地域に設ける	11	267	4%
	2．行政は支援するが地域の自主性に任せる	162	267	61%
	3．行政は積極的には関与しない	16	267	6%
	4．その他	26	267	10%
	無効回答	52	267	19%

6．社会福祉協議会について

設問	(SQ)	選択肢	集計	n	%
Q34 貴市町村の合併に伴って，合併前の構成市町村の社会福祉協議会はどのような状況ですか。			333	334	99%
		1．新市町村に合わせて合併した	221	334	66%
		2．新市町村の合併後，遅れて合併した	96	334	29%
		3．新市町村の合併後，遅れて合併する予定	12	334	4%
		4．早期の合併に向けて協議が行われているが，時期は未定	0	334	0%
		5．合併の協議は現在行われていない	0	334	0%
		6．その他	4	334	1%
		無効回答	1	334	0%
	SQ1→Q34で1，2と回答した市町村のうち，既に合併済の新社会福祉協議会においてはボランティア・市民活動・NPOを支援する事業は実施されていますか。		313	317	99%
		1．実施されている	267	317	84%
		2．現在調査・検討中	16	317	5%
		3．実施する予定はあるが時期は未定	11	317	3%
		4．実施する予定は今のところない	17	317	5%
		5．その他	2	317	1%
		無効回答	4	317	1%
	SQ2→Q34で1，2と回答した市町村のうち既に合併済の新社会福祉協議会においては，地域福祉活動計画，あるいは同計画に類似する計画は策定されていますか。		308	317	97%
		1．策定済	43	317	14%
		2．現在，策定作業中	36	317	11%
		3．早期の策定に向けて検討中	63	317	20%
		4．策定する予定はあるが，時期は未定	125	317	39%
		5．策定する予定は現在のところない	34	317	11%
		6．その他	7	317	2%
		無効回答	9	317	3%
	SQ3．→SQ2で4，5と回答した新社会福祉協議会で，地域福祉活動計画策定が未定である理由は何ですか。（3つまで可）		201	154	
		1．合併協定書（あるいは新市建設計画）に策定が明記されていないため	10	159	
		2．計画の必要性（ニーズ）が特にないため	23	159	
		3．計画策定に必要な予算が確保できないため	15	159	
		4．計画策定に必要な人材が確保できないため	35	159	

			集計	n	%
		5．計画を実施する予算の確保ができないため	11	159	
		6．策定が義務化されていないから	32	159	
		7．その他（　　　　　　　　　　　　　　　　）	75	159	
		無効回答	5	159	
Q35	貴市町村の，合併前の構成市町村の社会福祉協議会の内，地域福祉活動計画は策定されていましたか。				
	SQ→Q35の策定されていなかった市町村で，策定しなかった主な理由は何ですか。（3つまで可）		362	264	
		1．合併の協議があったため（据え置いた，新市町村へ先送りした）	153	264	
		2．計画の必要性（ニーズ）が特になかったため	42	264	
		3．計画策定に必要な予算が確保できなかったため	24	264	
		4．計画策定に必要な人材が確保できなかったため	56	264	
		5．計画を実施する予算の確保ができなかったため	10	264	
		6．策定が義務化されていないから	50	264	
		7．その他	27	264	
Q36	国・県・県社協の補助事業（各種メニュー事業）以外の新社会福祉協議会独自の保健医療・福祉関係の事業はありますか。		322	334	96%
		1．ある	167	334	50%
		2．ない	155	334	46%
		無効回答	12	334	4%
	SQ→Q38で1と回答した市町村では，具体的にどのような独自の保健医療・福祉の事業がありますか。				

7．合併と地域福祉政策について

設問	(SQ)	選択肢	集計	n	%
Q37	貴市町村の合併は　地域福祉（政策）の展開に現時点でどのような影響がありましたか。		329	334	99%
		1．とてもプラスになった	20	334	6%
		2．まあまあプラスになった	107	334	32%
		3．どちらともいえない	174	334	52%
		4．ややマイナスになった	9	334	3%
		5．とてもマイナスになった	1	334	0%
		6．その他	18	334	5%
		無効回答	5	334	1%

項目		回答数	N	%
SQ1→Q37で1．2と回答した市町村で，その主な理由を3つまで選んでください。		286	124	
	1．利用できる地域の社会資源が増えたから	98	127	
	2．サービスの提供が集権型から分権型になったから	10	127	
	3．福祉情報が増えたから	44	127	
	4．サービスの利便性が高まったから	58	127	
	5．地域福祉への意識が高まったから	24	127	
	6．地域組織化が進んだから	13	127	
	7．ボランティア・市民団体・NPO等が増えたから	10	127	
	8．地域組織のネットワーク化が進んだから	17	127	
	9．地域福祉にかかる財政負担が軽減したから	7	127	
	10．その他	5	127	
	無効回答（回答なし）	3	127	
SQ2→Q37で3～6と回答した市町村で，そう答えた理由は何ですか。主なものを2つまで選んでください。		251	182	
	1．サービスへの利便性が低下したから	6	202	
	2．大組織となり硬直化し小回りがきかなくなったから	30	202	
	3．地域間格差が強調される形になったから	28	202	
	4．地域資源・サービスが統廃合されたから	20	202	
	5．地域福祉にかかる財政負担が増加したから	35	202	
	6．保健医療・福祉の従事者・職員が削減されたから	10	202	
	7．合併前と地域の状況は変わらないから	78	202	
	8．その他	44	202	
	無効回答（回答なし）	20	202	
SQ3→Q37で3～6と回答した市町村で，今後，地域福祉（政策）の展開にどのような影響があると思いますか。		159	202	79%
	1．とてもプラスになると思う	3	202	1%
	2．まあまあプラスになると思う	40	202	20%
	3．どちらともいえない	95	202	47%
	4．ややマイナスになると思う	7	202	3%
	5．とてもマイナスになると思う	1	202	0%
	6．その他（　　　　　　　　　　）	13	202	6%
	無効回答	43	202	21%
SQ4→SQ37でそう答えた理由は何ですか。具体的にご記入ください。				

Q38　Q48．貴市町村の合併に伴い，新たに地域福祉を推進しようとする施策（しくみ・しかけ）がありますか。あれば具体的にご記入ください（地域福祉推進に対する貴市町村の意気込みなどでも結構です）。また，保健医療・福祉の連携を重視した地域福祉施策について，合併により，どのようなメリット・デメリットがありましたか。あれば具体的にご記入ください。（自由回答）

[第Ⅲ章]
各地の動向

1 埼玉県さいたま市

要点　埼玉県さいたま市は，2001（平成13）年5月1日，旧浦和，与野，大宮の3市対等の「新設合併」によって誕生し，2003（平成15）年4月1日，全国で13番目となる政令市へ移行した。合併の主な理由として，「行財政運営の強化のため」や「財政状況の悪化回避のため」という市町村が多いなか，本市は「政令市への移行をめざすため」という理由が特徴的であった。そこで，他の市町村と異なり，合併および政令市への移行が地域福祉の発展を考える際，どのような影響があるのか，分析する。

1 調査の概要

本地域（さいたま市）のヒアリング調査の根拠

平成の大合併により，全国的に市町村合併が進められる少し前，埼玉県さいたま市は，千葉市に次いで全国で13番目の政令市をめざし，旧浦和，与野，大宮3市の合併によって誕生した。「市町村合併と地域福祉研究会」（代表　川村匡由・武蔵野大学大学院教授）は，2004（平成16）年11月，第Ⅰ期調査を実施した。この調査を実施した市町村のなかで，政令市は，さいたま市のみであった。政令市は，一

図表3-1　政令指定都市のメリット

(1)身近できめ細やかな市民サービスが提供できる
①一般的に人口10万人〜20万人程度を目安とした行政区の設置，各区に区役所を開設。 ②主な区役所での取り扱いサービス：戸籍，住民登録，印鑑登録，国民年金，国民健康保険，各種福祉事務，市民相談，広報広聴，コミュニティ，社会教育などの市民生活に密着した事務 地域の実情に合わせた市民サービスの向上と，きめ細やかな行政を総合的に展開することが可能
(2)行政事務サービスのスピードアップを図ることができる
児童・身体障害者・高齢者などに対する社会福祉事務，母子保健・食品衛生・公害防止対策などの保健衛生・環境保全事務，国道・県道の管理や交通安全施設の整備などの土木建設，都市計画事務などこれまで県で行っていた事務が市の独自の判断で実施が可能
(3)財政的に豊かなまちづくりができる
①石油ガス譲与税，軽油引取税，宝くじ発売収益金が新たに国や県から交付， ②地方道路譲与税，自動車取得税交付金，交通安全対策特別交付金が一般の市に比べて増額 ③地方交付税が一般の市とは別の基準で算定されることで，基準財政需要額が大幅に増額，交付金の財源増の有効活用により，福祉，保健衛生，道路，下水道，防災体制など，市民生活を充実させ，豊かなまちづくりが可能

出典：さいたま市ホームページ http://www.city.saitama.jp/index.html をもとに作成

地図3-1　さいたま市の位置　　　　図表3-2　市章

出典：地図3-1、図表3-1　さいたま市ホームページ
http://www.city.saitama.jp/index.html 市の概要

般的に、①身近できめ細かな市民サービスの提供、②行政事務サービスのスピードアップ化、③財政的に豊かなまちづくりなどのメリットがあるが（図表3-1）、これが他の市町村と比較してどのような影響が生じるのか、検証したい。

◆ヒアリング調査の時期　2005（平成17）年5月、8～10月
◆調査方法　　郵送によるアンケート調査、およびこの結果にもとづくヒアリング調査
◆調査対象　　さいたま市役所本庁舎および各区役所、さいたま市社会福祉協議会、さいたま市児童相談所、保健センター、ボランティア団体

2 地域の特性

　さいたま市は埼玉県の南東部の県庁所在地で、関東平野のほぼ中央にあり、東京から30キロ圏に位置する（地図3-1）。市内には荒川、鴨川、鴻沼川、芝川、綾瀬川などの河川があり、見沼田圃や荒川河川敷など、豊かな緑地に囲まれた内陸都市である。この地域は太平洋側の気候の影響を受け冬は快晴が続き、雨も比較的降らないため、住みやすい気候である。

　市章は、さいたま市の頭文字「S」をモチーフに、未来に向かって人もまちもいきいきと前進するイメージのデザインである。「S」を囲むように弧を描くことで、市民を暖かく包みながら共に発展していくこと、輪（和）が広がり、融和していくことを表現している。基調となる緑色は、見沼たんぼに代表される豊かな自然との調和を示している(1)（図表3-2）。

　また、市の歌「希望（ゆめ）のまち」が政令市への移行をふまえ、全国から一般公募の結果、福原くにこ作詞、タケカワユキヒデ補作詞・作曲によって制作され

た。

合併時の2001（平成13）年5月現在，面積168.33平方キロ，総人口103万4985人で，うち男性52万1871人，女性51万3114人，世帯総数は408,440世帯である（図表3-3）。

図表3-3　市合併時の面積・人口・世帯数　2001（平成13）年5月現在

項目	浦和市	大宮市	与野市	さいたま市
面積	70.67km^2	89.37km^2	8.29km^2	168.33km^2
人口総数	490,300人	459,781人	84,904人	1,034,985人
世帯数	196,366世帯	176,713世帯	36,361世帯	408,440世帯

また，「高齢化率が全国平均よりも低い」ということが，さいたま市の特徴としてあげられる。

2004（平成16）年10月1日現在，全国で19.5％（総務省統計局「統計データ人口推計」より）に対し，さいたま市は14.7％である。また，今回，調査対象として回収した市町村のなかで比較した場合でも低い結果であった。75歳以上の後期高齢者の比率でも同様に比較した結果は最も低い5.8％である。

次に年度別にみてみると，全国平均2001（平成13）年10月1日，高齢化率17.97％，全国平均2003（平成15）年10月1日，高齢化率19.05％である（図表3-4）。

さいたま市の年齢構成を全国平均と比較すると，20～30歳代にかけての年齢層の割合が高く，若い世代の多い地域特性を示している。

図表3-4　さいたま市の人口および高齢化率

項目	2001(平成13)年5月1日	2003(平成15)年4月1日	2004(平成16)年4月1日	2005(平成17)年4月1日
総人口	1,034,985人	1,050,995人	1,061,580人	1,180,068人
平均年齢	38.75歳	39.42歳	39.74歳	40.28歳
高齢化率(65歳以上)	12.97％	14.07％	14.53％	15.24％

2003（平成15）年4月1日，政令市への移行に伴い，旧大宮市は西区，北区，見沼区，大宮区，旧浦和市は桜区，南区，緑区，浦和区，旧与野市は中央区にそれぞれなり，全9区による行政区に分かれた（地図3-2）。本庁舎を浦和区に置き，各区に区役所が設置されている（写真3-1）。

江戸時代から中山道の宿場町として発達してきた，さいたま市の交通網では，県内最大の発着駅である大宮駅には東北，山形，秋田，上越，長野各新幹線をは

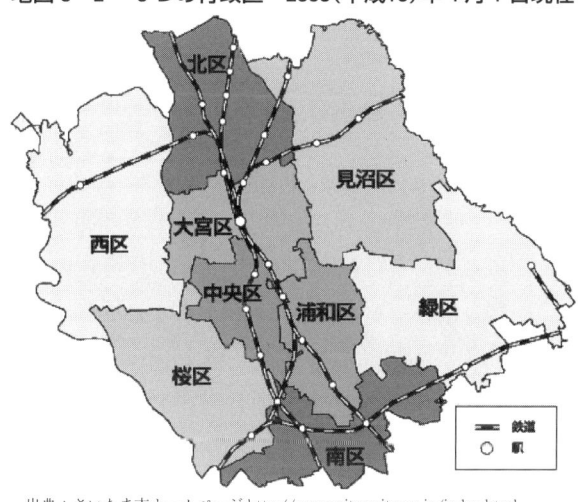

地図3-2　9つの行政区　2003（平成15）年4月1日現在

出典：さいたま市ホームページ http://www.city.saitama.jp/index.html

じめ，京浜東北線，埼京線，川越線，高崎線，宇都宮線のJR各線のほか，埼玉新都市交通伊奈線（ニューシャトル），東武野田線がある。このほか，県内の東西を結ぶJR武蔵野線や，今後，延伸が予定される埼玉高速鉄道といった複数の路線が整備されている。これに加え，道路網は，さいたま新都心，および与野インターから東京の

写真3-1　さいたま市役所本庁舎

都心へ向かう首都高速埼玉大宮線，東北自動車道，東京外環自動車道，国道16号，17号，463号線，新大宮バイパスが通っており，鉄道各路線と合わせ，東京都心だけでなく，隣接する各地域との活発な交流が可能なアクセス網の整備が進められている。

　産業面では，合併前の旧浦和，与野，大宮3市とも江戸時代には中山道などの宿場町として栄えていた。2001（平成13）年10月1日現在，産業別従業所数でみると，上位から，①卸売，小売業，飲食店，②サービス業，③建設業，④製造業の順になっている。

　また，2000（平成12）年5月，国の18の機関が移転した合同庁舎などのビルが立

ち並び，さいたまスーパーアリーナ，ジョンレノンミュージアム，けやきひろばなど芸術や文化的な施設も整備され，副都心的機能を兼ね備えた「さいたま新都心」が誕生した。

3 合併の経緯

　1889（明治2）年の市制町村制の施行により，浦和宿は浦和町へ，与野，小村田，上落合，下落合，中里，大戸，鈴谷，上峰，八王子，円阿弥10村合併により与野町へ，大宮宿，土手宿と高鼻，上天沼，下天沼3村が合併し，大宮町となった。その後，1935（昭和9）年，浦和町は浦和市，1941（昭和15）年，大宮町，日進村，三橋村，大砂土村，宮原村が合併し大宮市，1963（昭和33）年，与野町は与野市とそれぞれ市制を施行した。

　旧浦和，与野，大宮による現在の3市合併による話し合いは，1994（平成6）年5月の当時の市議会議員による「政令指定都市問題等3市合併議員連絡協議会」の設置から始まった。そして，翌1995（平成7）年，各市の議会で合併促進決議が可決され，3市の企画担当部長による行政連絡会議が設けられ，事務レベルでの調査・研究が始まり，1997（平成9）年，「任意の合併協議会」が設置されて本格的な話し合いが始まった。さらに，歴史を振り返ると1927（昭和2）年から合併の話があり，過去に7回合併の協議が行われていたという経緯があった。ただ，当初から3市合併の構想があったわけではなく，川口や蕨，上尾などを含めた大都市構想であった（図表3-5）。

　今回のさいたま市の合併の背景には，①2000（平成12）年に街開きした，「さいたま新都心」は旧浦和，与野，大宮の3市が入り組んでいたため，合同庁舎を設置するにあたり，一つの市であることが望ましいということがあった，②県庁所在地である浦和市，新幹線の発着駅を持ち，商業が発展している大宮市というように，各都市はそれぞれ発展していたが，生活圏と行政範囲が一致していなかったということがあった，③そして，アンケート調査の設問に対し，合併の主な理由について「政令市への移行をめざすため」という回答であった。

　さいたま市は，埼玉県の行政，経済，文化などの中心的な役割と，関東地域における中枢都市として発展することが望まれている。さいたま市の高齢化率は比較的低いが，今後，高齢化が進み，福祉関連の行政需要が高まる見込みである。

図表3-5　3市合併に至る前の過去の合併論議

1927(昭和1)年	官選の宮脇知事が、浦和、六辻、与野、大宮、日進、三橋の各市町村の合併による「一大都市圏構想」を立てる
1931(昭和5)年	宮脇知事が再度大都市構想「大埼玉市」を立てる
1939(昭和13)年	戦時体制強化を理由に「大埼玉市」構想を立てる
1944(昭和18)年	浦和、大宮、与野の2市1町の合併による「県都埼玉市」(仮称)構想を立てる
1954(昭和29)年	埼玉県合併促進審議会により「浦和市、大宮市、与野町、大久保村、土合村」の合併構想、合同会議開催
1962(昭和32)年	浦和市議会が衛星都市を目指し「川口、大宮、与野、上尾、蕨」各市に北九州市同様の対等合併を呼びかける
1973(昭和43)年	浦和、大宮、与野各市長合併の必要性に基本的合意し「3市行政連絡協議会」設置
1980(昭和55)年	「浦和市、大宮市、与野市、上尾市、伊奈町」4市1町の「埼玉中枢都市圏構想(さいたまYOU And Iプラン)」策定
1989(昭和64)年	埼玉経済同友会が「埼玉中枢都市圏の政令指定都市に関する要望」を埼玉中枢都市圏首長会議に提出
1994(平成6)年	浦和、大宮、与野3市議員有志により「政令指定都市問題等3市議員連絡協議会」設置
1995(平成7)年	浦和市、大宮市、与野市、上尾市、伊奈町の議員による「4市1町議員懇談会」設立
1997(平成9)年	浦和市、大宮市、与野市で「任意の合併推進協議会」発足

　こうしたことから、さいたま市は大都市としての行財政基盤をより強固なものとし、かつ市民福祉と市民サービスの充実した、潤いのあるまちづくりを進めていく必要があった。このため、さいたま市は政令市へ移行することによって、権限と財源を持ち、都市基盤の整備や市民福祉の充実など、より質の高い行政サービスを提供する、新たな都市の創造が求められた。

　このような背景を経て、さいたま市は、2001(平成13)年5月1日、旧浦和、与野、大宮3市の「新設合併」によって誕生し、2003(平成15)年4月1日には全国で13番目となる政令市へ移行した。県のなかで中心となる都市をつくるという構想が、長い道のりを経て、ようやく実現した形となったのである(図表3-6)。

　なお、この合併以前に、合併の可否などについての住民の意向はすべての市町村で住民説明会の実施や、首長選挙(公約)により確認されている。

4　合併前の地域福祉

　合併前の3市において、社会福祉法上の地域福祉計画は旧3市とも策定されて

図表3-6　さいたま市誕生に至るまでの3市の変遷

変遷年月日	(旧)浦和市	(旧)大宮市	(旧)与野市
1935(昭和9)年2月11日	市制施行		
1941(昭和15)年4月17日	尾間木村合併 三室村合併		
1941(昭和15)年11月3日		大宮町，三橋村，日進村，宮原村，	
1943(昭和17)年4月1日	六辻町合併		
1954(昭和29)年9月1日	片柳村の一部境界変更		
1955(昭和30)年1月1日	土合村，大久保村合併	指扇村，馬宮村，植木村，片柳村．	
1963(昭和33)年7月15日			市制施行
1964(昭和34)年4月1日	戸田町との一部境界変更		
1966(昭和36)年4月1日	戸田町との一部境界変更 (土地改良による)		
1967(昭和37)年5月1日	美園村分割合併		
1968(昭和38)年4月1日	戸田町との境界変更		
1973(昭和43)年2月1日	戸田市との一部境界変更 (土地改良による)		
1982(昭和57)年11月1日		上尾市との一部境界変更	
1988(昭和63)年6月1日	岩槻市との一部境界変更		
2001(平成13)年5月1日	3市合併によりさいたま市誕生政令指定都市さいたま市へ移行		
2003(平成15)年4月1日			

出典：「さいたま市統計書2004(平成16)年度版」をもとに作成

いない。合併の協議があるため，新市にて検討するという理由で，先送りされていたからである。また，合併前の3市の社協も，地域福祉活動計画は3市の社協とも策定されておらず，その理由として合併の協議があったため，先送りされている（図表3-7）。

図表3-7　合併前3市の地域福祉計画および地域福祉活動計画の策定状況

	地域福祉計画		地域福祉活動計画
浦和市	未策定	浦和市社会福祉協議会	未策定
大宮市	未策定	大宮市社会福祉協議会	未策定
与野市	未策定	与野市社会福祉協議会	未策定

　合併前の3市において，各市それぞれの実情に応じ，保健福祉計画の総合的な計画である「健康福祉のまちづくり計画」や，個別分野計画である「高齢者保健福祉計画・介護保険事業計画」，「児童育成計画」，「障害者計画」，「母子保健計画」などがそれぞれ策定されており，各種事業を計画的に推進していた。

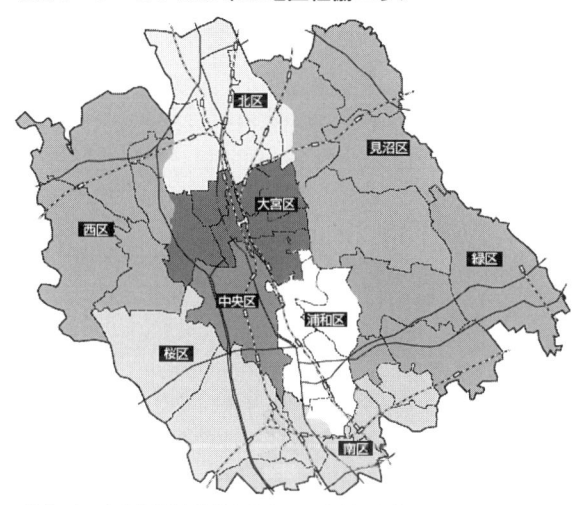

地図3-3　さいたま市の地区社協エリア

出典：さいたま市保健福祉総合計画 2003（平成15）年

5　合併後の地域福祉

さいたま市は2001（平成13）年5月1日に合併し，本庁舎を旧浦和市に置いた。これにやや遅れた形で，さいたま市社協は同年8月1日に合併し，旧浦和のふれあい館を本庁とし，各区に事務所が設置されている（写真3-2）。また，さいたま市は合併後，保健医療・福祉の連携を重視した地域福祉施策を進めるうえで，地区社協をその基礎単位として実施している（地図3-3）。

写真3-2　さいたま市社協浦和ふれあい館

合併後の行政の評価として，合併が地域福祉（政策）の展開に及ぼした現時点における影響は，「今はどちらともいえない」という回答であった。その理由は，「合併前と地域の状況は変わらないから」，「合併と地域福祉政策に関連性が認められないため」である。

また，今後の地域福祉（政策）の展開にどのような影響があるか，という設問に関しても，「とくに変化はない（どちらともいえない）」，という回答であった。その

理由は,「健康福祉活動の基礎単位を地区社協とするため,合併による区割りの影響を受けない」ということであった。つまり,さいたま市では,行政による区割り以前から行政単位ではなく,元々,住民主体の地区社協を基礎単位として地域福祉を推進しているため,政令市への移行に伴う行政区の影響を受けないということであった。

一方,合併に伴い,新たに地域福祉を推進しようとする施策に関しては,「合併して政令市への移行に伴い,区社協の早期設立および法人化を推進する」ことにより,地域福祉施策についての合併によるメリットは「市社会福祉協議会をスリム化し,区社協の機能を充実させることにより,きめの細かい部分に対して福祉コミュニティづくり,および地域福祉の推進をめざすことができる」という回答であった。現在,各区には市社協の事務所が設置されているに止まっており,それぞれが独立した区社協にはなっていない。このため,早期設立および法人化による独立が課題となっている。

なお,今回のヒアリング調査の結果から,2005(平成17)年4月から市社協の各区の事務所に「地域福祉推進部署」が設置された。

6 合併の効果

◆さいたま市総合振興計画の概要

さいたま市は,市政運営の基本とする「さいたま市総合振興計画」を策定した。基本構想の目標年次は,2020(平成32)年度である。都市づくりの基本理念として,①市民と行政の協働,②人と自然の尊重,③未来への希望と責任の3つをあげている。

また,将来都市像については,①「多彩な都市活動が展開される東日本の交流拠点都市」,②見沼の緑と荒川の水に象徴される環境共生都市,③若い力の育つゆとりのある生活文化都市の3つである。基本計画の計画期間は,2004(平成16)年度から2013(平成25)年度までの10年間である。実施計画の計画期間は,2005(平成17)年度から2010(平成22)年度までの5年間である。

地域福祉に関しては,基本計画において地域福祉の推進をあげ,①健康福祉についての意識啓発,②地域における担い手の育成と支援,③地域における健康福祉環境の整備を必要としている。実施計画事業として「地域健康福祉連絡会の設置・運営」があり,「市民の福祉ニーズに応じた適切なサービスが提供できるよう,

民生委員や食生活改善推進員，社会福祉法人などによる地域健康福祉連絡会の設置を促進し，地域における健康福祉推進の環境を整備するもの」で福祉総務課が担当課である。計画目標は，地区社協38地区中，2003（平成15）年度末で18地区，2008（平成20）年度末までに33地区である。

写真3-3　桜区役所およびプラザウエスト
（桜図書館，ホール，市民交流施設の複合施設）

◆合併前後の政策の変化

合併前の3市の直近の年度の一般職員（付属機関等への出向派遣は含む，特別職，嘱託，非常勤，パート，アルバイトは除く）の合計人数と，合併後の一般職員人数とを2004（平成16）年10月1日現在で比較すると，約54人増員した。同様に，合併前後の保健医療・福祉に従事する職員数を比較した場合，約150人増員で，政令市への移行に伴い，専門職の確保が必要になったことが理由である。

　合併後の職員（付属機関等への出向派遣は含む，特別職，嘱託，非常勤，パート，アルバイトは除く）の給与は，新市基準による再格付けを実施などにより調整した。合併前3市の直近年度の議員数と合併後の議員数を2004（平成16）年10月1日現在で比較すると，38人減員した。合併後，議員報酬はどちらかというと高い方の市に合わせて調整をした。合併後の首長の給与は，どちらかというと高い方の市に合わせて調整をした。

◆合併前後の財政の変化

まず2004（平成16）年度の一般会計予算では，一般会計予算3583億円，民生費予算782億3469万7000円（21.8％）である。合併前の3市の直近の年度の一般会計予算の合計金額と，合併後の新市の一般会計予算の金額を比較した場合，さいたま市は49億6000万円増えた。同様に，合併前の3市の直近の年度の民生費予算の合計額と，合併後の新市の民生費予算の金額を比較した場合も，23億3784万7000円増えた。

　これに関連し，合併特例債等の活用法では，合併特例債の適応事業費の総額は665億円で，適用した主な事業は，①公共施設（庁舎，公会堂，ホール，公園等），②教育・生涯学習事業（学校，図書館，公民館等），③土木事業（道路，橋梁，トンネルの整備等）である（写真3-3）。

◆地域福祉施策の変化

　また，地域福祉施策の変化では，①保育所の保育料は3市同額で，②介護保険料は，統一された保険料となっており，標準月額3092円，③特別給付はない。

　地域福祉行政の取り組みは2004（平成16）年4月1日現在，①老人保健福祉計画は2003（平成15）年3月，②介護保険事業計画は2003（平成15）年3月，③障害者プラン（障害者計画）は2003（平成15）年3月，④子育て支援計画は2003（平成15）年4月，⑤地域福祉計画は2003（平成15）年3月に策定済みである。

　しかし，合併後，さいたま市の新計画として，新規の保健医療・福祉の事業は障害者に対する自動車燃料費助成事業で，合併を機に廃止，または統廃合された保健医療・福祉の事業はない。

　一方，市町村合併による社協への影響では，さいたま市の合併を受け，2001（平成13）年8月1日，旧浦和・大宮・与野市の社協が合併し，さいたま市社協が誕生した。旧浦和市社協の浦和ふれあい館を所在地とし，2003（平成15）年4月には，政令市への移行に伴い，各区に区事務所を設置し，より身近に窓口を設けている。

　「さいたま市地域福祉活動計画」は，さいたま市において地域福祉を推進していく際，2004（平成16）年から2012（平成24）年までの9年間における重要な課題をまとめたものである。基本構想として，①福祉コミュニティの推進における中核的役割を果たすこと，②地域における福祉サービスの利用支援を推進すること，③地域福祉の推進と質の向上をめざした働きかけをしていくことの3点を示している。2003（平成15）年3月に策定された地域福祉計画（さいたま市保健福祉総合計画）では，行政は公共性を持った民間組織である社協と連携を深めることが位置づけられており，連携・協働が具体的に進展するよう，地域福祉活動計画は地域福祉計画と整合性を図り，実施していくことを目的としている。

　①　具体的な今後の取り組み予定（「2005（平成17）年度政策方針」より）
○「（仮称）高齢者生きがい活動センター」の基本・実施設計に着手：高齢者の就労支援を含めた生きがい対策の充実，地域住民の福祉活動拠点の確保を目的とする。
○「（仮称）障害者総合支援センター」の基本設計・実施設計に着手：障害者の福祉向上に向けた取組みとしては，障害者の生活支援から就労支援まで総合的に行うための拠点施設として，2007（平成19）年度の開設をめざす。

○「(仮称)療育センター」の建設工事に着手：障害児の早期発見・早期療育のための医療施設機能を有する。
○2005（平成17）年4月の発達障害者支援法の施行に伴い，発達障害者の専門的な発達支援や相談支援を行うための体制整備を図る。
○「(仮称)さいたま市民医療センター」の実施設計，造成工事等に着手：2008（平成20）年度中の開設をめざし，医療体制の充実を図る。
○さいたま市立病院では新たな医療総合情報システムの構築を進め，より質の高い医療の提供と患者サービスの向上に努める。
　②　民生委員・児童委員について（さいたま市桜区　民生児童委員担当の職員より）
○全国民政児童委員連合会という全国レベルでの活動指針にのっとり，基本法（民生委員法）にもとづいているため，合併および政令市の移行後による，活動内容に関する変化はない。また，地区民生委員児童委員協議会，担当エリアも合併後の変化はないため，相談件数や活動内容にとくに変化は出ていない。
○合併後，民生委員の選任方法を統一した。合併前，旧大宮では地域の関係団体（PTAなど）のなかで推薦を受ける。任期は3年で，継続する場合も一度解任し，再度選任という形式をとっていた。旧浦和では前任者が後任者を決めていたが，とくに統一して決まりはなかった。旧与野でも，行政主体としての統一的な決まりはなかった。合併直後に行政センターごとに行っていたが，自治会・社協（地区社協）の推薦を受けることが最低線として決められた。これにより，新任の民生委員は相談件数の多さに驚くが，自治会や社協のバックアップがあるため，助けになっている。
○各区の特色：桜区では生活援護部会，高齢者福祉部会，児童福祉部会の3つの部会に86人全員が参加し，学んでいる。地区民協ごとに興味あるテーマを取り上げ，勉強会を行っている。南区では児童に力を入れている。子育てサロンを民生委員が独自に立ち上げた。大宮区では1つの地区民協が環境に力を入れており，河川の清掃を年間行事に取り入れて行っている。また，大宮区，西区，緑区，浦和区の4区では市内外に視察に行き，報告会を行っている。
○民生委員にとってのメリット：区役所の設置により，身近なところで行政職員と連携を取れるようになった。アルコール中毒患者やドメスティックバイオレンスなど家族内のみの問題ではなく，行政の相談機関に相談するという社会の流れ

写真3-4　桜ミーティング

になってきたとき，タイムリーに政令市になったことで相談しやすくなり，さいたま市は行政が身近な相談者になることができた。今後も市として活動指針・基本法意外の各地域を統一したやり方を決めるのではなく，地区民協のそれぞれ独自のやり方を尊重していく。

民生委員の定数を以前（政令市への移行前）は県が決めていたが，政令市になって市で決められるようなったので，増員が可能になった。このため，地域間格差の調整や，地域の特徴により対応できるようにしていくことが今後の課題である。

③　桜ミーティングについて

○立ち上げの経緯：桜区において，民生委員からの相談が区役所内の複数課にまたがることが多かったことがきっかけとなり，2003（平成15）年10月からスタートした（写真3-4）。

○構成メンバー：福祉事務所全員がメンバーである。社協，民生委員などの関係団体は必要に応じ，参画できるようになっている。方針を決定するところまで行うため，ケースワーカーだけでなく，福祉事務所長を含めた管理職をメンバーに入れている（写真3-4）。

○日程：月1回，第3水曜に実施

○目的：援護方針を決定するところまでを目的としているため，司会進行者（コーディネーター）が重要で，桜区では福祉課査察指導員（スーパーバイザー）が務める。

○他区の取り組み状況：浦和区，緑区から問い合わせがあったが，成功しておらず，現在まで桜区の1区のみである。

○ポイント：メンバーの役割分担を明確にすることである。ネットワークの事務局はケースワーカーではなく，福祉課内の福祉担当が行い，進行を保護担当が行っている。ケースカンファレンスの場合，関係する部署のみの参加になってしまうが，桜ミーティングではいくつか上がる議題のなかで，ある1つの議題に関し，直接関係のない人の意見を聞くことができることもメリットである。福祉課の生活保護のケースワーカーがどこまで踏み込めるかが，キーポイントとなるケース

もある。

④ 保健センター

合併後、独自の事業内容はなく、全10区が同様の事業を実施している。実際には南区では子どもの数が多いなどの特徴があるが、独自にはできないのが現状である。合併前、旧大宮市においては独自の対応をとることが可能であったため、保健センター職員にとってはデメリットと感じている点がある。

⑤ さいたま市社協

「さいたま市地域福祉活動計画」における新規事業は図表3-8のとおりで、計画にもとづいて整備中である。

図表3-8 地域福祉活動計画の新規事業

2004(平成16)年度	さいたま市地域福祉推進委員会設置
2005(平成17)年度	福祉総合相談窓口設置
	支援ネットワーク構築
	福祉サービス苦情窓口
	当事者活動組織化支援
	社協ネットワーク基盤整備
2006(平成18)年度	福祉施設連絡会事業
	第三者評価事業
2007(平成19)年度	地域福祉情報,研修センター設置および運営
	区社協設置

合併後、区社協設置による職員増で、人件費が増えた。現在、区社協は常勤4人体制（所長を含む）である。これらは市の助成によってまかなうため、市の財政の歳出が増えている。今後、大幅な予算の増額や人員の増員は厳しい状況であるため、自主事業および受託事業の大幅な見直しが重要である。

現在、区社協は法人格を持っていないが、今後、法人格を持ち、活動していくことでより地域に密着した存在となることが実現すれば、大きな合併のメリットとなり、早期設置が望まれる。

⑥ 福祉事務所（前中央区役所ケースワーカーより）

各区役所が単純に窓口業務（合併前の支所的なものと同様）で独立性がなければ、合併後、地域福祉の発展・レベルアップにはならない。このため、区役所レベル

においても企画調整課が必要である。しかし，住民レベル，あるいは議員にとって必要かどうかは不明である。政令市になり，各区役所の設置で"縦割り"になってしまった。区役所と本庁とのやり取りが必要になったため，合併前よりスムーズにできなくなった。旧市でのダイレクトな対応，迅速な対応ができなくなった。福祉事務所にとっては，合併後，このようなデメリットが生じている。

　中央区（旧与野市）は1市がそのまま1区になっただけで，とくに変化はないが，旧与野市では高齢，障害，児童が一本化された「福祉総合相談窓口」（福祉相談室）を設置していた。これは合併後に廃止となり，各区役所統一で，高齢，障害，児童の各課にそれぞれ相談員が配置されている。このことは旧与野市にとってはデメリットであった。

　⑦　児童相談所（さいたま市児童相談所相談援助担当より）

　合併前，旧浦和市，旧与野市は北浦和にある南児童相談所，旧大宮市，旧岩槻市は上尾にある中央児童相談所であったが，合併後，政令市の設置義務により，中央区（旧与野市）に設置された。市の中央にあり，駅に近いという交通の便のよさもあり，近年の全国的な相談件数の増と合わせ，さいたま市でも相談件数が増加している。現在のところ独自の取り組みはない。県の児童相談所より職員数が多いことが特徴である。このため，県に比べて一人当たりの受け持ち件数が少ないので，フットワークが軽いというメリットがある。

　また，市で児童相談所を持ったことで同じ市の職員間で人事交流があり，区役所（福祉事務所）や，さいたま市立病院と連携がとりやすくなり，スムーズな対応ができるという点が職員に限らず，住民である利用者にとって最大のメリットである。

　今後の課題として，①ハード面においてプライバシーの保護が難しいため，児童相談所の独立庁舎が望ましいこと，②一時保護施設を児童相談所の近くに設置し，アクセスの良い環境をつくること，③2004（平成16）年から福祉職の採用が始まり，さらに翌年から心理職採用枠がつくられ，臨床の現場において専門性を高めるため，児童福祉司や臨床心理士を確保することが必要である。

7 当面の課題

　さいたま市は，合併して政令市へ移行したことで県と同等の権限を持つことが

できるようになり，市民に直結する事務が県から委譲されるようになった。行政区ごとに区役所が設置されたことで，住民へのきめ細やかなサービスが可能になった。

また，区役所と関係機関の連携がスムーズに行うことができるようになり，ネットワークの構築が可能になった。今後，地域福祉の発展に向け，保健医療・福祉の統合化によるサポート体制の実現が課題である。

具体的には，桜区を例に，まず各区役所内でのネットワークを構築し，区役所が独自性を持つことが期待される。さらに，地域福祉を推進する中心的な担い手である社協との連携および協働が重要である。今後，区社協が法人格を持ち，より身近になった区役所と連携することで，政令市のメリットと社協が本来持つ役割がかみ合うようになれば，各区が各地域において，その地域の特性に合ったきめ細やかなスムーズなサービスが可能になると考えられる。このことは，平成の大合併により合併した他の自治体とさいたま市を比較した場合，地域福祉の発展に関し，差が生じてくる可能性がある点である。

また，2005（平成17）年1月，さいたま市と岩槻市の合併が告示され，合併に関する一連の法定手続きが完了し，同年4月1日に合併した。岩槻市と「編入合併」により，新たに岩槻区を加え，行政区は全部で10区となった。これにより，2005（平成17）年4月1日現在，面積217.49平方キロ，総人口118万68人，うち男性59万2794人，女性58万7274人，世帯総数は479,583世帯となった。今後も，さいたま市の調査を引き続き行い，地域福祉の発展状況を研究し，他の市町村との比較研究を行っていく必要がある。

注
(1) さいたま市ホームページ http://www.city.saitama.jp/index.html 市の概要
(2) さいたま市「さいたま希望のまちプラン　総合振興計画　実施計画」さいたま市，2005年，35頁

❷ 東京都西東京市

要点　東京都における近年の市町村合併の例として，あきるの市があげられるが，今回の「合併特例法」に関連し，21世紀に合併したものとしては，2001（平成13）年1月21日に田無市と保谷市が「対等合併」して誕生した西東京市が唯一である。西東京市については，「東京都では例外ともいえる市町村合併がなぜ，実現できたのか」，「どのような特徴があるのか」，「合併効果はあったのか」など非常に興味深い。そこで，本節ではこれらの点に着目し，西東京市の事例を取り上げる。

1　調査の概要

◆西東京市をヒアリング調査の対象地域とする理由

　西東京市の市町村合併の特徴は，①2000（平成12）年7月30日に「田無市・保谷市合併に関する投票方式による市民意向調査」を実施した，②2001（平成13）年1月21日に田無市と保谷市が対等合併して誕生したが，21世紀では東京都で唯一の市町村合併である，③西東京市が2001（平成13）年1月という比較的早い時期に合併した新市ということもあり，2005（平成17）年3月31日までの時限立法である「合併特例法」に関連し，時限内に合併をめざしていた市町村のなかのかなりの数の市町村が，西東京市を視察に訪れたことなどがあげられる。これらの点は他の市町村合併にはみられない特徴といえよう。

◆ヒアリング調査の時期　2005（平成17）年5〜10月

◆調査対象　アンケート結果および関連事項に関し，「市町村合併全般」については西東京市企画部，また，「社会福祉関連事項」については西東京市保健福祉部，「その他の関連事項」については西東京市社会福祉協議会，西東京市青年会議所などの担当者にそれぞれヒアリング調査を行った。

2 地域の特性

◆地理的位置と地勢

西東京市は武蔵野台地のほぼ中央にあって、東京都の西北部に位置し、北は埼玉県新座市、南は武蔵野市および小金井市、東は練馬区、西は小平市および東久留米市に接している。地勢は、北に白子川（しらこがわ）、中央部に新川（しんかわ・白子川支流）、南部に石神井川（しゃくじいがわ）があり、川の沿岸が2～3メートルの低地となっている。西から東になだらかに傾斜した、ほぼ平坦な地域である。

地質は関東ローム層で、主として関東地方に分布する褐色の土で、砂と粘土から構成されていて空隙に富み、有機物を多量に含んでおり、植物の育成に適している。厚さは10メートル以上のところが多くなっている。地下水位は河川沿岸の低地にみられるくらいである。

面積は15.85平方キロ、また、標高は67メートルとなっている。土地の利用状況については宅地系では40.3％、農業系では14.5％、商業系では5.2％と、全体で約60％を占めている。気温は温暖で、都心への交通の便利もよく、住宅都市として最適の環境を備えている（地図3-4）。

◆歴史・沿革

西東京市は2001（平成13）年1月21日、田無市と保谷市が合併して誕生した「新しいまち」である。江戸時代から青梅街道の宿場町として、また、北多摩地区の商業の拠点として発展してきた「田無市」と、江戸時代の幕府による開墾対策の一環として新田開発された農村から発展してきた「保谷市」との組み合わせであり、"都市型合併"の先駆けである（写真3-5）。

西東京市は2004（平成16）年3月、合併時に策定した「新市建設計画」の重点施策を含む「西東京市総合計画」を策定し、「やさしさとふれあいの西東京に暮らし、まちを楽しむ」を基本理念に、合併先進市としてふさわしい新しいまちづくりに取り組んでいる。

人口は2000（平成12）1月1日現在、田無市と保谷市の2市で17万561人であったが、合併後も人口が増え続けており、2005（平成17）年11月1日現在で18万9471人となり、6年間で約2万人が増えたことになる。この背景には大型マンションや戸建て住宅などの建設ラッシュがあるものとみられる。世帯数は2005（平成17）年11月1日現在、8万4973世帯で、1世帯当たり2.23人と核家族化が進展している。1990（平成2）年の1世帯当たり人口は2.65人であった。

以上のような歴史をふまえ，西東京市の今後については，「住みたいまち」，「住みよいまち」に育てていくことが求められる。

地図3-4　西東京市地図および拡大図

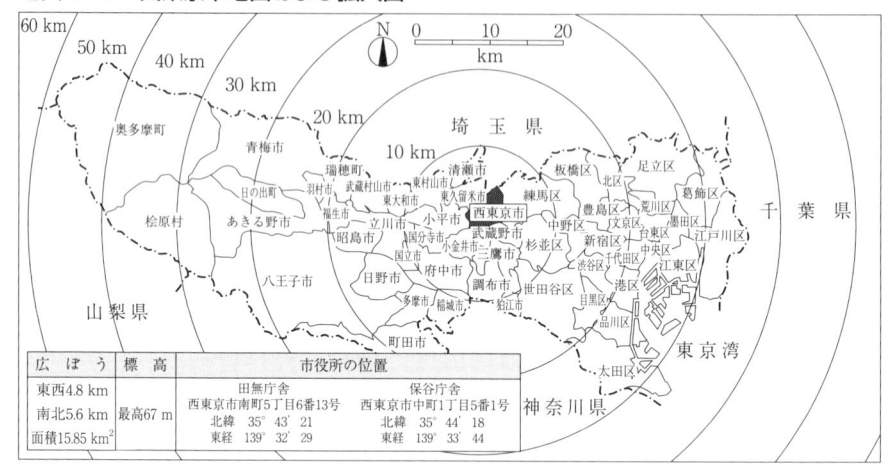

広ぼう	標高	市役所の位置	
東西4.8 km	最高67 m	田無庁舎	保谷庁舎
南北5.6 km		西東京市南町5丁目6番13号	西東京市中町1丁目5番1号
面積15.85 km²		北緯　35°43′21″	北緯　35°44′18″
		東経139°32′29″	東経139°33′44″

写真3-5　西東京市の市内を望む

西東京市民憲章

（前　文）
　21世紀のはじめ，西東京市は，田無市と保谷市の合併によって誕生しました。
　わたくしたちのまち西東京市は，縄文時代の営みの跡や武蔵野の面影を残し，江戸時代から青梅街道の宿場町として栄えた歴史のあるまちです。
　わたくしたちは，先人から受け継いだ貴重な遺産や自然の営みに感謝し，
市民ひとりひとりいきいきと暮らせるまちを目指して，ここに市民憲章を定めます。

（本　文）
　このまちを　たがいに助け合う　優しいまちにしたい
　このまちを　みどりに満ちた　美しいまちにしたい
　このまちを　ゆめの広がる　楽しいまちにしたい
　このまちを　こころ豊かな　学びあいのまちにしたい

◆文　化

西東京市の文化財や文化施設では，文化財については，市が「石どう六角地蔵尊」など計49点を指定している。文化施設についてはアスタ市民ホール，コール田無，市民会館，保谷こもれびホールなどがあり，文化活動の場を提供している。郷土のことを知りたい人には郷土資料室がある。図書

図表3-9　西東京市の文化財や文化施設

	項　目	内　容
①	西東京市の文化財	市が49点を市の文化財として指定いる。そのうち，いくつか紹介する。 ＜市指定番号1＞「石どう六角地蔵尊」 地蔵菩薩像のレリーフと江戸みちなど6つの道しるべの文字が刻まれている。 ＜市指定番号2＞「田無ばやし」 明治末期に完成した祭りばやしで，現在は，速間流田無ばやし保存会によって伝承されている。 ＜市指定番号24＞「又六石仏群」 又六地蔵は最近まで旧又六丁場の信仰の中心として機能しており，「念仏申し」が行われていた。 以上の他に，東京都指定文化財として，「田無神社本殿・拝殿」がある。また，国指定の名勝として，「小金井（サクラ）」，国指定史跡として，「多摩川上水」がある。
②	文化施設	アスタ市民ホール，コール田無，市民会館，保谷こもれびホールなどがあり，文化活動の場を提供している。
③	郷土資料室	郷土の歴史を知りたい人には，「郷土資料室」があり，主な所蔵品には，延慶の板碑，韮山笠などがある。
④	図書館	じっくり読書を楽しみたい人には，中央図書館，下保谷図書館，芝久保図書館，谷戸図書館，柳沢図書館，ひばりが丘図書館の6つの図書館と新町分室の1分室がある。

出典：西東京市資料

館は，6つの本館と1つの分室がある（図表3-9）。

◆産　　業　　産業別の就業人口としては，三次産業が75.8％と圧倒的に多い。企業や工場は，撤退や規模縮小がみられる（図表3-10）。

図表3-10　西東京市の産業

項　目	内　容
① 産業別の就業人口比率	西東京市の産業別の就業人口比率は以下のとおりである。 一次産業：　0.8％ 二次産業：　21.2％ 三次産業：　75.8％
② 企業・工場	田無地区では，シチズン（時計），IHI（石川島播磨重工業），住友重機械工業がある。保谷地区では，東鳩製菓，保谷硝子などの大企業の工場があったが，現在では，これら工場は市外に移転済みである。

出典：東洋経済新報社『都市データパック2005』ほか

◆財政状況　　財政は厳しい状況にあるが，以下の3点に要約できる。

第一点は，低迷が続く市税収入，および増加を続ける市債残高，減少を続ける基金残高である。大規模工場の移転・撤退等により，法人市民税の市税全体に占める割合が大幅に減少している。また，国の「三位一体の改革」に伴う地方交付税や国庫支出金の削減で，2005（平成17）年度予算編成時点で基金の残高が60億円台と減少している。また，市債の残高が増加している。

第二点は，財政硬直化の進行である。経常収支比率（行政需要の対する余力であり，財政構造の弾力性を示す指標，70～80％程度が適正水準とされる）は，合併後，80％台を維持してきたが，2004（平成16）年度には90％となった。

第三点は，膨大な財源を必要とする西東京市のまちづくりである。市のまちづくりは，「新市建設計画（計画期間10年間：2001（平成13）～2010（平成22）年度）」，および「総合計画（計画期間10年間：2004（平成16）～2013（平成25）年度）」にもとづき，推進されている。この「総合計画」の推進には10年間で約882億円という膨大な財源が必要である。

3　合併の経緯

◆明治・大正・昭和の合併の状況　　田無市と保谷市の合併の動きは，1890（明治23）年に端緒とする。第二次世界大戦後，昭和30年代当時，田無町および保谷町の間で「合併して市になろう」との協議が行われたこともあったが，1967（昭和42）年

1月1日に両市が単独の市として,それぞれ田無市および保谷市としてスタートした。その際,「断続的に話し合う」という付帯決議もあったが,しばらくは沈静化していた。

◆今回の合併の背景　　田無市青年会議所や保谷市青年会議所で活躍した会員,OBが市議会の議員になることもあり,また,その多くが「両市は合併すべきである」という考えを持って動いたという説がある。そのことを裏づけるものとして,両青年会議所が西東京市の合併に先立つ約半年前の2000(平成12)年6月10日に合併し,「西東京市青年会議所」になった。

　西東京青年会議所の動きを含め,舞台裏では個人や団体がいろいろな形で動いたと推測される。公的な動きとして図表3-11にまとめた。

図表3-11　田無市と保谷市の合併の動き

	年　月	内　容
①	1990(平成2)年9月	田無市議会定例会で,田無市長が保谷市との合併に積極的な答弁をしたことにより,再び,動き始めることとなった。
②	1993(平成5)年1月	保谷市長選挙で,田無市との合併を最大の公約として保谷市長が当選し,その後,両市議会で両市合併に関する特別委員会が設置されるなど本格的な検討が開始された。
③	1997(平成9)年	保谷市の9月定例会,田無市の11月臨時会で,いずれも議員提出議案として合併協議会設置の決議が可決された。 同年12月3日,「田無市・保谷市合併協議会(任意)設立準備会」を設置した。
④	1998(平成10)年2月16日	任意の合併協議会である「田無市・保谷市合併推進協議会」が設置された。
⑤	1999(平成11)年10月11日	「田無市・保谷市合併協議会(法定協議会)」が発足した。
⑥	2000(平成12)年7月2〜26日	両市内の各所で「市民説明会」を実施した。
⑦	2000(平成12)年7月5日	「市民意向調査」にあたって実施本部を設置した。
⑧	2000(平成12)年7月23〜29日	「不在者投票」を実施した。
⑨	2000(平成12)年7月30日	36の投票区で「本投票」を実施した。

出典:田無市・保谷市合併協議会「田無市・保谷市に関する投票方式による市民意向調査」(平成12年11月)

◆「市民意向調査」の概要　　田無市と保谷市が合併するか否かについての結論を出すため,両市が採用した「市民意向調査」の概要につ

いて以下に述べる。

　2000（平成12）年7月30日，投票方式による「市民意向調査」を実施した。投票資格者は，同年7月30日現在の18歳以上の田無市および保谷市の市民とし，一般選挙における選挙人の年齢要件（20歳）を2歳引き下げた。

　さらに，不在者投票を7月23日（日）から29日（土）の7日間，通常の選挙と同様の期間で実施した。また，本投票の投票時間は午前7時から午後10時と，通常の選挙に比べ2時間延長した。また，投票所については通常の選挙と同様，田無市14か所，保谷市22か所で行った。

　総投票者数は，田無市2万8878人（投票率45.04％），保谷市3万6891人（投票率34.42％），合計では6万5769人（投票率44.17％）であった。

　「市民意向調査」の質問項目は3問で構成され，「田無市・保谷市合併に関する市民意向調査　調査票」に○で記入するものであった。

　問1は，「田無市・保谷市の合併について」であり，「賛成」・「反対」・「どちらともいえない」の3つの選択肢から1つを選ぶものであった。

　問2は，「新市の名称について」であり，あらかじめ募集した名称のなかから絞られた「西東京市」，「けやき野市」，「北多摩市」，「ひばり市」，「みどり野市」という5つの候補の中から1つを選ぶというものであった。

　問3は，「特に力を入れて欲しい施策について」で，10項目のなかから3つまで選ぶというものであった。10項目とは①「高齢者福祉の充実（介護・自立支援，生きがい対策など）」，②「子育て支援の拡充（保育・育児相談，一時（緊急）預かりなど）」，③「障害者福祉の充実（生活支援，就労支援，社会参加など）」，④「個性を伸ばす教育の実施（総合教育，情報化教育，学校施設などの充実）」，⑤「生涯学習の充実（スポーツ文化，コミュニティ施設の充実）」，⑥「環境対策の推進（ごみの減量化，リサイクル運動の増強など）」，⑦「公園・緑地の整備（公園の整備，緑地の保全，街路樹の整備など）」，⑧「安心して歩ける道路の整備（駐輪の規制，歩道の整備など）」，⑨「防災対策の充実（防災倉庫，備蓄品の充実，防災情報の徹底など）」，⑩「市民の市政参加の推進（行政情報の公開，市民との対話の機会の確保など）」である。

　これらの3問の投票結果は，以下のとおりである。

　問1の「田無市・保谷市の合併について」については，田無市では賛成1万3971人，反対1万2288人，保谷市では賛成2万4014人，反対9359人であった。これで

明らかなとおり，保谷市では大差の賛成であったが，田無市では約1700票という僅差で成立した。田無市での賛否が僅差であったの理由として，両市の間では財政力の差があり，保谷市に比べて田無市が財政面で豊かであったため，合併すると田無市が不利に働くということをあげる向きもあるが，定かではない。ちなみに財政力指数は1999（平成11）年度現在，田無市が0.918（前年度0.944），保谷市が0.824（前年度0.783）であった。

問2の「新市の名称について」については第1位が1万7638人で「西東京市」，第2位が「ひばり市」，第3位が「けやき野市」であった。

問3の「特に力を入れて欲しい施策について」については「高齢者福祉の充実」（52.13％）が最も多く，続いて「安心して歩ける道路の整備」（42.77％），「環境対策の推進」（32.25％）の順で多かった。

◆今回の合併の内容

合併の内容については図表3-12にまとめたが，本表で注目されるのは，⑤の「合併の可否についての住民の意向の確認方法」について，田無市および保谷市の両市で「住民説明会」や「アンケート（意向調査）」を実施し，「首長（公約）」により確認したことであろう。

なお，本表は2004年（平成16）4月1日現在のものである。

図表3-12 合併の内容

	項　　目	内　　容
①	合併年月日	2001（平成13）年1月21日
②	合併方式	新設
③	合併市町村数	2
④	合併の主な理由	・多くの地域住民が合併を望んでいたため ・効率的・安定的な行財政運営の強化のため 　各種サービスや住民の利便性向上のため
⑤	合併の可否についての住民の意向の確認方法	・全部の市町村で住民説明会を実施 ・全部の市町村でアンケート（意向調査）を実施 ・全部の市町村で首長（公約）により確認
⑥	新市の人口規模	15万人以上〜20万人未満
⑦	新市の人口規模と年齢構成別人数・割合	・総人口：　　18万6782人 ・0〜14歳以下　2万4111人（12.9％） ・15歳以上〜64歳未満　12万9014人（69.1％） ・65歳以上　3万3625人（18.0％）うち，75歳以上　1万3803人（7.4％）
⑧	新市の面積	15.85平方キロメートル

出典：アンケート調査

4　合併後の地域福祉

◆新市計画の概要　　西東京市は2004（平成16）年3月，基本構想，基本計画，実施計画からなる「西東京市総合計画」を策定した。本計画は2001（平成13）年度から3年間かけ，策定作業を進めてきたもので，市の最上位の計画に位置づけられるものである。

　基本構想および基本計画を策定するにあたっては，総合計画策定審議会の設置をはじめ，市民意向調査，市民ワークショップ，パブリックコメント，市民説明会などの市民参加の手続きを実施し，市民の意見をふまえた計画づくりを行った。基本構想は2003（平成15）年9月26日，市議会の本会議で議決された。

　なお，計画期間は2004（平成16）～2013（平成25）年度の10年間である（図表3-13）。

図表3-13　新市計画の概要

	項　　目	内　　容
①	新市建設計画の基本理念	「21世紀を拓き，緑と活気にあふれ，一人ひとりが輝くまち」の実現を目指す
②	基本計画の方針	①　市民参加と情報公開の推進 ②　健全な財政運営 ③　公共施設の有効利用 ④　新市建設計画の推進
③	重点プロジェクト	①　西東京ブランド発進プロジェクト ②　やすらぎグリーンプロジェクト ③　いきいきチャレンジプロジェクト ④　ふれあいサポートプロジェクト
④	新市建設計画重点施策 （アクションプログラム）	①　西東京合併記念公園＊（写真3-6）の整備 ②　コミュニティバス＊（写真3-7）の運行 ③　地域情報化の推進 ④　ひばりヶ丘駅周辺のまちづくりの推進

出典：西東京市基本構想・基本計画（概要版）

◆合併前後の政策の変化　　西東京市の合併前後の政策の変化については，合併した2000（平成12）年度と調査した2004（平成16）年度比較で，一般職員数は139人減，（うち，保健医療・福祉職員は3人減）市議会の議員数は10人減となった。職員の給与は，合併前に東京都の給与表に移行したが，議員の報酬や新市の首長給与は高い市に合わせた（図表3-14）。

写真3-6　西東京合併記念公園（いこいの森公園）

写真3-7　コミュニティバスの「はなバス」

図表3-14　合併前後の政策の変化

	項　目	内　容
①	一般職員人数比較	139人減（平成16／12年度比較）
②	保健医療・福祉職員人数比較	3人減（平成16／12年比較）
③	職員の給与	合併前に東京都の給与表に移行した。
④	議員数の比較	10人減（平成16年／12年度比較）
⑤	議員報酬	高い報酬の市に合わせた。
⑥	新市の首長給与	高い給与の市に合わせた。

出典：アンケート調査

◆合併前後の財政の変化

西東京市の合併前後の財政の変化については，2004（平成16）年度の一般会計予算は601億6000万円であった。合併した2000（平成12）年度と調査した2004（平成16）年度の比較で，一般会計予算で69億9900万円増，うち民生費予算は21億900万円増であった（図表3-15）。

図表3-15　合併前後の財政の変化

	項　目	内　容
①	2004（平成16）年度の一般会計	一般会計予算　601億6000万円 うち，民生費予算　20億5251千円（34.1％）
②	一般会計予算比較	69億9956万円増（平成16／12年度比）
③	民生費予算比較	21億913万円増（平成16／12年度比）

出典：アンケート調査

◆合併特例債等の活用法

西東京市の合併特例債の活用法については，公園などの公共施設，学校や公民館などの教育・生涯学習事業，保健センターや福祉施設などの保健医療・福祉事業の3つの分野で合併特例債等を活用している（図表3-16）。

◆地域福祉施策の変化

西東京市の地域福祉の変化については，保育所の保育料は低い方の市に合わせた。介護保険の保険料（1号被保険者，第2期介護保険事業計画）は，標準月額で3281円となっている。

なお，市の特別給付として，訪問介護利用者負担金軽減事業を行っている（図表3-17）。

◆地域福祉行政の取り組み

西東京市の地域福祉行政の取り組みについては，老人保健福祉計画と介護保険事業計画は2003（平成15）年3月に

図表 3-16 合併特例債の活用法

	項　　目	内　　容
①	公共施設	庁舎・公会堂・ホール・公園等
②	教育・生涯学習事業	学校・図書館・公民館等
③	保健医療・福祉事業	保健センター・病院・福祉施設等 ＜具体例＞ ①（仮称）こども総合支援センター等の建設 ②（仮称）障害者福祉総合センター ③児童館の建替え（3） ④保育園の建替え（4） ⑤福祉会館の建替え（2）

出典：アンケート調査

図表 3-17 地域福祉の変化

	項　　目	内　　容
①	保育所の保育料	どちらかというと低い方の市に合わせた。
②	介護保険料	標準月額　3281円（第2期介護保険事業計画）
③	特別給付	訪問介護利用者負担金軽減措置事業

出典：アンケート調査

策定されたが、両計画は元々連動していく必要があるため、対象年度の整合性がとられている。障害者プラン（障害者計画）は2004（平成16）年3月、また、子育て支援計画は2004年（平成16）年2月にそれぞれ策定された。さらに、策定義務は課されていないが、「地域福祉計画」が2003（平成15）年3月に策定された。これに関連し、西東京市社協による「地域福祉活動計画」も2004（平成16）年3月に策定された（図表3-18）。

図表 3-18 地域福祉行政の取り組み

	項　　目	内　　容
①	老人保健福祉計画	2003（平成15）年3月策定済み
②	介護保険事業計画	2003（平成15）年3月策定済み
③	障害者プラン（障害者計画）	2004（平成16）年3月策定済み
④	子育て支援計画	2004（平成16）年2月策定済み
⑤	地域福祉計画	2004（平成16）年3月策定済み

出典：アンケート調査

◆新たな地域福祉施策　　西東京市の新たな地域福祉施策については，新事業の具体例としては，ささえあいネットワーク事業，障害者就労支援事業，ファミリー・サポート・センター事業，病後児保育事業などがあげられる。また，西東京市では，地域福祉を普及・推進するためには単なる啓発活動だけではなく，一つの事業を通じ，より多くの市民が主体的にかかわることにより，そこに「市民主体のネットワーク」が生まれ，さらには福祉の担い手となる「人材育成」になると考えている。そこで，新しい地域福祉推進施策として2004（平成16）年度には「バリアフリーマップづくり」に取り組み，完成させた。2005（平成17）年度からは「人にやさしいイスによるまちづくり」に取り組んでいる（図表3-19）。

図表3-19　新たな地域福祉施策

	項　　　目	内　　　容
①	新事業の具体例	①　ささえあいネットワーク事業 ②　障害者就労支援事業 ③　ファミリー・サポート・センター事業 ④　病後児保育事業
②	新たな地域福祉推進施策	西東京市では，地域福祉を普及・推進するためには単なる啓発活動だけではなく，一つの事業を通じてより多くの市民が主体的にかかわることにより，そこに「市民主体のネットワーク」が生まれ，さらには福祉の担い手となる「人材育成」になると考える。 2004（平成16）年度には「バリアフリーマップづくり」に取り組み，完成させた。2005（平成17）年度からは「人にやさしいイスによるまちづくり」に取り組んでいる。

出典：アンケート調査

◆社協との連携　　西東京市社協との連携については，西東京市社協は2001（平成13）年4月2日に，田無市社協と保谷市社協は合併し，誕生した。西東京と西東京市社協との連携はさまざまな局面でみられるが，とくに西東京市の地域福祉計画と西東京市社協の地域福祉活動計画はその整合性を図るなど，連携を行っている。また，本計画の中核になっている「ふれあいのまちづくり事業（ふれまち事業）は，今後の西東京市における社会福祉の重要な地域資源になるとみられる（図表3-20）。

◆合併前後の財政の変化　　合併に伴う国および東京都の財政支援を活用し，事業を実施する一方で，合併効果を最大限に活用し，経費節減

図表３-20　社協との連携

項　　目	内　　容
① 市町村合併による社協への影響	2001（平成13）年４月２日に，田無市社協と保谷市社協は合併し，西東京市社協が誕生した。
② ボランティア支援事業	「総合計画」・「地域福祉計画」の重点プロジェクトとして，人的支援・財政支援をすることとされている。
③ 地域福祉活動計画	2004（平成16）年３月策定済み。合併前の両市でも策定されていた。西東京市の地域福祉計画と西東京市社協の地域福祉活動計画は，その整合性を図るなど，連携を行っている。また，本計画の中核になっている「ふれあいのまちづくり事業（ふれまち事業）」は，今後の西東京市の社会福祉における重要な地域資源になるとみられる。
④ 独自の保健医療・福祉事業	自立支援を目的とした家事援助サービス，移送サービス，車イス貸し出し事業，子育てサービス，地域リーダー発掘・養成事業などである。

出典：アンケート調査

に取り組んだ結果，西東京市の基金は合併後100億円を超える金額を確保してきた。しかし，国の「地方財源対策（三位一体の改革）」により不透明な状況になっている。

　また，前述のとおり，「経常収支比率」は合併後，80％台を維持してきたが，2004（平成16）年度には90％となった。

◆市民の参加・参画への意欲　　本テーマについては，市民が市政に参加・参画の意欲があるか否かについては「評価尺度」を決めないと一概に述べることができないが，ここでは「市民参加条例」をベースに市民の参加・参画について述べる。

　西東京市では2002（平成14）年10月１日，「市民参加条例」を制定した。同条例は，前文と５章27条で構成されている。第１条（目的）では，「この条例は，地方自治の本旨に基づき，西東京市の市営運営における市民参加の基本的な事項を定めるとともに，市民と市の役割を明らかにするとことによって相互の協働によるまちづくりを推進し，もって地域社会の発展を図ることを目的とする。」と規定している。

　また，市民参加の方法として，市民参加手続きの設定等，付属機関等の設置，会議の公開及び構成員の市民公募，市民意見手続制度，市民説明会，市民ワークショップ，市民投票などについて規定している。このように西東京市では市民参加・参画についての受け皿はできており，市民は公募委員への就任などを通じ，市政に積極的に参加している。

5 合併の効果

　西東京市の「合併の特徴」、あるいは「合併の効果」として以下の9点があげられる。

　まず第一に、西東京市における市町村合併については歴史的な意義がある、ということである。田無市と保谷市は2001（平成13）年1月21日に合併し、西東京市が誕生したが、田無市と保谷市との合併は一朝一夕にできたのではなく、合併話は遠くは1990（明治23）年からその記録が残っている。長年にわたる懸案事項で、平成になってようやく結実されたということである。実に、歴史の重さを感じさせる。いろいろな事情はあったにせよ、「小異を捨て、大同につく」ということではなかったかと考えられる。

　第二に、「田無市・保谷市合併に関する投票方式による市民意向調査」を実施したということである。その概要については前述のとおりである。

　第三に、合併に際して制定された「新都市建設計画」のなかでも大きな柱となっている「はなバス」事業と、「西東京いこいの森公園（合併記念公園）」事業の2大事業は合併効果を象徴する事業といえることである。

　第一の事業であるコミュニティバス「はなバス」は、市内のさまざまな地域における交通の便を確保し、だれもが使いやすく安心して利用できる"市民の足"として2002（平成14）年3月に誕生した。現在、市内のバス路線空白地域として5つの路線で、西武バスと関東バスの両社によって運行されている。料金は100円（大人・子どもとも）で、市民の貴重な足となって活躍している。運行開始から3年を経た2005（平成17）年3月25日までに利用者は300万人に達した。西東京市の負担は、2005（平成17）年度で年間1億3900万円（予算ベース）となっている。

　第二の事業である「西東京いこいの森公園（合併記念公園）」は、旧東京大学原子核研究所の跡地（緑町3丁目）に西東京市が合併記念事業として100億円を超える事業費を投入し、整備してきた。本公園は2005（平成17）年4月29日に開園した。面積は44ヘクタールである。本公園は、「市民との協働で育てる公園」をキャッチフレーズにしており、また、「自然・人・生き物のふれあいの場」を基本としている。現在では、市民の想いや運動の場所として有意義に利用されている。本公園は災害時に備えた広域避難場所として防災の機能を備え、防火倉庫、自家発電装置、井戸、防火貯水槽、非常用便槽、ソーラー発電を利用した園路灯があり、2

本の井戸は150メートル以上の深さがあり，災害時には十分な水の確保ができる。本公園は合併特例債を活用している。

　第四に，「ふれまち事業」の全市的展開も合併効果がもたらした，といえることである。「ふれまち事業」は，1991（平成3）年に国庫補助事業として創設されたが，西東京市では西東京市社協が展開している事業である。西東京市社協は田無市社協と保谷市社協が2001（平成13）年4月に合併し設立した。田無市では，国庫補助事業以前の1988（昭和63）年からまちづくり事業を単独で推進していた。小学校通学区域を単位とする住民懇談会は田無市では立ち上がっていたが，保谷市では立ち遅れていた。合併を契機として，保谷地区における住民懇談会が順次立ち上がり，本年度中には20区域すべてで住民懇談会が稼動する予定である。まちづくり事業における典型的な合併効果ということができよう。

　第五に，一つの事業を通じ，より多くの市民がかかわることを目的とした「お出かけ情報地図（ふれあいのまち西東京バリアフリーマップ）」が完成したことである。これは2005（平成17）年3月に完成したが，約2年をかけ，市民，事業者，西東京市，西東京市社協が協働して作成した。具体的には，「西東京市地域福祉普及推進会議普及推進部会」（メンバーは市民で構成）が中心となり，調査・編集ボランティアが中心となって作成した。次の事業として2005（平成17）年度から「イスによるまちづくり」事業を展開している。

　第六に，西東京市は2003（平成15）年10月30日，ISO14001の認証を取得したことである。西東京市では，田無庁舎，保谷庁舎，谷戸出張所，中原出張所，柳橋出張所の5か所を対象施設として「環境マネジメントシステム」の国際規格であるISO14001の認証取得をめざし，同年4月から「電気使用量の削減」や「資源・廃棄物の分別」などの目標を掲げ，さまざまな取り組みを行った。これらの取り組みに対し，第三者機関である審査登録機関による審査が2度にわたって行われ，同年10月30日に認証取得が決定し，11月7日に保谷庁舎で登録証授与式が行われた。

　第七に，西東京市では，施策の対象者，とくに地域福祉の分野の対象者を，「住民」ではなく，「市民」という言葉を使用していることである。西東京市の地域活動・福祉活動を支える人はその地域に住んでいる人（＝住民）だけではなく，その地域で生活している人（＝市民）すべて対象とする，という考え方である。このた

め,西東京市の職場で働いている人や大学や高校に通う学生なども当然のことながら「市民」としての対象である。これらすべての市民が西東京市における委員会活動や,ボランティア活動の対象となっている。

第八に,一般企業の合併でも社員が一体化するには最低10年はかかるといわれており,「旧田無・旧保谷意識」が一朝一夕に解消するものではない,と思われる。たとえば,田無庁舎と保谷庁舎のいずれを本庁舎にするかということもあげられよう。しかし,先に述べた「ふれあいのまちづくり事業」が全市的に展開されているところから明らかなように,約5年を経た現在(2005(平成17)年12月現在),西東京市としてのアイデンティティが徐々に確立されつつあるのではないか,と評価している。

第九に,西東京市をリードする西東京市長についてふれたい。市町村合併後(2001年)の第1期の市長選挙では,旧田無市長と旧保谷市長(ともに保守系)が争い,保谷市長で選出された。旧保谷市の人口が旧田無市の人口に比べ,多かったことも一因であろう。しかし,この選挙でしこりが残ったことも確かである。4年後(2005年)の市長選挙で,革新系の市長に交代した。今後は過去のしこりを解消し,市町村合併の効果が一層市民に目に見える形で展開されることを期待したい。

6 当面の課題

◆地域福祉に関する課題

地域福祉の課題については,2点を指摘したい。

第一点は,「ふれまち事業」の推進である。地域福祉を普及・推進するためには,地域における社会資源,すなわち,地域資源を整備していく必要がある。現在,西東京市社協が中心になって推進している,「ふれあいのまちづくり(ふれまち)事業」を強化していく必要がある。20の小学校通学区域のすべてで「住民懇談会」が立ち上がった現在,必ずしも十分とはいえない地域資源のなかでも,重要要素である「人的資源」の市民の参加を増やしていく必要がある(地図3-7)。

第二点は,「地域福祉計画」の推進である。西東京市では「地域福祉計画」を2004(平成16)年3月に策定済みである。「地域福祉計画」は「地域福祉の計画」という意味のほか,「福祉を基本に据えた地域計画」ということができる。福祉とい

地図3-5　西東京市ふれまちマップ

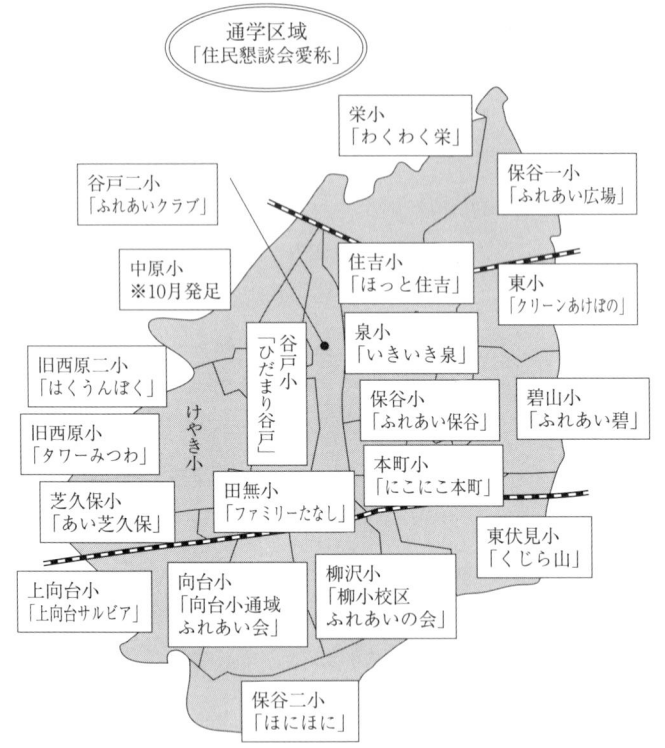

通学区域
「住民懇談会愛称」

- 栄小「わくわく栄」
- 保谷一小「ふれあい広場」
- 谷戸二小「ふれあいクラブ」
- 中原小　※10月発足
- 住吉小「ほっと住吉」
- 東小「クリーンあけぼの」
- 谷戸小「ひだまり谷戸」
- 泉小「いきいき泉」
- 旧西原二小「はくうんぼく」
- 保谷小「ふれあい保谷」
- 碧山小「ふれあい碧」
- 旧西原小「タワーみつわ」
- けやき小
- 本町小「にこにこ本町」
- 芝久保小「あい芝久保」
- 田無小「ファミリーたなし」
- 東伏見小「くじら山」
- 上向台小「上向台サルビア」
- 向台小「向台小通域ふれあい会」
- 柳沢小「柳小校区ふれあいの会」
- 保谷二小「ほにほに」

出典：西東京市社協資料，2005年。

う概念を広義にとらえるのであれば，子育て支援や安全・安心を包含する総合計画と位置づけられる。そのような観点から地域福祉の普及推進を展開すべきである。

◆財政に関する課題　　西東京市では，2002（平成14）年7月に策定した西東京市行財政改革大綱（第1次）にもとづき，市民サービスの向上や財政基盤の強化に努めてきた。しかし，長引く景気低迷等によって市税収入が伸び悩むなか，「三位一体の改革」や高齢化の進展に伴う財政需要の増加によって生じた新たな財源不足への対応が求められており，これまでの右肩上がりの経済成長を前提とした事業展開からの方向転換を迫られている。こうした構造的な改革をこれから数年で成し遂げるかが，西東京市の将来を大きく左右するといっても過言

ではない。このため，地方分権時代にふさわしい自立した自治体として，市民や民間部門との協働で，限られた資源を効率的に活用する成果重視の新たな「行政経営システム」を構築する必要がある。

そこで，西東京市は，2005（平成17）年3月に示された行財政改革推進委員会の答申「選択と集中の行財政経営を目指して」を受け，「（仮称）第2次行財政改革大綱」の素案を作成した。第2次大綱の実施期間は，2005（平成17）年度を初年度とする2010（平成22）年度までの5年間である。

◆「1市2庁舎体制」に関する課題　「1市2庁舎体制」は，西東京市が合併して以来の最大の検討課題である。現在，田無庁舎と保谷庁舎に分かれて執務をしていることから，決済面などで非効率な側面があることも事実である。

今後の方向としては，①新庁舎をつくる，②どちらかの庁舎に集約する，③2庁舎体制を維持するという3つの方向が考えられる。

①については，立地場所や予算措置の問題がある。現在の財政状況を考えると，この選択肢は大変厳しいといわざるを得ない。②については，まず，どちらにするかが難問である。田無庁舎の場合，田無駅（西武新宿線）から近いが，付近の道路が狭く，駐車場も狭い。保谷庁舎の場合，庁舎スペースはあるが，保谷駅から遠いという事情がある。どちらにするにせよ「帯に短し，襷（たすき）に長し」の状態である。このため，③の状態がしばらく続くことになるとみられる。

❸ 新潟県長岡市

要 点	新長岡市は，すでに日常生活圏を形成していた4町1村を典型的な形で「編入合併」することにより誕生した。広域的な見地から，隣接する市町村と一体的なまちづくり，および各種行政・福祉サービスを展開していくことは，住民のニーズに応える面を持っており，本合併は住民生活の現状をふまえたものになっている。広域的な視点から，相対的に福祉サービスのメニューと社会資源が豊かな旧長岡市の福祉施策が周辺町村に適用されたことで，新市における福祉施策は前進したと評価できる。

1 調査の概要

◆本地域のヒアリング調査理由

　新長岡市は2005（平成17）年4月1日，長岡市に中之島町，越路町，三島町，小国町，山古志村の4町1村が「編入合併」することによって誕生したが（新長岡市は2006（平成18）年にも周辺市町村を「編入合併」しているが，本調査は2005年に実施した），これらの地域は合併以前から日常生活圏を形成していた。

　具体的には，4町1村の住民による商品購買地域の1位は長岡市内である。また，小国町以外の3町1村の住民の外来通院地域の1位も長岡市で（小国町は2位），通勤・通学区域でも越路町と三島町は長岡市が1位，中之島町，小国町，山古志村は2位となっている。このため，これらの市町村の合併にはすでに日常生活圏を形成していた，という合理的な根拠がみられる。

　また，合併前の人口をみると，長岡市が約19万3000人，中之島町が約1万2000人，三島町が約8000人，越路町が約1万4000人，小国町が約7000人，山古志村が約2000人で，人口面では「編入合併」の典型的な姿を示している（計23万5000人）。面積は，長岡市と4町1村の合計とがほぼ1対1の割合（計526平方キロ）である。新長岡市の高齢化率は19.5％で，全国平均とほぼ同じである。合併に際しては越路町，三島町，小国町，山古志村が住民へのアンケート調査を実施し，長岡市，中之島町は住民懇談会を実施しているが，住民投票は実施していない。

　以上のように，すでに日常生活圏を形成している典型的な「編入合併」の姿を

示している地域として，また，旧山古志村を中心とした中越地震後の災害復興に対する注目度の高さから，長岡市を取り上げた。

◆ヒアリング調査の時期　2005（平成17）年7月21日，8月30日，9月15日

◆調査対象　長岡市の地域自治振興室長，福祉保健部福祉総務課企画係長，中之島支所保健福祉課長，三島支所保健福祉課長および長岡市社協係長，中之島支所長，三島支所長である。

◆調査結果の概要　交通手段や情報通信技術の発達により，隣接する市町村へ通勤したり，買物に行ったりすることが普通のことになっているように，長岡地域の住民の日常生活圏は，旧市町村の枠を超えて拡大している状態にあり，広域的な見地から，隣接の市町村との一体的なまちづくりや各種行政・福祉サービスの充実を展開していくことは，住民のニーズに応える側面を持っている。その意味で，今回の合併は住民生活の現状をふまえたものとして，根拠を有している。

ところで，地方分権の推進により，地方自治体にはますます大きな役割を果たすことが求められてきているが，合併は，小規模自治体にとっては困難なサービスや社会資源を確保し，各種行政・福祉サービスの充実を図ることで地方分権を内実化させていくことでもある。

旧長岡市を除く4町1村の財政力は低い現状にあり，合併によって広域的な観点から各種行政・福祉サービスの向上を図っていくことは一つの選択肢である。その意味で，合併による各種行政・福祉サービスの向上は，旧長岡市の社会資源や行政・福祉サービスを広域化することにより，新長岡市という新しい区域において達成されているといえる。

しかし，長岡地域の合併については，まだ合併後半年しか経過しておらず，今後，住民に対する各種行政・福祉サービスの充実がどのように進展していくかについては明確に具体化されておらず，今後の行政と住民の双方による取り組みと努力いかんにかかっているといえる。

2 地域の特性

◆地理的位置　本市は東西約300キロ, 南北約150キロにわたる新潟県のほぼ中央の内陸地に位置し, 新潟県中越地方と呼ばれている。JR上越新幹線で東京から1時間20分, 関越自動車道で都内から約3時間の距離にあり, 長岡地域から西に向かえば北陸, 東に向かえば東北で, 日本海側における北陸と東北の分岐点として交通の要所になっている。市内を南北に信濃川が縦断しており, 川の両岸に市街地が発展している。人口は, 新潟市についで新潟県第2の都市である (地図3-6, 3-7, 写真3-8)。

写真3-8　新潟県長岡市全景

出典:『6つの地域の共存共栄による新しいまちづくりをめざして　長国地域合併協議会報告書』長岡地域合併協議会事務局, 2頁, 2004年。

◆気候風土　長岡市は新潟県中央部の内陸地に位置し, 東西を山地に挟まれているため, 夏は高温多湿で, 冬は北西の季節風が強くて降雪量も多く, 日本海側特有の気候である。市の東は東山連峰, 西は西山丘陵地が連なっている。可住地面積は山間地に位置する小国町が最低で約34％, 最高は平野部にある中之島町の100％, 他は約40～70％である。

◆歴　　史　長岡の町の原型は, 江戸時代初期の長岡城の築城とともに形成され, 明治まで城下町として栄えてきた。1889 (明治22) 年に町村制が告示され, 長岡町となっている。1906 (明治39) 年に市制が施行され, 長岡町から長岡市に移行して2006 (平成18) 年に市制100年を迎えたが, 市制に移行して以来, 中越地方の商工業の中心として発展してきた。その一方で工業地域でもあったため, 1945 (昭和20) 年の長岡空襲によって壊滅的な被害を受けたが, 戦後の復興後は周辺市町村との合併が進められ, 1960 (昭和35) 年に現在の市域になった。

◆文　　化　県庁所在地の新潟市に次ぐ人口を擁する県内第2の都市として, 一方では長岡市の市街区域を中心とする都市型文化・都市型生活様式が存在し, 他方では4町1村地域における農山村型文化や伝統文化, 農山村型生活様式が存在し, 両者が共存している。伝統文化としては三島町の「全日本丸太早切選手権大会」, 長岡市の「大花火大会」, 山古志村の「牛の角突き」などが有名である。

地図3-6　新潟県長岡市

地図3-7　長岡市

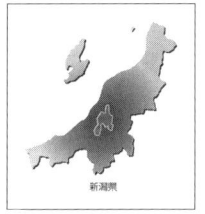

出典：写真3-8と同じ。

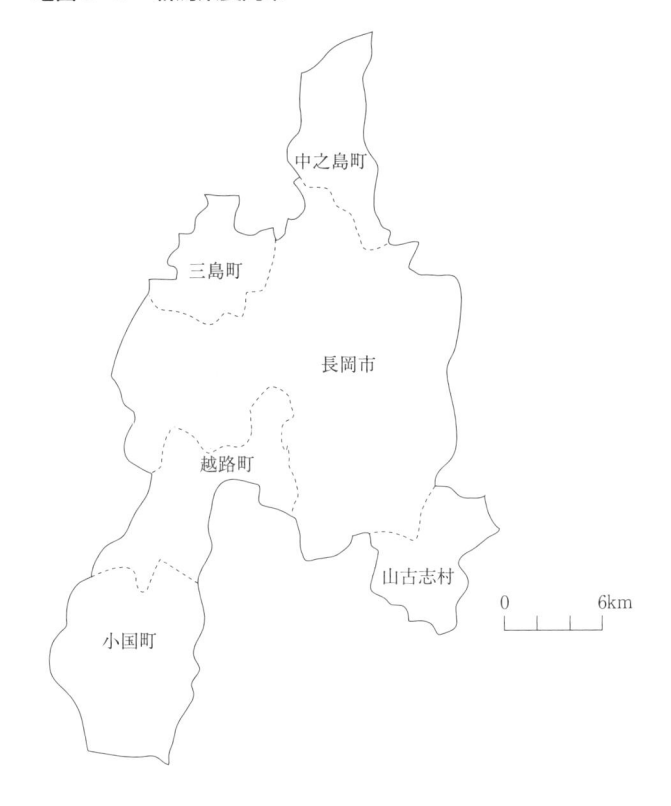

出典：『長岡地域新市建設計画～新市の地域らしさ価値を高める行動計画』長岡地域合併協議会，13頁，2004年。
注：この地図は，平成17年4月1日の合併時点のものである。その後，平成18年1月1日に和島村，寺泊町，栃尾市，与板町の4市町村も長岡市に合併された。

◆産　　業　　明治中期の東山油田の開発を契機に石油掘削機械の製造・修理の需要にもとづいて産業が発展し，機械加工，鋳造業，メッキ，鍛造業などの企業やメーカーが集積している。近年ではテクノポリス指定を背景に電気・電子機械，液晶・半導体などの企業が集積し，世界的な技術を有する企業も多い。同時に水田が市の面積の約23％を占め，基幹的な産業として農業も盛んである。

◆財政力指数　　財政力指数は，長岡市の0.764を除き，中之島町0.341，越路町0.516，三島町0.306，小国町0.229，山古志村0.113と，4町1村は低い状態にあった。

3 合併の経緯

　1901（明治34）年に6町村が合併して長岡町になり，1906（明治39）年の市制の施行に伴い，長岡町から長岡市に移行して以降，1921（大正10）年に四郎丸村を編入，1950（昭和25）年に木西吉村，1951（昭和26）年に富曽亀村，1954（昭和29）年に上川西村，宮内町，深才村，日越村，王寺川村，十日町村，山本村，黒条村，新組村，福戸村，下川西村，六日市の一部を，1957（昭和32）年に関原町をそれぞれ編入後，1960（昭和35）年に二和村を編入している。

　長岡地域の日常生活圏は，交通・通信手段の発達や経済活動の広域化に伴い，市町村の行政区域を越えて拡大している。同時に，少子高齢化や厳しい財政状況などを抱え，市町村の経営基盤の強化が求められている。長岡市，中之島町，越路町，三島町，小国町，山古志村は古くから結びつきが強く，交流が活発に行われてきた。このようななか，2001（平成13）年に長岡地域市町村合併研究会，2003（平成15）年には長岡地域任意合併協議会，2004（平成16）年には法定合併協議会が設置され，新市建設計画を策定し，合併協定の調印が行われた。

4 合併前の地域福祉

　旧長岡市においては，在宅重度心身障害児・者日常生活用具給付事業における自己負担補助，在宅心身障害者へのタクシー券の助成（500円券を年間最高90枚まで），重度身体障害者移動支援事業，福祉バス運行事業，介護保険料の法定外減免，福祉電話の貸与など，周辺市町村よりも市単独事業を比較的多く実施している。また，介護保険の利用率が新潟県内で最も高いなど，福祉施策は相対的に充実していたのが現状である。

　しかし，他の4町1村においては町村単独事業が少なく，また，社会資源も十分ではなく，福祉施策が充実しているとはいえない状況にあった。一方，各市町村の財政状況は，上記の財政力指数に表われているように，長岡市以外ではきわめて厳しい財政状況にあったのが実態である。

　長岡市と長岡市社協とは相互に連携しつつ，地域福祉施策を展開している現状にある。具体的には，長岡市老人保健福祉計画や長岡市介護保険事業計画において，これらの計画のなかに社協の役割を位置づけ，相互に連携しつつ地域福祉施策を推進している状況であることなどがその一例である。

合併に際して新市将来構想がまとめられたが、この構想をまとめるにあたり、各市町村住民を対象にしたアンケート調査と住民参加型のワークショップが実施されているなど、一定の住民参加が推進されている。しかし、内容的には福祉に関するテーマが十分な位置づけのもとで取り上げられたとは言い切れない面もあるのが実情である。

旧長岡市においては7つの中学校通学区域を単位として保健・福祉行政が展開されており、また、小学校区単位で市民による見守りネットワークが形成されている。中之島支所では集落単位、三島支所では支所単位でそれぞれ保健・福祉行政を実施している。

社協においては、長岡市所では31小学校単位で、中之島支所では町内会単位、三島支所においては支所を単位としてそれぞれ地域の組織化を図っている。

とりわけ、中之島支所においては町内会単位での健康づくり、見守りネットワークが組織されている。また、町内会や自治会がどの地域においても組織されており、日常生活に関する近隣関係の結びつきは強い状況にある。それだけに、村落型互助組織としての色彩が強いといえるが、全体的には市町村ごとに組織化の程度が異なる状態である。

5 合併後の地域福祉

新市建設計画のテーマは、「人は財（たから）、いきいき都市・新長岡」で、サブテーマは、「独創企業が生まれ育つ都市、元気に満ちた米産地、世代がつながる安住都市、世界をつなぐ和らぎ交流都市」であるが、福祉を前面に押し出したテーマは見受けられない。

長岡市を除く旧5町村区域においては、条例を制定して地域委員会を設置している。地域委員会は、条例によって「地域住民と一体となったまちづくりを推進し、地方自治法第138条の4第3項に規定する市長の附属機関」と規定されている。また、「担当区域における新市建設計画の執行状況の確認及びその変更に関する事項、行政計画その他の計画の策定及び変更に関する事項、ふるさと創生基金を活用したまちづくりの施策に関する事項について、市長の諮問に応じ、審議・意見具申する」と規定されている（図表3-21）。

この地域委員会において、各地域の今後の福祉施策を検討することは可能だが、

図表3-21 地域自治のしくみ

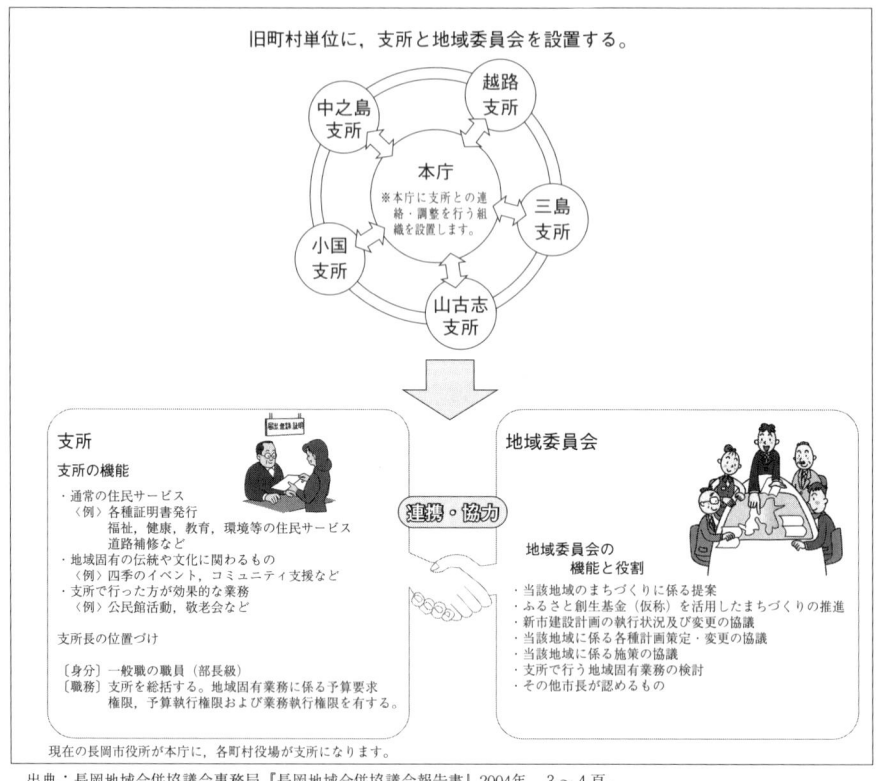

旧町村単位に、支所と地域委員会を設置する。

中之島支所　越路支所　本庁　三島支所　小国支所　山古志支所
※本庁に支所との連絡・調整を行う組織を設置します。

支所
支所の機能
・通常の住民サービス
　〈例〉各種証明書発行
　　　　福祉、健康、教育、環境等の住民サービス
　　　　道路補修など
・地域固有の伝統や文化に関わるもの
　〈例〉四季のイベント、コミュニティ支援など
・支所で行った方が効果的な業務
　〈例〉公民館活動、敬老会など

支所長の位置づけ
〔身分〕一般職の職員（部長級）
〔職務〕支所を総括する。地域固有業務に係る予算要求権限、予算執行権限および業務執行権限を有する。

連携・協力

地域委員会
地域委員会の機能と役割
・当該地域のまちづくりに係る提案
・ふるさと創生基金（仮称）を活用したまちづくりの推進
・新市建設計画の執行状況及び変更の協議
・当該地域に係る各種計画策定・変更の協議
・当該地域に係る施策の協議
・支所で行う地域固有業務の検討
・その他市長が認めるもの

現在の長岡市役所が本庁に、各町村役場が支所になります。

出典：長岡地域合併協議会事務局『長岡地域合併協議会報告書』2004年、3～4頁。
注：この図は、平成17年4月1日の合併時点のものである。その後、平成18年1月1日に4市町村と合併し、9支所となっている。

　現状としてはどの地域委員会においても福祉を中心にした施策を検討する予定はないのが実情である。

　合併による保健・医療・福祉職員の数に変動はなく、地域福祉計画は2006（平成18）年度に策定されている。福祉施策に関する基本的な変更はないが、市町村ごとに異なっていた乳幼児医療の無料化を就学前まで引き上げ、未実施町村があった福祉タクシー券を新市全域に適応するなど、一部福祉施策の高位平準化を実施した。このため、2004（平成16）年度に対する2005（平成17）年度の一般予算に占める民生費の割合は20.0％から17.7％に削減されたが（災害復旧に予算を多く充てたことも原因である）、民生費の総額は18.0％・約35億円の増額となっている。

　中之島支所を例にあげると、保育料を6市町村で平均化したため、保育料の値上

げが生じている。しかし，旧中之島町による地域福祉施策のメニューが十分ではなかったため，合併による福祉施策のメニューは増加している。もっとも，本庁で取り扱う事務の範囲が拡大したため，従来は旧町と住民の間で直接行われていた事務が減少し，支所と住民との関係は合併前よりも希薄化してきている傾向にある。

　三島支所を例にあげると，合併後に縮小した保健・医療・福祉事業は8事業，廃止した事業は6事業であるが，拡大された事業は73事業である。しかし，住民と顔を直接突き合わせるサービスは減少している。

　一方，長岡市社協は2005（平成17）年4月1日に合併し，長岡市社協本所，長岡支所，中之島支所，越路支所，三島支所，小国支所，山古志支所による本所と支所の体制をとっており，旧市町村の地域性を重視した運営を行っている。長岡支所には31の地区社協（小学校通学区域単位）が設置され，地区食事サービス事業，小地域ネットワーク事業，ボランティア銀行等に取り組んでいるが，今後，他支所にも地区社協の設置が予定されているため，これらの小地域福祉活動が新長岡市全域で拡大，発展していく可能性がある。

　中之島支所を例にあげると，新社協としての統一性を確保するため，高齢者を対象にした施設入所者見舞金を廃止した。また，46の集落を単位として小地域ネットワークと「ふれあい・いきいき」サロンを実施しているが，新長岡社協におけるその扱いは今後の課題になっている。

　三島支所を例にあげると，職員の研修制度，情報の拡大，地区社協の設置が実現したが，新社協としての事務処理の一本化のため，事務処理に要する時間が長くなった実情にある。

　一方，合併特例債の活用の方途は決まっていないが，2006（平成18）年度を初年度とする10か年の総合計画を策定し，そのなかで必要に応じて活用することになっている。また，上述した地域委員会での検討によって必要であると判断された施策に対しても適用していく予定になっている。

　利用者および一般住民の参加では，合併後1年も経過していないため，特別な変化は見受けられず，旧市町村の状況が継続されている現状にある。しかし，合併とは直接的に関係はないが，2004（平成16）年10月の中越地震を契機に，自治会・町内会などの住民組織への住民の結集度合いは高まっている状況にある。

なお，地域組織化などであるが，旧長岡市においては7中学校通学区域を単位として保健・福祉行政を展開し，中之島支所では集落単位で，三島支所では支所単位で保健・福祉行政を実施している。社協においては，長岡支所では31小学校通学区域単位で，中之島支所では町内会単位で，三島支所においては支所を単位として地域の組織化を図っているが，今後，三島支所においても小学校通学区域単位での組織化を企画しているところである。合併後半年しか経過していないために，大きな変化は見受けられない。

6 合併の効果

合併効果の有無と評価について，合併前後の福祉施策に大きな変化はみられないが，市町村ごとに異なっていた乳幼児医療の無料化施策を就学前の年齢まで一律に引き上げ，未実施町村があった福祉タクシー券（在宅障害者に500円券を年間90枚を上限として支給する）を新市全域に適応したことなど，多くの福祉施策を高位平準化して統一した。このため，新市全域を取り上げると，結果的に福祉施策の拡大が図られたことになった。

その意味では，広域行政の視点からみて各種福祉施策の充実が図られたことになり，合併の効果があったと判断できるため，今回の合併は前向きに評価できる。

7 当面の課題

旧長岡市を除く4町1村についてはいずれも財政力指数が低く，社会資源も限られていた。福祉施策の面においても町村単独事業が少なく，十分な福祉サービスを展開できていない現状にあったが，合併による広域的な視点からみると　長岡市の福祉施策のメニューが各町村に適応され，新市における福祉施策は前進したと評価できる。

今後の課題は，公私協働による住民参加型の福祉施策，あるいは自治型福祉施策の向上に向け，住民主体の福祉活動の継続的な発展を図る必要があるが，三島町のように地域組織化が遅れている地域があれば，中之島町のように地域組織化が集落単位で図られている地域もあり，住民主体の福祉活動に地域差がみられる。このため，今後は，新市のどの地域においても住民の組織化を継続発展させ，公私協働による福祉施策の充実を図っていくことが求められる。

4 群馬県沼田市

| 要　点 | 今回の「平成の大合併」のなかで公布された「合併三法」において，地域自治組織が制度化された。これは，一方では「合併協議を円滑にさせる飴（アメ）」と揶揄されるが，他方では地域福祉の推進にとって積極的な意味を持つ可能性がある。本節で取り上げる群馬県沼田市は，地域自治組織の一つである「地域自治区（特例）」制度を新潟県上越市に続き，全国で2番目に採用した事例として注目される。 |

1 調査の概要

◆本地域のヒアリング調査理由　ヒアリング調査の対象として沼田市を選んだ第一の理由は，この事例が全国で新潟県上越市に続き，2番目に地域自治組織としての「地域自治区（特例）」制度を採用したからである。

第二は，本地域は必ずしも財政基盤の豊かでない自治体がさらに財政基盤の弱い自治体を編入する事例であり，また，過疎地域（旧利根村），超高齢化地域（旧利根村，27.53％［2002年］）を含むからである。本地域が今回の合併で対峙した課題は，今日の地方都市一般が同様に抱える課題でもある。全国の地方都市をある程度代表する事例として，今回の沼田市の合併に注目することができる。

第二は，本地域は「編入合併」の直前に，地域福祉活動計画を戦略的に策定した地域（旧白沢村社協）を含む点において注目される事例だからである。今回の合併を推進する飴（アメ）としての合併特例債の使い道として，合併直前にハコモノを建設することが問題視されているが，本地域では，編入される小規模自治体が，合併直前に住民参加による地域福祉活動計画の策定を行っている。その意味で，今回の市町村合併という"地域福祉の危機"が住民の地域への関心，あるいは福祉意識を再構成することにつながった地域福祉実践として注目される。

◆ヒアリング調査の実施時期　　2005（平成17）年8～10月

◆調査対象　ヒアリング調査の対象者は，沼田市の本庁，利根町振興局，白沢町振興局，沼田市社協の白沢支所，利根支所の各職員，および沼田市

白沢町の老人会会長，民生委員，子育てグループ代表，沼田市利根町住民，それに群馬県社協の職員である。

◆調査結果の概要　　ヒアリング調査，ならびにアンケート調査によって明らかになったこととして，今回の市町村合併により，まず地域福祉計画をはじめとする各計画の策定が先送りされたことがあげられる。エンゼルプランについては2005（平成17）年3月に策定済みであるが，老人保健福祉計画と介護保険事業計画は2006（平成18）年3月，障害者福祉計画は2006（平成18）年7月に策定される予定である。とくに地域福祉計画に至っては，「策定する予定はあるが，時期は未定」としている点は注目される。また，各計画の策定が先送りされた理由としては，それぞれ「ニーズがない」，「策定義務がない」，「策定のための人材確保困難」などの理由があげられている。

また，今回の合併により浮かび上がった問題点としては，今回の合併が「編入合併」のため，旧沼田市方式による住民サービスの均質化の問題が浮き彫りになった。旧白沢村，旧利根村で実施されていた住民サービスが，合併後は縮小されるケースや，住民サービスを実施するうえで，地理的特性の違いから生じるサービスとニーズの間の齟齬が見受けられた。

本地域をヒアリング調査地として選定した大きな理由として，「地域自治区（特例）」を導入したことに着目し，それが地域福祉に与える影響についてみていくことであったが，調査時点では，合併後，ようやく半年が経過しようとしている時期であったせいか，具体的な効果については2006（平成18）年度以降にならないと見えてこない。ただ，現時点でいえることは，地域自治区（特例）の導入が社協の合併に少なからず影響を与えたということである。地域自治区の設置された旧白沢村・旧利根村のそれぞれの旧社協は，職員数を維持しながら「支所」として存続しており，ある程度独自の活動を行う余地が残されている。

そして，今回の本地域の調査における興味深い取り組みとしては，旧白沢村社協がリーダーシップをとり，実施した地域福祉活動計画の策定である。この点に関しては後述するが，小規模な自治体が「編入合併」をする際の"地域福祉の砦"として地域福祉活動計画が機能した点は高く評価されるものである。

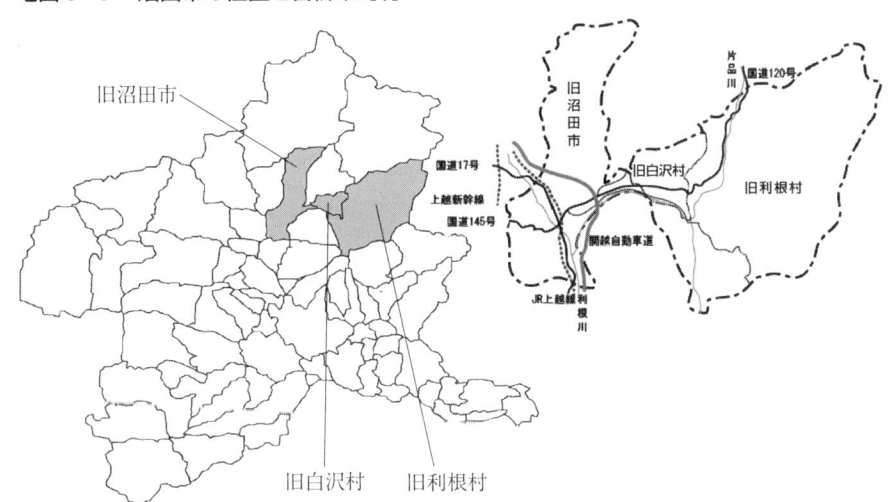

地図3-8　沼田市の位置と合併市町村

出典：沼田市・白沢村・利根村合併協議会『新市建設計画』2004年

2 地域の特性

◆地理的位置

　　沼田市は群馬県の北部に位置し，東京から約125～150キロの距離にある。JR上越新幹線や関越自動車道の開通により，東京から車で沼田インターまで約2時間，新幹線で上毛高原駅まで約1時間20分程度の時間を要する（地図3-8）。

◆気候風土

　　沼田市は県境の谷川連峰，三国山脈，日光連山に近く，赤城山や武尊山などの日本百名山にあげられる山々に四方を囲まれた盆地で，「沼田盆地」と呼ばれている。市街地は，市域を南北に流れる利根川と，支流である片品川・薄根川により形づくられた，日本一ともいわれる河岸段丘の上に広がっている（写真3-9）。山岳地帯に源を発する利根川，片品川，薄根川等の大小の河川は，上流域においてダム群を形成し，発電と防災，そして，"首都圏の水ガメ"として機能している。

　地域の標高は，沼田盆地の300メートル台から2000メートル級の山岳という標高差がある。新市の面積は443.37平方キロで，その大半は山岳や森林などで占められている。また，山岳や森林，高原，湖沼，河川，渓谷等による変化に富んだ自然環境が特徴で，新市は「森林文化都市」を宣言している。

写真3-9　沼田市中心部全景

◆歴史・文化　この地域は奈良古墳群等の豊富な遺跡が確認されており，古くから多くの人々が生活を営んでいたことがうかがえる。戦国時代には1532年（天文元年）に沼田氏が居城したのち真田氏の支配が確立し，沼田城の大改修，五層の天守が建造されるなど，繁栄した。以後，明治に至るまで，本多・黒田・土岐氏の城下町として栄えることになる。

　明治以降は，上越線，三国トンネル，金精峠，志賀高原ルートがそれぞれ開通した。近年では1982（昭和57）年には上越新幹線，1985（昭和60）年には関越自動車道がそれぞれ開通したため，北毛地域の交通の要衝として重要な役割を担っている。

　また，この地域は近代化とともに物的，人的交流が盛んになり，若山牧水をはじめ，数多くの文人墨客が訪れた。ちなみに牧水は老神温泉での友人との別れに際し，「かみつけの　とねの群の老神の　時雨ふる朝を別れゆくなり」と，番傘に酔筆を走らせたという。

　なお，沼田市は，姉妹都市として静岡県下田市（1966年6月，姉妹都市提携），およびドイツのフュッセン市（1995年9月，姉妹都市提携）と交流を深めている。

◆産　　業　沼田市では，恵まれた森林資源を背景に木材や木製品などの地場産業が発展しているが，木材価格低下の影響を受けている。最近では農林業と観光産業を結びつけた新しい産業の創出が試みられている。

◆財政状況等　合併前の財政状況は，歳入に関しては旧沼田市168億円，旧白沢村30億円，旧利根村44億円で合計242億円である。また，歳出は旧沼田市164億円，旧白沢村28億円，旧利根村42億円で合計234億円である。

　また，合併前の財政力指数は旧沼田市が0.5前後，他の旧2村は0.3未満で，近

図表3-22　財政状況等

項目	旧沼田市	旧白沢村	旧利根村	合計
2002（平成14）年度普通会計決算額（歳入）	168億円	30億円	44億円	242億円
2002（平成14）年度普通会計決算額（歳出）	164億円	28億円	42億円	234億円
財政力指数	0.53	0.27	0.28	

出典：沼田市・白沢村・利根村合併協議会『沼田市・白沢村・利根村の概況』2004年をもとに作成

年推移してきている。この数値は群馬県内の市の平均（0.7前後で推移），町村の平均（0.5前後で推移）と比べると，低い値である。ちなみに，旧沼田市の財政力指数は群馬県内の市の中で最下位でもある（図表3-22）。

3　合併の経緯

◆明治・昭和の合併の状況　　本地域は，1889（明治22）年の町村制の施行当時の1町7村（沼田町，利南村，池田村，薄根村，川田村，白沢村，東村，赤城村）から，「昭和の大合併」の際に，沼田市と利根村が新設され，1市2村（沼田市，白沢村，利根村）となった（図表3-23）。

図表3-23　合併による市町村数の変化

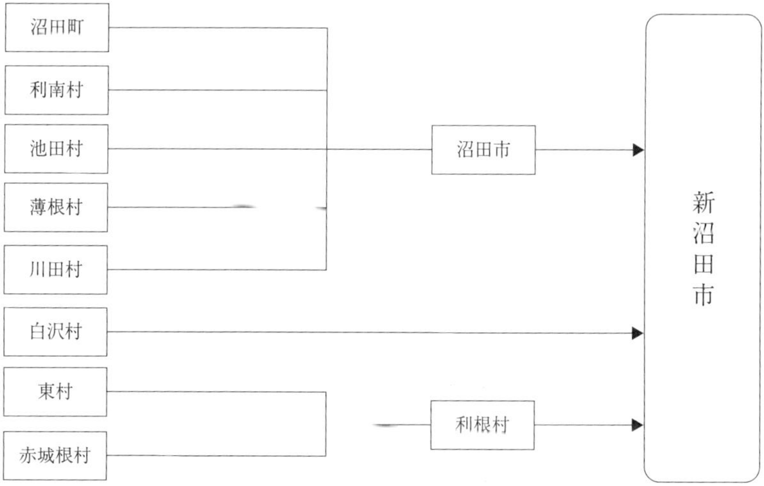

沼田町／利南村／池田村／薄根村／川田村 → 沼田市 → 新沼田市
白沢村 → 新沼田市
東村／赤城根村 → 利根村 → 新沼田市

出典：沼田市・白沢村・利根村合併協議会『沼田市・白沢村・利根村の概況』2004年をもとに作成

◆今回の合併の背景と内容　　当初は「利根沼田地域」のすべての自治体（9市町村）（沼田市，白沢村，利根村，水上町，新治村，月夜野町，片品村，川場村，昭和村）で合併協議を行ったが，紆余曲折を経て，最終的には2004（平成16）年度に沼田市（沼田市・白沢村・利根村），2005（平成17）年度に，みなかみ町（水上町・月夜野町・新治村）が誕生した。片品村，昭和村，川場村に関しては合併しなかった。

　また，合併の是非を問う住民投票の実施状況であるが，今回，沼田市と合併した旧白沢村，旧利根村では住民投票が実施されていない。一方，片品村では同じ沼田市との合併の是非をめぐり，条例にもとづく住民投票が実施されている。結果は，77.21％の投票率で，「賛成」1208票に対し，「反対」が2321票と大きく上回り，合併賛成派が多数を占める議会も投票結果を尊重し，自立の道を歩むことになった。

◆地域自治組織について　　本節では，沼田市においてとくに注目している「地域自治区」について理解するうえでも，地域自治組織についてふれておきたい。

　地方制度調査会（2003年11月13日「今後の地方自治制度のあり方に関する答申」）の方針に従えば，基礎自治体としての市町村は住民に最も身近な総合的な行政主体として，これまで以上に「自立性の高い行政主体」となることが必要で，一般的に市町村の規模・能力はさらに充実強化することが望ましいとされる。他方，今後の本格的な少子高齢社会到来をふまえれば，行政と住民が相互に連携し，ともに担い手となって地域の潜在力を十分に発揮する仕組みをつくっていくことも，これからの市町村に求められる重要な機能の一つである。

　そこで注目されるのがこの地域自治組織である。これは，市町村内の一定の区域を単位とした住民自治の強化や行政と住民との協働の推進等を目的とする組織といえる。

　2004（平成16）年5月26日に交付された「市町村の合併の特例等に関する法律」，「市町村の合併の特例に関する法律の一部を改正する法律」，「地方自治法の一部を改正する法律」（合併三法）において，法律にもとづく地域自治組織等として既存の地域審議会に加え，新たに合併特例区，地域自治区（特例・一般）制度が導入された。

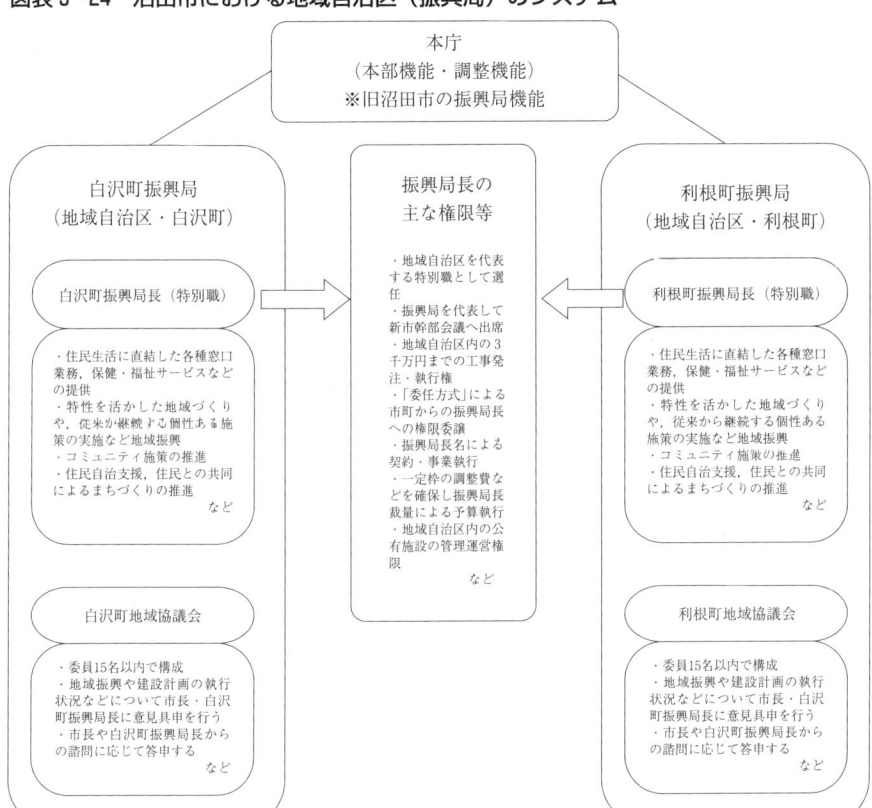

図表3-24　沼田市における地域自治区（振興局）のシステム

```
                         本庁
                  （本部機能・調整機能）
                  ※旧沼田市の振興局機能
```

白沢町振興局（地域自治区・白沢町）

白沢町振興局長（特別職）
- 住民生活に直結した各種窓口業務，保健・福祉サービスなどの提供
- 特性を活かした地域づくりや，従来か継続する個性ある施策の実施など地域振興
- コミュニティ施策の推進
- 住民自治支援，住民との共同によるまちづくりの推進
　　　　　　　　　　など

白沢町地域協議会
- 委員15名以内で構成
- 地域振興や建設計画の執行状況などについて市長・白沢町振興局長に意見具申を行う
- 市長や白沢町振興局長からの諮問に応じて答申する
　　　　　　　　　　など

振興局長の主な権限等
- 地域自治区を代表する特別職として選任
- 振興局を代表して新市幹部会議へ出席
- 地域自治区内の3千万円までの工事発注・執行権
- 「委任方式」による市町からの振興局長への権限委譲
- 振興局長名による契約・事業執行
- 一定枠の調整費などを確保し振興局長裁量による予算執行
- 地域自治区内の公有施設の管理運営権限
　　　　　　　　　　など

利根町振興局（地域自治区・利根町）

利根町振興局長（特別職）
- 住民生活に直結した各種窓口業務，保健・福祉サービスなどの提供
- 特性を活かした地域づくりや，従来から継続する個性ある施策の実施など地域振興
- コミュニティ施策の推進
- 住民自治支援，住民との共同によるまちづくりの推進
　　　　　　　　　　など

利根町地域協議会
- 委員15名以内で構成
- 地域振興や建設計画の執行状況などについて市長・白沢町振興局長に意見具申を行う
- 市長や白沢町振興局長からの諮問に応じて答申する
　　　　　　　　　　など

出典：沼田市・白沢村・利根村合併協議会『新市のまちづくりプラン―沼田市と白沢村と利根村でつくる新しいまち（合併協議会結果住民説明資料）』2004年

◆沼田市が採用した地域自治区（特例）について

沼田市は，このなかで改正合併特例法にもとづく地域自治区（特例）を採用し，旧白沢村と旧白沢村にそれぞれ白沢町振興局，利根町振興局を設置している（図表3-24）。沼田市・白沢村・利根村合併協議会の協議資料によれば，地域の住民の意見を行政に反映させるとともに，行政と住民との連携の強化を目的として設置されている。地域自治区を設置するに至った理由として，合併特例区は法人格を有するものの，5年という設置期間の限度があり，合併の際の経過措置という性格が強い点などをあげている。これに比べ，「地域自治区（特例）」は合併協議で定める期間が限度であるが，長期間の設置が可能であり，また，設置期間の変更（延長）も可能である。

また，設置期間の満了後における地域自治区（一般）としてスムーズに移行できる可能性が指摘されている。設置期間である10年の満了時，そのことについて審議されることになる。ちなみに，最初に地域自治区（特例）を導入した上越市の場合，設置期間は5年と短くなっている。

地域自治区の主な業務としては，住民生活に直結した各種窓口業務のほか，保健・福祉サービスなどがあげられている。また，地域づくりや住民自治支援が明記されている。権限としては，一定の事務執行権限，また，一定規模の予算執行権限が認められるほか，地域自治・振興のための予算要求権限も認められている。

4 合併前の地域福祉

◆合併前の旧自治体施策

続いて，合併前の旧自治体施策として高齢者福祉事業と保育事業の2つについてみていきたい。

高齢者福祉事業は，配食サービス，敬老会，緊急通報システム，外出支援サービス，敬老バスカードといったそれまでの自治体でも実施していたものは引き続き新市でも実施され，さらには，旧自治体では行われていなかったサービスである生きがい活動支援通所事業，家族介護慰労事業，寝たきり老人おむつ手当て支援事業のように，旧沼田市方式に合わせることで，新市においても実施されるサービスもある（図表3-25）。

保育事業に関しては，合併によるスケールメリットが活かされ，それまで公立の保育園が白沢村では1か所，利根村では2か所であったが，新市では公立6か所，私立4か所というように充実する。また，一時保育，障害児保育の実施や，延長保育時間の延長など，旧白沢村，利根村で不足していたサービスが実施されることになる（図表3-26）。

このように，おおむね新市においても従来からのサービスは引き継がれており，充実することが理解される。

ただ，注意しなければならないのは，ここで取り上げたデータは沼田市・白沢村・利根村合併協議会の資料によるものであり，別の観点からみるとサービスは後退している，という指摘もできる。この点に関しては，実際，旧利根村にとって大きな問題となっており，「合併すればよくなるといっていたのに，いいことは一つもない」という住民の声さえも聞こえてくる。この点を象徴するものとして

図表3-25　高齢者福祉事業

区分	旧沼田市	旧白沢村	旧利根村	新市
配食サービス	○	○	○	実施
生きがい活動支援通所事業	○	○	—	実施
敬老会	○	○	○	実施
家族介護慰労事業	○	—	○	実施
緊急通報システム	○	○	○	実施
寝たきり老人おむつ手当て支給事業	○	○	○	実施
外出支援サービス	○	○	○	実施
敬老パスカード助成	65歳以上　枚数制限なし	65歳以上　1枚／月	65歳以上　2枚／月	65歳以上　枚数制限なし
長寿祝金・敬老年金	77歳　5,000円　88歳　10,000円　99歳　20,000円	80歳以上　5,000円　90歳以上　10,000円　100歳達成者100万円	99歳　20万円　100歳　30万円　その他敬老年金として80歳以上　100万円	敬老祝金として制度化　77歳　5,000円　88歳　10,000円　99歳　30,000円　100歳以上　50,000円

出典：沼田市・白沢村・利根村合併協議会『沼田市・白沢村・利根村の概況』2004年をもとに作成

図表3-26　保育事業

区分	旧沼田市	旧白沢村	旧利根村	新市
園数（認可保育所）	公立3か所　私立4か所	公立1か所	公立2か所	公立6か所　私立4か所
一時保育	○	—	—	保育時間の延長、一時保育、障害児保育、病後児保育を実施する園の増加
延長保育	平日7:30-19:00　土曜7:30-18:00	平日7:50-18:00　土曜7:50-12:30	平日7:30-18:00　土曜7:30-17:00	
障害児保育	○	—	—	
子育て支援事業	子育て支援センター	—	子育て支援ボランティアなど	

出典：沼田市・白沢村・利根村合併協議会『沼田市・白沢村・利根村の概況』2004年をもとに作成

国民健康保険税の負担の増加があげられる。

具体的にみていくと，医療分に関してはそれまでが所得割4.8％，資産割30.0％，均等割1万5000円，平均割1万9000円と低く抑えられていたが，合併後は所得割6.4％，資産割27.8％，均等割30,000円，平均割2万8800円とかなりの負担増になっている。同様に，介護分に関しても所得割0.78％，資産割6.0％，均等割5000円，平均割4000円と低いが，合併後は所得割1.2％，資産割6.7％，均等割

9300円，平均割5600円と，こちらもかなりの負担増になっている（図表3-27）。このような具体的数値は合併協議会協議結果住民説明資料には明示されておらず，合併時までに統一された制度となるむねのみが記されていた。

図表3-27　国民健康保険税

区分			旧沼田市	旧白沢村	旧利根村	新市
国民健康保険税	医療分	所得割	6.3%	5.4%	4.8%	6.4%
		資産割	21.7%	58.9%	30.0%	27.8%
		均等割	18,000円	26,400円	15,000円	30,400円
		平均割	21,700円	36,000円	19,000円	28,800円
	介護分	所得割	0.8%	0.6%	0.78%	1.2%
		資産割	3.3%	5.0%	6.0%	6.7%
		均等割	3,900円	5,000円	5,000円	9,300円
		平均割	3,000円	5,300円	4,000円	5,600円

出典：沼田市・白沢村・利根村合併協議会『新市のまちづくりプラン―沼田市と白沢村と利根村でつくる新しいまち（合併協議会協議結果住民説明資料）』2004年と沼田市『沼田市公式ホームページ』（http://www.city.numata.gunma.jp/）2005年より作成

◆旧白沢村社会福祉協議会による「地域福祉活動計画」策定の試み

今回の沼田市の合併を地域福祉という視点から眺めたうえで注目される取り組みとして，旧白沢村社協による合併直前に実施された地域福祉活動計画策定をあげることができる。これは群馬県社協による地域福祉活動計画策定モデル事業の一つで，県内で3か所選ばれたうちの1か所がこの旧白沢村社協であった。

ここでの取り組みがユニークなのは，策定作業のプロセス自体を重要視し，他機関によるコンサルティングなしで，住民参加によって「地域福祉活動計画」を策定した点に求められる。ここでは，専門職として地元の旧白沢村社協の職員だけでなく，群馬県社協職員も策定プロセスにかかわったが，彼らは自覚的に計画策定の方法論を教えることに徹した。

たとえば，そこでは住民ニーズを整理分類するためのKJ法や，調査票の作成のノウハウは教えるが，策定に関する具体的な内容を提示することはなかった。もちろん，彼らは専門職としての知識や技術を用い，コンサルタント的に介入することもできたわけであるが，いわば黒子に徹したのである。

具体的には，アンケート調査の質問項目選定に始まり，訪問調査の実施，キャッチフレーズ選定まで住民が主体となって参加した。このため，レトリックでは

ないリアルな住民参加が実現したといえよう。策定プロセスにかかわった住民を対象としたインタビューからも、この地域福祉活動計画を「自分たちの手づくりの計画」という位置づけがさされている。そして、「自分たちのことは自分たちで考える」ことの重要性が強調され、さらには、「今回の合併は、考えない合併ではなく、考えた合併」であり、「白沢から発信し、中央にアピールしていくこともできる」と、合併自体をも積極的にとらえ直している。

旧白沢村社協の職員は、この取り組みの意図について次のように述べている。

「策定プロセスに参加してもらうことで、（地域における福祉問題について）住民自身に気づいてもらいたかった。」

今回の「平成の大合併」においては、全般に合併直前において、必要性も緊急性の高くないハコモノを巨額の費用をかけ、建設するケースが多く見受けられる。また、旧白沢村にとっての合併のように小規模自治体が「編入合併」される際には、当該地域住民の地域への関心は希薄化する傾向がある。このようななかで、住民の福祉意識という観点からいえば、旧白沢村社協が果たした役割はきわめて大きいといえよう。

また、今回の活動計画の策定の実績は、実際的にも白沢地区の独自の地域福祉の展開を担保するうえで、一定の役割を担っている。住民参加による地域福祉活動計画の存在は、今後、予定されている新沼田市の地域福祉計画策定において、少なからず影響力をもつことになるだろう。

以上の考察から、旧白沢村社協による地域福祉活動計画の策定の取り組みは、小規模な自治体が「編入合併」される際の"地域福祉の砦"として機能したといえる。

5 合併後の地域福祉

◆合併後の新自治体施策

ところで、合併後の地域福祉であるが、合併からまだそれほど時間が経っていないため、具体的に合併後の施策や財政状況について述べることはできない。そこで、ここでは「新市建設計画」の内容を確認するに止めたい。

「新市建設計画」における「新市の基本理念」としては、①自主自立をめざした地域内分権型のまち、②うるおいとゆとりのあるまち、③市民が参画する生活者

本位のまち，④広域的視野に立ったまち，の4つがある。「新市建設計画」ではさらに，その理念を具体的に示す「新市まちづくり計画」について8つの視点からまとめられている。

　　　1．分権型地域づくり　　　2．保健・医療・福祉環境づくり
　　　3．教育環境づくり　　　4．生活環境づくり
　　　5．魅力的な自然環境・文化づくり　　　6．産業づくり
　　　7．都市基盤づくり　　　8．パートナーシップづくり

　また，地域福祉という本研究全体の関心からいえば，本地域では「新市建設計画」において「地域福祉行政の取り組み」という項目が起こされ，高齢者や障害者等の在宅生活を支える総合的な保健・医療・福祉サービスを地域で展開し，対象者一人ひとりに確実にサービスが行き届くため，住民参加による地域ケアシステムの構築が明言されている点は評価されよう。また，地域における保健・医療・福祉におけるサービスの一体的提供をめざし，社協などへの活動支援の体制づくりの推進が目指されている。

　この「地域福祉行政の取り組み」については，具体的な事業名とその内容もあげられており，「地域福祉推進事業」として，健康で生きがいのある社会づくりのための計画策定，健康イベント開催，ボランティア支援事業，福祉活動拠点整備，福祉バス運営事業の実施が予定されている。

　また，ヒアリング調査によって明らかになった積極的な取り組みとして，介護予防事業があげられる。これはすでに実施されており，かつ群馬大学医学部の協力のもと，老人クラブをモデルに高齢者筋力向上トレーニング教室が開始されている。また，厚生労働省による2005（平成17）年度の「認知症を知る一年」キャンペーンに併い，認知症高齢者の徘徊の防止をめざす地域ネットワークの構築を行っている。

◆合併後の財政状況
　図表3-28は，2005（平成17）～2015（平成27）年度までの10年間の歳入・歳出を普通会計ベースで推計し，1年当たりの平均額を示したものである。2005年度に関しては，一般会計予算は約226億円で，合併前の3自治体の合計より，約6億円少なくなっており，合併による効率化の表れと

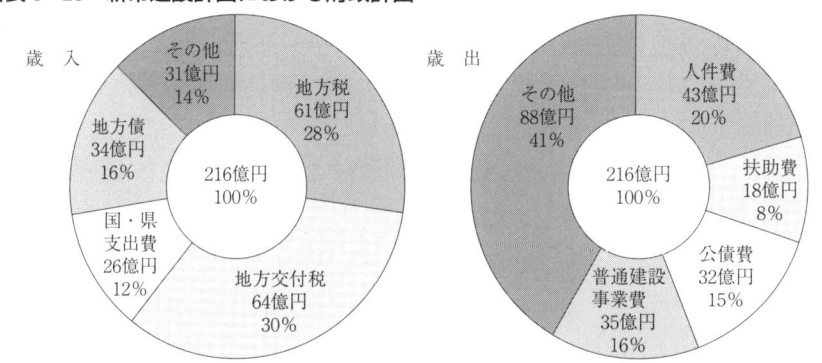

図表3-28 新市建設計画における財政計画

歳入
- その他 31億円 14%
- 地方税 61億円 28%
- 地方債 34億円 16%
- 国・県支出費 26億円 12%
- 地方交付税 64億円 30%
- 計 216億円 100%

歳出
- その他 88億円 41%
- 人件費 43億円 20%
- 扶助費 18億円 8%
- 公債費 32億円 15%
- 普通建設事業費 35億円 16%
- 計 216億円 100%

出典:沼田市・白沢村・利根村合併協議会『新市のまちづくりプラン―沼田市と白沢村と利根村でつくる新しいまち(合併協議会結果住民説明資料)』2004年

いうことができる。

なお,合併特例債の活用に関しては,2005(平成17)年度は建設事業としては計上されておらず,合併振興基金として積み立てられ,合併に伴う住民の一体感の醸成と地域ごとの個性ある振興を図る事業に用いられる。

◆社協との連携と地域組織化

新沼田市の福祉に関する行政組織は,社会福祉課(女性児童,障害福祉等),高齢福祉課(高齢福祉,介護保険),福祉事務所で,「地域福祉」を担当する部署はない。その意味で,社協が果たす役割は大きい。この後,行政は社協との連携を強めることで,新市建設計画に明記されている地域福祉推進を実践していく必要がある。

また,地域組織化に関しては,「新市建設計画」における「新市まちづくり計画」の第8項目「みんなで築くまちづくり」として取り上げられている。そこでは,まちづくりは行政のみが行うものではなく,住民と行政がお互いに役割を分担し合い,連携・協働することの重要性が指摘されている。そして,住民自らの参加による自主的なまちづくり運動や各種団体,民間企業等との連携・協働の必要性が述べられている。さらに,これらの事業をはじめとし,地域住民の連帯の強化や旧市村における地域振興等に係る事業を実施するため,基金の活用を図ることが計画されている。具体的には,コミュニティ施設の整備のほか,住民参加による地域づくり事業として地区の特性を生かした自助互助活動の推進,花いっぱい運動の推進,NPO等の育成支援である。

6 合併の効果

　すでに述べたとおり，合併後間もないため，具体的な合併効果についてはまだ現れていない。このため，現時点では合併により表出した問題点についてとりあげたい。

　特筆すべきは，「住民サービスの均質化」に関する問題である。具体例として「白沢地区の敬老事業」についてみてみたい。

　旧白沢村時代は，敬老事業を行う際，会場まで高齢者を搬送するうえで「家族送迎」を実施していた。家族送迎には経費を浮かすという目的以上に，「敬老の日なのだから，みんなで協力しましょう」という理念があった。すなわち，家族の送迎により，敬老意識を高めることがめざされていた。しかし，合併後はレディメイドの敬老行事が行われるようになった。行政による送迎が予算化され，実施されている。便利だが，そこには理念がなく，住民の言葉を借りれば「お金はかかるのに，まちづくりは後退する」。この点は，地域福祉という観点からは重要なポイントである。

　現在は「編入合併」の直後で，このような住民の戸惑いが問題として表出される点には注意する必要があるが，中長期的には，「新市建設計画」にある地域特性に合わせたサービスを展開していくことが求められるだろう。

7 当面の課題

　本地域は，「新市建設計画」で示されているように地域内分権を視野に，地域福祉の積極的推進をめざしている。そのことを実現するための最大の装置として導入されたのが，本節においても取り上げてきた「地域自治区（特例）」制度である。

　この制度は一方では「合併協議を円滑にさせる飴（アメ）」と揶揄され，本地域においても合併協議を進めていくなかで導入された制度である。しかし，運営の仕方によっては自治体内の分権を進め，より住民に近いところで自治を強化する可能性を有しており，本来は合併の議論とは別の場面においても語られなければならないものである。

　確かに，本地域のような「編入合併」の際は，編入される側の合併に伴う不安を和らげる緩衝材としての役割も期待されたわけだが，いつまでもその役割に限定して地域自治組織をとらえていたのでは今回の合併の意味は受動的，かつ消極

的なものとなってしまう。今回，地域自治組織の導入は合併問題を検討していくなかで国の主導により実施されたものであり，地方からの動きではなかったことは事実である。しかし，合併により，住民が自らの居住する地域に目を向けさせ，地域自治組織に対する関心が深まったこともまた事実である。

　今後の課題は，合併を期に深まった住民の自らの居住地域への関心を，地域自治への意識へと高めることにあるだろう。そのことにより地域自治区が地域自治組織としての本来の役割を発揮し，かつ地域内分権を進め，地域福祉の推進に積極的な影響を与えることができるのではないだろうか。

　その際，地域自治区と社協との連携が大きなキーポイントとなる。本地域の場合，合併により社協は「支所」として白沢地区と利根地区に存続することになったが，この「支所」は沼田市社協のブランチとして機能するだけではなく，それぞれの地域自治区（振興局）と密接な連携をとりながら，地域の特性を生かした独自の活動を展開することが求められるだろう。

　本地域における地域自治区導入の成否は，その継続についての協議が行われる2015（平成27）年に一つの答えが出るだろう。その際，合併の緩衝材としてではなく，地域福祉の推進という文脈において，地域自治区の必要性が議論されることを期待したい。

5 岐阜県中津川市

要点 市町村合併は，それぞれの自治体の施策，住民感情が異なり，その調整過程ではさまざまな問題がある。それが県にも及ぶと調整事項はさらに膨らみ，困難さを増していく。「平成の大合併」においては，全国初の"越県合併"を成し遂げた岐阜県中津川市。慎重な審議，煩雑な手続きを経て，住民の日常生活圏にあった行政区域となった経緯，合併後，地域福祉にどのような変化が起きているのかを探っていくことが，今後の地域福祉向上の鍵である。

1 調査の概要

　岐阜県中津川市の合併は，県内の町村と隣の長野県山口村を含む合併で，今回の「平成の大合併」において，全国で唯一，越県を含む市町村合併となった。そこで，当時，合併を担当していた旧中津川市など関係市町村の地域福祉など，福祉関連の行政，社会福祉協議会（社協），老人クラブ，介護老人福祉施設，公立保育所，市民病院でヒアリング調査を行った。

　今回，中津川市が越県を含む合併となった背景には，「昭和の大合併」のときに神坂村が分村された事実があったことが大きな要因で，長野県山口村と岐阜県中津川市が合併することにより，分村された地域が再度，一つの自治体となることができるからである。

　また，旧中津川市の周辺には町と村が多いことから，町・村民の生活圏が中津川市まで拡大していたからであるが，とくに山口村に至っては前述の理由のほか，県の手続き機関が車で1時間の距離から15分に短縮されたり，高校の通学区域が広がり，学校の選択肢が増えるなどの利点もあった。住民からみればこのようなさまざまな利点がありながらも，越県を含む合併は手続きが合併関係市町村のみならず，岐阜，長野両県においてはとくに慎重な審議が進められ，それを経たうえで国の決定が出るなど，多くの時間と労力を費やす結果となったことは，資料から，また，ヒアリング調査先の担当者より十分にうかがえた。

2 地域の特性

　中津川市は，わが国のほぼ中央に位置する岐阜県美濃地方の東端に位置し（地図3-9），南北約50キロ，東西約25キロ，総面積676.38平方キロを有する。地形的には北アルプス，中央アルプスに挟まれ，東濃ヒノキや「日本百名山」の一つにもなっている恵那山などがあり，市内の約80％は山林となっている。これらの山林を縫うように木曽川，付知川，川上川，白川などの清流があり，これらの川岸に沿うように集落が連なる中山間地域である。

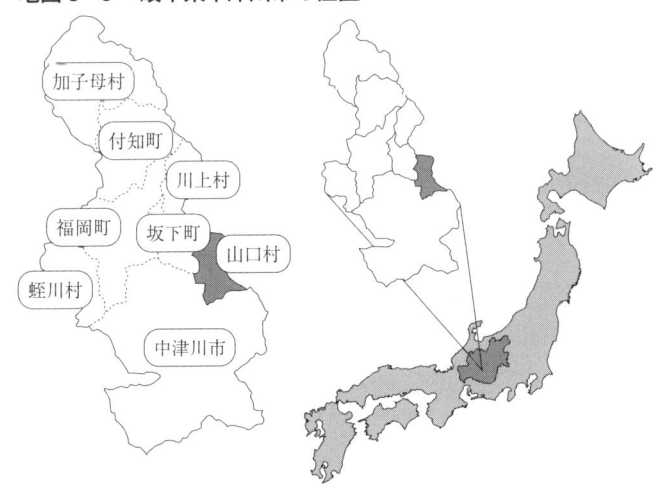

地図3-9　岐阜県中津川市の位置

出典：越県合併資料＝山口村（一部抜粋）

　気候は内陸型高冷地気候で，年平均気温は14度前後であるが，市の南北で1～2度の気温差がある。年間降水量は2000ミリ前後と多雨であるが，冬季は夏季の4分の1の降水量で，冷え込みの厳しさの割に降雪は少ない。

　中津川市は東山道，中山道，南北街道，木曽西古道が交わる地点で，昔から交通の要衝として栄え，江戸時代には木曽路との接点，また，江戸と京都の接点として栄えた中津川宿と落合宿がある。中津川宿の旧家からは幕末時代の混乱期を示す重要な古文書などが多く発見されている。

　また，江戸日本橋を起点に，中山道43番目の宿場であった馬籠宿は観光地としても有名である。そのほか，藤村記念館や東山魁夷心の旅路館など，中津川市出身の作家や中津川市にゆかりのある画家などの記念館もある。

中津川市は，古くから交通の要衝であったことは前述のとおりだが，現在でもJR中央線には中津川駅，坂下駅があり，公共機関や病院なども集まり，市街地として栄えている。

　鉄道の通っていない山口，川上，加子母，付知，福岡，蛭川地域では幹線道路沿いにそれぞれ公共機関などがあり，場所によってはショッピングセンターや飲食店などが集まっている。また，中央自動車道・中津川インターを玄関口として，電気機械や製紙等製造業，石材業など産業経済の中心地として中津川中核工業団地を有している。国道19号など幹線道路沿いにはショッピングセンターや飲食店など，商業の中心地となっている。

　財政力指数は，工業団地を有する指数の高い旧中津川市が指数の低い近隣町村と合併したため，全体として落ちている（図表3-29）。

図表3-29　合併前財政力指数（2002年度データ）

中津川市	0.61	付知町	0.26
坂下町	0.21	福岡町	0.27
川上村	0.10	蛭川村	0.32
加子母村	0.18	長野県山口村	0.15

出典：総務省『統計でみる市区町村のすがた2005』2005年

3　合併の経緯

　「明治の大合併」により，1889（明治22）年7月に中津川町として誕生した。1897（明治30）年4月，2村と合併して中津町となる。また，「昭和の大合併」により，周辺の村と6回の合併を繰り返し，今回の合併以前の旧中津川市となる（図表3-30）。この「昭和の大合併」のうち，6回目の1958（昭和33）年10月の合併においては，神坂村が岐阜県中津川市と長野県山口村に分村された。

　また，「昭和の大合併」は今回の平成の大合併とは比べものにならないほど，合併の可否についての争いは激しく，岐阜県，長野県の意見の食い違いや，それに合わせるように村でも意見が分かれていた。しかし，人々の生活は地縁で成り立っている部分も多い。親族も多く，賛成，反対の署名もそれぞれにせざるを得ないような状況で，それほどに人間関係も密であった地域にもかかわらず，最後は

"住民置き去り"の国の決定に従わせるという形になったため，村民にとっては深い傷を残す結果となった。

　当時はデモが行われたり，長野県と岐阜県が異なる県境を設けたため，選挙入場券が2通届いたり，二重課税されたり，子どもが学校に行けなかったりするなどさまざまな問題が起きていた。

　「平成の大合併」においては，2002（平成14）年1月当初は，「恵那郡北部村及び山口村合併協議会」，ならびに「えな郡南部地域合併問題検討協議会」から，旧中津川市，恵那市を核とし，旧恵那郡（山岡町，岩村町，明智町，上矢作町，串原村＝以上旧恵那郡南部と，坂下町，福岡町，蛭川町，川上村，付知町，加子母村＝以上旧恵那郡北部）を含めた2市11か町村と山口村を加えた合併パターンが最適との結論をもとに，合併協議の申し入れがあった。しかし，同年4月，第1回合併協議合同会議において，2市12か町村の合併パターンは広大な面積，日常生活圏，交流等の違いにより，基本的に難しいとの結論に至っている。

　その後，各市町村で新たに検討した結果，旧中津川市と恵那郡北部町村，および越県手続きなどがあることから，旧中津川市と山口村にそれぞれ2つの協議会を発足させての合併協議を行い，新中津川市が誕生している。山口村については，2市12か町村の合併パターンが白紙になったと同時に，旧中津川市と山口村の協議は先行することを両協議会に了承を得，それをふまえ，翌日には山口村議会全員協議会の場で，山口村村長は旧中津川市と合併協議を進めることを正式に発表し，任意合併協議会，法定合併協議会とも先行して進めていった。

　後を追うように，恵那郡北部町村と旧中津川市の合併協議は，任意合併協議会で約1か月，法定協議会で約1か月半遅れてスタートしている。あえて長野県山口村と恵那郡北町村との合併協議会を分けたのは，越県を含むと含まないとでは事務手続きが異なる事項が多いとの理由からである。

　もう一つ，越県が合併に影響及ぼした事柄として，合併方法があげられる。中津川市の合併方法については，当初，「新設合併」を予定していたが，越県の手続きにおいては編入の方が進めやすいことから，他の町村もそれに合わせて「編入合併」となっている。また，この合併協議会においては，「昭和の大合併」のときの分村が原因で，学校に行けない子供たちが出てしまったため，教育に関しては，法定合併協議会のほか，中津川市・山口村学校教育検討部会を別途設け，旧中津

図表3-30 合併の経緯

廃藩置県		▶ 明治の大合併 市制町村制施行 （明治22年4月～）		▶ 昭和の大合併		平成の大合併
旗本領	中津川村	明治22年7月 町制施行 →中津川町		昭和26年4月 合併→中津町	昭和27年4月市制施行 →中津川市	中津川市
	駒場村					
	手賀野村				昭和29年7月合併 →中津川市	
苗木藩	日比野村	明治7年9月 改称→苗木村	明治22年7月 合併→苗木村			
	瀬戸村	明治8年1月 合併→瀬戸村	明治23年10月 町制施行→苗木町		昭和31年9月合併 →中津川市	
	上地村					
旗本領尾張藩	茄子川村			明治30年4月 合併→坂本村	昭和32年11月合併 →中津川市	
	千旦林村					
旗本領岩村藩	落合村				昭和33年10月合併 →中津川市	
	阿木村			明治30年4月 合併→阿木村		
	飯沼村					
尾張藩	湯舟沢村	明治7年9月 合併→神坂村		明治33年10月 分村→神坂村 （岐阜県中津川市と合併）		
	馬籠村					
	山口村	明治7年9月7日 田立村と合併→山田村 明治14年2月24日 分村→山口村		明治33年10月 分村編入→山口村 （峠・馬籠・荒町の3地区が山口村と合併）		山口村
苗木藩	坂下村		明治22年7月 合併→坂下村	明治38年7月 分村→坂下村 明治44年1月 町制施行→坂下町		坂下町
	上野村					
尾張藩	川上村			明治38年7月 分村→川上村		川上村
	加子母村					加子母村
	付知村			明治30年4月 町制施行→付知町		付知町
苗木藩	福岡村		明治22年7月 合併→福岡村	明治30年4月 合併→福岡村	昭和41年4月 町制施行 →福岡町	福岡町
	高山村					
	田瀬村					
幕領	下野村					
苗木藩	蛭川村					蛭川村

出典：中津川市合併記念式典パンフレット（2005年）

川市の学校教育課が事務局として検討してきた（図表3-31）。

長野県山口村と旧中津川市の合併については，「平成の大合併」では唯一，"越県合併"であることから，地元紙はもとより全国紙でも取り上げられた。山口村では，2001（平成13）年5月13日に庁内市町村合併研究会を設置，同年7月31日には「広報やまぐち No.167」で「長野県市町村合併推進要綱」を説明し，同年9月25日は村議会で，市町村合併等調査研究特別委員会を設置している。

その後，同年11月6日から12月26日までに，26地区17会場で，合併に関する住民懇談会を開催している。併せて，市町村合併に関する住民アンケートで合併の賛否，合併の組み合わせを設問し，回答率82.9％という関心の高さであった。

内容は「賛成」，「どちらかというと賛成」が71.2％，「反対」「どちらかというと反対」17.8％，合併の組み合わせでは「中津川市（恵北町村を含む）」が72.2％と一番多く両設問とも大差がついた結果となった。これらをふまえて各種団体と懇談会を開催し，村議会での審議，長野県知事や県議会などに経過報告，中津川市の市長，市議会への申し入れなど事務手続きの段階を踏んでいくこととなった。

県内の市町村の合併でも，過程においてはさまざまな問題が生ずるが，越県となると，合併市町村のほか，岐阜県，長野県の同意，そして，国からの決定と事務手続き，また，この地域では以前の合併のしこりがあったことから，調整量はさらに膨大となっていた。一方で，恵那郡北部の町村の合併も3町3村があり，やはり別々の自治体が一つになることによる事務調整に関する事項は多く，さまざまな手続きを経て，また，すべての合併関係市町村でアンケート調査，または住民投票のいずれかを行い，民主的なプロセスが組まれ，多くの時間と労力を費やして新たな中津川市の誕生となった。

4 合併前の地域福祉

旧自治体の財政力指数は図表3-29のとおりであるが，今回は1市3町4村が合併しており，2000（平成12）年の国勢調査によると，1市の旧中津川市は約5万5000人の人口に対し，他の町村は約2000人の村から約7100人の町まで，人口は1万人に満たない自治体であった。高齢化率においても，1市は21％であるのに対し，町村部は23〜29.4％までと，市よりも町村の方が高齢化率が高い状況にあった。自治体規模や高齢化率が異なれば，自ずと施策も異なっている。

図表 3-31 組織図

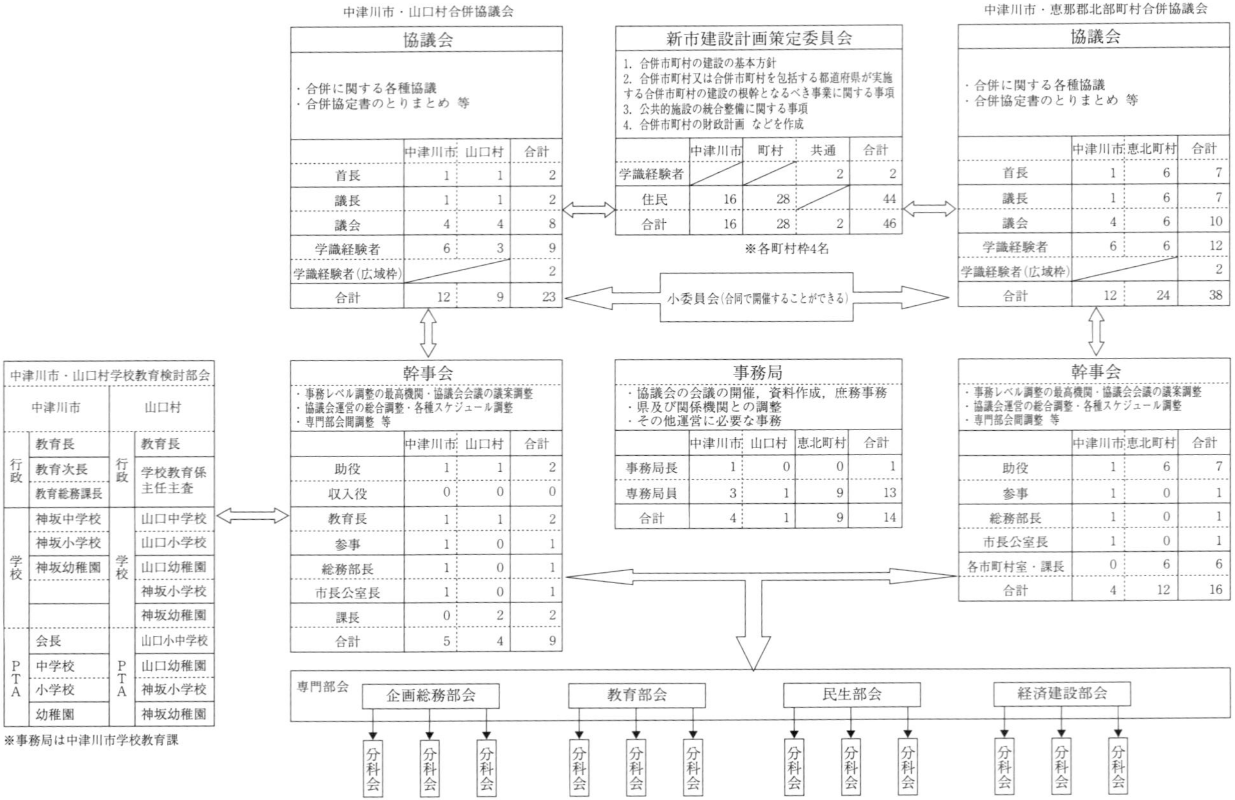

中津川市・恵那郡北部町村合併協議会

協議会
- 合併に関する各種協議
- 合併協定書のとりまとめ 等

	中津川市・恵那北町村	合計
首長	1 6	7
議会	1 6	7
学識経験者	4 6	10
学識経験者(広域枠)	6 6	12
合計	12 24	38

幹事会
- 事業に係る議会の最高機関・協議会会議の議案調整
- 協議会運営の総合調整・各種スケジュール調整
- 専門部会調整 等

	中津川市・恵那北町村	合計
助役	1 6	7
参事	0 1	1
総務部長	1 0	1
市長公室長	0 6	6
各市町室・課長	2 12	16
合計	4	

新市建設計画策定委員会

1. 合併市町村の建設の基本方針
2. 合併市町村又は合併市町村を包括する都道府県が実施する合併市町村の建設の根幹となるべき事業に関する事項
3. 公共的施設の統合整備に関する事項
4. 合併市町村の財政計画 などを作成

	中津川市	町村	共通	合計
学識経験者			2	2
住民	16	28		44
合計	16	28	2	46

※各町村4名

※小委員会合同で開催することができる

事務局
- 協議会の会議の開催、資料作成、庶務事務
- 県及び関係機関・協議会会議の調整
- その他連絡に必要な事務

	中津川市	山口村	恵北町村	合計
事務局長	1	0	0	1
専務局員	3	1	9	13
合計	4	1	9	14

中津川市・山口村合併協議会

協議会
- 合併に関する各種協議
- 合併協定書のとりまとめ 等

	中津川市	山口村	合計
首長	1	1	2
議会	4	4	8
学識経験者	6	3	9
学識経験者(広域枠)			2
合計	12	9	23

幹事会
- 事業に係る議会の最高機関・協議会会議の議案調整
- 協議会運営の総合調整・各種スケジュール調整
- 専門部会調整 等

	中津川市	山口村	合計
助役	1	1	2
収入役	0	0	0
教育長	1	1	2
参事	1	0	1
総務部長	1	0	1
市長公室長	0	2	2
課長	2		
合計	5	4	9

※専門部会

企画総務部会	教育部会	民生部会	経済建設部会
分科会 分科会 分科会	分科会 分科会 分科会	分科会 分科会 分科会	分科会 分科会 分科会

中津川市・山口村学校教育部会

	中津川市	山口村
教育長		
行政	教育次長	学校教育係主任主査
	教育委務課長	
学校	神坂中学校	山口中学校
	神坂小学校	山口小学校
	神坂幼稚園	山口幼稚園
PTA	会長	
	中学校	山口中学校
	小学校	神坂小学校
	幼稚園	神坂幼稚園

※事務局は中津川市学校教育課

出典：中津川市合併経緯（2005年）

保健福祉施策（介護保険事業，少子化対策事業，児童福祉関係事業，福祉医療費助成事業，高齢福祉関係事業，保健事業）に関して全体的にみると，おおむね市の方が福祉サービスの種類が町村に比べて豊富に実施されているという点，町村の方が種類は少ないものの，手厚く実施されているという特徴があった。たとえば児童福祉関係事業でいえば，保育所の数が市の方が多い。また，保育時間が市の方が長い。このほか，乳幼児健康支援一時預かり事業や，放課後児童健全育成事業は市でしか実施していない。
　一方，出産，入学などの祝金支給は村でしか実施していないなどがある。介護保険事業においても，介護保険制度の特徴は利用者自らサービスを選択するはずであったが，市には複数介護保険事業者が点在していても町村では複数の事業者がなく，自治体および社協が介護事業者となって介護保険事業を担っていたり，居宅サービスによっては実施している事業者がない，という自治体もあった。また，高齢福祉関係事業では敬老事業や敬老祝金，老人クラブ活動助成，介護者慰労金，おむつ購入費助成など同じような事業名でも金額や内容，サービス数が異なっている。障害者関係事業においては，自治体規模によって実施主体が町村でなく，県であったり，実施していない事業の差が多くみられた。
　一方，社協は行政よりも遅れており，2005（平成17）年4月1日に合併し，それぞれの地域にあった福祉事業を展開していた。旧中津川市においては8支部社協が組織され，事務局が支部基本事業を設定し，そのほか，支部独自の事業を展開して充実している。支部基本事業では，子育てサロン事業，地域生活あんしん事業，子ども地域ボランティア体験事業，支部社協だより発行事業，一人暮らし高齢者ふれあい食事交流事業，高齢者ふれあいサロン事業，喜寿お祝い事業などがある。支部独自の事業では，見守り活動や福祉講演会，福祉映画会，他市の支部社協との交流，学校が企画した福祉活動を支部が応援したり，福祉標語や作文を募集する福祉の心を育てる事業，介護教室，暑中見舞い，年賀状，運動会案内，三世代交流などがある。このほか，高齢者の書画展，点字カレンダーの作成，福祉推進校の推進，点字，音訳，手話ボランティアの講習会，福祉NPOのサポートなどと，豊富に事業を展開している。町村部においては，支部を組織している社協はなく，また，社協が法人化されていない村もあった。
　事業の内容は，旧中津川市が支部で行っている事業のふれあいサロンやボラン

ティア活動の推進，ふれあいまちづくりの事業，在宅福祉サービス，介護保険事業，各種団体への助成，貸付事業などを行っている。

介護保険事業については，旧中津川市社協では介護保険事業は居宅介護支援のみであるが，旧町村部の社協は居宅介護支援のほか，訪問介護や通所介護，訪問入浴なども行っており，社協事業全体のなかでみると，旧市よりも旧町村部の方が介護保険事業のウエートが大きくなっている。これは，町村部には新規の介護保険事業者が参入してこないということと，地域福祉イコール介護保険のような性格になっており，住民の認識も介護保険事業者が社協であり，社協なら安心という部分が大きいようである。

地域住民の組織化の例として，旧山口村での山口村市町村合併問題協議会「通称100人委員会」があげられる。名称のとおり，福祉活動ではないが，独自に合併のあり方の調査研究を目的に，村議会議員や区長，各種団体代表，一般公募者等100人で組織し，合併協議会に意見を反映させていくという役割を担っていた。ここでは総務部会，社会文教部会，産業建設部会など専門部会を持ち，住んでいる村について自主的に集まり，意見をまとめて合併協議会の委員につなげ，また，合併協議会の委員も100人委員会の意見を合併協議会の協議の場で検討していった。

5 合併後の地域福祉

市の合併は2004（平成16）年2月13日である。施策のほとんどは，全体を通してみると合併年度は現行どおりに実施しており，合併した翌年度からは中津川市に合わせるという形式が多い。これにより，旧町村には今までなかった種類の施策が合併したことにより，受けられるようになったものも多い。各個人が自分の健康データを経年的，かつ総合的に蓄積でき，検索できる健康福祉情報システム，「元気カード」は他の町村にはなかったもっとも顕著な例の一つであろう。また，合併以前から広域的にサービスが利用できたものもあり，一見変わらないようなものもある。

しかし，保育所の入所を例にあげると，旧町村広域入所は実施していたものの，旧中津川市民の優先順位が上であった。合併することにより，旧中津川市民だけの優先順位が平等になったという点は，保育所を必要としている住民には利点に

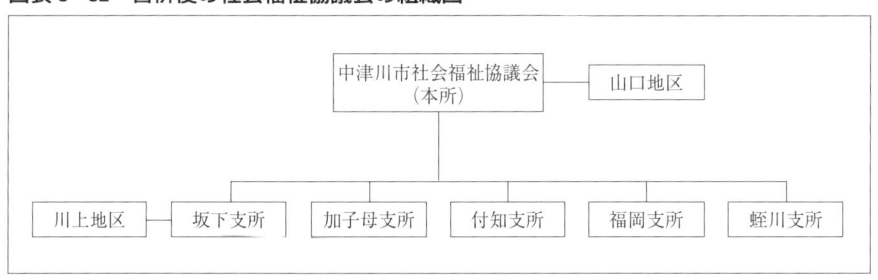

図表3-32　合併後の社会福祉協議会の組織図

```
                    ┌─────────────────┐   ┌──────────┐
                    │ 中津川市社会福祉協議会 ├───┤ 山口地区 │
                    │     （本所）      │   └──────────┘
                    └────────┬────────┘
       ┌──────┬──────┬──────┼──────┬──────┬──────┐
   ┌───┴──┐┌──┴──┐┌──┴───┐┌─┴───┐┌─┴───┐┌─┴───┐
   │川上地区││坂下支所││加子母支所││付知支所││福岡支所││蛭川支所│
   └──────┘└─────┘└──────┘└─────┘└─────┘└─────┘
```

出典：中津川市社会福祉協議会「中津川市社会福祉協議会だより」No.101

なるだろう。このほか，行政が一定の規模になったため，可能になった手話奉仕員の養成や市単独の事業の付加など，行政の効率化，拡大によるメリットも多い。

ただし，住民の負担に直接かかわるもの（税金や保険料など）では，合併関係市町村をみると金額も所得段階も異なるため，旧中津川市に合わせた場合，負担が減る者，あるいは増える者が出てくるため，合併した翌年度後も経過期間を設けるなどして調整を図っている。

老人保健福祉計画と介護保険事業計画はいずれも2006（平成18）年3月に策定の予定で，2005（平成17）年8月現在，意向調査を実施して回収している。地域福祉計画は義務化されていないこともあり，新市の合併を待ってからの策定スケジュールとなっていたが，2007（平成19）年3月に策定の予定である。障害者プランは広域で作成していたが，2003（平成15）年度で終了しており，合併後，2006（平成18）年度からの策定を予定していたが，法改正の様子を見ながら進めていくという。

社協の合併は行政よりも2か月ほど遅れた2005（平成17）年4月1日で，旧中津川市の社協を本所，旧町村社協を支所（一部を除く）と位置づけた（図表3-32）。合併年度は，各地域から役員を選出したため，人数が増えている。事業については地域の実情に併せて実施した経緯上，それぞれ異なっていることから，今年度は毎月，理事会を開催するなどして，事業の効果測定やコストの把握などの事業評価を行い，調整を図っていくとしている。合併を機にサービス低下が起こらないよう，現在は会議を通じ，役員同士，ボランティア同士の交流を深めていく段階である。

老人クラブや障害者団体など各種団体への助成については，規模が大きくなっても，公平性の点から，1団体当たりの額に合併の前と後では変化が生じているところもあるようである。

　また，合併により，行政で行っていた介護保険事業はすべて社協で実施するようになった。地域福祉活動計画は合併後の調整を図りながら早期に策定していく予定である。

6 合併の効果

　2000（平成12）年の国勢調査によると，旧町村から旧中津川市に就業する割合は距離による増減はあるものの，約2割，通学者にあっては約3割の流入率である。旧中津川市を商圏としてみた吸引力は，商品総合において旧町村（山口村を除く）は10.3～40.6％，旧中津川市は84％，買回品にあっては旧町村（山口村を除く）が12.2～54.4％，旧中津川市は78.6％となっている。ちなみに，山口村民が県外で買い物をしている割合は89.1％である。

　また，中津川市役所から一番近い役場は山口村役場で車で15分の所にあり，合併関係町村のなかで最も近い距離にある（写真3-10，3-11）。このほか，山口村からみれば，最寄りの駅が岐阜県のJR坂下駅であれば車で5分，長野県のJR南木曽駅まで車で15分，消防署は岐阜県恵北消防組合坂下分署まで車で5分，長野県木曽消防署南分署であれば車で約15分，病院は最も近い岐阜県国保坂下病院は車で5分，中津川市立病院は車で20分，長野県立木曽病院は車で50分と，車社会の現代では買い物や通勤通学だけでなくとも，日常生活圏はとうに行政枠を超えていたことがわかる。このため，今回の合併は住民の日常生活圏に合わせたものになったと考えられる。

　財政面においては，前述した財政力指数からみても，今後を考えると旧町村部のおいては再建のチャンスになったかもしれない。また，施策によって細かな部分では，住民の負担が重くなってしまったり，平等のもとで水準が下げられたりしてしまったところもあるかもしれないが，全体的にはサービスの種類が豊富になり，社会資源も増えて選択肢が広がる部分も多く，さまざまな面での人的交流も広がるのかもしれない。

　合併特例債については，中津川市の場合，後年度の影響を考え，満額を借り入

写真3-10 神坂地区を望む

写真3-11 山口地区を望む

れることはしないようである。活用方法については道路の基盤整備，消防施設整備，学校施設整備，社会教育施設整備，また，福祉分野においても次世代育成のための中核施設整備など，多額の費用がかかるものに予定されている。

7 当面の課題

　旧町村部は，人口が少ない利点として福祉サービスにおいては各種祝い金や団体への助成，各種サービスの併用など細かく手厚いサービスをしてきており，状

況に応じてやりやすいように工夫されている面も見受けられたが，市の単位では難しくなっている。それは，公共サービスとはだれもが同じようにサービスを等しく受けられるようにするという，公平，かつ効率的な分配が求められており，そこに重点を置いた場合，供給量の上限が決まっている以上，需要が増えたとしても，水準を下げざるを得ない状況もあるであろう。その点に関し，各種団体の助成について異論が出ているところもあるようである。合併によって，自治体規模が大きくなると，このようなデメリットは多かれ少なかれ出てくることは予想される。

　これらを解消する手段として，福祉分野においては社協やボランティア，NPO，住民自治にもとづく公私協働による地域福祉化があげられる。地域福祉を展開していくうえでは，地域診断や福祉ニーズの把握，分析，地域福祉計画の策定，実践，評価という順になるが，これらは行政が一方的に行うものでなければ，社協や一民間サービスや住民の運動だけで行うものでもない。地域に共存するものが協働して進めていくものであり，そこには信頼関係が不可欠である。これは何も援助技術に限ったことではない。

　経済学や社会学等においても信頼についての議論がある。経済社会学的アプローチにおいて，宮垣元によると，とりわけ，保健医療や社会福祉，教育などのヒューマンサービスにおいてはサービス利用者よりもサービス供給者の方に情報が偏っており，これを「情報の非対称性」という[1]。これがあると利用者はサービスの品質を正しく評価できず，また，場合によっては供給者側が情報不足を悪用し，不当な利潤を増加させる可能性（機械主義的行動の可能性）を否定できなくなり，信頼の欠如が失敗を招くとする。信頼は情報との関連から定義され得るという点があり，かつそれがなければ円滑な社会活動が困難になってしまうとする。

　この「信頼」について，前出・宮垣は次の3点に整理している。①信頼は情報との関連（不足，過剰，判断不可能など）において問題となる，②信頼は「社会関係資本」として社会関係・経済関係を促進する，③信頼は「人格的信頼」と「システム信頼」からなる，④「慣れ親しみ」や「存在論的安心」と「信頼」は概念的に区別される[2]。

　このなかで，③の「人格的信頼」とは対面的関係であり，「システム信頼」は非対面関係である。情報の不足でも過剰でも信頼関係には大きく影響し，これらを

補っているのが人となりによる安心や確信であり，対面関係を通じての「人格的信頼」である。これがしっかり構築されていれば多少の情報の不足，過剰，リスク等もプラス・マイナスゼロにされていた部分も往々にしてあるだろう。

　一方，「システム信頼」では，非対面関係であるものの，制度がきちんと整備されていたり，一般的にメディアを通して情報が発信されていたり，専門家や第三者がかかわることにより，安心が担保されている。おそらく旧町村部の地域福祉においては，対面関係から非対面関係，「人格的信頼」から「システム信頼」へ，多かれ少なかれシフトしていく部分があるのではないだろうか。支所や支部が残されたものの，本所や本部は市に移され，地理的距離も遠くなり，担当者の顔もわからない。

　このようななかで，安心や確信をすぐに持つことは難しいであろう。旧市の地域福祉においても，すべて市のシステムに合わせようとしても地域の状況やサービスの必要性も異なるため，一律に揃えることは困難である。地域福祉を断面的に見るのではなく，総合的に見ることも大切な視点ではないだろうか。これらを解消するため，行政も，住民も旧市民も旧町民も旧村民もそれぞれにかかわる分野において，地域の現状や立場，役割，組織体，マンパワー，諸経費などの情報を偽りなく出し合い，今まで地域特有の部分で全体的にみえていなかった不確実な部分を解消することから始めていき，専門家や第三者等も交えながら，全体としてできる範囲はどこなのか，地域ごとで進める部分はどこなのかを相互に関与しながら展開していくことが必要ではないだろうか。

　今回の市町村合併により，すべてを今までどおり，現状維持をしていくことは困難である。この合併を機に，市全体，あるいは地区全体で地域のあり方を見直し，今後は行政も，社協も，住民も新たな水準に合わせたシステムやサービス，住民活動を考えていく必要がある。その際には「情報の非対称性」をできるだけ少なくし，新たな枠組みでの信頼関係を構築したうえで進めていくことが重要ではなかろうか。

注
(1) 宮垣元『ヒューマンサービスと信頼』慶応大学出版会，2003年，47頁。
(2) 前書65〜66頁。

⑥ 岐阜県高山市

要点　「編入合併」により日本一面積の広い市となった岐阜県高山市について，広域合併における施策や地域福祉の現状を調査した結果，地域性にもとづいた住民寄りの福祉から，一律のサービスや合理化にもとづいた行政寄りの福祉への転換が行われている印象を受けた。今後，地域性を配慮した総合計画や住民主導による地域福祉計画が，地域性の反映や地域福祉における住民の自治につながるか，が鍵となる。

1 調査の概要

◆本地域のヒアリング調査理由

　岐阜県高山市は，2005（平成17）年2月1日の市町村合併で，旧高山市が旧大野郡の7町村と旧吉城郡の2町村を「編入合併」したことにより，2177.67平方キロと，わが国における行政区域で最大となった。これは東京都とほぼ同じ面積に匹敵する。そこで，日本一面積の広い自治体となった高山市を調査対象として，広域合併における施策や地域福祉の現状を把握する。

　具体的には，9町村の地域性を配慮した総合計画，住民主導による地域福祉計画の試みについて調査し，"広域合併"における施策を検討する。また，合併によるスケールメリットが強調されているため，9町村のうち，最も東に位置する高根町と，最も西に位置する荘川町において，社会福祉協議会（社協）職員や保健師，保育園長，デイサービス職員，福祉サービス利用者などへのヒアリングを通し，地域福祉の現状を把握する。さらに，社協においても旧高山市が9町村を「編入合併」したため，そこに生じている変化や問題などを理解する。

◆ヒアリング調査の時期

　編入先である旧高山市（以下，高山市），最も東に位置する旧高根村（高根町），最も西に位置する旧荘川村（荘川町）を対象とし，2005（平成17）年8月24日に高山市，25日に高根町，26日に荘川町で調査を実施した。

　高山市ではアンケート調査にもとづくヒアリング調査，ほかでは合併後の変化（よい変化，悪い変化，運営上の変化，高山市との関係，全般の印象，希望など）について自由に語ってもらう形式をとった。

◆調査対象　　　高山市の地域振興室主査，福祉保健部福祉課主幹，高山市社協の地域福祉係長，高山市立保育園園長，高根町では高山市高根支所市民福祉課主査・保健師，高山市立保育園園長，子育て学習会参加者，デイサービスセンター職員，介護予防リハビリ教室利用者，社協高根支部職員，荘川町では社協荘川支部長（元村役場福祉課長），高山市荘川支所市民福祉課・保健師，介護予防リハビリ教室利用者のグループインタビュー，デイサービスセンター所長（看護師），介護福祉士，看護師，利用者，高山市立保育園園長である。

◆調査結果の概要　　　調査の結果，本市は「編入合併」であるので，高山市主導で合併施策や運営が行われていて，旧高山市と旧9町村との間に温度差が感じられた。高山市の方針としては，9町村の今までのどんぶり勘定的なやり方による多くの借金があるため，効率化，合理化を進めていくことが最優先であり，高山市が指導的な立場に立って，「標準」となり，それに9町村が従うという構造をとっている。このため，9町村では旧町村独自の事業を廃止し，統合したり，変更したりせざるを得なくなり，地域性が軽視されていることに戸惑いや不安を抱えている。

　また，以前は行政の範囲内で融通を利かせてやってきたことが条例違反によってできなくなったり，高山市の許可が必要となったりするため，物事がスムーズに運ばなくなり，住民から不満の声が上がり，支所（旧役場）と住民の間に距離が開き始めている。旧町村の住民にとっては以前よりも光熱費，住民税，保育料などが値上がりして金銭的な負担が増えたほか，市の主催の行事が増えたため，高山市にまで出向く負担が増えている。

　このように現時点では，市町村合併により，地域福祉は地域性にもとづいた住民寄りの福祉から一律のサービスや合理化にもとづいた行政寄りの福祉への転換が行われている，という印象を受けた。しかし，高山市ではできるだけ旧町村の地域性を反映させるため，地域振興室では地域審議会に権限を多く持たせたり，合併特例で多く配分される地方交付税の半額を地域振興特別予算として配分させたりしている。

　また，福祉課では公募市民による「ワーキンググループ」が中心となって部会ごとに「語る会」を開催したり，9町村を含めた13地域で「地域懇談会」を実

写真3-12 高山市（旧高山市）全景
（左奥は高山市役所，バックは乗鞍岳）

中林力氏提供

施したりするなどして，「高山市地域福祉計画」を2007（平成19）年3月までに策定する計画である。このような試みが地域性の反映や地域福祉における住民の自治につながるかは，今後，継続して見守っていく必要がある。

2 地域の特性

◆地理的位置　　高山市は，岐阜県の北部，飛騨地方の中央に位置している。飛騨国（ひだのくに）は，東西を険しい山に，南北を厳しい河川峡谷に囲まれており，高山盆地，国府盆地，古川盆地以外は谷筋沿いに小さな平地がところどころに広がっている（写真3-12）。飛騨は土地のほとんどが山林で，高山市の森林率は92.5％と，日本国内の平均60％台に比べ，際立って森林の面積が大きい。

　高山盆地からは北東部には槍ヶ岳，穂高連峰，乗鞍岳などの北アルプスを擁し，高原川や宮川が分水嶺から北へ流れて神通川水系に，南部には御岳山を擁し，飛騨川が北から南へ流れて木曽川水系に，南西部には白山を遠望し，荘川が南から北へ流れて荘川水系にそれぞれ流れ，その源流となっている。標高の最高は奥穂高岳の3190メートル，最低は上宝町吉野の436メートルである。

　このように高山市は大半を森林が占め，山や川，渓谷，峠などで地理的に分断され，標高差も2700メートルを超えるなど，地理的に大きな変化に富んでいる。

地図 3 -10　広域図および合併関係市町村図

出典：高山市役所資料を一部修正。

市域は東西に約81キロ，南北に約55キロに広がり，面積は東京都とほぼ同じ2177.67平方キロで，10市町村が合併した日本一広大な市である。周囲を岐阜県の飛騨市，下呂市，郡上市，大野郡白川村，長野県の松本市，大町市，開田村（2005（平成17）年11月1日より木曾町），富山県富山市，福井県大野市，石川県白山市の8市2村と接している（地図3-10）。

◆気候風土　気候は，標高の高い所が多いため，夏は涼しく，冬は雪が多くて寒さが厳しい。高山市域は盆地のため，内陸性気候であるが，標高の高い地域では山岳性気候となっている。気温は年平均10.6度，8月の最高気温平均は30.1度，2月の最低気温平均はマイナス5.7度である。平年の観測日数は，最高気温25度以上の夏日は97.9日，最低気温0度未満の冬日は123.7日，最高気温0度未満の真冬日は12.2日に及ぶ。降水量は年1733.5ミリで，飛騨地方のなかでは比較的少ない。

図表3-33のように，市町村合併した高山市の10市町村ではすべてが「積雪寒冷特別」地域で，荘川町が「特別豪雪」，他の9市町村が「豪雪」地域の指定をそれぞれ受けている。

◆歴　史　1586（天正14）年，豊臣秀吉の命を受けた金森長近が飛騨国3万3000石の国主として入府し，ここから金森氏6代，107年の政治が始まる。関ヶ原の戦いでは徳川方について前線で戦い，美濃国上有知1万8000石，

図表3-33　地域指定の状況

高山市	中部圏・豪雪・	農村工業・工業再配置・積雪寒冷特別・辺地
丹生川村		豪雪・山村・過疎・農村工業・工業再配置・積雪寒冷特別・辺地
清見村		豪雪・山村・過疎・農村工業・工業再配置・積雪寒冷特別・辺地
荘川村		特別豪雪・山村・過疎・農村工業・工業再配置・積雪寒冷特別・辺地
宮村		豪雪・山村・　　　農村工業・工業再配置・積雪寒冷特別・辺地
久々野町		豪雪・山村・過疎・農村工業・工業再配置・積雪寒冷特別・辺地
朝日村		豪雪・山村・過疎・農村工業・工業再配置・積雪寒冷特別・辺地
高根村		豪雪・山村・過疎・農村工業・工業再配置・積雪寒冷特別・辺地
国府町		豪雪・山村・低開発・農村工業・工業再配置・積雪寒冷特別・辺地
上宝村		豪雪・山村・過疎・農村工業・工業再配置・積雪寒冷特別・辺地

出典：高山市役所資料。

河内国金田(かわちのくにかねた)（大阪府）3000石の領地が増えた。1588（天正16）年から16年をかけ，長近は高山城を建設するが，「日本国中に五つとない見事な城」という記録が残っている。城と同時に城下町を造営し，この城を取り囲むように高台を武家地とし，一段低い所（三町）を町人の町とし，京都にならって東山に寺院郡を設け，今日に見られる美しい町並みの基礎を築いた。

　また，寺社の復興，宗和流茶道をはじめ，さまざまな文化を起こすことも積極的に行った。

　金森氏の移封後の飛騨は幕府の直轄地となり，25代，177年続くことになる。代官には関東郡代の伊奈半十郎忠篤が兼任し，金沢藩主の前田綱紀が高山城在藩を命ぜられた。1695（元禄8）年には幕府から高山城破却の命令が出され，取り壊して帰藩した。1771（明和8）年には，幕府の命令により飛州全山の官材の元伐（もとぎり）が中止され，飛騨の村々の代表が集められ，検地の見直しが言い渡された。農民は田を少ししか持っておらず，新しい年貢がさらに厳しくなると検地中止を願い出て，20年近くにわたって農民一揆が起きた。

　明治維新により高山陣屋に天朝御用所の高札が立てられ，1868（明治元）年には飛騨県が置かれ，同年高山県となり，1876（明治9）年に美濃と飛騨を合わせた岐阜県が成立し，現在に至っている。

◆文　　化　　「飛騨匠(ひだのたくみ)」という言葉が示すとおり，飛騨には律令制度以前より，広い職域，広い区域のすぐれた職人がいたため，中央政府は「飛騨の

匠制度」を設け、家50戸ごとに10人ずつ労役として割り当て、飛騨からは100人前後の匠が京都へ行き、宮殿や門、寺院などを造る仕事に携わった。飛騨の山林は樹種が多く、良質な木材が豊富で里山に近いという技術的向上の環境が整っていたうえ、京都で建築技術を得たことにより、飛騨の匠の名声はますます高まっていった。

当時の匠の技は、国分寺などの14か所にも及ぶ古代寺院や、国の重要伝統的建造物群保存地区に選定されている古い町並の下二之町大新町、日本三大美祭の一つに数えられる高山祭で披露される絢爛豪華な屋台などにみてとれる。

また、伝統工芸として春慶塗や一位一刀彫が有名であるが、渋草焼や小糸焼といった陶磁器や桐工芸も人気があり、玩具や染物、和ろうそく、刺し子など、素朴で親しみ深い工芸品や民芸品も多数ある。食文化としても飛騨牛や地酒、精進料理、朴葉味噌、赤かぶ漬、駄菓子など多種多様で独特な味の文化がある。

◆合併関係市町村の合併前の特徴

① 高山市

400年の歴史を有する伝統文化と町並みがかもし出す「伝統的文化都市」として発展を遂げてきており、毎年、300万人以上の観光客が訪れる有数の観光都市である。1996（平成8）年からは「住みよい町は、行きよい町」として「バリアフリーのまちづくり」に取り組んでおり、障害者モニターツアーや「高山市安全・安心・快適なまちづくり事業補助金」制度による民間施設のバリアフリー改修への助成を実施し、福祉観光都市をめざしている。人口は6万6430人、面積は139.57平方キロである。第三次産業に従事する人口の割合は65.8％、また、財政力指数は0.733である（図表3-34）。

② 丹生川村

夏秋トマトやホウレンソウなどの高冷地野菜を中心とする農業と、夏の北アルプス・乗鞍岳登山と冬のスキーを中心とする観光が基幹産業となっている。五色ヶ原一帯の散策道を整備するとともに「山歩き案内人」を養成し、ホームページで散策の募集をするなど、自然資源を活用した観光・交流の復興をめざしている。人口は4719人、面積は227.15平方キロ、第一次産業に従事する人口の割合は34.2％と高く、また、財政力指数は0.202と10市町村中、最も低い（前出・図表3-34）。

③ 清見村

飛騨せせらぎ街道や東海北陸自動車道、中部縦貫自動車道（2007（平成19）年開

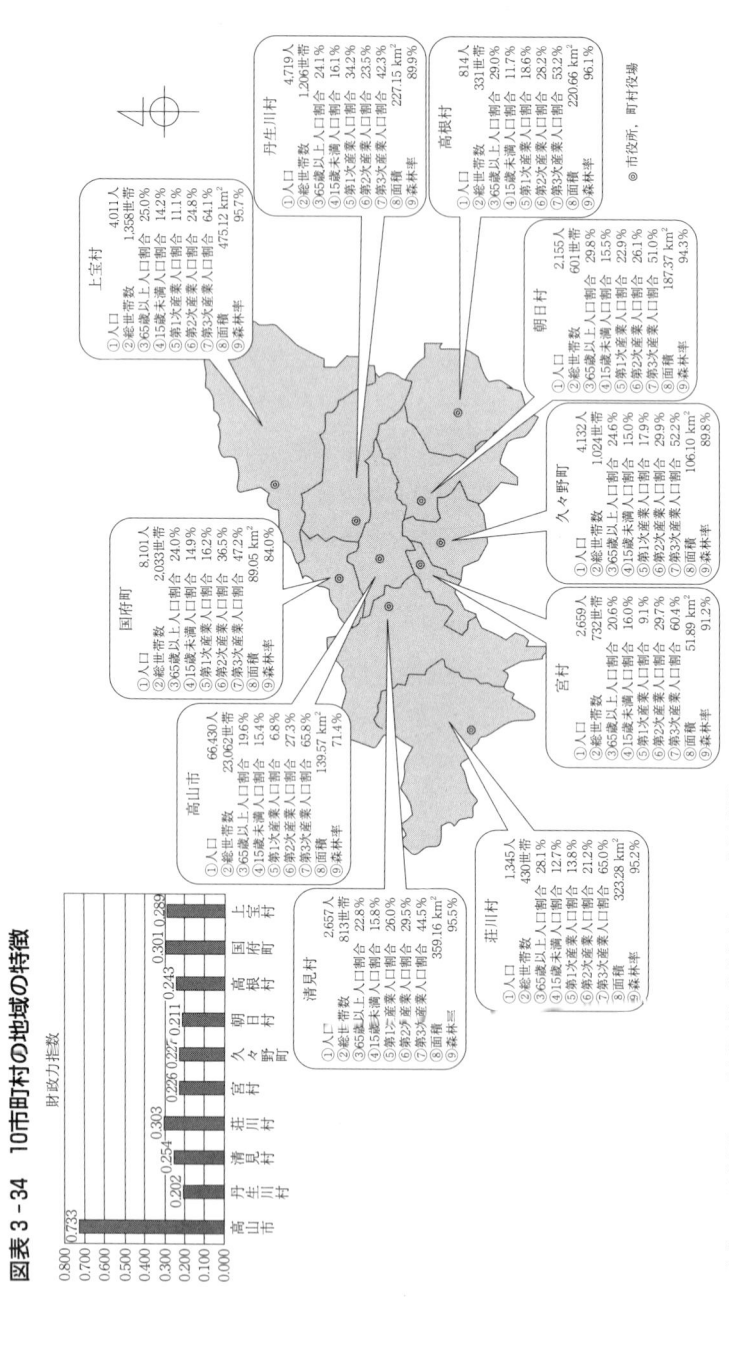

図表3-34 10市町村の地域の特徴

財政力指数

市町村	指数
高山市	0.733
丹生川村	0.202
清見村	0.254
荘川村	0.303
宮村	0.226
久々野町	0.227
朝日村	0.211
高根村	0.243
国府町	0.301
上宝村	0.289

上宝村
①人口 4,011人
②総世帯数 1,358世帯
③65歳以上人口割合 25.0%
④15歳未満人口割合 14.2%
⑤第1次産業人口割合 11.1%
⑥第2次産業人口割合 24.8%
⑦第3次産業人口割合 64.1%
⑧面積 475.12 km²
⑨森林率 95.7%

丹生川村
①人口 4,719人
②総世帯数 1,206世帯
③65歳以上人口割合 24.1%
④15歳未満人口割合 16.1%
⑤第1次産業人口割合 34.2%
⑥第2次産業人口割合 23.5%
⑦第3次産業人口割合 42.3%
⑧面積 227.15 km²
⑨森林率 89.9%

高根村
①人口 814人
②総世帯数 331世帯
③65歳以上人口割合 29.0%
④15歳未満人口割合 11.7%
⑤第1次産業人口割合 18.6%
⑥第2次産業人口割合 28.2%
⑦第3次産業人口割合 53.2%
⑧面積 220.66 km²
⑨森林率 96.1%

朝日村
①人口 2,155人
②総世帯数 601世帯
③65歳以上人口割合 29.8%
④15歳未満人口割合 15.5%
⑤第1次産業人口割合 22.9%
⑥第2次産業人口割合 26.1%
⑦第3次産業人口割合 51.0%
⑧面積 187.37 km²
⑨森林率 94.3%

国府町
①人口 8,101人
②総世帯数 2,033世帯
③65歳以上人口割合 24.0%
④15歳未満人口割合 14.9%
⑤第1次産業人口割合 16.2%
⑥第2次産業人口割合 36.5%
⑦第3次産業人口割合 47.2%
⑧面積 89.05 km²
⑨森林率 84.0%

久々野町
①人口 4,132人
②総世帯数 1,024世帯
③65歳以上人口割合 24.6%
④15歳未満人口割合 15.0%
⑤第1次産業人口割合 17.9%
⑥第2次産業人口割合 29.9%
⑦第3次産業人口割合 52.2%
⑧面積 106.10 km²
⑨森林率 89.8%

宮村
①人口 2,659人
②総世帯数 732世帯
③65歳以上人口割合 20.6%
④15歳未満人口割合 16.0%
⑤第1次産業人口割合 9.1%
⑥第2次産業人口割合 29.7%
⑦第3次産業人口割合 60.4%
⑧面積 51.89 km²
⑨森林率 91.2%

高山市
①人口 66,630人
②総世帯数 23,062世帯
③65歳以上人口割合 19.6%
④15歳未満人口割合 15.4%
⑤第1次産業人口割合 6.8%
⑥第2次産業人口割合 27.3%
⑦第3次産業人口割合 65.8%
⑧面積 139.57 km²
⑨森林率 71.4%

清見村
①人口 2,657人
②総世帯数 813世帯
③65歳以上人口割合 22.8%
④15歳未満人口割合 15.8%
⑤第1次産業人口割合 26.0%
⑥第2次産業人口割合 29.5%
⑦第3次産業人口割合 44.5%
⑧面積 359.16 km²
⑨森林率 95.5%

荘川村
①人口 1,345人
②総世帯数 430世帯
③65歳以上人口割合 28.1%
④15歳未満人口割合 12.7%
⑤第1次産業人口割合 13.8%
⑥第2次産業人口割合 21.2%
⑦第3次産業人口割合 65.0%
⑧面積 323.28 km²
⑨森林率 95.2%

◎ 市役所、町村役場

資料：H12国勢調査、H13発行県森林・林業統計書、H15交付税数値
出典：高山市役所資料を一部修正。

通）などの道路交通の要所で，高冷地野菜や畜産業が基幹産業である。とくに畜産では飛騨牛の生産の中心地となっている。人口は2657人，面積は359.16平方キロと岐阜県で2番目に大きい村で，第一次産業に従事する人口の割合は26.0％と高く，財政力指数は0.254である（前出・図表3-34）。

④　荘川村

日本海に注ぐ荘川の源流で，高冷地の特性を生かし，キャベツや大根などの高原野菜を栽培している。最近ではソバの生産と産地化にも取り組んでいる。日本一の連獅子や「荘川桜」が有名で，別荘や保養所も多い。人口は1345人と少なく，面積は323.28平方キロ，第三次産業に従事する人口の割合は65.0％，また，財政力指数は0.303である（前出・図表3-34）。

⑤　宮村

高山市への通勤圏としての機能を担う一方，樹齢1000年を超える国の天然記念物「臥龍桜」が地元のシンボルとなっており，「自然・癒しの文化づくり」を基調とする環境教育や自然体験学習を進めている。人口は2659人，面積は51.89平方キロと小さく，第三次産業に従事する人口の割合は60.4％，財政力指数は0.226である（前出・図表3-34）。

⑥　久々野町

国道やJRにより中京圏とアクセスする南の玄関口であり，内陸型の気候を生かした果樹を中心とする農業が基幹産業で，とくにリンゴの生産は県内一である。縄文時代の集落跡である国指定「堂之上遺跡」などの歴史的文化遺産がある。人口は4132人，面積は106.10平方キロ，第一次産業に従事する人口の割合は17.9％，また，財政力指数は0.227である（前出・図表3-34）。

⑦　朝日村

鈴蘭高原や飛御岳高原などの森林資源を生かし，自然景観に恵まれた別荘地やキャンプ場，スキー場などのアウトドアを売り物にした観光・交流に取り組んでいる。人口は2155人，面積は187.37平方キロ，第一次産業に従事する人口の割合は22.9％，また，財政力指数は0.211である。高齢化率は29.8％と10市町村中，最も高い（前出・図表3-34）。

⑧　高根村

トウモロコシ（タカネコーン）の生産が盛んで，「日本一かがり火まつり」に代表

される地域資源を活用した都市・農山村交流を図っている。乗鞍岳や御岳に囲まれ，有名な野麦峠などがあり，手つかずの大自然のふもとに位置している。道路整備を進め，定住人口の維持に努めている。人口は814人と10市町村中，最も少なく，面積220.66平方キロ（森林率96.1％と10市町村中，最も高い）である。第一次産業に従事する人口の割合は18.6％，また，財政力指数は0.243，高齢化率は29.0％と高く，15歳未満人口割合は11.7％と10市町村中，最も低い（前出・図表3-34）。

⑨　国府町

高山市の市街地的要素を担う一方で，飛騨随一の大型区画ほ場（農作物を栽培するための田畑）の機能を生かし，米，高冷地野菜，畜産，果樹，花卉生産（トルコキキョウは県内一）が基幹産業となっている。国宝「安国寺経蔵」や「こう峠口古墳」などの歴史的文化遺産もあり，北陸方面にアクセスする北の玄関口となっている。人口は8101人と比較的多く，面積は89.05平方キロである。第二次産業に従事する人口の割合は36.5％，また，財政力指数は0.301である（前出・図表3-34）。

⑩　上宝村

東部は北アルプスと奥飛騨温泉郷を控える観光地で，松本経由で関東から多くの観光バスが乗り入れる。西部は高冷地野菜の生産が中心の農山村で，東部の観光地と連携した地産地消による循環型農業体系の構築に努めている。人口は4011人，面積は475.12平方キロと岐阜県で一番大きい村で，第三次産業人口割合は64.1％，また，財政力指数は0.289である（前出・図表3-34）。

3 合併の経緯

◆明治・昭和の合併の状況（旧高山市）

「明治の大合併」では，1889（明治22）年の市町村制の施行により，岐阜県は948町村が345町村となった。高山地域においては明治初期に大名田村と高山町があり，1889（明治22）年の市町村制施行においても変化はなかったが，1892（明治25）年，広い大名田村は，灘村，大名田村，大八賀村に分村し，その後，1923（大正12）年に大名田村は大名田町となり，1926（大正15）年，灘村は高山町に合併された（図表3-35）。

「昭和の大合併」では，1953（昭和28）年から1961（昭和36）年にかけ，岐阜県は106市町村となった。高山地域においては1936（昭和11）年に高山町と大名田町が合併し，高山市が誕生した。

図表3-35　合併の経緯

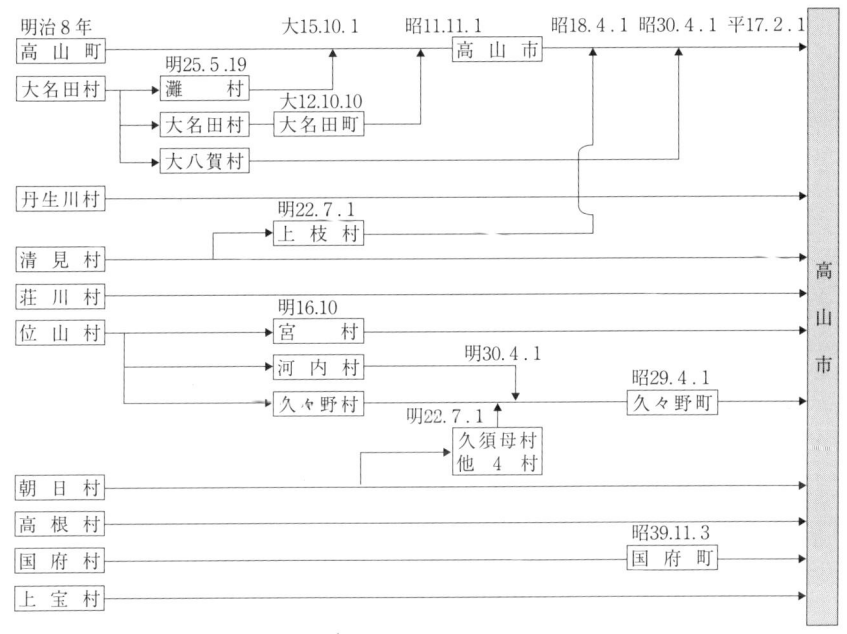

明治8年		大15.10.1	昭11.11.1	昭18.4.1	昭30.4.1	平17.2.1	
高山町				高山市			
大名田村	明25.5.19 → 灘村						
	→ 大名田村 大12.10.10 → 大名田町						
	→ 大八賀村						
丹生川村							
	明22.7.1 → 上枝村						
清見村							高山市
荘川村							
位山村	明16.10 → 宮村						
	→ 河内村 明30.4.1						
	→ 久々野村		昭29.4.1 久々野町				
	明22.7.1 → 久須母村他4村						
朝日村							
高根村							
国府村				昭39.11.3 国府町			
上宝村							

出典：高山市役所資料。

◆今回の合併の背景と内容

2001（平成13）年5月に，飛騨地方1市3郡20市町村（地図3-11）による合併研究会を設立したが，益田郡5町村は別の部会を設立し，のちに「下呂市」を新設する（2004（平成16）年3月）。2002（平成14）年5月，高山市，大野郡8町村，吉城郡6町村の15市町村で任意の「飛騨地域合併推進協議会」を設立した。同8月に合併方式の議論のなかで高山市は「編入合併」，町村は「新設合併」を主張し，10月に合併方針の食い違いにより，吉城郡6町村のうち，4町村（古川町，神岡町，河合村，宮川村）が離脱し，のちに「飛騨市」を新設し（2004（平成16）年2月），大野郡白川村は単独維持により脱退した。

2002（平成14）年12月，高山市，大野郡8町村のうち，白川村を除く7町村，吉城郡6町村中，飛騨市設立に不参加の2町村，合わせて10市町村で法定の「飛騨地域合併協議会」を設立した。その結果，計13回の協議を経て2004（平成16）年5月に合併協定調印式を行い，同7月に岐阜県知事に廃置分合申請書を提出し，11月に総務大臣告示を受け，2005（平成17）年2月1日に合併した。

地図3-11　合併前の市・郡の区域　　　地図3-12　合併前の広域連合の構成

【高山市】
【益田郡】5町村
・下呂町・金山町・萩原町
・小坂町・馬瀬村
【大野郡】8町村
・丹生川村・清見村・荘川村
・白川村・宮村・久々野町
・朝日村・高根村
【吉城郡】6町村
・吉川町・国府町・河合町
・宮川村・神岡町・上宝村
出典：高山市役所資料。

高山・大野広域連合
（高山市及び大野郡8町村）
・介護保険事業・公平委員会
吉城広域連合（吉城郡6町村）
・介護保険・ごみ、し尿処理
・汚泥処理・火葬場・公平委員会・給食センターほか
出典：高山市役所資料。

4　合併前の地域福祉

◆合併前の旧自治体施策と財政状況

　旧高山市では2000（平成12）年から「第3次行政改革大綱」を定め、事務事業の見直しや民間などへの業務の委託化、職員数の削減や給与の適正化、情報化の推進、インターネットの利用・促進による市民サービスの向上、職員の育成・資質の向上、公共工事のコストの縮減などに取り組んできた。その結果、5年間の累計で職員は113人、人件費は10億2200万円それぞれ削減となり、目標の6年間で50人、計3億円削減という目的を大きく上回った。「行政改革大綱」の全体では100項目の実施計画と24項目の計画外改革を含め、2004（平成16）年度で5億9700万円、5年間で計50億9300万円の経費の削減を行った。

　財政状況として、合併関係10市町村における2002（平成14）年度の公債費比率、経常収支比率、財政力指数をみてみよう。

　公債費比率については高山市14.0％、丹生川村10.9％、清見村13.7％、荘川村

10.7％，宮村18.4％，久々野町13.0％，朝日村15.5％，高根村18.1％，国府町16.7％，上宝村14.8％と，10市町村すべてが10％未満の理想値を超えているが，荘川村と丹生川村は比較的望ましい値である。経常収支比率については高山市70.8％，丹生川村75.3％，清見村77.9％，荘川村72.1％，宮村83.2％，久々野町77.9％，朝日村78.1％，高根村85.3％，国府町74.6％，上宝村74.0％と，市の水準80％，町村の水準70％となっており，低いほど弾力性があるといわれている。

ただ，高山市は水準よりも10％近く低くて弾力性があるが，町村は荘川が水準に近いものの，他は全般に高く，とくに高根村や宮村は10％以上水準を上回り，弾力性に欠けている。財政力指数は高山市0.733，丹生川村0.202，清見村0.254，荘川村0.303，宮村0.226，久々野町0.227，朝日村0.211，高根村0.243，国府町0.301，上宝村0.289で，高山市と他の9町村との財政力の格差が浮き彫りになっている（前出・図表3-34）。

合併関係10市町村の歳入総額は570億2000万円で，このうち，地方税145億2500万円（25.5％），地方交付税160億800万円（28.1％），その他264億8700万円（46.4％）である（2002（平成14）年度）。一方，10市町村の歳出総額は538億7700万円で，このうち，人件費93億2900万円（17.3％），公債費72億5200万円（13.5％），投資的経費155億9800万円（29.0％），その他216億9800万円（40.2％）である（2002（平成14）年度）。

なお，地方債残高は1993（平成5）年度末には377億3200万円であったが，2002（平成14）年度末には611億5600万円にまで膨れ上がっている。

福祉施策をみてみると，老人保健福祉計画については旧高山市では2005（平成17）年度に改定の予定で2003（平成15）年度に作成したため，新高山市の計画は2005（平成17）年度末までに策定する予定である。介護保険事業計画については合併前までは高山・大野広域連合で実施しており（地図3-12），2000（平成12）年度から2005（平成17）年度までの計画となっている。新市としての介護保険事業計画については策定が法的に義務化されていないうえ，介護保険自体が頻繁に改正されるため，独立した事業計画は策定せず，老人保健福祉計画に盛り込む予定である。合併前の高山・大野広域連合組織はそのまま高山市高年介護課に属している。

一方，新・障害者プラン（障害者計画）については合併関係10市町村すべてで策定されていたが，どの市町村も合併を見越し，2005（平成17）年度までの計画があ

るため，新市としては2006（平成18）年度中に策定する予定である。児童育成計画および市町村次世代育成行動計画については合併の協議があったため，10市町村ではいずれも策定されていなかったが，国の指針をふまえ，コンサルタント会社に依頼せず，2005（平成17）年3月，「高山市子どもにやさしいまちづくり計画」を策定した。これは高山市第7次総合計画を上位計画として，子どもとまちづくりに関する各種関連計画との整合・連携を図りながら，子育てに関する施策を総合的に推進するものである。

なお，地域福祉計画については合併の協議があったため，10市町村すべてで策定されていなかったが，後述するように，2003（平成15）年度からセミナー，勉強会やワークショップを開催し，2006（平成18）年度末までの策定に取りかかっている。高山市では市の担当職員や社協職員がかかわりながら住民主導で地域福祉計画を作成する試みを行っており，各部会の意見が老人保健福祉計画，障害者計画，児童育成計画の策定に連動されるようになっている。

◆社協との連携　　旧高山市では市が出資して1994（平成6）年に財団法人高山市福祉サービス公社が設立され，在宅保健福祉サービスを専門的に行ってきた。その主な事業としては市からの委託事業（在宅介護支援センター，地区リハビリセンター，障害者小規模授産所，福祉センター管理など），介護保険サービス事業，居宅生活支援事業である。このため，旧高山市の社協はこれら介護関連の事業は行っておらず，「福祉のまちづくり」を主な目標とし，地域福祉問題に関する調査活動や研究，総合福祉センターの運営，ボランティア活動の育成，社会福祉情報の普及，生活福祉資金の貸付などを行ってきた。

旧高山市の社協ではコンサルタント会社に依頼せず，2001（平成13）年度に『高山市地域福祉活動計画』を作成した。これは合併を念頭に入れ，地域が実際にできることは何かということを形にしたものである。計画の期間は2002（平成14）年度から2011（平成23）年度までの10年間で，基本目標としては，①福祉の心を育て，みんなで行動できるまち（福祉教育の推進やボランティア活動など），②地域で支えあいながら暮らせるまち（子育てサポートや福祉委員制度など），③安心して利用できるサービスと情報のあるまち（相談窓口や企業の社会貢献など），④一人ひとりが主人公になれるまち（講習・講座の拡充や将来の福祉など）である。

一方，旧9町村では福祉サービス公社はいずれも設立されておらず，社協は主

に介護関連の事業を行ってきた。また，後述する「福祉委員制度」もないが，住民は互いに顔見知りのため，制度として制定しなくても見守り援助は日常的に行われている。介護事業以外の社協の活動としては，役場や町長に相談をしながら住民のニーズに柔軟に対応してきた。

9町村の地域福祉活動計画については実質的には存在せず(1)，合併2年前から調整の話し合いを続けている。後述する新市の地域福祉計画の策定にも10市町村の社協の全職員がかかわっており，その策定に合わせ，新社協の地域福祉活動計画を検討していく予定である。

このように旧高山市は6万6000人以上の人口を抱えるため，地域福祉が制度化され，分担して運営されるシステムが確立されているが，旧9町村は数百人から数千人の人口のため，地域福祉は社協や役場により臨機応変に対応されてきたり，顔見知りの住民の間で助け合ったりという形で自然発生的に行われてきた。

◆**利用者および一般住民の参加，地域組織化の程度**　旧高山市には社協の地域組織がなかったことから，1984（昭和59）年に福祉委員制度を設け，各町内に「福祉委員」を選任した。福祉委員は，町内における福祉活動の推進役として位置づけられ，①社協の事業を町内に知らせ，自らも実践の中心になること，②町内の団体や活動家，ボランティアの連絡に当たること，③機関紙や各資料の配布をすることである。旧高山市の全町内会に福祉委員が配置され，一人暮らしの高齢者，障害者，母子・父子世帯などを見守り援助する体制が確立されており，福祉委員は社協をはじめ，民生・児童委員，町内会長，長寿会，子供会，ボランティアなどと連携を取りながら，世話役やサービスの調整役としての機能を果たしている。

旧高山市は，前述のように福祉観光都市の実現に向けた「バリアフリーづくりのまちづくり」の取り組みをしており，1996（平成8）年から2004（平成16）年までに14回の「障害者モニターツアー」を実施し，専門家や有識者ではなく，障害をもった住民に参加してもらい，これまでに計300人以上の障害者からの指摘や助言にもとづき，道路・水路，トイレ，民間施設の改修を実施してきた。また，障害者主導で作成された「車椅子おでかけマップ」，「指と音でたどる飛騨高山観光マップ」，「おもてなし365日」などの冊子が発行されている。このように社協や役所がサポートに回り，住民が福祉に積極的に参加できるような体制づくりに心がけてきた。

5 合併後の地域福祉

◆合併後の新自治体施策と財政状況

　高山市は,「編入合併」により人口が6万6430人から9万7533人となり,約1.5倍に増えた。年少人口割合は15.4％から14.9％,老年人口割合は19.6％から23.0％となり,合併によって少子高齢化の傾向が強まった。高山市は,合併により借金が266億円から628億円に膨れ上がり,また,職員数も577人から1250人と2倍以上になったことから,市が設置・管理している施設（2006年度から市営644施設のうち,245施設）を民間に委ねる指定管理者制度を導入して民営化したり,2009（平成21）年度までに全職員の3分の1に当たる400人を削減する「高山市定員適正化計画」を実施したりしてスリム化をめざしている。

　この適正化計画では30歳以上の全職員に対して退職勧奨の通知書を渡し,退職に応じた職員には退職金を上乗せする（勤続20年の大卒43歳の場合の上乗せは約1280万円）。また,議員に対しては議員定数の特例を適用して旧町村地域を選挙区とし,旧高山市の議員1人当たりの人口で比例按分した数を定員とした結果,9町村の議員数は100人から12人となり,高山市の議員24人と合わせて36人となっている。給与については職員も議員も旧高山市に合わせている。

　新市町村の2005（平成17）年度の一般会計予算は474億円で,このうち,民生費予算は約90億2220万円（19.0％）と,2004（平成16）年度の関係市町村の合算額と比べ,一般会計予算（約45億9000万円減）も,民生費予算（約1億9000万円減）もそれぞれ減少している。

　次に,高山市の建設計画（高山市合併まちづくり計画）,および総合計画（高山市第7次総合計画）をみてみよう。

　「高山市合併まちづくり計画」は2004（平成16）年4月に策定され,計画期間は2005年2月からの10年間で,実施計画は前期5年,見直しを経て後期5年となっている。策定団体は,飛騨地域合併協議会（10市町村長と議長）,まちづくり審議会,岐阜県（協議）である。図表3-36のように,基本テーマは「個性ある地域の連携と協調」で,まちづくりの方向としては,健全な行財政運営を前提として都市基盤の充実や市民生活の安定と向上,地域資源の継承・活用とその連携となっている。そして,整備の方針としての事業計画は,①地域を結ぶまちづくり（道路・交通,情報通信）,②安全・安心・快適なまちづくり（消防・防災,福祉・保健・医療,都

市・農山村生活環境，住宅・定住促進），③人・自然・文化を育むまちづくり（教育・生涯学習，自然・歴史文化），④活力あるまちづくり（観光・交流，農林畜産業，商工業），⑤健全な行財政運営となっている。

「高山市第7次総合計画」は2005（平成17）年3月に策定され，計画期間は2005（平成17）年度から10年間で，実施計画はまちづくり計画を統合しながら，前期5年，見直しを経て後期5年となっている。策定団体は，高山市，高山市議会，総合計画審議会（まちづくり審議会を含む）である。図表3-37のように，基本理念は「住みよいまちは行きよいまち」である。また，視点としては「連携」（人と自然，男性と女性，市民と行政），「個性」（人，地域，都市），「成熟」（市民意識，人口構造，経済社会）をあげており，これらが統合した都市像として「やさしさと活力にあふれるまち『飛騨高山』」（2014（平成26）年の目標人口10万人）がある。

そこで，「計画的な土地利用をめざして」立てられた分野別目標は，①「やさしさ」のあるまちをめざして（地域福祉，児童福祉，高齢者福祉，障がい者福祉，健康・保健・医療），②「すみよさ」のあるまちをめざして（自然，景観，道路・交通，住宅・公園，上・下水道，環境・衛生，情報，防災，安全），③「にぎわい」のあるまちをめざして（観光，農業，林業，畜産業，商業，工業，労働），④「ゆたかさ」のあるまちをめざして（学校教育，生涯学習，スポーツ，文化，地域）である。地域別目標としては，旧町村の各地域における「個性あるまちをめざして」，市民参画や行財政運営のもと，「構想の着実な推進をめざして」いる。

高山市は広域合併のため，地域の意見が反映されるような努力をしている。まちづくり計画や総合計画の策定にあたっては，まちづくり審議会や総合計画審議会の委員として9町村からそれぞれ1～2人が選出された。また，これらの審議会が策定後に解散するため，旧9町村の議員数（10～14人）を定数として，支所長が推薦する委員からなる「地域審議会」を設置し，まちづくり計画や総合計画の変更や執行状況について審議したり，市長に意見を述べたりするが，これらに加え，「予算，その他の当該地域の復興に関し，市長に意見を述べること」とし，さらに，市長の責務として，「市長は，第3条に規定する審議会の答申および意見を尊重し，当該地域の復興に努めなければならない」というむねの条文を加え，地域の意見や要望が反映されることを重視している。地域審議会の設置期間は10年間で，審議会委員の任期は2年である。

図表3-36 高山市合併まちづくり計画（建設計画）の体系

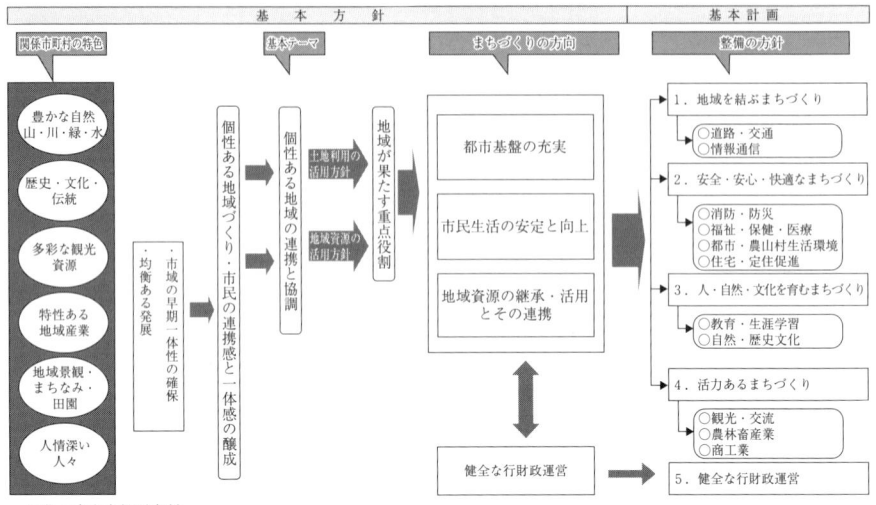

基本方針				基本計画	
関係市町村の特色	基本テーマ		まちづくりの方向	整備の方針	

関係市町村の特色
- 豊かな自然 山・川・緑・水
- 歴史・文化・伝統
- 多彩な観光資源
- 特性ある地域産業
- 地域景観・まちなみ・田園
- 人情深い人々

→ ・市域の早期一体性の確保
・均衡ある発展

基本テーマ
個性ある地域づくり・市民の連携感と一体感の醸成

個性ある地域の連携と協調
- 土地利用の活用方針
- 地域資源の活用方針

→ 地域が果たす重点役割

まちづくりの方向
- 都市基盤の充実
- 市民生活の安定と向上
- 地域資源の継承・活用とその連携
- ⇅
- 健全な行財政運営

整備の方針
1. 地域を結ぶまちづくり
   - 道路・交通
   - 情報通信
2. 安全・安心・快適なまちづくり
   - 消防・防災
   - 福祉・保健・医療
   - 都市・農山村生活環境
   - 住宅・定住促進
3. 人・自然・文化を育むまちづくり
   - 教育・生涯学習
   - 自然・歴史文化
4. 活力あるまちづくり
   - 観光・交流
   - 農林畜産業
   - 商工業
5. 健全な行財政運営

出典：高山市役所資料。

図表3-37 高山市第7次総合計画（総合計画）の体系

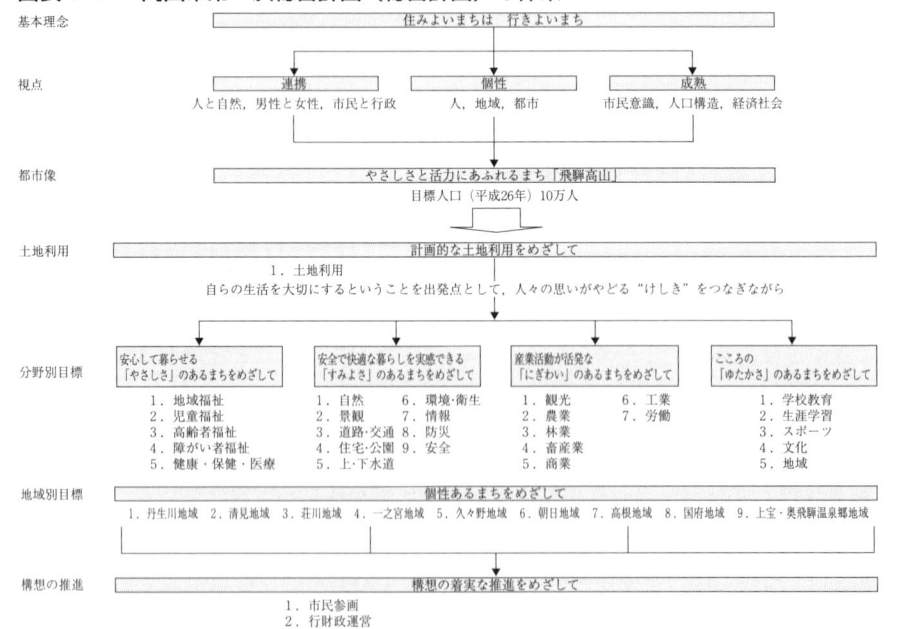

基本理念：住みよいまちは 行きよいまち

視点：
- 連携：人と自然、男性と女性、市民と行政
- 個性：人、地域、都市
- 成熟：市民意識、人口構造、経済社会

都市像：やさしさと活力にあふれるまち「飛騨高山」
目標人口（平成26年）10万人

土地利用：計画的な土地利用をめざして
1. 土地利用
自らの生活を大切にするということを出発点として、人々の思いがやどる"けしき"をつなぎながら

分野別目標：

安心して暮らせる「やさしさ」のあるまちをめざして	安全で快適な暮らしを実感できる「すみよさ」のあるまちをめざして	産業活動が活発な「にぎわい」のあるまちをめざして	こころの「ゆたかさ」のあるまちをめざして
1. 地域福祉 2. 児童福祉 3. 高齢者福祉 4. 障がい者福祉 5. 健康・保健・医療	1. 自然 2. 景観 3. 道路・交通 4. 住宅・公園 5. 上・下水道 6. 環境・衛生 7. 情報 8. 防災 9. 安全	1. 観光 2. 農業 3. 林業 4. 畜産業 5. 商業 6. 工業 7. 労働	1. 学校教育 2. 生涯学習 3. スポーツ 4. 文化 5. 地域

地域別目標：個性あるまちをめざして
1. 丹生川地域　2. 清見地域　3. 荘川地域　4. 一之宮地域　5. 久々野地域　6. 朝日地域　7. 高根地域　8. 国府地域　9. 上宝・奥飛騨温泉郷地域

構想の推進：構想の着実な推進をめざして
1. 市民参画
2. 行財政運営

出典：高山市役所資料。

◆合併特例債等の活用方法　合併特例債を適用した主な事業は,「土木事業」,「上下水道事業等」,「教育・生涯学習事業」で,総事業費は430億円にのぼる。福祉的事業の使途については総合福祉センター大規模改修事業,デイサービスセンター大規模改修事業,福祉施設維持修繕・改修事業,児童遊園地整備補助事業,医療機器整備事業（診療所施設）,診療所改修事業などが計画にあげられているが,緊急性や事業熟度などを考慮して検討されることになる。

　合併特例で多く配分される地方交付税については,その半分を「地域振興特別予算」の当面の予算措置として,図表3-38のような旧9町村の地域特性のある事業や地域振興を図るため,配分する。[2] 地域振興特別予算の福祉関連事業については,元々,公平・公正の観点から画一的な要素が強く,実際必要最低限の事業しか認められていない。これらは老人クラブ運営補助金（事務局の人件費として9支所一律42万円）,友愛訪問事業（寝たきり,独居老人世帯への訪問事業として一部支所地域のみ）,高齢者緊急通報システム（旧町村が設置した寝たきり,独居老人世帯の緊急通報システムリース料など）,地区体操教室（高齢者の介護予防事業として実施してきた支所地域のみ）,保育園通園バス事業（保育園バス管理費として該当する支所地域のみ）である。支所と本庁各部課との調整にあたっては,地域振興担当部門を新設した。

◆社協との連携　旧高山市の社協にならい,9町村の社協は介護保険関連サービス事業を財団法人高山市福祉サービス公社に移行した。このため,介護関連の職員は社協を退職し,公社に就職したため,退職金は受け取ったものの,それまでの就業期間が中断し,給与が下がるという問題が起きている。ある職員は本給が6万円ほど減ったため,残業代がついても手取りが2万円ほど減少した。また,土曜や祭日も勤務となるため,子どもの行事に参加できないという不満もあがっている。公社職員となった利点としては全職員が介護関連職なので情報交換が可能となり,同じ目標に向かって仕事ができていることである。

　このように9町村の社協にとっては介護事業が移行したことで従来の社会福祉事業に特化する機会でもあるが,市社協本部と対等合併を望んだ9町村支部との間には温度差がある。本部では旧高山市の全町内会で活動する福祉委員を9町村の全町内会にも選任することを目標としているが,9町村にしてみれば数世帯からなる町内会では自然に見守り体制ができているため,福祉委員の設置には消極的である。また,支部ではそれまで役場（村長）との相談で簡単に実施でき,必要

なときは予算もついた福祉サービスが本部の許可や決済なしには実施できなくなったため，地域福祉の衰退を感じている。このように社協は本部を中心としたシステムの確立による地域福祉の公平な充実をめざすが，支部では地域独自の福祉への柔軟な対応が制限されることにもどかしさを感じているようである。

◆利用者および一般住民の参加と地域組織化の程度　新高山市は「高山市地域福祉計画」の策定に際し，住民主導で行う試みを行っている。2004（平成16）年9月に公募市民38人による「策定準備委員会」が設置され，市役所の福祉課の職員とともにセミナーや講演会，アンケート調査を実施した。2005（平成17）年4月には学識経験者，各種団体の推薦者，社協などの委員20人による「委員会」と，公募市民58人（準備委員会の38人に加わる形）による「ワーキンググループ」からなる「市民策定推進委員会」が設置された（図表3-39参照）。

ワーキンググループは，「子ども」，「高齢者」，「障害者（児）」，「地域」の4部会に分かれている。これは地域福祉計画が具体的なプランに反映されたり，各プランが地域福祉計画にフィードバックされるように，「子ども」が児童育成計画，「高齢者」が老人保健福祉計画，「障害者（児）」が障害者計画に対応している。

各グループは2005（平成17）年5月に「語る会」をそれぞれ開催し，住民の意見を収集した。これらの意見のなかから地域にかかわるものを抜粋し，同年9〜10月にかけ，9町村を含む13地域で図表3-40のようなさまざまなテーマで「地域懇談会」を実施した（写真3-13）。このように子ども，高齢者，障害者（児）といった対象者別の，いわばタテ割りの部会が地域懇談会を通し，地域の課題やその取り組みについて話し合うことにより，ヨコのつながりを持っていくのである。地域懇談会で出された意見は，必要に応じて専門分野の人に部会への参画を要請しながら，地域特性を生かし，地域に応じた課題への取り組み方法やしくみとしてまとめられる。そして，市民会議でこれを報告して提案するが，同時に，市民から募集した愛称やイラストの最終審査を来場者の投票で決定するというイベント性も持たせることで，多くの市民の参加を促す。市民会議で出された課題や意見が計画に反映されるように内容を再検討し，2006（平成18）年度中に「高山市地域福祉計画」を策定する。このように高山市の地域福祉計画は，市民の主体的な活動の積み重ねにより策定が進められている。

図表3-38 地域振興特別予算 (単位：千円)

地域名	地域振興特別予算（主なもの）
丹生川	飛騨にゅうかわ宿儺まつり コスモスまつり 地域芸能文化振興事業 南知多町交流事業 花のふるさとづくり事業　ほか 総事業費　86,551
清見	ひだ清見情報誌作成事業 せせらぎ街道キャンペーン インタープリターアカデミー事業 地域特産物振興事業 ひだ清見イベント事業　ほか 総事業費　105,648
荘川	飛騨荘川ふるさとまつり 新島村交流事業 飛騨荘川そばまつり 地域文化振興補助金 飛騨荘川ふるさと夏まつり　ほか 総事業費　44,164
一之宮	臥龍桜日本画大賞展 生きびな祭り，桜まつり 国際交流事業（カナダ・ペンバートン） 桜の里づくり事業 全日本選抜ローラースキーみや大会　ほか 総事業費　51,449
久々野	ふるさと交流事業（南勢町） 果樹ブランド化推進事業 地域活性化イベント（ひだ桃源郷収穫劇場） 「みどりあふれる美しいくぐの」推進事業 久々野町史編纂事業　ほか 総事業費　71,624
朝日	氷点下の森氷祭り・クリスタルライブINあさひ 農林業祭 飛騨あさひ納涼フェスティバル 日本の朝日フォトコンテスト ドスコイ祭り　ほか 総事業費　54,277
高根	日本一かがり火まつり 日本国際ワークキャンプ負担金 特産品開発調査事業 地区文化芸能祭 地区ふれあいスポーツ大会　ほか 総事業費　37,006
国府	荒城農業小学校運営事業 飛騨国府サマージョイフェスタ 飛騨国府荒城郷そばまつり 国府町史編纂事業 里山のくらし継承保存事業　ほか 総事業費　96,707
上宝 奥飛騨温泉郷	北アルプス飛騨側登山道等維持連絡協議会負担金 奥飛騨温泉郷イベント実行委員会負担金 児童交流事業（氷見市） 文化講演会 ふるさと歴史館特別展示事業　ほか 総事業費　80,171

出典：高山市役所資料を一部修正。

図表3-39 地域福祉計画機構図

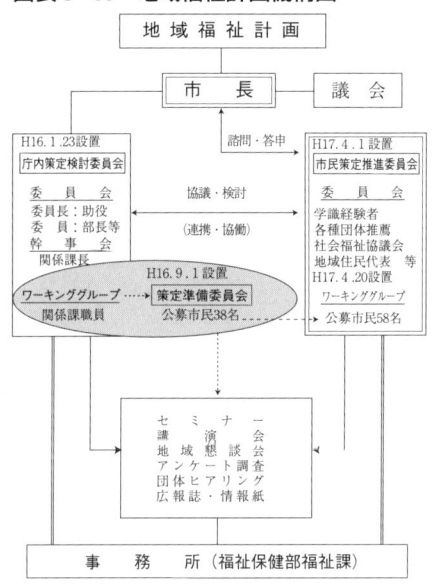

```
                地域福祉計画
                     │
          ┌──────市　長──────議　会
          │          │
H16.1.23設置│    諮問・答申  │H17.4.1設置
庁内策定検討委員会          市民策定推進委員会
委　員　会    協議・検討    委　員　会
委員長：助役  (連携・協働)  学識経験者
委　員：部長等              各種団体推薦
幹　事　会                  社会福祉協議会
関係課長                    地域住民代表　等
              H16.9.1設置   H17.4.20設置
ワーキンググループ┈策定準備委員会┈ワーキンググループ
関係課職員        公募市民38名    公募市民58名
          │          │
          └──┐  ┌──┘
              ↓  ↓
          セ ミ ナ ー
          講 演 会
          地 域 懇 談 会
          アンケート調査
          団体ヒアリング
          広報誌・情報紙
              │
        事　務　所（福祉保健部福祉課）
```

出典：高山市役所資料。

図表 3-40　地域懇談会

地域名	日時	会場	テーマ
日枝地域	①9月6日(火)午後7時~　②9月14日(水)午後7時~	江名子小学校第2体育館　山王福祉センター	気軽に声をかけ合える地域ですか？
松倉地域	9月22日(木)午後7時~	南小学校多目的室	近所づきあい・助け合い・どうしてみえますか
中山地域	9月3日(土)午後7時~	高山市役所2F会議室等	・地域で子どもを考えよう~うむ・育てる・学びあう~ ・つくらまいかな　まめであんきに暮らせるまち~わいわいがやがや語る会~ ・福祉（しあわせ）についてあなたの声を聴かせてください！
東山地域	①9月12日(月)午後7時~　②9月28日(水)午後7時~　③10月5日(水)午後7時~	大新町4公民館　高山市図書館「煥章館」　三福寺研修センター	コミュニケーションをうまくとるにはどうしたらよいのか？ ・交流できる場所はどこがよいか ・中心となる組織をどう作るか ・交流する方法はどういう方法があるか
丹生川地域	9月8日(木)午後7時~	丹生川福祉センター	今風の，そしてこれからのご近所力とは…。どうしてみえますか"普段の声かけといざという時の絆"
清見地域	10月4日(火)午後7時30分~	清見支所大会議室	地域コミュニティの確立「まめなかな~」
荘川地域	9月26日(月)午前11時~	荘川福祉センター	高齢者等交通弱者に対する福祉施設の充実を図るにはどうしたらよいか
一之宮地域	10月20日(木)午後7時~	一之宮公民館	健康で安心して暮らせる地域づくりについてあなたの声を聴かせてください
久々野地域	9月5日(月)午後7時30分~	久々野福祉センター（喜楽荘）	ご近所の力で元気なまちづくり~あなたの声をお聞かせください~
朝日地域	9月16日(金)午後7時~	燦燦朝日館ふれあいホール	お元気ですか！みんなが安心して幸せに暮らせるよう，あなたの声をお聞かせください
高根地域	10月6日(木)午後7時~	高根公民館	あなたの声で住みよい高根町をつくろう！私の，隣りのおじいちゃんおばあちゃん，子どもたちのしあわせのために，気軽にガヤガヤ語りましょう。
国府地域	9月28日(水)午後7時30分~	国府公民館	地域の見守りと助け合いはできていますか？~住んでよかったと思える地域をつくるためにあなたの思いを語りましょう~
上宝地域	10月6日(木)午後7時~	上宝保健センター	誰もが幸せに暮らせる地域。あなたの「おもい」を話しましょう

出典：高山市役所資料を一部修正。

写真 3-13　高根地域での地域懇談会

（高根公民館にて・高山市社協高根支部提供）

6 合併の効果

　アンケート調査を実施した時点では合併してまだ3か月しか経過していないこともあり，地域福祉に対する合併の効果は「どちらともいえない」という評価であった。今後の地域福祉の展開への影響としては，「その他（プラスにしていきたい）」と回答されており，新たな施策（しくみ・しかけ）についての自由記述では，「地域福祉計画の策定について住民主導で取り組んでおり，広大な市域をつなぐ新たな仕組みづくりを現在，検討中である」と記されている。

　したがって，地域福祉に対する合併の効果に関しては，今後も引き続き地域福祉計画の策定過程や内容を見守りながら評価する必要がある。また，公募市民による「ワーキンググループ」が地域福祉計画策定後にどのような役割を担っていくのかにも注目したい。

　広域合併された新高山市の施策づくりが進むなか，旧町村の地域性や独自性をいかに取り入れていくかが大きな課題となっているが，他方で進められている効率化，合理化による経費の削減が旧町村地域の切り捨てにつながることなく，新市の全住民にとっての地域福祉の向上になることを望みたい。

7 当面の課題

　高山市，高根町，荘川町の事例調査を通し，全体の印象としては旧高山市と旧町村との間に温度差が感じられた。旧高山市としては旧町村のどんぶり勘定的な運営により多大な借金を被り，効率化，合理化による行財政を進めていかなければ自治体として成り立っていかないという危機意識のもと，高山市主導の姿勢をとっている。一方，旧町村としてはとくに大野郡の7町村は以前から交流があり，結束があるため，地域性を無視した高山市による押しつけの姿勢には反発を感じながら，仕方がないというあきらめの感情をもっている。

　このようななか，支所職員は合併が住民にとって今までの役場任せの依存体質から，自発的に参加・選択していくよう，意識改革のよいきっかけになってほしいと期待されている。

　地域福祉上の課題としては，第一に，旧高山市が行ってきた政策に旧町村が準じていく方式のため，村独自の事業の廃止・統合・変更により，地域性が軽視される傾向にあることである。

具体的な例を高根町でみると，以前は老人保健事業としての「リハビリ教室」が2地区で毎週，他の2地区で隔週実施されていたが，合併後，介護予防事業としての「リハビリ教室」に変更となり，隔週で実施されていた2地区で廃止され，さらに半年間の期間限定で同じ対象者は不可となり，車椅子の参加もできなくなり，送迎も有料となった。また，野外活動も実施されていた月1回の「遊びの教室」は室内活動のみで，2か月に1回の「子育て学習会」に変更となった。さらに高根村健康づくり推進協議会が廃止され，それに伴い，2年に1度実施していた「昔を語る会・伝統料理作り体験」などが廃止された。

第二に，合併により支所（旧町役場）の職員数が減り，住民に対する福祉サービスが十分に実施できない現状にあることである。9町村中，7町村が過疎の指定を受け（前出・図表3-33），人口数に応じた職員数の規定では多くの旧町村で職員数が減少する。

たとえば，荘川町も高根町も合併前は保健師がそれぞれ2人いたが，現在は1人ずつである。にもかかわらず，合併後は本庁に提出する書類が増え，事務作業に追われることになり，本来の保健師の仕事ができない状態にある。高根町の保健師の話によれば，生活習慣病の予防や介護予防には家庭訪問による食事などの指導が有効であるが，現状では広大な高根町を回る時間はまったく持てない。今後，さらに人員の削減が進んだり，支所の統廃合がなされたりすれば対面的なサービスが減り，スケールデメリットによる地域福祉の衰退が生じることになる。

第三に，高山市（高山市社協）の認可が必要となったり，条例に従うことが優先されるため，支所（社協支部）の権限が小さくなり，物事の決定に時間がかかったり，弾力的な対応ができなくなったりしたことである。とくに冬場の除雪の要望に対し，以前は補正予算をすぐにつけるなどして町村で柔軟に対応していたが，市の条例に従い，10～15センチの積雪が基準となり，生活道路が優先となったことで，荘川町では合併直後の2～3月は例年にないほど雪による事故が多発し，住民からの除雪要請にも市からの指示を待つしかなかった。また，高根町や荘川町では幼稚園がないため，保育園が同年代の子どもと遊ばせるという幼稚園の機能も備えていたが，市の条例により，延長や時間外保育などは充実したものの，母親が働いていないと費用が高くなるなど，今までの利用者にとっては利用しづらくなった面もある。遠足や急な外出などにも使用していたスクールバスも送迎

のみにしか使えなくなり，他のバスをあらかじめ手配しなければならなくなった。

　荘川町では以前，デイサービス中に理容師にきてもらったり，職員が付き添って同じ建物内の病院に通院したり，買い物に行ったりして，行政の範囲でできる限り利用者のニーズに応えていたが，合併後はこれらがデイサービスの目的から外れるので禁止され，利用者やその家族からは不便になったという声があがっている。

　第四に，市の主催のものが増えたため，町民が市まで出向かなければならないという手間が増えたことである。たとえば，乳児検診や子育て学級は以前，近くの村・町役場で開催されたが，今では高山市まで行かなければならず，1時間以上かかる人もいる。もっとも，市に出向くことで情報や知り合いが増えるという利点もある。

　第五に，光熱費や各種使用料は基本的には旧高山市に合わせるため，旧町村の住民の多くは金銭的負担が増える傾向にあることである。荘川町では水道や下水道料金は大幅に値上がりし，市民税や保育料なども値上がりした。また，村意識の薄れにより，過疎化の進行が懸念されている。以前は村に住んでほしいという村長の意向もあり，村民としての意識も強かったが，合併後は村（町）民意識が弱まっているように感じると述べる住民が多かった。

　このような聞き取り調査の結果，現時点では地域性にもとづいた"住民寄りの福祉"から，一律のサービスや合理化にもとづいた"行政寄りの福祉"が展開される傾向にあり，旧町村の住民の間には不満や不安が生じている。このことは，旧町村住民にとっての広域合併によるスケールデメリットの表れでもある。

注
(1) 9町村の社協の地域福祉活動計画については実質的には存在していない。丹生川村では10年以上前に策定したが，現状に合わないので処分した。清美村では作成したが，担当者が変わったせいか，紛失したという。宮村では計画段階で合併したため，断念した。高根村では計画しようとしたが，地域福祉計画がなかったので断念した。
(2) 地域振興特別予算は，2003（平成15）年度の交付税算定約21億円の半額10億5000万円（この額は毎年算定される）について，均等割20％，人口割40％，基準財政需要額割40％で試算したもので，高山市4億9200万（算定上のみで配分なし），丹生川村7800万円，清見村6000万円，荘川町4400万円，宮村4900万円，久々野町6800万円，朝日村5400万円，国府町9300万円，上宝村7400万円となる。

7　兵庫県篠山市

要点
> 兵庫県篠山市は，1998（平成10）年12月の合併特例法の改正により，全国の合併の促進の動きに先駆けて，1999（平成11）年4月1日に多紀郡4町が合併した新市である。合併後，全国各自治体から合併に関する視察が相次ぎ，「平成の合併モデル」として注目を集めた。旧4町時代から，老人保健福祉計画を基礎に，行政主導でデイサービスセンターや在宅（老人）介護支援センターなどの福祉に関する基盤整備が進められており，早くから高齢者への福祉施策を積極的に行ってきた。

1　調査の概要

◆本地域ヒアリング調査の根拠

　合併後6年以上経過し，合併後の効果や影響など評価が現れてきており，合併前後の比較が可能である事例として取り上げている。また，人口が5万人未満ながら，その行政面積は377.61平方キロと広く，兵庫県域の約4.5％の地域を占めている。その新市が広い地域に対し，どのように福祉サービスを提供し，かつ効率的な運営が行われているかを検証する。

◆ヒアリング調査の時期　　2005（平成17）年8月

◆調査対象　　事前のアンケート調査に回答をしてもらった同市福祉総務課の担当者に対し，アンケート項目を中心に，その周辺の現況のヒアリング調査を行った。また，新市合併に関する行政資料も多くあり，その関連資料についてのヒアリングも平行して行った。

2　地域の特性

◆新市の概要　　新市は兵庫県の中東部に位置し，東西約30キロ，南北2キロの長方形状で，総面積は377.61平方キロと県下で3番目に広く，北は兵庫県丹波市と京都府福知山市，西は西脇市，加東市，南は三田市と川辺郡にそれぞれ隣接している（地図3-13）。

　自然環境は，篠山北方の多紀連山山脈のほか，四方を山並みが連なり，全体の

地図3-13　1999年3月までの4町

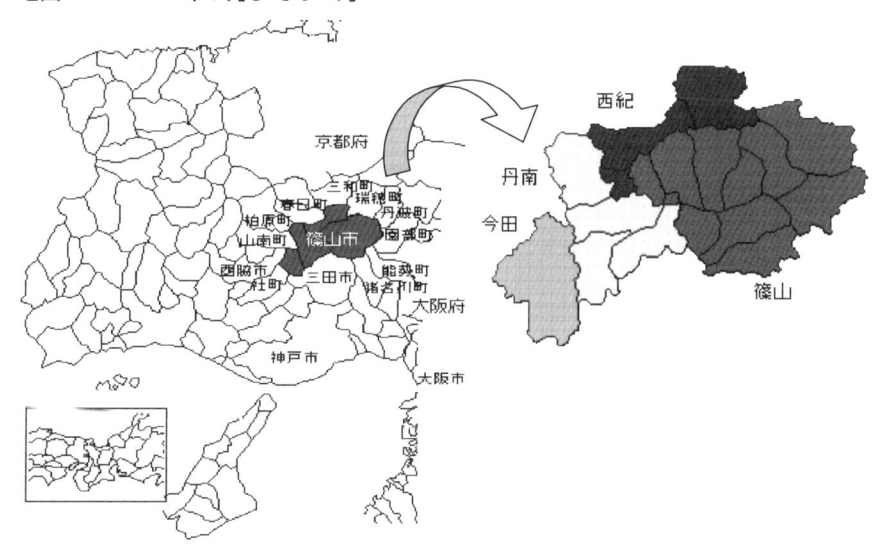

7割を山間部が占める篠山盆地を形成している。その中央部を占める市街地，および集落には加古川水系の篠山川が西流し，別に北へ由良川，南へ武庫川がそれぞれ流れている。

公共交通機関としては，JR福知山線の篠山口駅をはじめ，舞鶴自動車道・丹南篠山口インターのほか，国道173号線，176号線，372号線などが走り，近年は大阪市や神戸市の都市圏から40～50キロのベッドタウンとして発展している。また，豊かな自然の恩恵を受け，代表的な黒大豆をはじめ，マツタケ，ヤマイモ，丹波グリ，茶など個性的な農産物の産地である。旧篠山城址やその町並みを中心とした古くからの城下町で，丹波立杭焼に代表される伝統工芸など多くの観光資源を有しており，観光振興の盛んな地域である。

人口は2004（平成16）年9月末現在，総人口4万7367人を数え，65歳以上の高齢者は1万1965人と多く，高齢化率は25.2％と県下の22市のなかでは最も高い。

財政規模は，2004（平成16）年度予算の総額（一般会計，特別会計，公営企業会計）は445億1952万円（15年度に比べて99億5907万円，-18.3％）となっており，うち一般会計の予算規模は15年度に比べて41億1600万円，マイナス15.4％の225億7100万円である。これを目的別構成比でみると公債費が18.9％と最も多く，次いで民生

費の18.6％，教育費の14.3％などの順に高くなっている(1)。

財政力指数は，合併時の0.503から年々低下の傾向を示しており，2004（平成16）年では0.472となっている(2)（図表3-41）。

図表3-41　財政力指数の推移

年度	1999	2000	2001	2002	2003	2004
指数	0.503	0.507	0.498	0.489	0.463	0.472

3 合併の経緯

◆合併への道のり

多紀郡は，古くから篠山藩の城下として政治および経済面で強いつながりがあった地域である。明治以降，郡内の町村の変遷は，明治22年の市制町村制の施行に伴い，1町17か村が誕生した。1955（昭和30）年の町村合併促進法により，篠山町，城東町，多紀町，西紀町，丹南町，今田町の6町となる。その後，5回の合併協議を行ったが，庁舎の位置や財産，町名問題などで不調に終わる。その経緯のなかで，1975（昭和50）年に篠山町，城東町，多紀町が合併して篠山町となり，その後，多紀郡は4町で推移する。

1988（昭和63）年ごろから交通網の整備に伴って阪神圏のベッドタウン化が進んで人口が増加に転じ，水資源開発やゴミ処理施設の改築，斎場建設，国立篠山病院移譲問題，JR福知山線の複線化負担と篠山口駅前開発広域的な課題が山積するとともに，各町の財政的な問題が持ち上がってきたため，1992（平成4）年に郡議会議員による広域課題の研究会で合併を検討した。その結果，合併が必要との結論に達した。

その後，本格的な合併および市制移行を具体的に進めるため，1996（平成8）年3月に4町の町長，議長，副議長で構成する任意の合併研究会を設置した。このなかで合併形式を各町の対等合併とし，合併後の町名を「篠山」を入れた名称とすることなどを確認し，1999（平成11）年4月1日を合併の期日とした。これらの動きを受け，1997（平成9）年4月1日に法定の合併協議会を設置し，「住民サービスは高く，負担は低く」を基本として合併に向け，協議，調整を進めた。1998（平成10）年12月に合併特例法の一部改正が議員立法によって施行され，合併の場合，人口4万人で市制施行ができることからその適用を受け，合併期日どおり，1999

(平成11)年4月1日に「篠山市」が誕生した。[3]

4 合併前の地域福祉

◆旧4町の福祉施策

① 高齢者関係

県内でも早くから高齢化が進んでいたことから、1993（平成5）年度に旧4町で策定した老人保健福祉計画を受け、高齢者に関する施設などの整備は、早くから積極的に取り組まれている。とくに特別養護老人ホームをはじめ、デイサービスなどは早くから面的な整備が進んでおり、充実したサービスの提供が行われている。(図表3-42)

図表3-42　主な高齢者施設等の整備状況

施設種類	篠山	西紀	丹南	今田	合計
特別養護老人ホーム	1	1	1		3
養護老人ホーム		1			1
ケアハウス			1		1
老人保健施設	1		1		2
デイサービスセンター	1			1	
在宅介護支援センター	2	1	1	1	5
老人福祉センター		1		1	2

介護保険事業計画の1期目の策定は、合併を前提に各町で整合性をとりながら統一した実態調査を行い、合併した1999（平成11）年度に必要量やサービス提供量の推計や保険料の算定などを新市で策定している。

② 障害者関係

障害者計画においても、国の策定指針を受け、1997（平成9）年度には旧4町で「障害福祉プラン」を策定し、ノーマライゼーションの理念とリハビリテーションにより、障害者福祉に取り組んできている。

障害者施設に関しては、最も人口規模の大きい旧篠山町内の社会福祉法人が1つあり、1985（昭和60）年から知的障害者更生施設を運営している。その他の作業所などは「篠山市手をつなぐ育成会」をはじめ、当事者団体が設立し、運営をしている。多くは旧篠山町内にあり、その他の周辺町にはほとんど整備はされていない（図表3-43）。旧4町で約250人を数える知的障害者の利用を受け入れるよう、

基盤整備が急がれており，ニーズの多い障害者デイサービスやグループホームの整備は合併後の課題とされていた。

図表3-43　障害者施設等の整備状況

施設種類	篠山	西紀	丹南	今田	合計
知的障害者更正施設	1	1	1（県）		2
知的障害者生活訓練ホーム	1				1
知的障害者生活ホーム			1		1
心身障害者小規模作業所	3				3
心身障害者共同作業所	1		1		2
精神障害者小規模作業所	1				1

③　児童関係

　児童関係施設に関しても旧4町にそれぞれ整備されており，保育所は公立が9園，民間が2園の11か所ある（図表3-44）。定員の総合計は690人であるが，平均入所率は旧丹南町，篠山町が60％台，今田町，西紀町が80％前後で推移している。また，就労形態や就労時間などの多様化に対応した，延長保育やゼロ歳児保育の充実を図っている。近年の少子化の傾向から保育所もそれぞれの地域で定員割れが生じ，定員枠に余裕があることから，隣接園の分園化などにより，その縮小化の検討が進められていた。

図表3-44　保育所等の整備状況

施設種類	篠山	西紀	丹南	今田	合計
保育所（うち民間）	5(2)	1	4	1	11(2)
児童館			1		

5　合併後の地域福祉

◆新市建設計画にみる保健福祉施策

　高齢化率は25％以上[(4)]と，全国平均以上の高齢化が進んでいる篠山市にあっては高齢化の進展はもとより，核家族化や少子化，男女共同参画など社会の変化に伴う多様なニーズに対し，市制の施行によって設置する福祉事務所において福祉行政の一元化や統合化を図り，住民福祉の向上に努めるとしている。

また，高齢者・障害者をはじめ，それぞれの状況に応じたケアや支援が可能となるよう，保健・医療・福祉が連携した，思いやりある生活環境の整備に努めるとしている。

◆保健福祉施策の方針

① 保健医療の充実

　「人生80年時代」にふさわしい，健康で安心できる生活を実現するため，医療サービスの確保に努めるとともに，兵庫医科大学付属篠山病院や地域の医療機関の広域的な連携をもとに，医療機関相互をはじめ，福祉機能との有機的なネットワークを図り，早期発見・早期治療体制を確立するとしている。そのなかで予防体制や各種検診などの充実を図りながら，治療からリハビリテーションまで一貫した地域保健医療体制の充実を図るとしている。(5)

② 地域福祉の充実

　市制施行に伴い，県から移譲される生活保護や知的障害者への援護などを新たに実施し，旧4町で行ってきた各福祉施策との融合を図り，総合的，かつ一体的な福祉サービスの展開を図るとしている。また，関係機関相互の連携を強化し，高齢者や障害者などの支援を必要とする人の早期発見から介護・生活支援に至るまで，保健・医療・福祉の連携による良質で効果的なサービスを迅速，かつ一体的に提供できる体制の整備を図るとしている。

　さらに，高齢者や障害者をはじめ，すべての住民が安心して快適に生活できるよう，「福祉のまちづくり」を推進し，公共施設をはじめ，道路や公園などの段差の解消やスロープの設置などを図るとしている。併せて，その福祉を支える人材の育成を図るべく，ボランティアの育成・支援，イベントなどの開催により，福祉意識の高揚や醸成を進めていくとしている。(6)

③ 個別対応の福祉の充実

　高齢者が生きがいを持ち，住み慣れた地域で自立して生活できる，活力ある長寿社会の実現をめざし，健康づくりにおける保健サービスや在宅・施設における介護サービス基盤の充実，日常生活を支える生きがいづくりなど，地域ぐるみで高齢者福祉体制の確立を図るとしている。

　また，障害のある人たちや高齢者が積極的に社会参加し，生きがいのある生活を享受できるよう，障害者プラン（障害者評価）などにもとづき，各種の機能訓練や支援機能を持つ総合的施設の整備を図るとともに，障害者との社会参加を促進

するための施策や制度の拡充に努めるとしている。

◆新市の福祉関係施設およびサービス提供事業者等

① 高齢者関係

合併後、旧今田町に特別養護老人ホームが新設され、これで各旧町に面的な施設整備が完了した。在宅（老人）介護支援センターも基幹型の設置の必要から1か所、篠山市庁舎に設置された。その他、介護保険制度の施行後は民間法人による居宅介護支援、訪問介護、訪問看護などの各事業者も増えている。デイサービスセンターも民間事業者の開設が増え、今日では計12か所が事業を行っている。(7) 今後は認知症高齢者の増加が見込まれることから、グループホームの整備が求められている（図表3-45）。

図表3-45　主な高齢者施設等の整備状況

施設種類	篠山	西紀	丹南	今田	合計
特別養護老人ホーム	1	1	1	1	4（定員246人）
老人保健施設	1		1		2（定員200人）
介護療養型医療施設	2		1		2（定員14人）
ケアハウス			1		1
居宅介護支援	7	4	8	1	20
訪問介護	2	1	4	1	8
訪問看護	1	1	4		6
デイサービスセンター	4	3	3	2	12
短期入所	2	1	3	1	7
在宅（老人）介護支援センター	3	1	1	1	6
老人福祉センター		1		1	2

② 障害者関係

障害者関係では、1999（平成11）年4月の合併以降、2000（平成12）年6月の「社会福祉の増進のための社会福祉事業法等の一部を改正する等の法律（社会福祉法）」の成立を受け、2003（平成15）年度からの支援費制度への移行へ対応するため、2003（平成15）年3月に新市としての「障害者福祉プラン」を策定している。課題であった知的障害者授産所、知的障害者デイサービスセンター、知的障害者グループホーム、および精神障害者地域生活支援センターなどを兼ね備えた障害者総合支援センターを整備し、障害者施策の充実を着実に図っている（図表3-46）。

図表3-46　障害者施設の整備状況

施設種類	篠山	西紀	丹南	今田	合計
知的障害者更正施設	1	1	1（県）		2
知的障害者生活訓練ホーム	1				1

③　児童関係

　児童関係施設に関しても，全国的な傾向と同様に少子化の流れを受け，合併後のここ数年間の出生数は年平均350人前後で推移している状況である。保育所は公立が9園（うち分園が3園），民間が2園の11か所あり，定員の総合計は780人である（図表3-47）。2004年（平成16）年度の実績では，公立保育園の入所者数は345人で入所率60％，民間保育園の入所者数は190人で入所率90％となっている。旧4町で整備されていた保育所もそれぞれの地域で入所枠に余裕が生じ，分園化などで定員の低減を図っているが，平均入所率は70％程となっている。このほか，利用ニーズの多様化に対応するため，すべての保育所で乳児保育，障害児保育などの特別保育事業を実施している。

図表3-47　保育所等の整備状況

施設種類	篠山	西紀	丹南	今田	合計
保育所（うち分園）	5(1)	1	4(2)	1	11(3)
児童館			1		1

④　地域福祉への取り組み

　1951（昭和26）年に制定された社会福祉事業法は，2000（平成12）年6月に改称・改正されて社会福祉法となった。同法のなかに市町村が地域福祉計画を策定するむねの規定（同法第107条）が盛り込まれた。

　同法の規定にもとづき，2006（平成18）年度を初年度とし，2010（平成22）年を目標年度とする市の地域福祉計画を策定するにあたり，2004（平成16）年度から2005（平成17）年度にかけ，各小学校通学区域でワークショップをそれぞれ開催し，地域における福祉に対するニーズを的確に把握している。そのニーズに対し，行政や社会福祉事業を経営する者，ボランティアなどが福祉サービスをいかに提供し，また，社会福祉への市民参加をいかに促進していくかを考慮し，以下の3つの視

点に留意しながら，2006（平成18）年3月をメドに策定作業を進めているところである。

　　○住民主体（福祉教育の実践と住民主体）
　　○新たな地域ネットワークの構築
　　○福祉文化の創造

　2005（平成17）年度に各小学校通学区域で開催されている住民ワークショップでは，近年の傾向である少子高齢化の進展や，地域連帯感の希薄化などを反映した意見が多くみられる。地域特性によって違いはあるものの，それぞれの地域の課題として高齢者の見守りや元気な子供たちづくり，世間間や地域交流による地域文化の継承など，高齢者と児童に関する課題が多くの地区であげられている。これらの諸課題に対し，地区別の行動計画が検討されており，それぞれの目標に対し，住民を中心とした具体的な行動実践方法が掲げられている。

6　合併の効果

◆合併後の行政体制

　合併後4年を経過した2003（平成15）年8月，兵庫県市町振興課が県内の先進事例として，市民・議員および市職員に対してアンケート調査，および2004（平成16年）2月にはヒアリング調査をそれぞれ行っている。その結果から合併の効果やその影響を概観してみる。

　①行政体制の変化では，合併直後に20あまりに減少した課の数はその後の大規模な機構改革により，まちづくり推進課や行政改革担当の課や旧町の支所化に伴う住民課・地域振興課の設置などにより，34課に増えている。

　②職員数では，合併後4年間で定年退職者に代わる新規職員の採用の抑制などにより，合併前に全体で739人であった職員数は2002（平成14）年度では658人と，約10％減少している。とくに一般行政職は468人から398人と約15％も減少している。

　その一方で，係長以上の管理職員数は合併前の273人から2002（平成14）年度では249人と，約8.8％の減少である。また，合併時に部長制を導入したことから係長級職が減少し，部長級職や部次長級職などが増える傾向が続いている。

◆合併後の財政状況

　合併後の歳入・歳出の特徴を兵庫県内の同じ規模の団体などの加重平均値で比較してみると，2002（平成14）年度決算の歳

入では地方税収入が全収入に対する割合が29.6％（同規模団体は46.2％）と低く、地方交付税の割合が46.2％（同規模団体は36.1％）と高い。その原因として、地方税では納税義務者数が少ないことや、都市計画税を課税していないことなどが上げられる。また、地方交付税は、合併補正による普通交付税の増加や合併後の格差の是正のための特別交付税措置により、多額となったものとしている。[9]

一方、歳出では人口1000人当たりの一般職員数が同規模団体の8.0人に対し、11.4人と表れているように職員数がまだ多く、合併による職員の減少の効果はまだ現れていない。その原因として、合併において多紀郡広域行政組合の職員を全部引き継いで採用したこととされている。

歳出に占める公債費や投資的経費の割合がそれぞれ21.2％、13.0％と高くなっているが、これは合併特例債を活用し、投資事業を実施したことによるものである。その主な投資事業は広域道路ネットワーク整備（総事業費35億円）、斎場建設費（総事業費21億円）、中央図書館整備（総事業費19億円）、市民センター整備（総事業費25億円）、県水導入事業（約40億円）、中学校移転改築（総事業費40億円）、チルドレンミュージアム（総事業費18億円）などの大型事業である。これらの結果として、篠山市の合併時の投資事業費は人口1人当たり約199万円、人口1人当たりの地方債残高は約54万円である。その後、合併を行った西東京市はそれぞれ約40万円、18万円、さぬき市は98万円、45万円などと比べてもかなり多額となっている。

2002（平成14）年度では起債制限比率は12.9％と県内市平均よりも低いものの、1人当たりの地方債残高は約110万円と多く、県内市平均の約72万円をかなり上回っており、将来の財政硬直化の要因となるのではないか、と懸念されている[10]（図表3-48）。

◆合併後の保険料などの負担

① 保育料

保育料に関しては、合併直後では国の保育所徴収基準額表の前年度分を使用する方式を採用していたが、2002（平成14）年度からは税額階層別区分を国の基準の7階層分類による保育料徴収から市独自の13階層分類に変更した。これによって低所得世帯への負担が軽減され、最大限で7,500円の負担軽減が図られた。[11]

② 国民健康保険税

国民健康保険税に関しては旧4町中で2番目に負担額の低かった町の水準に調

図表3-48　合併特例債活用施設等　　　　　　　　　　　　　　　　　　　　（単位：億円）

事業名	年度	総事業費	起債額
①地域内の一体化を図るインフラ等の施設			
篠山市駅周辺整備（旧丹南）	1999～2008	9	6
広域道路ネットワーク整備（全域）	1999～2008	35	19
防災行政無産整備（未定）	2004～2008	12	11
②新しいまちづくりを推進する施設			
斎場・火葬場建設（旧西紀）	1999～2001	21	19
中央図書館整備（旧丹南）	2000～2002	19	17
市民センター整備（旧篠山）	2000～2002	25	13
県水導入事業（旧篠山，丹南，今田）	2000～2004	40	38
③地域の均衡ある発展をめざす施設			
チルドレンミュージアム建設（旧篠山）	1999～2001	18	17
こんだ薬師温泉整備（旧今田）	2001～2003	9	8
篠山中学校移転改築（旧篠山）	2001～2003	40	26
保育所・幼稚園統合整備（未定）	2004～2009	18	12
④その他の事業			
リサイクルプラザ整備（旧丹南）	2009～2001	24	17
ごみ焼却施設整備（旧丹南）	1998～2002	52	45
西紀運動公園整備（旧西紀）	2000～2003	14	12
コミュニティプラント整備（旧丹南）	1999～2002	28	17

整され，1999（平成11）年度の1人当たりの平均負担額は68,000円となった。

③　介護保険料

介護保険料に関しては，第1期目の算定時にすでに合併していたため，初年度より統一の保険料として基準月額2,665円を設定した。その後の2期目の保険料は，2,958円と改定している。その一方で給付費の適正化事業に取り組み，その負担の軽減に努めている。

◆合併後の行政サービスの変化

①　公共施設の状況

合併後から現在（2004（平成16）年3月時点）まで，幼稚園が16園，小学校が19校，中学校5校の統廃合は行われておらず，学校数などに変化はない。

園児数は，合併前の23クラス459人から2004（平成16）年度の22クラス409人と全

体の減少傾向が続いている。幼稚園ではすべての市立幼稚園で2003（平成15）年度から2006（平成18）年度にかけ，順次2年制保育を導入しているため，4歳児の園児数は年々増え，2004（平成16）年度では159人となっている。

小学校の児童数は合併時の3235人から毎年100人近い減少が続いており，2002（平成14）年度には3000人を割り込み，2957人となっている。同様に，中学校の生徒数も合併時の1828人から2002（平成14）年度には1705人と減少が続いている。

② 児童クラブ（学童保育）

児童クラブ（学童保育）は合併当初は1か所であったが，現在では市内3か所で実施しており，定員も110人となっている。また，2002（平成14）年度からは土曜日も開設していることから全体の利用も増えており，2004（平成16）年度では利用者数は92人となっている。そのなかで高学年の利用も25％ほどを占めている。

③ 集会施設（コミュニティセンター）

地域福祉活動の拠点となるコミュニティセンターは合併以前の220か所から2002（平成14）年度では235か所に増加しており，総合計画での整備目標である261か所のコミュニティセンターの整備が図られている。

合併後4年を経た2003（平成15）年度時点での市職員などへのアンケート調査結果をみると，以下のようになる。

①組織運営などに関する意識としては，6割以上の職員が「重複部門の統合や業務効率が進んでいる」と認識している。職員規模でも役職者数の割に担当者が比較的少ないものの，約半数近くが「適正な規模になってきた」としている。

また，今後，新たな人員増を図るとすれば「保健・医療・福祉」部門をあげる職員は6割以上を占め，最も多くなっている。さらに，職務に関する充実感では，「合併前と変わらない」と回答したものが3割以上を占め最も多くなっているが，若い職員には新しいまちをつくっていこうという意欲がみえる。[12]

②行政サービスに関する意識をみると，「住民票，印鑑証明などの手続きや窓口対応」，「税金や年金など手続きや窓口対応」，「ごみ収集，処理のサービス」，「保健・医療・福祉に関する手続き」などの分野では，「合併前と変わらない」という意見が4割から5割で最も多く占めている。[13]

③新市になり，福祉事務所を設置したうえでの窓口対応や在宅，施設などの各福祉サービスに関してみると「わからない」という意見が5〜6割を占め，最も

多い。次いで「合併前と変わらない」という意見が２割前後を占めている。市職員のなかには，長寿祝金などのサービス水準は旧４町の高い町に合わせるなど，合併後，一番充実したのは福祉分野という意見もみられた。

　④合併に関しての市民の現状認識は総合的に判断して合併を「どちらともいえない」という意見が４割強で最も多く，次いで「よかったと思う」という意見は４割弱となっている。職員の現状認識では，合併を「どちらともいえない」という意見が５割弱で最も多く，次いで「よかったと思う」という意見は３割程度となっている。[14]このほか，市民へのヒアリングでも，「５年ではまだ判断できない」という意見が聞かれた。また，合併視察資料によれば，その合併効果を以下のように総括している。

＜合併効果＞
・広域課題が解決した
・行政サービスが向上した
（サービスは高い町に，負担は安い町に調整している）
・行財政基盤の充実が図られた
・市政による住民の意識改革が進んだ
・図書館，市民センター，中学校の新設などの基盤整備ができた

＜福祉面での効果＞
・知的障害者通所授産施設，知的障害者デイサービス，知的障害者グループホーム，精神障害者地域生活支援センターを各１か所整備した
・福祉事務所の設置により，利便性が向上した
・サービスがムラなく，均一に提供されるようになった
・旧町ごとの施設などの利用が市全域で利用できるようになった
・保健福祉職員の充実が図れた（管理部門などの余剰職員の配置転換が可能）
・専門的な職員の育成が可能になった

　このように福祉分野に限っても，総じて合併効果があったとしている。もっとも，合併前から旧４町とも，高齢・障害・児童などの福祉計画の策定をはじめ，高齢者施策などを中心に施設整備，在宅サービスの充実などに積極的に取り組んできている。合併前の福祉水準が比較的高いことから，市民意識としては合併後も「とくに変わらない」という意見が多くみられるが，合併を契機に何かが格段

に充実し，整備されたという実感がないのではないか，と推察される。

7 当面の課題

2003（平成15）年度の当初予算案の概要をみると，合併後の大型事業がほぼ完成したことに伴い，合併特例債を含む起債の償還が本格化したため，公債費の比率が年々増加している[(15)]（図表3-49）。2004（平成16）年8月の第2次行政改革大綱では，経常収支比率96.3％，公債比率21.0％と，さらに財政の硬直化が進んでいると懸念を示している[(16)]。

図表3-49　経常収支比率および公債比率の推移

年　　度	1999	2000	2001	2002	2003
経常収支比率（%）	77.5	81.1	80.6	85.3	88.6
公債比率（%）	16.3	17.2	18.1	18.7	20.8

＊2002年度は決算見込み，2003年度は当初予算

このようにますます財政が厳しくなるなか，ハードからソフト事業への転換をめざし，2005（平成17）年度の市制施行方針では，少子高齢化に対応し，かつ安心して子育てができる環境整備や高齢者福祉対策，施設の統廃合などによる教育環境の整備充実など，多くの課題に直面している。これらの課題の解決に向け，行政改革を進めながら「スリムな自治体づくり」と，市民の「参画と協働のまちづくり」を進めるため，これまでのように「あれもこれも」という網羅的な施策や，事業を実施するという行政運営は困難になり，事務事業の評価を継続して行い，事業の方向性を判断していくとしている。

このような厳しい環境下で，保健，福祉のサービス水準を保ちながら，地域住民のQOLをどのように向上していくのか，全国に先駆けた「平成の合併モデル」として真価が問われる時期を迎えている。

注

(1)　篠山市2004年度の予算（篠山市ホームページ）

(2)　篠山市の財政力指数の推移（篠山市ホームページ）を参考に著者が作成

(3)　篠山市合併視察資料（篠山市保健福祉部福祉総務課）2～4頁

(4)　2003年9月現在，総人口4万7633人，うち65歳以上人口は1万2116人で高齢化率25.4％となっている。（市統計）

(5) 新市建設計画（1999年3月，篠山町・西紀町・丹南町・今田町合併協議会），185～186頁
(6) 前掲の新市建設計画，185～186頁
(7) 篠山市介護保険ガイドブックほか，ホームページの健康と福祉施設等を参考に，著者が作成
(8) 篠山市ホームページにて，地域福祉計画策定のため，各小学校区にて開催し，それぞれの地域課題に対して，自助・互助・公助のそれぞれの役割や活動を詳しく掲載している。
(9) 篠山市における合併の効果・影響に関する調査研究（2004年，兵庫県市町振興課），6頁。
(10) 前掲の調査研究，9頁。
(11) 前掲の調査研究，14頁。
(12) 前掲の調査研究，24～26頁
(13) 前掲の調査研究，33～34頁
(14) 前掲の調査研究，35頁
(15) 篠山市2003年度予算案の概要，主な財政指標7頁
(16) 篠山市第2次行政改革大綱策定の考え方（2004年11月）5頁

❽ 愛媛県四国中央市

| 要 点 | 愛媛県四国中央市は2004（平成16）年4月1日，愛媛県宇摩地域の2市1町1村の4自治体が合併した新市である。四国で唯一，4県が接する自治体となり，4県の県庁所在地までいずれも約1時間で結ばれる好立地にある。旧川之江市や旧伊予三島市の市部は紙，紙加工などを中心とした一大工業地帯，旧土居町や旧新宮村の農村部は水産・農業・林業の一次産業を中心とし，異なった産業で新市を構成している特性がある。また，その広範な行政圏域において，超高齢化が進んでいる農村山間部と全国並みの高齢化が進んでいる市部とのなかで，今後の地域福祉の課題に対してどのように対応し，展開していくのか，そのあり方を紹介する。 |

1 調査の概要

◆本地域ヒアリング調査の根拠

結論から先にいうと，合併後1年とその合併後の効果や影響など評価を下すにはまだまだ実績が現れていないが，合併前後の福祉施策の変化，市民の参加意識など，今後の地域福祉の展開のあり方の事例として取り上げている。また，人口は10万人未満でありながらその面積は419.86平方キロと広く，愛媛県内で2番目の大きさである。

新市の製造品出荷額は2001（平成13）年度では約5830億円であり，松山市の4870億円を超え，四国一位の製造品出荷額を誇る工業都市である。合併により，その工業都市の生活形態と一次産業で成り立つ旧町村部の生活形態という大きき異なる地域での福祉ニーズや福祉意識から，どのように福祉サービスが提供され，かつ効率的な運営が行われているかを検証する。

◆ヒアリング調査の時期　2005（平成17）年8月

◆調査対象　事前にアンケート調査に回答をしてもらった市福祉部社会福祉課の担当者に対し，アンケート項目を中心に，その周辺の現況のヒアリング調査を行った。また，新市合併に関する行政資料やその関連資料をもとに，ヒアリングの補足を行った。

地図3-14 四国中央市

出典：四国中央市ホームページ。

2 地域の特性

◆新市の概要　　新市は愛媛県の東端部に位置し，東は香川県，北は瀬戸内海，南東では徳島県，南では四国山脈を境に高知県に接している。その面積は419.86平方キロと県下でも2番目に広い。

　高松自動車道，徳島自動車道，高知自動車道など四国縦貫・横断道の結節点として，川之江および川之江東の2つのジャンクションと三島川之江，土居，新宮の3つのインターがあり，四国各県の県庁所在地までも約1時間と四国の中央，交通の要所となっている。(地図3-14)

　新市は，宇摩地域の旧川之江市（人口3万8126人），旧伊予三島市（3万6832人），旧土居町（1万7560人），旧新宮村（1808人）の2市1町1村で構成されている。[1]

　合併前の総人口は9万4326人である。旧市町村の2000（平成12）年の高齢化率は，旧川之江市20.14％，旧伊予三島市20.14％，旧土居町23.60％，旧新宮42.6％と平均でも21.21％とかなり高く，新宮のように高齢化の進んでいる地域を含んでいる。

　川之江地区と伊予三島地区は200年以上前から地元に群生する「みつまた」を利用した手漉き和紙づくりが盛んで，現在も全国的な製紙産業の一大拠点となっている。

　この製紙工業をはじめ，産業物流などの経済活動の中心として市街地を形成している。土居地区は瀬戸内海に面し，好漁場にも恵まれた水産業と根菜などを中

心にした農業が主産業となっている。

　新宮地区は四国山脈に近い山間部にあり、平地が少なく、農林業が中心であるが、近年は豊かな自然を活用した観光・自然体験型の地域づくりを進めている。これまでも4市町村で「宇摩広域市町村圏組合」を構成し、広域消防、特別養護老人ホーム、ごみ処理施設、介護保険の認定事務などを共同化して行っていた。

　2002（平成14）年度における旧2市1町1の財政規模は、歳入で旧川之江市が129億9100万円、旧伊予三島市が141億1900万円、旧土居町が64億3200万円、旧新宮村が22億600万円となっている。財政力指数も旧川之江市が0.744、旧伊予三島市が0.864、旧土居町が0.463、旧新宮村が0.122となっている。このように財政規模、および財政力指数も大きく異なる財政基盤のしっかりした市部と、財政基盤の弱い町村部との合併である。

３　合併の経緯

◆合併への道のり　　明治の初期、50ほどの村に分かれていた宇摩地域はその後の廃藩置県や行政区画の制定、明治の大合併などにより、村の数は半減した。昭和の大合併を経た1954（昭和29）年には宇摩5市町村が形成された。その後、宇摩1市の構想は古くからあり、1958（昭和33）年には川之江、伊予三島2市の商工会議所から宇摩合併を求める陳情書が両議会に出されている。

　また、1965（昭和40）年には市町村議会議員を中心に、「宇摩市町村合併促進調査研究協議会」が設立されるも自然消滅している。その後、1969（昭和44）年には川之江市・伊予三島市の2市の間で議員を中心とした「合併研究連絡協議会」が設立されたが、実を結ぶまでは至らなかった。それ以降も1986（昭和61）年、当時の伊予三島市長が議会で宇摩合併を提唱するなどの動きもあった。1995（平成7）年には青年会議所を中心とした青年7団体からなる「宇摩合併研究会」が発足するなど、合併への動きが脈々と続いていた。

　今回の合併の経緯は、2000（平成12）9月に宇摩合併をテーマにした宇摩5市町村首長会談を受け、翌10月には合併を前提に助役を含めた事務レベルの「合併検討委員会」を設置した。その後、数回の検討委員会を経て、任意の合併協議会を設置することを確認したが、2001（平成13）2月には別子山村臨時議会が合併先を「新居浜市」と決定したため、別子山村の離脱を認め、4市町村で2001（平成13）年

4月に任意宇摩合併協議会を発会した。

　その後，約1年3か月の間に計9回の合併協議会，計10回の幹事会，計12回の小委員会，地域住民への合併構想へのアンケートの実施，住民とのワークショップなどを行った。2002（平成14）年7月に法定協議会を発会し，計17回の合併協議会，計17回の幹事会，数回に及ぶ各小委員会，約30回に及ぶ住民説明会などを経て，2004（平成16）年4月に新市として合併した。[2]

4　合併前の地域福祉

　合併前に行った住民アンケートやワークショップのなかでも，「福祉を充実して欲しい」，「年配者，子ども，障害児・者へのサービスがひどい」，「知的障害者が利用できる作業所，施設などが少ない」など，福祉に関する不安解消や多様な福祉施設の整備が求められている。[3] 2市1町1村の高齢者はじめ，障害者などの医療施設や福祉施設などの整備はそれぞれ数量的に十分な整備が図られている状況ではない。

　医療施設数は100か所で，うち病院は9か所で，人口10万人当たりの医療施設数は103.0と，近隣の今治市の151.3や新居浜市の123.6と比較しても少ない。

　伊予三島や川之江などの旧市部は第二次産業が中心のため，工場労働などの女性の就労が多く，また，核家族化の進展から高齢者夫婦世帯や高齢者独居世帯なども多く，在宅サービスの充実が求められている。介護保険制度の導入後，高齢者施設の整備や居宅サービス事業者のサービス提供も進みつつある。障害者関係の施設も支援費制度の導入への対応を図るため，知的障害者入所更生施設や共同作業所などの整備を進めているが，近隣市に比べてもまだ少ない。その他の特徴として，生活保護率が2市1町1村で3‰台と県下市部の10‰台と比較しても低く，行政に頼らない自立・自助の住民が相対的に多く，地域の相互扶助が確立されている地域という土地柄とも考えられるとしている。

　合併時における保健福祉分野での協議は，母子保健，老人保健，成人保健，その他の保健事業について現行のサービスの維持と地域間の均衡に配慮し，新市において調整するとしている。

　高齢者福祉および障害者福祉関係は，国および県の制度にもとづく事業については，合併後も従前のとおりとする。市町村の単独事業については現行のサービ

スを基礎とし，新市において統一するよう，調整するとしている。

　児童福祉においても同様で，国および県の制度にもとづいて実施している事業は引き続き推進し，市町村単独については合併後，各地域において均質なサービスが受けられるよう，調整するとしている。とくに保育料については国の徴収基準を参考にしながら現行の保育料を大きく上回らないよう，調整するとしている。

◆旧2市1町1村の福祉関係施設等および居宅介護事業者

① 高齢者関係（2005.11月現在）

　介護保険の導入を契機に，老人福祉関係の施設整備や各サービスの提供事業者は増えつつある(4)（図表3-50）。また，高齢者化に伴う介護保険の利用者の増加のため，第2期の介護保険料も旧川之江市が基準月額3,834円，旧伊予三島市が3680円，旧土居町が3391円，旧新宮村が2807円とサービス供給基盤の少ない新宮村を除き，全国平均よりも10〜20％高くなっている。

② 障害者関係（2005.11月現在）

　障害者施設に関しては，施設数も，種類もほとんど整備が図られていない。住民アンケートでも今後の充実が求められる（図表3-51）。

③ 児童関係（2005.11月現在）

　児童関係施設では保育所の整備は近隣の今治市に比較しても多く，同じ規模の自治体と比較しても同じ程度整備されている状況である（図表3-52）。

図表3-50　主な高齢者施設等の整備状況

施設種類	川之江	伊予三島	土居	新宮	合計
特別養護老人ホーム（写真3-19）	2	2	1	0	5（定員340人）
老人保健施設	1	2	1	0	4（定員317人）
養護老人ホーム	1	1	0	0	2（定員100人）
居宅介護支援	9	14	3	0	26
訪問介護	8	11	1	0	20
デイサービス	6	7	4	1	14
デイケア	2	5	2	1	9
老人福祉センター	0	1	0	0	1

写真3-14　特別養護老人ホームの一つ「萬翠荘」

図表3-51　障害者施設等の整備状況

施設種類	川之江	伊予三島	土居	新宮	合計
知的障害者更正施設 （写真3-20）	1	1	0	0	2（定員100人）
知的障害者デイサービス	0	1	0	0	1
知的障害者グループホーム	0	1	0	0	1
心身障害者共同作業所	1	1	1	0	3

写真3-15　知的障害者更正施設の一つ「太陽の家」

図表3-52　保育所施設等の整備状況

施設種類	川之江	伊予三島	土居	新宮	合計
保育所	7	7	6	0	20
児童センター	1	1	0	0	2

5 合併後の地域福祉

◆新市計画にみる保健福祉施策

新市計画に記載されている主要施策の一つに,「やすらぎ癒しの場をつくる」として,保健・医療・福祉関係の今後の展開として施設整備や各施設の機能の充実をあげている。

① 保健医療の充実

医療機能を強化するため,高度医療や救急医療などの受診体制の整備を図る。また,小児科をはじめ,あらゆる医療科目が受診しやすい体制づくりを進める。具体的な整備としては,国保診療所の医療機器の充実などを進めるとしている。

② 福祉の充実

子育て関係では幼稚園や保育園などの受け入れ態勢の充実を支援し,子育て支援のための一時預かりや学童保育などの多機能保育所などの整備・充実を図るとしている。

○保育所等整備事業
○児童福祉施設等整備事業(乳児院,児童センター(婦人会館併設)等)
○乳幼児保育園建設
○地域子育て支援センター整備事業

特に保育所・乳児園整備,児童センターの整備が急がれているため,合併後の2004(平成16)年度に着手,2008(平成18)年度に竣工の予定として,伊予三島地区の中曽根保育園の立替事業と平行し,子育て支援センターおよび放課後児童クラブの併設を行っている。現在2地区にある児童センターも,未整備地区である土居地区に2009(平成21)年度までに1か所の整備を計画している。

高齢者関係では,住み慣れた地域や家庭でいつまでも健康的な生活を営むため,必要な介護や援助が受けられるよう,高齢者の通所施設や入所施設の充実を図るとしている。

○老人つどいの家建設事業
○養護老人ホーム整備事業
○宅老所整備事業
○高齢者向け優良賃貸住宅整備事業
○特別養護老人ホーム整備事業

○老人デイサービスセンター施設整備事業

　そのなかで，合併直後の2004（平成16）年には川之江西地区で老人集いの家が竣工している。

　障害者関係においても，障害者の自立や社会参加が促進されるよう，ショートステイや授産施設を含めた障害者（児）施設の充実を図るとしている。

○知的障害者児童施設整備事業 ○知的障害者更正施設整備事業 ○障害福祉センター建設事業

③　個別福祉計画の策定状況

　高齢者保健福祉計画および介護保険事業計画は前計画の期間中であるが，合併を契機に新たに策定した。その基本的な方針は旧市町村の現行計画を引き継ぐ形で，これまでの地域課題や高齢者の実態をふまえ，現行の高齢者福祉サービスを継続し，質や量の低下を防いでいる。また，介護保険料の負担も統一したものに見直している。

　障害者計画は1993（平成5）年に改正された「障害者基本法」を受け，旧川之江市が1996（平成8）年度，旧伊予三島市が1997年（平成9）年度，旧土井町と新宮村が1999（平成11）年度に策定している。もっとも，いずれもその後の見直しはなく，今日に至っている。

　児童育成計画はそれぞれ策定せず，合併後に次世代育成行動計画を2005（平成17）年3月に策定している。

　地域福祉計画は現在，社会福祉法の改称・改正に伴い，計画策定が位置づけられたことを受け，また，2005（平成17）年3月に策定した基本構想「〜四国のまんなか　人まんなか〜　手をつなぎ，明日をひらく元気都市」で市の将来像としている，子どもから高齢者まで安心して住める健康・高福祉都市をめざし，策定作業を進めているところである。

　計画策定の基礎資料として，実施した住民アンケート結果をみると，お互いが「助け合える範囲」の回答では隣近所が54.6％，自治会レベルが33.4％と身近な地域に多く，小学校通学区では2.7％まで回答が少なくなる。「地域の活動への参加」の回答では，「よく参加する」が12％，「時々参加する」が44％となっている

が、その内容は、自治会活動や清掃、祭りなどで70％を占め、ボランティア活動は3％と最も少ない。「あまり参加しない」が21％、「参加したことがない」が21％とやや多く、その主な理由は、「仕事や家事で忙しい」が30％で最も多い。

「福祉事業や福祉サービスへの満足度」では、「わからない」が23％、「よく知らない」が41％の両方で64％を占めている。その理由として、「情報が入ってこない」、「サービスを受けていないから」という回答が多くみられ、福祉関係施策は、まだまだこれから取り組みを強化していく必要があると思われる。

6 合併の効果

◆合併後の行政体制

合併により、これまでの16人であった特別職は4人に減り、年間の歳費は約2億4800万円から約6800万円と、約1億8000万円の減額が見込まれている。74人の市町村議員数も30人程度に削減されることにより、約3億7000万円から2億4000万円と約1億3000万円の削減が図れるとしている。その首長ならびに市会議員などの報酬は、旧市町村のなかで比較して高い方の自治体に合わせたようである。

市町職員では、1案として330人いる50歳以上の職員の定年退職と新規採用のバランスを3人退職、2人採用という形でいくと、今後、10年間で330人退職、220人の採用となり、全体で110人の削減が可能になる。このような計算でいくと、今後10年間で約46億6000万円が削減できるとしている。(5)

合併後の職員体制を直近の年度と比較すると数人規模で減っているが、保健医療福祉に従事する職員数は変わっていない。職員の待遇も当面は現給を保障し、すみやかに格差是正を行っていくとしている。

◆合併後の財政状況

2004（平成16）年4月の合併時の16年度予算は、総額で約385億円である。このうち、民生費は約84億7500万円と一般会計の約22％を占めている。これは合併前年度と比較し、総額で約38億円、民生費で10億円ほど増えている。

合併特例債の総事業費は約426億円で、主な用途は土木事業、教育事業、保健福祉事業などとなっている。特例債を使っての主な整備目標としては新庁舎の建設で約100億円、老朽化している旧伊予三島と旧川之江の市民会館の建てかえとして、統一した大型の市民会館が約50億円、コンベンション機能を持つ産業振興関連施

設が約10億円などの整備が考えられている[6]。

新市計画の主な施策のなかで福祉関連事業全体では，約79億9300万円となっている[7]。そのなかで，具体的な整備が図られたものとして保育所の整備があり，その事業費は約3億6500万円，放課後児童クラブが約2284万円の計3億8700万円となっている。

◆合併後の行政サービス

新市の「行政改革大綱」によれば，新市の総合支所・分庁併用方式に移行するとともに組織・機構を見直し，さらに行政システム改革を推進するとしている。

まちづくりコンセプトとして「四国一質感の高いまちづくり」を掲げ，その具現化のため，行政の合理化・効率化，財政の健全化をスクラップ・アンド・ビルドで進めるとしている。

2つの大きな視点として，1つ目に効率的な行財政運営をあげている。既存事業の見直しに努め，規模の縮小や手法，内容の変更など，必要な行政サービスを特定し，選択し，重点化しながら進める。そのためにも事業を見直し，民間化・委託化という方法でアウトソーシング（外注化）を図るとともに，職員の専門性の向上に努め，判断力や実行力を伴う「職員力の強化」を図るとしている。

2つ目として，NPOや企業などを行政運営のパートナーとして，多様な実施主体による公共サービスの提供体制を確立するとしている。市民と行政の責任と役割を認識しながら，ともに考え，進めていく協働のまちづくりを進めるとしている。また，「市民力の強化」をもとに，市民活動の支援を図りながら行政依存体質からの脱却を目ざすとしている。

このように合併後の1年を見る限り，保健福祉分野での大きな取り組みや変化はなく，福祉の水準の向上などは合併前の現状を維持していることからほとんど変わらず，具体的に合併を契機に促進されたものは見当たらない。市当局へのアンケート結果でも，合併による成果は「プラス，マイナスの今はどちらともいえない」という回答である。

もっとも，合併の主な理由として，①今後，厳しい財政状況を迎えるに際しての効果的，安定的な行財政運営を強化する，②少子高齢化の進展や高度化，広域化する住民ニーズに応え，基盤整備を進めるための合併特例債の活用，③地域の経済・産業の活性化を図るためとしている[8]。新市計画において数ある地域課題の

なかで，まだまだ市役所や市民会館などをはじめとする基盤整備が優先されており，保健福祉分野の優先順位は合併の大きな理由にはなっていないと思われる。

　さらに，新市の産業別構成比を愛媛県内で比較すると，第二次産業の占める割合が約57％，第三次産業が約42％となっている[9]。これらの比率は県内市部平均の31％，67％に比べ，格段に二次産業の割合が高い産業都市であることを示している。このことは工場労働を中心とした女性の就労率を高めており，共働き世帯が多くなっている。このような生活背景や市民へのアンケート調査結果から推察できるように，市民がボランティアやNPOなどを通じて福祉活動などに参加する時間が見出せず，市民活動団体を基礎とする地域福祉への機運や盛り上がりなども少なく，全体的な福祉へのかかわりは比較的弱い傾向がある。ちなみに2005（平成17年）11月現在，愛媛県内に約180以上あるNPO法人のうち，市内に5法人あるが，福祉系のNPO法人は配食サービスなどを行っているのは1つだけである。

7 当面の課題

　合併後，首長や議員数などが削減されたり，管理部門の統合による行政コストの軽減が進むなどの財政的な効果以外に，1年で何かが大きく変わったという特筆すべき事業はほとんど見当たらない。

　今後，新市として多岐にわたる取り組みが合併効果を生み出し，市民生活の基礎となる保健・医療・福祉においても，市民の参加による幅広い市民活動の盛り上がりが期待されるところである。

注
(1) 数字は2000（平成12）年国勢調査，新市将来構想（宇摩合併協議会：2002（平成14）年5月）では，2010（平成21）年の目標人口を10万人としているが，2003（平成15）年の総人口は9万6089人と減少傾向が続いている。
(2) 視察研修資料（宇摩合併協議会事務局作成）4～5頁
(3) 前掲の新市将来構想164～223頁にわたり，住民意識調査，各地域でのワークショップの詳細があり，合併前に十分時間をかけている。
(4) ワムネット（WAM-NET）から，四国中央市に事業所を置く事業者を抽出。
(5) 前掲の新市将来構想49～52頁にわたり，今後10年間で46億6000万円と67億8000万円の2ケースの人件費削減案を示している。
(6) 前掲の新市将来構想54～57頁にわたり示されている，今後，整備を進める大型施設等の建設事例。

(7) 新市建設計画（2003年8月，宇摩合併協議会）の17～18頁にある主要事業の概算事業費として計上されているが，合併に際し，旧市町村が持ち寄った総花的な積み上げであり，その具体性においてはかなり精査を必要とされている。
(8) 主な理由は，当研究会が行ったアンケート調査の設問の回答である。前掲の新市将来構想では，合併の必要性として，①住民ニーズの広域化・高度化，②少子・高齢化の進行，③地方分権の推進，④厳しい財政状況などへの対応のためとしている。
(9) 前掲の新市将来構想23頁（出典：1998年，愛媛県統計年鑑）

⑨ 佐賀県佐賀市

要 点　佐賀市でのヒアリング調査の結果，地域福祉計画策定の遅れや各事業を統一していくうえで，一部に事業の廃止など地域福祉の後退につながりつつある状況に直面するなか，同一地域で均質的なサービスの水準を確保することに向けて整備が進められている。また，福祉の分野において，サービスや窓口の維持や確保，福祉計画の推進などの課題が残されている。

1 調査の概要

　佐賀市を選定した理由は，①介護サービスの供給上，最適な規模に該当すること，②市町村合併と各市町村社会福祉協議会（社協）の合併が同時進行であること，③広域的な市町村合併であること，④合併離脱市町村と再合併の実施という事例だからである。

　そこで，当該市町村合併事務担当者（福祉関係担当者含む）に対し，市町村合併と地域福祉について後述のようなアンケート調査，およびヒアリング調査を実施した。

◆対象市町村の選定理由

①　介護サービス供給上，最適な規模であること。

　佐々木信夫は，介護サービスの供給には20万〜30万人程度の人口規模が必要と指摘している。[1] 新佐賀市（以下，新市）の人口は20万5017人（2005（平成17）年10月1日現在）となっており，佐々木の指摘する介護サービス供給に該当し，市町村合併に伴う地域福祉推進への影響を検証していくうえで適切と判断される。

②　市町村合併と各市町村社協の合併が同時進行で実施される事例であること。

　市町村社協の合併においては，多くの場合，自治体そのものの合併がどのような枠組みや形態で行われるのかが明確になってくるなかで，検討されるものといえる。すなわち，自治体の合併が先行し，社協の合併はそれを後追いする形で進められる。しかし，新市では2004（平成16）年9月18日に法定合併協議会の設置，同年9月24日に社協合併協議会の設置とほぼ同時進行で協議が行われ，2005（平

写真3-16　佐賀市全景

地図3-15　佐賀県地図

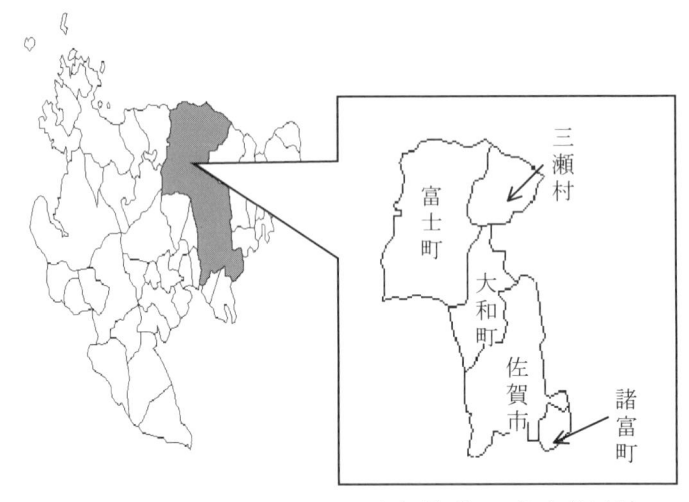

（合併前の各市町村）

成17）年10月1日に両者とも合併を実現するものとなった。

③　広域，かつ多様な地域特性を持つ地域の合併事例であること。

　新市は北は福岡県に接し，南は有明海に接するという広域な面積を持ち，九州・沖縄において，鹿児島市，大分市に次ぐ3番目の広域市（広さ約355平方キロ）となる（写真3-16，地図3-15）。また，佐賀県での中心地区，山間地区，地場産業が集積している地区，流通業・郊外型商業施設が集積している地区という地域特性を

有する。
　④　合併離脱市町村と再合併の実施であるということ。
　新市は合併計画の当初，1市6町という枠組みであったが，離脱する町村（川副町，東与賀町，千代田町）が出現し，再度，枠組みの再構築を余儀なくされた。その結果，1市3町1村という枠組みでの合併となった。
　以上の4点において合併事例の調査地として多くの示唆が得られるものと判断され，対象市町村として選定することとした。

◆ヒアリング調査の時期　2005（平成17）年9月21～26日。

◆調査対象　選定した市町村（合併事務担当者など）にアンケート調査，およびヒアリング調査を実施した。
　各調査対象者，調査内容は次のとおりである。
　①　アンケート調査
　アンケート調査については，市町村の合併事務担当者に対し，①合併について，②合併後の新自治体の状況について，③合併前と合併後の変化の状況について，④主要な福祉計画の策定状況について，⑤新自治体における主要な福祉諸制度について，⑥社協について，⑦合併と地域福祉政策について回答をしてもらった。
　②　ヒアリング調査
　ヒアリング調査については，①市町村合併の概要については旧佐賀市，諸富町，大和町，富士町，三瀬村合併協議会調整課課長，②合併前後の福祉領域の変化や統合については佐賀市保健福祉部長寿・健康課長寿推進室副課長兼長寿推進室長，③社協の合併や事業の統一については，佐賀市社協福祉課参事に対し，それぞれヒアリング調査を行った（半構成的面接法）。3者に共通した調査内容として合併のメリット・デメリット，今後の課題があげられる。
　なお，ヒアリング調査で得られた回答は対象者の了解を得て，ICレコーダで保存をして記録した。

2　地域の特性

　新市の南側は有明海に接し，北は福岡県に接する広域市（総面積約355平方キロ）であり，標高の高い地域と平野地域で構成されており，内陸性気候の特徴を持っ

ている。

　また，新市の高齢者率は20.5％（2005（平成17）年現在）で，全国平均に比べて高い値を示しており，高齢者福祉施設（20施設），障害者福祉施設（23施設），児童福祉施設（41施設）が在所しているが，いずれも旧佐賀市に集中している。

◆地理的位置　　新市は合併に伴って南北に長い市域となり，総面積は約355平方キロである。南側は有明海に接し，南東部，北側は福岡県に接する広域市である。市域の北半分は脊振（せふり）山地に含まれ，標高の高い地形である。

　一方，南半分は佐賀平野と呼ばれる沖積平野である。平野部分は低平地で，海抜が低く，河川が多いため，たびたび洪水に見舞われてきた。しかし，このことから佐賀平野の水田に養分を頻繁に運ぶことになり，豊かな稲作地帯を形づくることとなった。（写真3-16，地図3-15）。

◆気候風土　　本地域は比較的温暖で，降水量が多い。年間平均降水量は約1800〜2400ミリ，年平均気温は13〜17度である。三方を囲む山と南に開けた有明海の影響を受け，冬には最低気温が低く，夏には最高気温が高い内陸性気候の特徴を持っている。標高の高い北部では年間降水量が多く，年平均気温が低い。

◆人口動態　　1．総人口：20万5017人（男9万7195人，女10万7822人），2．高齢者人口：5万3703人，3．高齢化率：20.5％，4．後期高齢者率：47.7％

◆産業，就業構造　　新市の工業は紡績産業が中心とされていたが，次第に衰退し，現在は長崎自動車道や国道沿いに誘致した工業団地が中心となっている。そのなかで，最も盛んにされているのが食品を中心とする軽工業である。

　また，商業では佐賀県の中心都市として多くの店舗が集まるため，サービス業，卸売業，飲食店などの産業が盛んになっている。さらに，県庁所在地としては田畑も多く存在し，農業も盛んに行われるものとなっている。なかでも米の生産が主流であるが，野菜，花，みかん，イチゴなどの生産が多く，現在では大豆などの豆類や大麦，小麦といった麦類の生産も増えてきている。

　新市の常住地就業者数は，2000（平成12）年で10万170人となっており，産業別の内訳をみると第一次産業が5397人（5.4％），第二次産業が2万1551人（21.5％），第三次産業が7万3222人（73.1％）である。

　2015（平成27）年には雇用の場の拡大，女性・高齢者の就業場の確保などにより，

就業者数は10万3000人へと増加すると見込まれる。また、産業別では第一次産業が3245人（3.2％）、第二次産業が1万9698人（19.1％）とそれぞれ減少し、第三次産業は8万57人（77.7％）に増加すると予想されている。

◆地域資源　1．高齢者福祉施設：養護老人ホーム　1施設、軽費老人ホーム　5施設、特別養護老人ホーム　9施設、老人福祉センター　4施設、高齢者生活福祉センター　1施設

　2．障害者福祉施設　23施設

　3．児童福祉施設：児童福祉施設　9施設、保育所　32施設

　本市の主な福祉施設は上述のとおりだが、これらの施設の半数以上が旧佐賀市に所在している。

3 合併の経緯

　新市を構成する各市町村は明治期、昭和期においてそれぞれ合併を繰り返し、合併前の市町村の形態となった。

　新市の枠組みは当初1市6町での合併という計画であったが、主に都市計画の設置、土地区画整理の農家負担において合意することができず、枠組みの再構築の検討を余儀なくされた。その後、富士町では、合併の是非を問う住民投票を実施し、他の市町村でも住民説明会を経て、今日の枠組みでの合併となった。

◆明治期、昭和期の合併の経緯　明治期、昭和期の新市を構成する各地域（旧市町村）のこれまでの合併の展開は、旧佐賀市は市制施行により佐賀市となり、その後、12村を「編入合併」して旧佐賀市となり、諸富町は東川副村、新北村の合併により諸富町となった。大和町は4村の合併により大和村が誕生し、その後、町制の施行により大和町となった。富士町は3村の合併により富士村が誕生し、その後1村を「編入合併」し富士町となった。三瀬村は3村の合併、町村制度の施行により三瀬村が誕生した（図表3-53）。

◆今日（1市3町1村）の合併に至る経緯　2000（平成12）年7月時点における新市の枠組みは旧佐賀市、諸富町、川副町、東与賀町、大和町、富士町、千代田町からなる1市6町であった。しかし、主に都市計画の設置、土地区画整理の農家負担において合意することができず、現在の佐賀市、諸富町、大和町、富士町、三瀬村の1市3町1村という枠組みとなった。合併に伴って住民投票を実施したの

図表3-53　合併の経緯

廃藩置県	明治の大合併	昭和の大合併		平成の大合併
佐賀藩		明治22年 市制施行 →佐賀市		佐賀市
	神野村	大正11年 10月1日 編入→		
	西与賀村 嘉瀬村 兵庫村 巨勢村 高木瀬村	昭和29年 3月31日 編入→佐賀市		
	北川副村 本庄村 鍋島村 金立村 久保泉村	昭和29年 10月1日 編入→佐賀市		
	蓮池村	昭和30年 4月1日 編入→佐賀市		
	東川副村 新北村	昭和30年 3月1日 合併→諸富町		諸富町
	春日村 川上村 松梅村	昭和30年 4月16日 合併→大和村		大和町
	富士村		昭和33年 6月1日 一部編入→大和村	昭和34年 1月1日 町制施行→大和町
	小関村 南山村 北山村	昭和31年 9月30日 合併→富士村		富士町
	八反村		昭和33年 6月1日 編入→富士町	平成8年 4月1日 大和町松瀬村、梅野編入→富士町
	藤原山村 三瀬山村 杠山村	明治22年 4月1日 町村制度施行→三瀬村		三瀬村

出典：「佐賀県の地名」平凡社、1980年、福岡博「佐賀地名うんちく事典」佐賀新聞社、2005年、角川日本地名大事典編集委員会「角川日本地名大辞典41佐賀県」角川書店、1982年をもとに筆者作成

は富士町だけである。富士町の有権者数は4099人で、投票数2876票のうち、賛成1757票（投票数の61％）、反対1119票（39％）で賛成が上回った。また、5市町村すべてにおいて住民説明会を実施し、住民への働きかけを行った。

4 合併前後の地域福祉

合併前の各市町村の財政状況はとくに建設関係での負債が多く、厳しい状況であった。また、各市町村社協とも介護保険にもとづく事業を中心に実施している。社会福祉計画の策定状況として、高齢者保健福祉計画などは5市町村とも策定されているのに対し、地域福祉活動計画については旧佐賀市、富士町のみの策定となっている。

合併後、各事業の見直しを行うことで不利益が生じることも考えられるが、他方で社協、他の事業所による独自の事業の展開が期待される。新市社協としては、各事業の統一を図り、かつスリム化し、効率よく事業の展開を図ることができるよう、その整備が進められている。また、新市の主な福祉計画としては、次世代育成支援行動計画を2005（平成17）年に策定し、その他の計画については2006（平成18）年度にかけ、策定を行っていくこととなっている。

◆合併前の地域福祉　　旧市町村の2002（平成14）年度の財政力指数は佐賀市0.713、諸富町0.499、大和町0.550、富士町0.276、三瀬村0.186であり、各市町村とも建設関係での負債が大きくなり、厳しい財政状況となっている。

また、1市3町1村という5市町村の合併のため、各自治体の施策はどのような分野においても事業内容や委託先などでそれぞれ共通点、相違点があった。

たとえば、在宅の一人暮らし高齢者等に緊急通報装置を貸し出し、緊急事態発生時の体制を整備する緊急通報システム事業については5市町村ともに実施していた。しかし、同事業において委託先や利用者負担などで相違がみられ、各市町村ごと実施形態が異なるものとなっている。このような相違点は合併協議会において調整を行った。その際、住民に対してサービスの質が落ちないような基準・水準で調整を行い、基準・水準を満たしていない市町村はその基準・水準まで、合併後段階的に引き上げていくこととなった。

社協の事業は介護保険にもとづく事業が中心となっている。その他、市営バス優待乗車券交付、老人センタークラブ活動発表会、老人大学、宅老所支援事業（旧

佐賀市），在宅高齢者特別対策事業（富士町），地域ふれあい事業，民間社会福祉法人施設整備利子補給事業（三瀬村）など独自の事業もあげられる。高齢者保健福祉計画，次世代育成支援行動計画，障害者計画，地域福祉計画は5市町村ともに策定されている。地域福祉活動計画は旧佐賀市，富士町のみで策定されている。

◆合併後の地域福祉　　合併により事業の見直しを行うとともに，現在の補助，委託先が受け皿として妥当かどうかを判断していく。その結果，不利益が生じることも考えられるが，現在とは違うサービスを社協や他の事業所が独自で実施するということも可能である。

　また，新市での主な福祉計画として，次世代育成支援行動計画が2005（平成17）年10月に策定されるほか，地域福祉計画，地域福祉活動計画，障害者計画，高齢者保健福祉計画などは2006（平成18）年度より随時，策定していくものとされる。障害者福祉についての計画は，障害者計画とは別に，障害者自立支援法の規定にもとづく障害福祉計画も2006（平成18）年度中に策定しなければならず，新市においても策定に向けた取り組みが必要となってくる。

　新市社協としては合併前の事業の統一を図り，スリム化し，効率よく事業の展開を図るとともに，補助，委託を受けていた事業については今後も補助，委託を受けられるように体制を整え，行政との協議を行っていくとしている。

　また，新市は2005（平成17）年3月に新市まちづくり構想，新市施策，重点プロジェクト，財政計画からなる「新市建設計画」を策定した。本計画は2004（平成16）年9月から7か月間かけ，策定へ向けて取り組まれてきたもので，市の最上位に位置づけられる計画である。合併後は本計画にもとづき，新市の運営が行われる。計画期間は2005（平成17）年度から2014（平成26）年度までの10か年である。都市計画の主な内容は，次のとおりである。

1. まちづくり構想の基本理念：①量的拡大から生活の質の向上，②求められる少子・高齢化対応，③「知」の時代へ，④自立と自己責任の社会へ，⑤個性を磨き上げる社会へ
2. 重点分野：①福祉，環境，教育の重要性，②経済の持続的発展と自立，③経済的発展と福祉，環境，教育の関係，④福岡経済圏との発展交流
3. 政策展開の基本方向：①地域間競争に勝ち抜く自立した経済構造の実現，②地域で安心して生活できる社会の実現，③自然と調和した個性的な美しい

まちの実現，④個性が尊重され楽しく学習できる社会の実現
4．キャッチフレーズ：「個性と英知で磨き上げる田園都市　佐賀市」

5 合併の効果

　合併前の財政状況は前節のとおりであるが，合併することにより，歳出面では削減でき，歳入面では収入が上がることにより，赤字をまかなうことが期待される。

　合併により各事業を統一していくとともに，事業の見直しが行われ，現状維持の事業や統一する事業のほか，廃止となる事業もあり，今後の社協や事業者による代替が必要になってくる。

　また，今後，福祉の分野において，サービスや窓口の維持や確保，福祉計画の推進などの課題が残されている。

◆合併前後の政策の変化

①　一般職員数

　一般職員1770人（2004（平成16）年）は，市町村の合併の特例に関する法律第9条により，すべて新市の職員として引き継ぐものとなった。しかし，職員数については，新市において定員適正化計画を策定し，定員管理の適正化を進め，年次的に削減していくことになっている。

②　職員の給与

　職員の給与については，地方公務員法の原則に照らしながら新市で統一を図っていくこととされ，また，職責に応じた給料の支給となるようにすることを原則として調整が進められている。

　給与以外の職員の勤務時間，その他勤務条件については合併時に統一を図るものとなっている。

③　議会議員数

　2004（平成16）年時点での議員数は，5市町村合わせて88人である。合併協議会での採決の末，議員定数38人で設置選挙を23人が支持，在任特例を適用が9人が支持という結果となった。新市においては合併特例法第7条第1項在任特例を適用せず，合併日である2005（平成17）年10月1日より50日以内に議員定数38人で設置選挙を実施することとした。任期は4年である。

④ 議会職員給与

給与の額については基本的には高い給与の自治体に合わせる，という形で調整を行っている。

⑤ 新市首長給与

給与の額については現行の佐賀市給料額，および同規模自治体を元に調整することとなっている。

◆合併前後の財政の変化　合併前の財政状況は上述したとおりで，各市町村が現在のサービス，住民負担をそのまま維持すれば10年後には563億円もの赤字を抱えてしまう。しかし，合併することにより，歳出面では人件費，物件費などが削減でき，また，歳入面では地方交付税，国庫支出金，地方債，その他収入が上がることにより10年間で563億円の赤字をまかなうことが可能になる。

2004（平成16）年度の財政計画，一般会計・民生費の比較は次のとおりである。

1．2004（平成16）年度一般会計：一般会計予算　50,200,200千円，民生費予算13,860,938千円（27.6％）
2．一般会計予算比較：4,733,335千円減（平成16／12年度比）
3．民生費予算比較：2,009,653千円増（平成16年／12年度比）

◆合併特例債の活用法　起債限度額の50％を使用し，新規普通建設事業に充てる。

◆新たな地域福祉施策　現時点で新たな施策の実施はない。5市町村で協議を行う際，現在実施している事業を2006年度からどのように実施していくかという視点で事業の調整を行っているため，合併後，新たにどのような事業が必要なのかどうかを検討する視点では協議を行っていない。新たな施策については，現在策定中である2006（平成18）年度からの高齢者保健福祉計画に盛り込んでいく必要がある。

◆事業の調整　主な事業の調整については次のとおりである。

① 介護家族慰労金支給事業

現在5市町村で実施していた。また，同じ形態で実施していたため，合併次年度から佐賀市の例により統一して実施する。（5市町村ともに同様なため，表記上，佐

賀市の例によるとしている。）

② 家族介護教室

旧佐賀市・諸富町・富士町・三瀬村で実施した。また，形態もほぼ同様であるため，合併次年度から佐賀市の例により統一して実施する。

③ 生活管理指導員派遣事業

ヘルパーが訪問し，生活指導を行う事業であり，旧自治体での実施状況は図表3-54のとおりである。

図表3-54 旧自治体実施状況

市町村	委託先	利用限度	委託料	利用料
佐賀市	在宅介護支援センターの委託	週2時間	1,380円	150円／時
諸富町	特別養護老人ホーム	—	1,350円	150円／時
大和町	2004（平成16）年廃止			
富士町	在宅介護支援センター	週2時間	4,020円	無料
三瀬村	該当なし			

出典：佐賀市「合併協定項目」

旧佐賀市・諸富町・富士町で実施しており，合併次年度から統一して実施するが，介護保険制度の改正により新たな事業が創設される予定であるため，再度見直しが必要である。

④ 在宅（老人）介護支援センター運営事業

本事業は今後，大きな問題として検討が必要な事業である。5市町村すべてで実施されていたが，介護保険の改正により，2006（平成18）年度から地域包括支援センターが創設されるため，その動向をみながら再検討する必要がある。

⑤ 配食サービス（給食サービス）

5市町村すべてで実施されているが，実施状況，地理的状況などを考慮し，状況に応じて基準を統一していく必要がある。また，委託先として社協が適切であるのかどうか，さらに実施する体制がとれるかどうかも今後の検討課題である。

⑥ 緊急通報システム事業

5市町村で実施しているが，通報先が消防署（旧佐賀市）と警備会社（4町村）で違いがあり，方法の統一が難しいため，当分の間現行のまま維持する。住民の要望も多く，財源もかかっているため，早急な検討が必要である。

⑦ 生きがいデイサービス事業

5市町村で実施していたが,委託料で違いがあった。委託料の算定方法を必要経費に応じて算出する必要経費方式(旧佐賀市)ではなく,単価に応じ,算出する単価方式(4町村)での算出方法とした。介護保険の改正により事業の見直しが必要である。

⑧ 訪問理美容サービス事業

現在,諸富町のみで実施していたが,全域に広げるのは難しいため,廃止とした。NPOや民間に代替していく予定である。

◆社協との連携

① 社協の合併への流れ

社協の合併への流れについては図表3-55のとおりである。

図表3-55 社協合併,市町村合併への流れ

期日	合併協議会事務局,各市町村社協	市町村合併
2004.9.18		法定合併協議会設置
2004.9.24	佐賀市・諸富町・大和町・富士町・三瀬村社会福祉協議会合併協議会立ち上げ	
9.27		第1回合併協議会会議
10.12		第2回合併協議会会議
11.8		第3回合併協議会会議
11.29	第1回合併協議会	
2005.1.28	第2回合併協議会	
3.3	第3回合併協議会,社会福祉協議会合併調印式	
3.25	合併認可申請書提出	第4回合併協議会会議
6月中旬～	定期的な事業調整会議の開催	
6.24	合併認可	
8.22		第5回合併協議会会議
9.21	第4回合併協議会,合併協議会終了	
9.30	合併協議会解散	
10.1	社協合併 新佐賀市社協誕生	合併 新佐賀市誕生

出典:佐賀市社協「合併協議会資料」,佐賀市「合併協議会だより」をもとに作成

社協合併は,法定協議会が設置された後,すぐに社協合併協議会を立ち上げ,4回の合併協議を行った。その間,定期的な事業調整会議の実施や社協合併調印式などを経て,2005(平成17)年9月21日の第4回合併協議会において合併協議を

終了し、同年9月30日合併協議会解散、10月1日社協合併となった。このように市町村の合併協議とほぼ同時進行で行われ、市町村合併と同日に社協も合併を行っている。

② 市町村合併による社協への影響

社協合併に伴い、旧佐賀市社協を本所、4町村社協を支所とした。新社協機構図は図表3-56のとおりである。また、上述したように、市町村合併に伴い、今まで実施していた事業が見直された。補助・委託を受けていた事業についても見直しが行われている。

しかし、市町村として補助・委託の方針が決まっておらず、社協として合併後補助を受けられるのか、委託を受けられるのかどうか不明確であるのが現状である。社協側として今までとおり、受けられるように要望はしているが、受け皿として適切であるのかどうか、検討されている。

③ 地域福祉活動計画

旧佐賀市では、2004（平成16）年に地域福祉計画、地域福祉活動計画の両計画を行政、社協が一緒に策定する計画を立て、策定へ向けて準備を行ってきた。新市・新市社協においてもこの旧佐賀市の方針を継続させ、両計画を一緒に立ち上げていくこととなっている。このため、合併して新体制が確立する同年11月、地域福祉計画委員会や地域福祉活動計画委員会を立ち上げ、同時進行で2005～2006（平成17～18）年度に策定を行う予定である。

④ 財源について

新市社協の財源については、現在の主要財源である①寄付金、②共同募金の配分金、③行政の補助・委託金、④住民の会費によって獲得されるものとなっている。このうち、④会費については5市町村の会費が200～500円というバラつきがあったが、合併後は200円で統一し、徴収するものとなった。200円に設定した埋由として、4町村の徴収率はほぼ100％であるが、旧佐賀市の徴収率が約70％と他の町村に比べ低くなっていることを背景としている。すなわち、旧佐賀市域の徴収率が上がることにより、社協全体の財源が安定するものと考えられ、旧佐賀市域での徴収率を上げるため、旧佐賀市の会費である200円で統一するものとした。

図表 3-56　新社協機構図

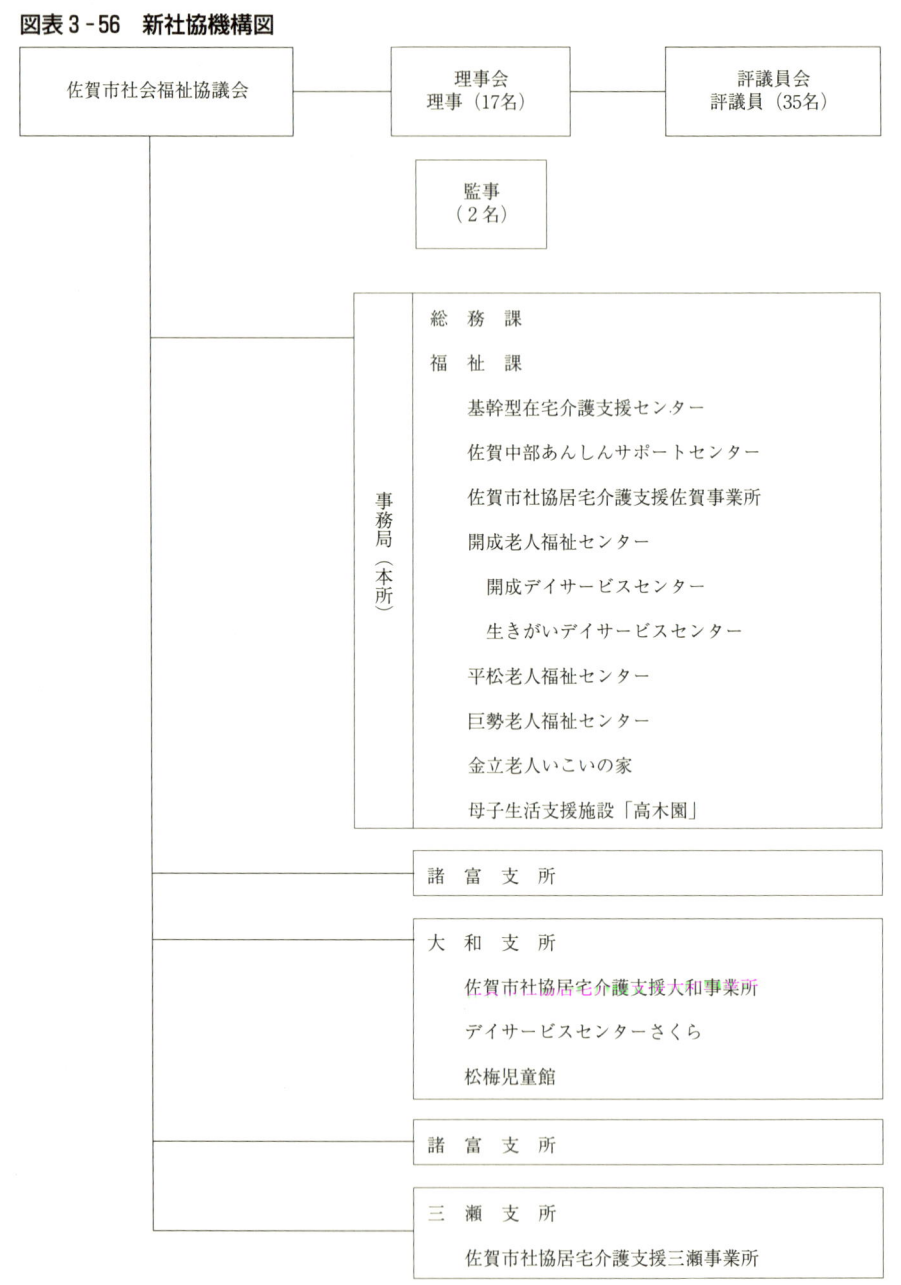

```
佐賀市社会福祉協議会 ─── 理事会 理事（17名） ─── 評議員会 評議員（35名）
                  │
                監事（2名）
```

事務局（本所）
- 総務課
- 福祉課
  - 基幹型在宅介護支援センター
  - 佐賀中部あんしんサポートセンター
  - 佐賀市社協居宅介護支援佐賀事業所
  - 開成老人福祉センター
    - 開成デイサービスセンター
    - 生きがいデイサービスセンター
  - 平松老人福祉センター
  - 巨勢老人福祉センター
  - 金立老人いこいの家
  - 母子生活支援施設「高木園」

諸富支所

大和支所
- 佐賀市社協居宅介護支援大和事業所
- デイサービスセンターさくら
- 松梅児童館

諸富支所

三瀬支所
- 佐賀市社協居宅介護支援三瀬事業所

出典：合併協定書資料集

6 当面の課題

　福祉の分野での課題としては，主に次のことがあげられる。①構成される旧市町村間での格差が生じないよう，均質化されたバランスを確保することが大切である。②今後，補助金が削減されていくなか，現在行っている事業，サービスが現状のままでいいのかどうかを再考し，ニーズに応じたサービス内容や量の整備が必要である。③住民が利用しやすい本所，支所の窓口運営と展開し，今後，支所がいつまで確保されるのかどうか不明確なため，人員を削減して中央集権的な流れのなかで，いかにして住民にとって身近な窓口としていくかが必要である。④今後，策定される地域福祉計画，地域福祉活動計画のなかに盛り込まれる内容について住民に周知されるよう啓発活動を行い，実際に実行に移せるような事業形態の構築が必要である。⑤広域市となったことで，細部にわたり目が届きにくくなることへの住民の不安をいかにして解消していくのかどうか，その体制を整備していくことが必要である。

　注
　(1)　佐々木信夫『市町村合併』筑摩書房，2003年，51頁

❿ 沖縄県伊江村

要点　沖縄県伊江村は沖縄本島の北部にあり，「明治の大合併」で3つの村が合併し，現在の伊江村となって以来，今なお「一島一村制度」を堅持している典型的な離島である。財政的には在日駐留米軍の補助飛行場の接収などに伴う基地経済に依存し，インフラの整備がめざましく，今回の合併問題では住民投票で反対を表明し，自立の道を選んだ。それは，一方で島内完結型の地方自治意識が強いともいえるが，他方，基地経済という"後ろ盾"も少なからず影響しているとも考えられる。

1 調査の概要

◆伊江村をアンケート調査，およびヒアリング調査の対象地域とする理由

今回の「平成の大合併」により，多くの中山間地域などの過疎地域や離島の町村が隣接する市町村と合併し，財政危機を乗り切ろうとする傾向にある一方，伊江村は長年にわたる「一島一村制度」を堅守すべく，自立の道を選んだ。そこで，その経済や自立宣言前後の変化の状況，また，主な福祉計画の策定状況などについて把握し，合併市町村と対比するため，独自の調査票を作成して集計・解析した結果にもとづき，ヒアリング調査を行った（全国市町村合併実態調査（自立用・伊江村）（256頁）を参照）。

◆ヒアリング調査の実施時期　2006（平成18）年8月

◆調査対象　アンケート調査の窓口になってもらった伊江村企画総務課をはじめ，住民福祉課，伊江村社協事務局などの担当者，および船舶，土産品店，レストラン経営者，一般住民などである。

2 地域の特性

◆地理的位置　伊江村は，沖縄本島の北端，本部半島の北西約9キロにあるサンゴ礁の隆起した離島からなる典型的な「一島一村制度」で，東西8.4キロ，南北3キロ，周囲22.4キロの位置にある（地図3-16）。北海岸は約60メートルの断崖絶壁，南海岸はほとんど砂浜で，島の中央よりやや東寄りに海抜（標高）172メ

ートルの古生代チャートの城山（イイジマタッチュー）がたたずんでおり，島のシンボルとなっている。現に，対岸の本部半島から見るとその山容はすぐにわかる。

その伊江村へは本島の本部港からフェリーで約30分，那覇空港からだと飛行機で25分である。村内には島内を巡回するバスやタクシー，貸し自転車があるほか，ホテルや民宿も計12軒ある。このため，四季を問わず，本島や本土からの観光客で結構にぎわっている。

地図 3-16　伊江村の位置

県内市町村数	
11	市
11	町
19	村
41	市町村

出典：沖縄県ホームページ「沖縄県内の市町村合併の動き（平成18年1月1日現在）2006年9月10日検索

総人口は2000（平成12）年3月当時，5365人，高齢化率は20.8％であったが，2006（平成18）年4月現在，5204人である。このうち，65歳以上の高齢者は1283人で，高齢化率は24.7％，75歳以上の後期高齢者は3674人で，12.0％である。
　しかし，2010（平成22）年に4952人で23.7％，2020（平成32）年に4806人で28.4％，2030（平成42）年には4517人で35.6％になる見込みである。

◆気候風土　　気候は温暖で，年間の平均気温は24.2度，過去10年間の平均降雨量は1867.2ミリである。上述したように島全体が伊江村となっており，文字どおり，「一島一村制度」を堅持した離島である。

◆歴史・文化　　伊江島には，少なくとも2万年前から人が暮らしていたといわれている。また，城山（イイジマタチュー）の中腹の拝所周辺からグスク時代の土器や中国製の青磁などが採取されている。
　その後，14世紀になって北山王の支配下となり，外部社会との交流が始まった。
　1700（元禄4）年ごろには東江，西江，川平の三村が形成されたが，1908（明治41）年，町村制の施行となった「明治の大合併」の際，現在の伊江村に統合された。また，第二次世界大戦時に飛行場が建設され，戦争末期には艦砲射撃の標的となった。戦後，この飛行場はこれらの経緯を引き継ぐ形で在日駐留米軍の関連施設とされた（図表3-57）。
　一方，住民の生活文化の面では古くから「村踊り」が盛んで，各集落に組み踊りや独特な舞踊が残り，本島にはみられない本土風の振りも入っており，島の伝統文化となっている。

◆産　　業　　産業は，島の総面積の全体の35％が米軍の補助飛行場など，在日駐留米軍の軍用地に接収されているため，農業や畜産業に大きな影響を与えている。このようななか，平坦な土地を利用し，葉タバコやサトウキビ，花卉，インゲン，ピーナッツ，モズク，紅イモなどの栽培，あるいは伊江牛などの畜産などが中心である。
　また，村の直営による本島との定期船があるほか，後述するように，ゴルフ場やビーチ，ユリの公園などの観光資源にも恵まれているため，離島にしては自立が可能な経済的環境にある。

◆財政状況等　　財政としては年間約45億800万円（2004年度実績）という村の歳入のうち，地方交付税と国庫支出金が全体の6割を占めており，財政力

図表3-57　伊江村の歴史

1314～1336年	中山の時代，伊江島は伊平屋島とともに怕尼芝に占領され，北山領となる
1701年	東江村・西江村・川平村が置かれる。明治8年になって東江村を東江上，東江前に二分，西江村が西江上，西江前に二分されたこの4か所に川平を加え，5か村となる
1744年	伊江島全図が12か年の年月を要して完了したが，実に精緻なもので各人家の所在も明らかにし，その数は117戸
1880年	小学校創設 校名は伊江島小学校，生徒数46名，教員3名
1890年	伊江島駐在所が設置
1896年	灯台が建設され，翌年，点灯。高さ30m18万燭光の一等灯台であったが，第二次世界大戦で破壊され，戦後は米軍により小規模の灯台が設置
1897年	島に初めての雑貨店・我部店が開店
1907年	伊江島郵便局が設置
1908年	村制執行される。同じに伊江村に改称。村営による船舶運航事業開始
1920年	江島丸就航（木造船）。東飛行場建設のため，田村建設隊が来島
1944年	伊江島臨戦体制に入る。伊江島の九州疎開始まる。村民の今帰仁への疎開始まる（約3000人）
1945年	飛行場破壊命令下る。伊江島戦終了宣言
1947年	戦時中，軍命により学童は日本本土に，村民は本部町・今帰仁村・久志村に疎開。残った人々は，敗戦と同時に渡嘉敷村及び座間味村へ移送。これらの人々が帰村し，合流したのがこの年3月。そのころ，今日どおりの行政区が区分され，8か区となる。阿良は東江前より，真謝は西江上より，西崎は西江前より分かれる
1952年	真謝，西崎両区の米軍射的場問題起こる
1953年	伊江小西分校の落成式。親子ラジオ放送始まる
1955年	島北側にあるキジャカ原に軍の通信施設が設置。農協製糖工場の起工式
1958年	通貨切換（ドル）。1ドル対B円の120円（総額B円の358万円）
1961年	伊江村立病院が竣工。保育所が開設
1968年	村電気事業を琉球電力会社に移管
1970年	本部—伊江島間に海底ケーブルが敷設され，村外と24時間通話が可能となる 本土復帰が実現
1973年	フェリー伊江島が就航（450トン）。沖縄離島航路で初めてのカーフェリー。村営事業所の道路改良舗装工事が竣工。 西部土地改良事業関連溜池が竣工（10万トン貯水）
1975年	電話自動回線ダイヤルとなる。フェリー城山が就航。村の経済，観光事業の発展に期待。伊江島空港が竣工。海，空の交通が一段と強化され，離島苦の解消に期待
1977年	海底送水工事が完成。長年の水不足も解消
1992年	新造船「ぐすく」就航・伊江港ターミナルが竣工。伊江島に嫁いだ女性の集い。過疎活性化優良事例として国土庁長官賞を受賞
1993年	伊江村医療保健センターがオープン。葉たばこ生産10億円を達成
1994年	「非核平和むら宣言」除幕式。那覇・伊江間不定期航空便が就航。ＪＡ伊江村総合センターが落成
1996年	豊かな畜産の里づくり畜産局長賞を受賞。医師・保健師住宅の落成式。デイサービスセンターの落成式。ジェットフォイル「マーリン」が就航。村婦人会50周年記念
2000年	沖縄県北部介護保険広域連合に加盟
2006年	合併拒否し，自立宣言

出典：伊江村ホームページ；2006年8月1日検索に一部加筆。

図表3-58　伊江村の財政

伊江村（いえそん）

〒905-0592 伊江村字東江前38番地
ホームページ http://www.iejima.org
TEL (0980)49-2001
FAX (0980)49-2003
地域指定　離島・過疎・辺地・農業振興
類型　I-0
市町村コード　473154
（標語）夕日とロマンのフラワーアイランド

＜概　要＞

①面　積　　　総面積（県下23位）

総面積	耕地	宅地
平成16年10月1日現在	平成17年7月15日現在	平成17年1月1日現在
22.75 km³	1,070 ha	121.08 ha

②人　口　　住基人口（県下28位）

平成7年国勢調査	平成12年国勢調査	平成17年3月31日現在
5,131 人	5,112 人	5,248 人

年少人口割合 19.7　県全体 20.0　　高齢化率 21.2　県全体 13.8

③世帯数

平成7年国勢調査	平成12年国勢調査	平成17年3月31日現在
1,766 世帯	1,933 世帯	2,121 世帯

④有権者数　（平成18年3月2日現在）

男	女	計
2,010 人	2,026 人	4,036 人

⑤沿　革

明治41年4月1村制施行

＜産　業＞

①産業別就業者数　（H12国調）

区分	就業者数	構成比
第1次	1,001 人	39.2 %
第2次	473 人	18.5 %
第3次	1,080 人	42.3 %
合計	2,554 人	100.0 %

②農業　（H16 千万円）

農作物産出額	345
1 葉たばこ	119
2 きく	114
3 肉用牛	70

③製造業　（H16年事業所数順）

事業所総数	8 箇所
1 食料品	5 箇所
2 窯業土石製品	1 箇所
3 石油/金属	1 箇所

④商業（卸売・小売業）（H14 千万円）

年間商品販売額	283
1 その他の小売	119
2 飲食料品小売	116
3 織衣身小売	3

＜広域市町村圏・広域計画＞

北部広域市町村圏
介護保健広域連合

⑤村内純生産　（H15年度実数）（百万円）

分類	純生産	構成比
農林	1,936	22.7%
水産	194	2.3%
鉱・製造	312	3.7%
建設	1,058	12.4%
電気ガス水道	55	0.6%
運輸・通信	522	6.1%
卸売・小売	534	6.3%
金融保険不動産	897	10.5%
サービス	1,536	18.0%
政府サービス生産者	1,560	18.3%
民間非営利団体	288	3.4%
帰属利子（控除）	(381)	(4.5%)
合計	8,511	100%

「平成15年度県民経済計算」に基づく推計

＜基地の面積＞　（H17.3末）

区分	基地面積(ha)	割合
米国軍	801.5	35.2%
自衛隊	-	-
合計	801.5	35.2%

＜組　織＞

①三　役　（平成18年3月31日現在）

村長	大城 勝正（1期）	任期 平成21年4月27日
助役	島袋 秀幸（1期）	任期 平成21年5月1日
助役	-	-任期-
収入役	-	-任期-

②議　会　（平成18年3月31日現在）

議長　内間　博昭　　副議長　儀間　清治

議員	法定定数 22 人	党派構成	無所属
	条例数 14 人		
任期	平成18年9月27日	1	13

③職　員　（平成17年4月1日現在）

区分	職員数		人口千人当たりの職員数	
	当該団体	類似団体	当該団体	類似団体
本庁	72 人	56.43 人	13.72 人	13.31 人
支所・出張所	33 人	1.86 人	6.29 人	0.44 人
施設	14 人	18.14 人	2.67 人	4.28 人
計	119 人	76.43 人	22.68 人	18.03 人

区分	平成15年度	平成16年度	平成17年度
職員実数	121 人	122 人	120 人
類似団体	93 (103)	91 (101)	89 -
ラス指数	89.2	86.4	86.3

＜村の基本構想等＞

基本構想　平13～平22　中長期財政計画　無
基本計画　平18～平22
実施計画　5年ごと　　（3年計画1年ローリング）

＜平成18年度主要事業＞　（百万円）

区分	事業名	新・継	事業費
補助	西江前コミュニティー供用施設整備事業	新規	138
補助	団体営農地保全整備事業（西部3地区）	継続	111
補助	集落地区整備事業	継続	61
単独	村道ウミカ中央線改良工事	新規	52
補助	ナガラ地区基盤整備事業	継続	31

＜今後の主要プロジェクト＞　（百万円）

区分	事業名	実施年度	総事業費
補助	地下ダム関連基盤整備事業	H16～20	1,500
	無線アイランド構想	H17～20	150
単独	伊江村史第2版編纂事業	平17～平21	50
補助	義務教育施設整備基本構想策定	平18年度	2

＜行政の特色＞

本部半島から約9キロの距離に位置する一島一村の離島である。島の35％を米軍用地が占め、農漁業主体の産業構造と歴史・文化的成り立ちは、沖縄の縮図と言われる。村では、その自然条件を生かした農業・漁業に加え、近隣島をうりものに「観る」観光から「体験」する観光に結び付け、「滞在型」観光リゾートづくりを積極的に推進している。

第Ⅲ章 ●各地の動向

<財政>
① 決算収支 (単位：百万円)

区分	歳入総額	歳出総額	形式収支	実質収支	比率	積立金	積立金取崩額	実質単年度収支
平成14年度	7,036	6,734	302	50	2.6%	75	100	△ 3
平成15年度	5,778	5,585	193	180	10.2%	119	20	227
平成16年度	4,508	4,291	217	159	8.7%	13	100	△ 108

② 主要指標 (単位：百万円)

区分	平成14年度	平成15年度	平成16年度	順位	県平均	市平均	町村平均
財政力指数	0.154	0.162	0.169	40	0.313	0.500	0.263
標準財政規模a	1,909	1,764	1,839	35	4,840	17,355	2,255
経常収支比率	87.6	85.5	92.2	28	92.1	91.6	92.3
人件費	47.4	48.2	48.9	48	37.6	34.3	38.5
扶助費	1.6	1.5	1.8	14	4.6	10.7	3.0
公債費	22.2	22.0	22.1	33	21.5	18.6	22.3
物件費	7.2	2.6	5.0	2	11.5	11.8	11.4
その他	9.2	11.2	14.4	21	16.9	16.2	17.1
公債費比率	13.2	13.3	14.4	21	16.3	16.1	16.3
起債制限比率	10.6	10.9	11.7	29	11.8	12.6	11.6
税徴収率	93.5	92.2	91.6	4	85.7	86.0	84.8
現年課税分	98.3	97.7	97.9	6	95.6	95.6	95.4
滞納繰越分	15.7	6.3	9.9	46	20.4	20.9	19.0
債務負担行為額b	262	0	0				
b/a ％	13.7	0.0	0.0	1			
地方債現在高c	3,687	3,687	3,586				
c/a ％	192.7	209.0	195.0	20			
積立金現在高	2,715	2,806	2,785				
財政調整基金	990	1,089	1,001				
減債基金	661	662	664				
その他特目基金	1,065	1,055	1,120				
住民1人当たり税負担(円)	46,461	45,911	50,643	10			
自主財源比率	15.6	19.2	22.5	35			

③ 歳入歳出の状況 (H16年度百万円)

区分	金額	構成
地方税	266	5.9%
地方譲与税	70	1.6%
地方交付税	1,643	36.4%
普通交付税	1,448	32.1%
特別交付税	195	4.3%
国庫支出金	889	19.7%
県支出金	481	10.7%
地方債	273	6.1%
その他	886	19.7%
歳入総額	4,508	100.0%
人件費	1,031	24.0%
物件費	684	15.9%
扶助費	111	2.6%
補助費等	143	3.3%
公債費	461	10.7%
普通建設事業費	1,411	32.9%
補助事業費	960	22.4%
単独事業費	451	10.5%
その他	450	10.5%
歳出総額	4,291	100.0%

④ 基地関係収入 (H16度百万円)

区分	金額	比率
助成交付金	31	7.1%
調整交付金	40	9.2%
環境整備	353	81.1%
その他	11	2.5%
合計	435	100.0%

⑤ 公営事業会計等における繰入等の状況 (H16度百万円)

区分	実質収支	繰入金	うち財源補助の繰入
国民健康保険事業	10	103	31
老人保健医療事業	18	49	
介護保険事業(保険)	0	0	0

区分	純損益(実質収支)	繰入金	うち基準外繰入
法非適	－	－	－
法適 交通(船舶)事業	18	0	0
上水道事業	6	0	0

<教育> (平成14年度)

区分	施設数	児童生徒数
村立幼稚園	2箇所	50人
村立小学校	2校	410人
中学校	1校	233人
村立	1校	233人
村立以外	0校	0人

<福祉> (平成14年度)

区分	施設数	収容定数
保育所	3箇所	180人
村立	3箇所	180人
村立以外	0箇所	0人
村立老人福祉センター	0箇所	0人
生活保護率 (H16度平均) 人口千人当たり		11.21

<医療> (平成14年度)

区分	施設数	病床数
病院	0箇所	0床
村立	0箇所	0床
村立以外	0箇所	0床
診療所	2箇所	0床
村立	2箇所	0床
村立以外	0箇所	0床

<公共施設整備状況> (平均14年度)

区分		当該団体	県平均	類似団体
道路	改良率	86.3 %	59.4 %	47.7 %
	舗装率	86.6 %	82.0 %	67.4 %
橋梁	永久橋比率	100.0 %	100.0 %	97.8 %
都市公園等	人口1人当面積	0.0 m³	8.7 m³	20.6 m³
公営住宅等	世帯数比率	0.0 %	2.6 %	8.2 %
	入居競争率(倍)	3.8 倍	9.3 倍	1.3 倍
ごみ	収集率	100.0 %	99.7 %	86.8 %
し尿		1.8 %	12.1 %	59.1 %
公共下水道	普及率	0.0 %	61.6 %	12.4 %
図書館	0箇所	0 m³	体育館	1箇所	1,716 m³
公民館	1箇所	933 m³	集会施設	13箇所	1,243 m³

<村の花・木・鳥・魚、名所・旧跡、祭り・行事等>

村の花	花	テッポウユリ	木	ガジュマル
木・鳥・魚	鳥		魚	－
名所・旧跡	タッチュー・湧出・ニヤティア洞・シカの化石・具志原貝塚・リリーフィールド
祭り・行事	大折目・海神祭・民俗芸能発表会・ゆり祭り・伊江島一周マラソン・旧盆巡回エイサー

<名産・特産・姉妹都市等>

名産・特産	ラッキョウ・ピーナツ菓子・モズク・紅芋トウガン・麦・シモンいも・トコブシ
姉妹都市	－
その他	滋賀県高島市児童との交換交流会（夏・冬）

出典：沖縄県企画部市町村課「沖縄県市町村概要」2006年。

指数は同年度現在，0.169と，沖縄県全体および県下の市町村の平均を下回っている（図表3-58）。しかも，これには9億2000万円の上述した米軍基地関連の収入が加わっている。

ただし，極東最大の米軍基地を抱える本島の嘉手納町の19億9400万円に比べれば少ないものの，県庁所在地の那覇市に匹敵するほどの金額であることは確かである。このため，他の離島に比べ，港湾施設はもとより，診療所，学校などの公共施設や道路などが整備されていることは否めない。その意味で，伊江島は前述した歴史や文化と併せ，「沖縄の離島の縮図」といわれている。

ちなみに行政組織は図表3-59のとおりである。

3 自立の経緯

◆今回の自立と内容　　このようななかで沸き起こったのが今回の合併問題であったが，島袋清徳前町長は「自主・平和・民主のための広範な国民連合」の『日本の進路』地方議員版19号（2003年5月発行）で，同年4月，沖縄県内の離島14町村（伊平屋村，伊是名村，伊江村，久米島町，渡嘉敷村，座間味村，粟国村，渡名喜村，南大東村，北大東村，伊良部町，多良間村，竹富町，与那国町）の首長，および住民約500人が結集し，開催された「一島一町村の自治を守る総決起大会」で，島の自治権を互いに堅持していく必要性があることを呼びかけた。

なぜなら，伊江村は本島の名護市と周辺1町4村との合併が県の指導として示されたが，合併すれば伊江島にある町役場が名護市役所に移され，住民がこの新庁舎に出かけるには船舶と車を使って半日，場合によっては1日かかることになる。また，前述した在日駐留米軍の関連施設にからむ収入や農・漁業収入の多くも名護市などに吸収され，長年，「一島一村制度」を堅守して島内完結型の地方自治が揺らぎ，ひいてはコミュニティの崩壊につながってしまうおそれがあるからである。

このほか，仮に合併して合併特例債等の恩恵を受けたとしても，その3割は新市の借金となるため，いずれは国に帰すべきであり，結局，村の持ち出しも否めないのではないかという懸念もある。しかも，このような「一島一村制度」による島内完結型の地方自治の危機は，他の中小の離島町村にとっても実情は大同小異でもある。

図表3-59　伊江村の行政組織

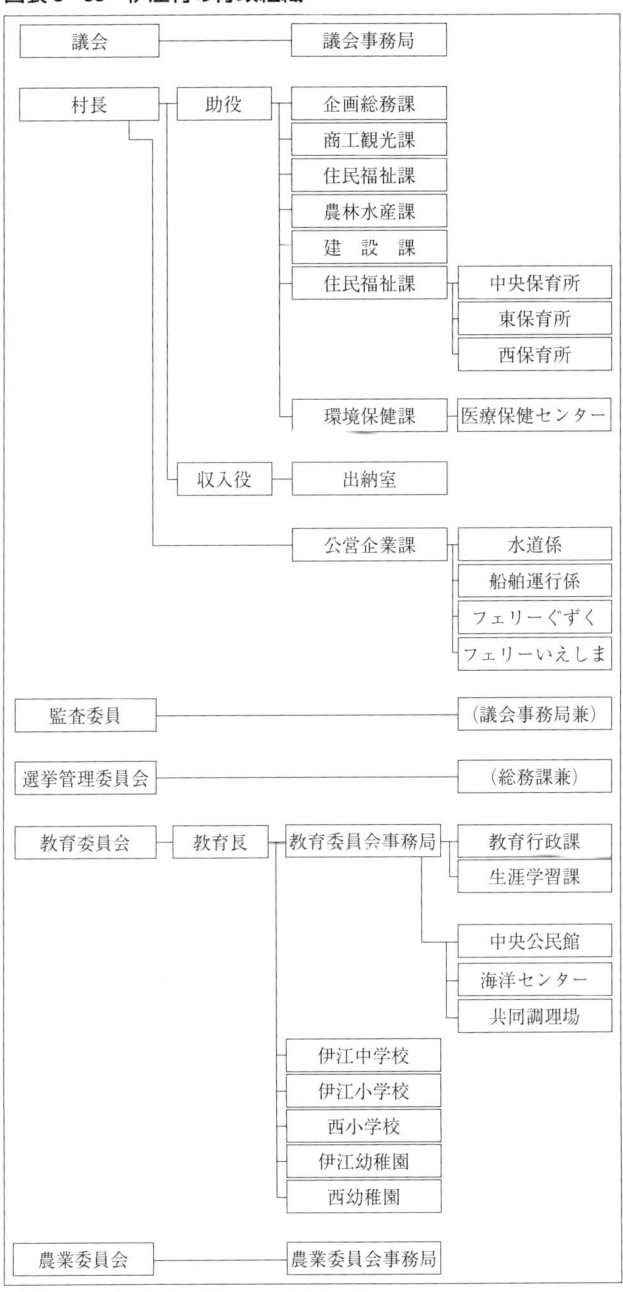

```
議会 ───────────────── 議会事務局

村長 ─── 助役 ─── 企画総務課
                  商工観光課
                  住民福祉課
                  農林水産課
                  建　設　課
                  住民福祉課 ─── 中央保育所
                                 東保育所
                                 西保育所
                  環境保健課 ─── 医療保健センター
         収入役 ─── 出納室
                  公営企業課 ─── 水道係
                                 船舶運行係
                                 フェリーぐずく
                                 フェリーいえしま

監査委員 ──────────── (議会事務局兼)

選挙管理委員会 ─────── (総務課兼)

教育委員会 ─── 教育長 ─── 教育委員会事務局 ─── 教育行政課
                                              生涯学習課
                                              中央公民館
                                              海洋センター
                                              共同調理場
                          伊江中学校
                          伊江小学校
                          西小学校
                          伊江幼稚園
                          西幼稚園

農業委員会 ──────────── 農業委員会事務局
```

出典：伊江村ホームページ；2006年8月1日検索

そこで、島袋前町長は村議会と協議し、今後も自立して生き残るべく、今回の合併問題を住民に十分理解してもらうため、島内の8つの行政区（集落）を毎夜のように巡回し、合併した場合のメリットとデメリットについて説明する会を開催し、住民の意見や考え方を聞いた。そのうえで、村議会に住民投票条例を提案し

一島一町村の自治を守る総決起大会決議

　我々は、市町村合併に全面的に反対するものではない。これからの地方分権時代の地域づくり、また深刻化する財政危機を克服するには、市町村の根本的な改革は必要であることは十分認識している。一島一町村の離島町村にとって、海域を越える市町村合併が今後の地域（島）づくりへの影響度を考えるときに将来の島の衰退を憂慮しているところである。

　離島と本島との間には、今なお多くの格差があり少子高齢化の進行により離島地域をとりまく社会的、経済的環境は依然として厳しい状況にある。しかし、近年は、島々の持つ特性を生かし、総合的な癒し空間としての場の提供等、その独自の地域個性が高く評価され、離島の果たす役割はますます重要になってきている。

　国は、地域の特色を引き出すための地方分権という大義名分を掲げ、全国画一的な合併推進策で半ば強制的に合併を進めているが、これは、逆に地域の個性を無くすようなものであり到底容認できるものではない。

　よって、下記事項について国・県に強く要請する。

記

一、海域を越える合併は、離島の特性を十分勘案し、離島住民の意思を尊重するとともに、合併の強制や権限の制限・縮小を絶対に行わず、一島一町村については、これまで同様の自治を認め、その振興を図ること。

一、財政基盤の脆弱な離島町村にとって、地方交付税は、一定水準の行政サービスを確保するうえで必要不可欠であり、必要な地方交付税を確保すること。

　以上決議する。

　　　　　平成15年4月18日

一島一町村の自治を守る総決起大会

出典：「自主・平和・民主のための広範な国民連合」『日本の進路』地方議員版19号、2003年

て住民投票に付し，その結果に委ねることにした。

　これを受け，村では合併の是非について問う住民投票条例案を2003（平成15）年6月の議会で可決し，選挙権を有する者や永住外国人，伊江村郷友会，イーマジ郷友会および関東伊江島城会の役職者計4161人を有資格者とし，翌7月27日に住民投票を実施した。その結果，投票総数3048人，有効投票数3041人，無効6人で，賛成286票（9.4％），反対票2756（90.6％）の圧倒的多数で合併を拒否し，自立の道を選んだのである。

　その理由について，今回のアンケート調査およびヒアリング調査によると，「効率的，安定的な行財政運営の強化を図っているため」，および「合併特例債等の措置は結局，将来の負担となる懸念があるため」という意見が多く，前述した基地経済に支えられているため，他の離島に比べ，財政危機を回避するため，合併を迫られている状況にないことも事実であった。

4　自立前の地域福祉

　そこで，自立前の伊江村の地域福祉であるが，まず高齢者関係の福祉施設は特別養護老人ホームとデイサービスセンターの各1か所だけである（図表3-60）。また，保健・医療関係では病院はなく，診療所や歯科医院，村の環境保健課が同居する医療保健センターが整備されている。

図表3-60　伊江村の高齢者関係の福祉施設

いえしま	特養
デイサービスセンターいえしま	デイセンターB型

　このほか，介護保険事業では2003（平成15）年度から北部圏の国頭村，大宜味村など，10町村とともに沖縄県北部圏介護保険広域連合に参加し，関係市町村が一つの大きな保険者となることによって介護保険財政を安定させ，介護サービスの平準化を図っている。さらに，関係市町村の英知を結集し，保険料やサービスの適正化をはじめ，離島などにおけるサービス基盤の不十分な地域への対策など，諸課題の解決に取り組むことにより，効率的で質の高い事業の実施をめざしている（図表3-61）。ちなみに老人保健福祉計画，介護保険事業計画はもとより，障害者計画，児童育成計画および次世代育成行動計画は策定済みであるが，地域福祉

計画については「計画策定に必要な人材が確保できないため」,「策定が義務化されていないから」との理由で,いずれも策定されていない。

図表3-61　北部圏11市町村の広域連合

北部圏 (11町村)	国頭村,大宜味村,東村,今帰仁村,本部町,恩納村,宜野座村,金武町 伊江村,伊平屋村,伊是名村

出典：沖縄県ホームページ：2006年8月31日検索

　このようななか,村は,従来より島内完結型の地方自治をめざし,1995(平成7)年に「伊江島一周マラソン大会」を企画し,以後,毎年4月,住民のボランティアのスタッフの協力のもとで開催しており,村内外から毎年,約1500人が参加し,"村おこし"として成果をおさめている。また,村の花であるユリを観光資源にすべく,島の一角に20万株,計100万輪を植えて「リリーフィールド公園(ユリ公園)」を整備し,1998(平成10)年から毎年4月,島をあげて2日間,「伊江島ゆり祭り」を開催し,本島や他の離島等,各地から約2万人もの行楽客が訪れるなど,「ユリの伊江島」のPRに努めている。

　このほか,特産のラッキョウを生かした「島ラッキョウ祭り」や住民総ぐるみの「伊江島健康福祉まつり」,「村産業祭り」,「生涯学習まつり」など,春夏秋冬を問わず,何らかのイベントを企画するなど余念がない。また,毎年,旧盆には島の若者たちが伝統のエイサー(盆踊り)を村内を巡回しながら繰り広げる「青年会旧盆巡回エイサー」もすっかり伝統の行事となっており,このような青年たちは地元の学校を卒業しても島に止まり,普段は仕事の合間,消防団員として地道な地域活動を続けている。それというのも,当世流行のゴルフ場も島内に完備しており,いちいち本島に出かけなくても,ゴルフやビーチでの海水浴,ダイビング,釣りなどが楽しめるからで,とても離島とは思えないほどハード,ソフトともに充実しているのである。

　一方,村は2003(平成15)年,伊江港背後地整備事業としてフェリーターミナル棟や土産物店,ホールなどを整備,その運営会社を設立して住民の雇用の場を確保したり,IT時代を迎え,2008(平成20)年度の地上波デジタル放送やCATVの開始,IT事業会社の設立などによって離島のハンディキャップを解消すべく,2004(平成16)年度に「無線アイランド構想」を打ち出し,その後,一部を見直して本格的に着手し,近く,商工会や観光協会と連携して観光物産株式会社を設立

伊江村の保健・医療施設

```
伊江村医療保健センター                                    ✚
健康管理及び保健衛生サービスの提供
 □施設案内□
 2階  伊江村診療所     電話  0980-49-2054    FAX  なし
                            0980-49-5161
 3階  歯科医院        電話  0980-49-2214    FAX  0980-49-5539
 3階  環境保健課      電話  0980-49-2234    FAX  0980-49-5851
                            0980-49-5000
```

| 医療施設 | 伊江村立診療所 |

□診察内容□
- 一般外来
- 救急外来
- 人間ドック
- 理学療法
- 耳鼻咽喉科　（第4日曜日）

□診療時間□
午前9時00分〜12時00分
午後2時00分〜5時00分
土・日・祝祭日　休診
救急患者については24時間受付

検査項目

血液生化学検査	尿便検査
血液ガス分析	一般X線検査
X線透視検査	CT検査
腹部超音波検査	心電図検査
24時間ホルター心電図検査	胃十二指腸内視鏡検査
大腸内視鏡検査	視力検査
聴力検査	眼底検査

| 医療施設 | 伊江村歯科医院 |

□診察内容□
- 歯科一般
- 小児歯科
- 口腔外科

□診療時間□
午前9時00分〜12時00分
午後2時00分〜6時00分
土曜日9時00分〜12時00分
日・祝祭日　休診

| 医療施設 | 環境保健課 |

保健相談・指導など

健康な子どもを生み育てるために妊産婦や乳幼児の健やかな成長のための健康相談・育児相談，また生活習慣病予防や早期発見のための相談指導，より健康になるためのノウハウの相談等

出典；伊江村ホームページ；2006年8月1日検索より作成

することも検討する準備委員会を企画調整，商工水産両課に設けるなど，財政の建て直しを図っている。もちろん，毎年来襲する台風に備え，災害無線も完備しており，毎日3回，防災や防火，防犯を住民に呼びかける無線放送も欠かさず，住民のライフラインを守っているなど，伊江村は合併問題に巻き込まれる数年前から行政と住民が一体となり，自然豊かな伊江島における島内完結型の地方自治を推進しているのである。

5 自立後の地域福祉

ところで，今回の合併問題に対し，住民投票でこれを拒否し，自立宣言をした以上，それに見合った方策を講ずることが最大の課題である。

そこで，村は，島袋前町長の陣頭指揮のもと，早速，行政改革を断行すべく「行政改革プラン」を策定し，2005（平成17）年度から順次，その実行に移している。

具体的には，自立した同月，従来の「行政改革プラン」を村の"生き残り改革"として位置づけ，「3次行政改革大綱」の策定に着手してこれまでの実施事項を洗い出し，翌2005（平成17）〜2009（平成21）年度にかけ，歳入の部では，ごみの有料化や各種事務使用料および手数料の有料化，また，歳出の部では収入役の廃止をはじめ，議員や教育委員の定数の削減，特別職の報酬および管理職手当，議員の報酬の見直し，各種団体の負担金や補助金，職員の旅費などの見直し，農業委員の定数削減，特殊勤務手当などの見直し（図表3-62），および事務事業の再編・整理，および行政評価の導入，指定管理者制度の導入による施設の民間委託の推進

図表3-62 住民投票とその後の行財政改革の流れ

平成15年3月12日	市町村合併に関する地域懇談会（24日まで8回）
平成15年5月30日	第三次伊江村行政改革推進委員会発足（行革大綱諮問）
平成15年6月19日	伊江村の合併についての意思を問う住民投票条例可決 「一島一村の自立をめざす伊江村宣言」決議
平成15年7月27日	合併を問う住民投票「合併反対90％」
平成16年1月22日	行政改革推進委員会第二回会合
平成16年3月13日	行政改革推進委員会第三回会合
平成17年5月20日	行政改革推進委員会第四回会合
平成17年6月12日	行政改革推進委員会第五回会合

（行政改革における実施事項）	（可決及び施行）	（適用及実施）
1．歳入の部		
ごみの有料化		H16. 4. 1
使用料・手数料の適正化	H17. 6. 16	H17. 7. 1
2．歳出の部		
伊江村に収入役をおかない条例	H17. 3. 9	H17. 5. 1
議員定数の削減	H16. 6. 24	（H18. 9. 28）
教育委員定数の減数	H16. 3. 25	H16. 4. 1
特別職の報酬及管理職手当見直し	H16. 3. 25	H16. 4. 1
議員の報酬見直し	H16. 4. 7	H16. 4. 7
各種団体の負担金・補助金見直し		H17. 4. 1
旅費等見直し	H16. 3. 30	H16. 4. 1
農業委員の定数削減	H17. 6. 16	H16. 10. 1
特殊勤務手当等の見直し	H16. 3. 25	H16. 4. 1

出典：伊江村ホームページ2006年8月31日検索

などを順次断行することとしている。

　一方，一般会計の予算総額（42億7019万5000円；2004年実績），および民生費予算（6億482万1000円；2004年実績）はともに変わらない。一般職員は3人，議員も4人それぞれ削減したが，保健医療・福祉事業に従事する職員の人数は変わらない。これに対し，村長や職員，職員に対する報酬はどちらかというと隣接の合併等の市町村の低い方に合わせた。介護保険料は2006（平成18）年4月の介護保険の改定に伴い，月額5606円引き上げたが，保育料は当面は自立前のままとした。また，村営住宅や中央公民館，医療・社会福祉施設は当面，直営を継続していくことにした（図表3-63）。

　一方，社協については，自立宣言後ももちろん，他の社協との合併の協議はしなかった。また，財源的にはご多分にもれず，支出の大半は人件費で占められているものの，世帯会員の加入率はほぼ100％を誇っているほか，介護保険収入や経常経費補助金などの収入もあるため，比較的余裕があるからである。

　とりわけ，このなかで注目すべきことは寄付金の収入が多いことで，2006（平成18）年度の一般会計の収支予算書によると，300万円計上されている。これは，昨年度の例でみてみると，前村長をはじめ，住民有志が退職記念や歌謡ショー，ゴルフのコンペの売上金，香典返しで計562万6556円の寄付があった。

　また，不定期だが，米寿や白寿のお祝い金の一部，あるいは伊江村の出身者でつくる「郷友会」の会員が，在住している他府県や海外から「郷土に」と寄付金を寄せることもあり，地域福祉の活動資金として活用している。共同募金には住民各層から理解と協力を得て，昨年度は目標額が114万6000円であったが，これを上回る134万3355円が集まった。

　今年度の事業計画は，介護保険事業や各種調査研究，高齢者や障害者，児童，母子・父子を対象とした各種福祉事業，ボランティア活動が中心に取り組むことになっている。なかでも健康チェックや折り紙，テーブルゲーム，リハビリ体操などのミニデイサービス（生きがい活動支援通所事業）は年々活発になっており，世代間交流も深まっている。いずれも，昔から「ゆいまーる」の精神がことのほか根強く，1910（明治43）年から全8区に自治公民館が順次整備されてきており，町内会によって編成された組ごとに行われている。

　区長は，村から住民税の徴収や広報などの業務を有償で委託されており，この

図表3-63　施設の民間委託推進（指定管理者制度含む）について

①レクリエーション・スポーツ施設（競技場，体育館，プール，宿泊休養施設など）

施設名	16年度末時点の状況				17〜21年度までの5年間の取組目標
	直営	一部委託	管理委託	指定管理者	
子どもの森広場				○	完成まもなく，経営は安定しており，状況を見守りたい。
屋外運動場				○	完成まもなく，経営は安定しており，状況を見守りたい。
海洋センター	○				当面は，直営が望ましいと考えている
ミースィ公園	○				当面は，直営が望ましいと考えている

②産業振興施設（情報提供施設，展示場施設など）

施設名	16年度末時点の状況				17〜21年度までの5年間の取組目標
	直営	一部委託	管理委託	指定管理者	
農産物集出荷センター				○	平成18年4月1日より指定
特産品加工センター				○	平成18年4月1日より指定
家畜市場				○	平成18年4月1日より指定
具志・西崎漁港	○				指定管理はなじまない

③基盤施設（駐車場，大規模公園，水道施設，下水道終末処理場など）

施設名	16年度末時点の状況				17〜21年度までの5年間の取組目標
	直営	一部委託	管理委託	指定管理者	
村営住宅	○				当面は，直営が望ましいと考えている
港ターミナル	○				当面は，直営が望ましいと考えている
青少年旅行村	○				当面は，直営が望ましいと考えている
伊江島はにくすに	○				当面は，直営が望ましいと考えている
産業廃棄物最終処分場	○				当面は，直営が望ましいと考えている

④文教施設（市町村民会館，図書館など）

施設名	16年度末時点の状況				17〜21年度までの5年間の取組目標
	直営	一部委託	管理委託	指定管理者	
農村環境改善センター	○				当面は，直営が望ましいと考えている
中央公民館	○				当面は，直営が望ましいと考えている
各区公民館				○	平成16年7月1日より指定

⑤医療・社会福祉施設（病院，老人福祉センター，保育所など）

施設名	16年度末時点の状況				17〜21年度までの5年間の取組目標
	直営	一部委託	管理委託	指定管理者	
医療保健センター	○				当面は，直営が望ましいと考えている
聖苑（火葬場）	○				当面は，直営が望ましいと考えている
村立保育所	○				当面は，直営が望ましいと考えている
村立診療所	○				当面は，直営が望ましいと考えている

⑥その他

施設名	16年度末時点の状況				17～21年度までの5年間の取組目標
	直営	一部委託	管理委託	指定管理者	
…………					
…………					

⑦公の施設以外の施設 （研究施設等）

施設名	16年度末時点の状況				17～21年度までの5年間の取組目標
	直営	一部委託	管理委託	指定管理者	
…………					
…………					

【公の施設とは】
地方自治法上の公の施設とは、「住民の福祉を増進する目的をもってその利用に供するための施設」をいいます。
1．住民の利用に供するためのものであること。（庁舎，給食センター等は公の施設でない。）
2．当該普通地方公共団体の住民の利用に供するためのものであること。
3．住民の福祉を増進する目的をもって設けるものであること。
4．地方公共団体が設けるものであること。
（例）体育館，プール，運動場，博物館，美術館，図書館，コミュニティセンター公園等となっております。
【公の施設以外の施設とは】
公の目的のために設置された施設であっても，住民の利用に供することを目的としないものをいいます。
（例）試験研究施設

指定管理者制度は，市町村が指定する法人その他の団体に，施設の管理を行わせるものであり，多様化する住民ニーズに効果的・効率的に対応するため，公の施設の管理に民間の能力を活用し，住民サービスの向上を図るとともに経費の節減等を図ることを目的としております。但し，学校教育法等で管理主体が限定されている施設については，制度の対象外となっている。

案1	管理事務				清掃事務		学校給食		学校用務員事務	等	道路維持補修・清掃	事業	ホームヘルパー派遣	在宅配食サービス	情報処理・庁内情報システム維持	HP作成・運営	給与計算事務	その他
	本庁舎清掃	本庁舎の夜間警備	案内・受付業務	電話交換業務	公用車運転	し尿収集	一般ごみ収集	調理	運搬									
16年度末の状況	×	○	×	×	×	−	○	×	×	×	△	△	○	△	△	×	−
今後5年間取組目標	×	○	×	×	×	−	○	×	×	×	△	△	○	△	△	×	−
実施予定年度																	

備考）16年度末　○：全部委託　△：一部委託　×：直営　−：事務事業がない
出典：伊江村ホームページ2006年8月31日検索

ような日ごろの区長の活動が自治公民館の運営や活動にも責任者としてかかわっているため，地域福祉の推進に大きな役割を果たしている。また，老人会（老人クラブ）や婦人会，青年会など住民の地域自治組織の活動も活発である。

しかし，こられの活動は必ずしも地域福祉の領域で行われているのではなく，それぞれの組織の理念に沿い，バラバラに実施されているのが実態である。

6 自立の効果

自立による地域福祉への効果の有無であるが，伊江村や社協の幹部の職員，および住民は，異口同音に「今はどちらともいえない。なぜなら，合併を拒否した以前と，拒否して自立の道を選んだ後の地域の状況は変わらないから」と話している。

ただ，今後の地域福祉の展開への影響については「まあまあプラスになると思う。なぜなら，自治権の対策はすべての施策に影響があり，住民からの事業等への要望・要求も制約を受けるなど実現も難しくなる。また，自主自立の選択により住民本位の福祉の向上へ繋がるものと思科するから」といっている。

確かに，伊江村に限らず，自立しようと合併しようとにかかわらず，その効果はただちに上がったり，下がったりしたのかどうか，評価することは時期尚早かもしれない。なぜなら，実際に評価を行う場合，どのような評価指標をつくり，かつ評価するのか，技術的にも十分解明されていないからである。

このようななか，伊江村にあっては従来からの島内完結型の地方自治として取り組むばかりか，自立宣言後，さらなる行財政改革を断行すべく，首長や職員，議員の報酬や定数を減する一方，地域福祉関係の予算を増やしているため，とりあえず自立や合併の効果はあったというべきである。また，住民もこれに呼応すべく，行政とともに島内完結型の地方自治を一層推進しようと努めていることだけも確かである。

しかし，これらの評価はあくまでも短期的なものにすぎず，今後，少なくとも5～10年のスパンで，もう少し事態の推移を見守ったうえで評価すべきである。その意味で，今後も伊江村の成り行きが注目される。

伊江村社協の2006年度一般会計の収支予算書　(単位：千円)

勘定科目（大）		予算額	勘定科目（大）		予算額
経常活動による収入	会費収入	790	経常活動による支出	人件費支出	36,284
	寄附金収入	3,000		事務費支出	4,884
	経常経費補助金収入	12,110		事業費支出	4,656
	受託金収入	6,807		助成金支出	30
	事業収入	3,230		負担金支出	138
	共同募金配分金収入	1,298			
	介護保険収入	24,700			
	受取利息配当金収入	25			
	経常収入計	51,960		経常支出計	45,992
施設整備等による収入	施設整備等収入	0	施設整備等による支出	固定資産取得支出及び繰入支出	2,700
	施設整備等収入計	0		施設整備等支出計	2,700
財務活動による収入	積立預金取崩収入	2,700	財務活動による支出	積立預金積立支出	4,022
				その他支出	540
	財務収入計	2,700		財務支出計	4,562

前期末支払資金残高	10,650
当期末支払資金残高	9,522

出典：伊江村社協「社協だより」2006年第17号

7　当面の課題

　最後に当面の課題であるが，上記したように，伊江村では従来から島をあげて「一島一村制度」をかたくなに守っている。しかも，それは単なる掛け声だけでなく，前村長およびこれを引き継いだ現村長が先頭に立ち，上記したようなさまざまな事務の使用料や手数料の適正化，要職者の定数削減，報酬および手当の見直し，事業の民間への委託など，各種の行財政改革を断行する反面，住民の生活に密接な保健・医療・福祉サービスは当面，直営などの形で継続する一方，「伊江島一周マラソン大会」や「伊江島ユリ祭り」，「無線アイランド構想」など，地域の活性化や再生を島をあげて取り組んでいるのである。

　ともあれ，伊江村の場合，在日米軍の関連施設などがある関係上，日米両政府からの協力金や奨励金などの名目による歳入があるため，本島から遠方に位置し，

伊江村社協の今年度事業計画

《重点目標》
(1) 事務局体制の充実，強化
(2) 在宅福祉サービスの推進
(3) ボランティア組織の育成
(4) 指定訪問介護事業所の運営
(5) 指定居宅介護支援事業所の運営
(6) 介護予防，生活支援事業の実施
(7) 障害者自立支援法による居宅介護事業所の運営

《具体的事業》
1. 会務の運営，並びに連絡協調
2. 調査研究並びに福祉対策
3. 低所得者福祉対策
4. 児童，母子，父子福祉事業
5. 老人福祉に関する事業
6. 心身障害者福祉事業
7. 心配ごと相談事業
8. 災害援助事業
9. 福祉資金造成のための事業
10. 調査広報活動及び啓発宣伝
11. 福祉組織活動
12. ボランティア活動事業
13. 介護保険制度に関する事業
14. 障害者自立支援法に伴う事業
15. 受託事業

平成18年度ミニデイ事業計画
11：00～12：00　　健康チェック・おりがみ・テーブルゲーム
12：00～13：00　　昼食・ゆんたくタイム
13：00～14：00　　レクレーション・体操

東 江 上 区	第2金曜日	1回
東 江 前 区	第2・4火曜日	2回
阿 良 区	第2・4水曜日	2回
西 江 上 区	第3水曜日	1回
西 江 前 区	第1・3金曜日	2回
川 平 区	第3火曜日	1回
真 謝 区	第4金曜日	1回
西 崎 区	第1火曜日	1回

出典：伊江村社協「社協だより」2006年第17号

　かつこれといった観光資源に恵まれていない波照間島や粟国島などに比べれば自立も可能で，基地経済に依存している体質も否めない。しかし，今回の合併によって合併特例債を確保して財政基盤を強化し，土建型公共事業を推進するのではなく，あえてそれをスケールデメリットとしてとらえ，身の丈に合った行財政改革を断行することにより，地域をさらに活性化させようとしているのである。

　事実，筆者はこの6年間，県下の離島をくまなく訪問してはその実態を見聞し

ているが，行政と住民が伊江島ほど一体化し，島内完結型の地方自治を推進している離島は決して珍しくはないかもしれない。

　しかし，他の離島と違って若者が多く，本島にまさるとも劣らず，毎日，生き生きとして島暮らしをエンジョイしているのも事実である。もっとも，このような島内完結型の地方自治も地域福祉としての拡大にまでは至っておらず，そこに伊江村の課題があるように思われる。しかも，それは行政にも，社協にも，また，住民にも共通することである。

　具体的には，2000（平成12）年の社会福祉法の改称・改正により，市町村に地域福祉計画の策定の努力義務が課せられて3年が経過しているものの，伊江村においても他の離島と同様，今後もその予定はないということである。また，民間計画である市町村社協における地域福祉活動計画の策定についても然りである。

　ただし，このような傾向は何も伊江村だけでなく，県下の市町村および市町村社協においても同様であるが，現状のままでは，せっかくの島内完結型の地方自治も地方行政レベルの取り組みに止まり，行政と住民が一体となって展開する地域福祉のネットワーク化に望むべくもない。伊江村の地域の特性や歴史，産業，文化，住民の気質，老若男女からなる豊富なインフォーマルのサービスを行政の施策にリンクさせたり，民間独自の住民活動として拡大していく可能性の芽を摘み取ってしまうにはあまりにも惜しい，と思うのは筆者だけではあるまい。コミュニティワーカーの存在が今こそ，伊江村に最も必要とされているのである。

資料・全国市町村合併実態調査（自立用・伊江村）

●以下の質問にご回答ください。（平成18年4月1日現在）

1. 自立宣言の時期等

Q1．貴市町村の合併論議に関わり，自立を確定して宣言された日はいつですか。

平成　15年　　7月　　27日　　（　H15年度）

Q2．自立することになった主な理由について，最も近かったものを上位3つまで選んでください。

① 多くの地域住民が合併を望まなかったため
2．関係首長が合併を望まなかったため
3．国・県の指導があったため
4．現在の財政状況にとくに問題がないため
⑤ 効率的，安定的な行財政運営の強化を図っているため
⑥ 合併特例債等の措置は結局，将来の負担となる懸念があるため
7．公共料金等の地域間格差の是正を図っているため
8．各種サービスや住民の利便性の向上を図っているため
9．地域の経済・産業の活性化を図っているため
10．保健医療・福祉の充実を図っているため
11．道路や上下水道等の生活基盤整備を図っているため
12．少子高齢化問題の対策を講じているため
13．人口減少化の進行に歯止めをかけているため
14．その他（　　　　　　　　　　　　　　　）

Q3．貴市町村では合併の可否等（合併の枠組みや新市町村の名称などについても含む）について住民の意向をどのように確認しましたか（複数回答可）。

① 住民説明会の実施　② 住民投票を実施
3．住民意向調査を実施　4．首長選挙（公約）により確認
5．その他（　　　　　　　　　　　　　　　）

2．現在の市町村の状況

Q4．市町村の人口規模は次のうちどれですか。

1．50万人以上	2．50万人未満～30万人以上
3．30万人未満～25万人以上	4．25万人未満～20万人以上
5．20万人未満～15万人以上	6．15万人未満～10万人以上
7．10万人未満～5万人以上	8．5万人未満～3万人以上
9．3万人未満～1万人以上	⑩　1万人未満～5000人以上
11．5000人未満～3000人以上	12．3000人未満～2000人以上
13．2000人未満～1000人以上	14．1000人未満～500人以上
15．500人未満	

Q5．市町村の人口と年齢構成の人数，割合をご記入ください。

総人口	0～15歳未満	15～65歳未満	65歳以上	75歳以上
5,204人	845人	3,076人	1,283人	625人
総人口に占める割合 →	16.2%	59.1%	※24.7%	12.0%

Q6．市町村の面積は何km2ですか？

22.75　km^2

3．自立宣言前と宣言後の変化の状況

Q7．自立宣言後の貴市町村の平成17年度の一般会計の予算総額，民生費予算（及び一般会計の総額に占める割合）の規模はどれくらいですか。

平成18年4月1日の時点で自立宣言前の場合↓	平成18年4月1日の時点で自立宣言後の場合↓
一般会計：　　　　　　　　千円	一般会計：　　　　　4,270,195千円
民生費予算：　　　　　　　千円	民生費：　　　　　　　604,821千円
民生費の割合：　　　　　　　％	民生費の割合：　　　　　　14.2％

Q8．自立宣言前の貴市町村の直近の年度の一般会計予算（1年分）の合計金額と，宣言後の一般会計予算（1年分）の金額を比較してどのようになりましたか。

1．減った（減る予定）→（　　　　　千円減）

② 変わらない（予定）
3．増えた（増える予定）→（　　　　　　千円増）

Q 9．自立宣言前の貴市町村の直近の年度の民生費予算（１年分）の合計額と，宣言後の民生費予算（１年分）の金額を比較してどのようになりましたか。

1．減った（減る予定）→（　　　　　　千円減）
② 変わらない（予定）
3．増えた（増える予定）→（　　　　　　千円増）

Q10．自立宣言前の貴市町村の近年の年度の一般職員（付属機関等への出向派遣を含む。特別職・嘱託・非常勤・パート・アルバイトは除く）の合計人数と，宣言後の新市町村の職員の数（平成18年４月１日現在）とを比較してどのようになりましたか。

① 減った　→（　　3人減）　　2．変わらない
3．増えた　→（　　　人増）

Q11．自立宣言前の貴市町村の直近の年度の保健医療・福祉の事業に従事する職員（付属機関への出向派遣を含む。特別職・嘱託・非常勤・パート・アルバイトは除く）の合計人数と，宣言後の貴市町村の保健医療・福祉の事業に従事する職員の数（平成18年４月１日現在）を比較してどのようになりましたか。

1．減った　→（　　　人減）　　② 変わらない
3．増えた　→（　　　人増）

Q12．貴市町村の職員（付属機関等への出向派遣を含む。特別職・嘱託・非常勤・パート・アルバイトは除く）給与は，自立宣言により何らかの調整をしましたか。

1．隣接の合併等の市町村の低い方に合わせた
2．隣接の合併等の市町村のおおむね平均に合わせた
3．どちらかというと隣接の合併等の市町村の高い方の市町村に合わせた
④ 当面は自立宣言前のままにした
5．その他（　　　　　　　　　　　　　　　）

Q13．自立宣言前の直近年度の議院の合計数と，宣言後の新市町村の議員数（平成18年４月１日現在）を比較してどのようになりましたか。

① 減った　→（　　4人減）　　2．変わらない

3．増えた　→（　　　　人増）

Q14. 貴市町村の議員報酬は，自立宣言によりどのように調節しましたか。

① どちらかというと隣接の合併等の市町村の低い方の市町村に合わせた
2．おおむね隣接の合併等の市町村のおおむね平均に合わせた
3．どちらかというと近隣の合併等の市町村の高い方の市町村に合わせた
4．当面は自立宣言前のままにした
5．その他（　　　　　　　　　　　　　）

Q15. 貴市町村の首長給与は，自立宣言によりどのように調整しましたか。

① どちらかというと隣接の合併等の市町村の低い方の市町村に合わせた
2．おおむね隣接の合併等の市町村のおおむね平均に合わせた
3．どちらかというと近隣の合併等の市町村の高い方の市町村に合わせた
4．当面は自立宣言前のままにした
5．その他（　　　　　　　　　　　　　）

4．主な福祉計画の策定状況

Q16. 貴市町村では自立宣言後，老人保健福祉計画の見直しのための策定をしていますか。

1．策定済み（直近の策定年月→平成　　年　　月）
② 現在，策定作業中（策定予定年月→平成　18年　6月）
3．早期の策定に向けて検討中（策定予定年月→平成　　年　　月）
4．策定する予定があるが，時期は未定
5．策定する予定は現在のところない
6．その他
（　　　　　　　　　　　　　　　　）

SQ→Q16で4，5と回答した市町村で，策定が未定である理由は何ですか。（3つまで可）

1．計画の必要性（ニーズ）が特にないため
2．策定に必要な予算が確保できないため

3．策定に必要な人材が確保できないため
　　4．計画を実施する予算の確保ができないため
　　5．その他（　　　　　　　　　　　　）

Q17. 現在，貴市町村では自立宣言後，介護保険事業計画は策定していますか。

　1．策定済み（直近の策定年月→平成　　年　　月）
　②　現在，策定作業中（策定予定年月→平成　18年　6月）
　3．早期の策定に向けて検討中（策定予定年月→平成　　年　　月）
　4．策定する予定があるが，時期は未定
　5．策定する予定は現在のところない
　6．その他（　　　　　　　　　　　　）

　SQ→Q17で4，5と回答した市町村で，策定が未定である理由は何ですか。（3つまで可）

　　1．計画の必要性（ニーズ）が特にないため
　　2．策定に必要な予算が確保できないため
　　3．策定に必要な人材が確保できないため
　　4．計画を実施する予算の確保ができないため
　　5．その他（　　　　　　　　　　　　）

Q18. 現在，貴市町村では障害者プラン（障害者計画）を策定していますか。

　1．策定済み（直近の策定年月→平成　　年　　月）
　2．現在，策定作業中（策定予定年月→平成　　年　　月）
　③　早期の策定に向けて検討中（策定予定年月→平成　19年　3月）
　4．策定する予定があるが，時期は未定
　5．策定する予定は現在のところない
　6．その他（　　　　　　　　　　　　）

　SQ→Q18で4，5と回答した市町村で，策定が未定である理由は何ですか。（3つまで可）

　　1．計画の必要性（ニーズ）が特にないため
　　2．策定に必要な予算が確保できないため

3．策定に必要な人材が確保できないため

4．計画を実施する予算の確保ができないため

5．策定が義務化されていないから

6．その他（　　　　　　　　　　　　）

Q19. 現在，貴市町村ではエンゼルプラン（児童育成計画）及び市町村次世代育成計画を策定していますか。

① 策定済み（直近の策定年月→平成　　17年　　3月）

2．現在，策定作業中（策定予定年月→平成　　　年　　　月）

3．早期の策定に向けて検討中（策定予定年月→平成　　　年　　　月）

4．策定する予定があるが，時期は未定

5．策定する予定は現在のところない

6．その他（　　　　　　　　　　　　）

SQ→Q19で4，5と回答した市町村で，策定が未定である理由は何ですか。（3つまで可）

1．計画の必要性（ニーズ）が特にないため

2．策定に必要な予算が確保できないため

3．策定に必要な人材が確保できないため

4．計画を実施する予算の確保ができないため

5．策定が義務化されていないから

6．その他（　　　　　　　　　　　　）

Q20. 現在，貴市町村では社会福祉法上の地域福祉計画を策定していますか。

1．策定済み（直近の策定年月→平成　　　年　　　月）

2．現在，策定作業中（策定予定年月→平成　　　年　　　月）

3．早期の策定に向けて検討中（策定予定年月→平成　　　年　　　月）

4．策定する予定があるが，時期は未定

⑤ 策定する予定は現在のところない

6．その他（　　　　　　　　　　　　）

SQ→Q20で4，5と回答した市町村で，策定が未定である理由は何ですか（3つまで）。

> ① 計画の必要性（ニーズ）が特にないため
> 2．策定に必要な予算が確保できないため
> 3．策定に必要な人材が確保できないため
> 4．計画を実施する予算の確保ができないため
> ⑤ 策定が義務化されていないから
> 6．その他（　　　　　　　　　　）

Q21. 貴市町村では自立宣言前，社会福祉法上の地域福祉計画を策定済みでしたか。

> 1．はい　　　② いいえ

SQ→Q21で，策定しなかった主な理由は何ですか（3つまで）。

> 1．自立宣言前に策定の協議があったため（自立宣言後に検討）
> ② 計画の必要性（ニーズ）が特にないため
> 3．策定に必要な予算が確保できないため
> ④ 策定に必要な人材が確保できないため
> 5．計画を実施する予算の確保ができないため
> ⑥ 策定が義務化されていないから
> 7．その他（　　　　　　　　　　）

5．自立宣言後の主な福祉制度

Q22. 保育所の保育料は，自立宣言前とどのように調整しましたか。

> 1．どちらかというと隣接の合併等の市町村の低い方に合わせた
> 2．おおむね隣接の合併等の市町村の平均に合わせた
> 3．どちらかというと隣接の合併等の市町村の高い方に合わせた
> ④ 当面は自立宣言前のままにした
> 5．その他（　　　　　　　　　　）

Q23. 自立宣言後の介護保険料は現在，どのような状況になっていますか。

> 1．宣言前のままになっている（予定）（標準月額→　　　　円）

2．宣言後に引き上げた（予定）（標準月額→　　　　　円）
　　③　その他（介護保険法改正により引き上げられた。5,606円　　　　　　）

Q24. 自立宣言後, 介護保険事業の市町村特別給付を行っていますか (近いうちに行う予定ですか)。

　　1．行っている（給付名→　　　　　　　　　　　　　　　）
　　2．行う予定がある（何を・いつから→　　　　　　　　　）
　　③　予定はない

Q25. 自立宣言後, 他の市町村と合併した隣接の他のどの市町村でも行われていなかった新規の保健医療・福祉の事業を行っていますか (予定を含む)。

　　1．行っている（事業名→　　　　　　　　　　　　　　　）
　　2．行う予定がある（何を・いつから→　　　　　　　　　）
　　③　予定はない

Q26. 自立宣言を機に廃止・統廃合された保健医療・福祉関係の事業はありますか (予定はありますか)。

　　1．ある　　　　②　ない

　　SQ→Q26で1と回答した市町村では, 具体的にどのような保健医療・福祉の事業が廃止・統廃合されましたか (予定を含む)。

　　　●廃止の具体例：(例, 診療所・敬老祝金等の事業の廃止)
　　　●統廃合の具体例 (例, 保健センター・保育所・在宅介護支援センターの統廃合)

Q27. 自立宣言後, 保健医療・福祉の連携を重視した地域福祉施策を進めるうえで, その基礎単位としてどのような地域割りをしていますか (予定を含む・最も近いものに○)。

　　①　地区名・地域名単位　　　2．中学校区単位
　　3．小学校単位　　4．町丁名単位　　5．自治会（町内会）単位
　　6．小地域の設定はない　　7．その他（　　　　　　　　　　　）

Q28. 貴市町村では, 地域住民や保健医療・福祉の関係者が小地域ごとに集い, 地域の福祉問題について話し合う組織などはありますか (地区社協は除く)。

　　①　すべての地域にある　　　2．半数以上の地域にある

3．一部の地域にある　　　4．ない
5．その他（　　　　　　　　　　　　　　　）

SQ1→Q28で2～5に回答した市町村では向こう10年以内に，小地域ごとの組織をどの程度整備していく予定ですか。

1．すべての地域に一斉に整備する
2．半数以上の地域を目標に整備する
3．当面は一部の地域に整備する　　　4．当面整備する予定はない
5．その他（　　　　　）

SQ2→Q28で2～5に回答した市町村では，小地域ごとの組織についてどのように考えていますか。

1．行政が関与していたすべての地域に設ける
2．行政は支援するが地域の自主性に任せる
3．行政は積極的には関与しない
4．その他（　　　　　　　　　　　　）

6．社会福祉協議会

Q29．貴市町村の自立宣言後の社会福祉協議会はどのような状況ですか。

1．隣接の合併等の市町村に合わせて合併した
　　（→平成　　年　　月　　日）
2．宣言後，遅れて合併した（→平成　　年　　月　　日）
3．宣言後，遅れて合併する予定（→平成　　年　　月　　日）
4．宣言とは関係なく，早期に向けて合併の協議が行われているが，時期は未定
⑤．宣言後，合併の協議は現在行われていない
6．隣接の合併等の市町村に合わせて広域化した
　　（→平成　　年　　月　　日）
7．宣言後，遅れて広域化した（→平成　　年　　月　　日）
8．宣言とは関係なく，早期に向けて広域化の協議が行われているが，時期は

未定
9．宣言後，広域化の協議は現在行われていない
10．その他（　　　　　　　　　　　　　　　）

SQ１→Q29で１，２と回答した市町村のうち，すでに社会福祉協議会においてボランティア・市民活動・NPOを支援する事業を実施していますか。

　1．実施されている（具体例：　　　　　　　　　　　　　）
　2．現在調査・検討中（具体例：　　　　　　　　　　　　）
　3．実施する予定はあるが，時期は未定（具体例：　　　　）
　4．実施する予定は今のところない
　5．その他（　　　　　　　　　　　　　　　　　　　　）

SQ２→Q29で１，２と回答した市町村のうち，すでに社会福祉協議会において地域福祉活動計画を策定していますか。

　1．策定済み（直近の策定年月→平成　　　年　　　月）
　2．現在，策定作業中（策定年月→平成　　　年　　　月）
　3．早期の策定に向けて検討中（策定年月→平成　　　年　　　月）
　4．策定する予定はあるが，時期は未定
　5．策定する予定は現在のところない
　6．その他（　　　　　　　　　　　　　　）

SQ３．→SQ２ ４，５と回答した社会福祉協議会で，地域福祉活動計画策定が未定である理由は何ですか（３つまで）。

　1．合併予定当時，合併協議書（あるいは新市建設計画案）に策定が明記
　　されていなかったため
　2．計画の必要性（ニーズ）が特にないため
　3．策定に必要な予算が確保できないため
　4．策定に必要な人材が確保できないため
　5．計画を実施する予算の確保ができないため
　6．策定が義務化されていないから
　7．その他（　　　　　　　　　　　　　　　　）

Q30. 貴市町村の自立宣言前の社会福祉協議会は，地域福祉活動計画を策定していましたか。

　　1．はい　　　②　いいえ

　　SQ → Q35の策定されていなかった団体で，策定しなかった理由は何ですか（3つまで可）。

　　　1．自立宣言の予定があったため（据え置いた。あるいは自立宣言後の市町村社協へ先送りした）
　　　2．計画の必要性（ニーズ）が特になかったため
　　　3．策定に必要な予算が確保できなかったため
　　　④　策定に必要な人材が確保できなかったため
　　　5．計画を実施する予算の確保ができなかったため
　　　6．策定が義務化されていないから
　　　7．その他（　　　　　　　　　　　　）

Q31. 国・県・県社協の補助事業（各種メニュー事業）以外の社会福祉協議会独自の保健医療・福祉関係の事業はありますか。

　　1．ある　　　2．ない

　　SQ → Q31で1と回答した市町村では，具体的にどのような独自の保健医療・福祉の事業がありますか。

　　　具体例：

7．自立宣言と地域福祉施策

Q32. 貴市町村の自立宣言は，地域福祉施策の展開に現時点でどのような影響がありましたか。

　　1．とてもプラスになった　　2．まあまあプラスになった
　　③　今はどちらともいえない　　4．ややマイナスになった
　　5．とてもマイナスになった　　6．その他（　　　　　　　　　）

　　SQ 1 → Q32で1，2と回答した市町村で，その主な理由を3つまで選んでください。

　　　1．利用できる地域の社会資源が増えたから
　　　2．サービスの提供が集権型から分権型になったから

3．福祉情報が増えたから
4．サービスの利便性が高まったから
5．地域福祉への意識が高まったから
6．地域組織化が進んだから
7．ボランティア・市民団体・NPO等が増えたから
8．地域組織のネットワーク化が進んだから
9．地域福祉にかかる財政負担が軽減したから
10．その他（　　　　　　　　　　　　　）

SQ 2 → Q32で3～6と回答した市町村で，そう答えた理由は何ですか。主なものを <u>2つまで</u> 選んでください。

1．サービスの利便性が低下したから
2．組織が硬直化し，小回りがきかなくなったから
3．地域格差が強調される形になったから
4．地域資源・サービスが統廃合されたから
5．地域福祉にかかる財政負担が増加したから
6．保健医療・福祉の従事者・職員が削減されたから
⑦　自立宣言前と地域の状況は変わらないから
8．その他（　　　　　　　　　　　　　）

SQ 3 → Q32で3～6と回答した市町村で，今後，地域福祉施策の展開にどのような影響が有ると思いますか。

1．とてもプラスになると思う
②　まあまあプラスになると思う
3．とくに変化はない（どちらともいえない）
4．ややマイナスになると思う
5．とてもマイナスになると思う
6．その他（　　　　　　　　　　　　　　　　）

SQ 4 → Q32でそう答えた理由は何ですか。具体的にご記入ください。

具体例：自治権の放棄は，すべての施策に影響があり，事業等の要望・要

求も制約を受けるなど実現も難しくなる。自主自立の選択により，住民本位の福祉の向上へ繋がるものと思料する。

Q33. 貴市町村の自立宣言に伴い，新たに地域福祉を推進しようとする施策（仕組み・仕掛け）があれば具体的にご記入ください（地域福祉推進に対する貴市町村の意気込みなどでも結構です）。また，保健医療・福祉の連携を重視した地域福祉施策について，自立宣言によりどのようなメリット・デメリットがあれば具体的にご記入ください。

```
具体例：



メリット：




デメリット：



```

● 以上でアンケートは終了です。ご協力ありがとうございました（平成18年5月20日までに投函してください）。

参考文献

第Ⅰ章

1. 田村悦一・水口憲人・見上崇洋・佐藤満編著『分権推進と自治の展望』日本評論社，2005年
2. 岩崎美紀子編『市町村の規模と能力（分権型社会を創る7）』ぎょうせい，2000年
3. 早川鉦二『市町村合併を考える』開文社出版，2001年
4. 自治体研究社編『住民と自治　市町村合併と地方制度改革』自治体研究社，2003年
5. 自治体研究社編『季刊　自治と分権』自治体研究社，2002年
6. 篠崎次男・日野秀逸編著『社会サービスと協同のまちづくり』（シリーズ・地方自治構造改革を問う）自治体研究社，2003年
7. 松下圭一・西尾勝・新堂宗幸編著『岩波講座　自治体の構想（全5巻）』岩波書店，2002年
8. 重森暁『入門　現代地方自治と地方財政』（現代自治選書）自治体研究社，2003年
9. 加茂利男『増補　地方自治・未来への選択』自治体研究社，2002年
10. 加藤良重『自治体と福祉改革』公人の友社，2001年
11. 中西啓之『増補新版　市町村合併』自治体研究社，2004年
12. 岡田知弘・京都自治体問題研究所編『市町村合併の幻想』自治体研究社，2004年
13. 池上洋通『市町村合併　これだけの疑問』自治体研究社，2003年
14. 初村尤而『政令指定都市・中核市と合併』自治体研究社，2003年
15. 兼村高文・星野泉『改訂　自治体財政のはやわかり』イマジン出版，2001年
16. 丸山康人『自治・分権と市町村合併』イマジン出版，2002年
17. 佐々木信夫『市町村合併』筑摩書房，2003年
18. 大森彌『地域福祉と自治体行政』ぎょうせい，2003年
19. 森田朗・大西隆・植田和弘・神野直彦・苅谷剛彦・大沢真理編『分権と自治のデザイン』有斐閣，2003年
20. 白藤博行・山田公平・加茂利男編著『地方自治制度改革論』自治体研究社，2004年
21. 宮本憲一『地方自治の歴史と展望』自治体研究社，1991年
22. 平岡和久・森裕之『Q&A 地方財政構造改革とは何か』自治体研究社，2003年
23. 加茂利男『「構造改革」と自治体再編』自治体研究社，2003年
24. 上田道明『自治を問う住民投票』自治体研究社，2004年
25. 竹下譲『パリッシュにみる自治の機能』イマジン出版，2000年
26. 中田実・山崎丈夫・小木曽洋司『新自治会・町内会モデル規約　条文と解説』自治体研究社，2004年
27. 中西啓之『日本の地方自治』（現代自治選書）自治体研究社，1997年
28. 日本比較政治学会編『世界の行政改革』早稲田大学出版部，1999年
29. 藤岡純一・自治体問題研究所編『特集　海外の地方分権事情』（地域と自治体　第23集）自治体研究社，1995年
30. 竹下譲監修，竹下譲・松田聡・住沢博紀・横田光雄・林敬鎬・久保治郎・高島進著『世界の地方自治制度』イマジン出版，2002年

31. 兼子仁『新　地方自治法』岩波書店，1999年
32. 遠藤宏一・加茂利男『地方分権の検証』自治体研究社，1995年
33. 村上博・自治体研究社編『広域連合と一部事務組合』自治体研究社，1999年
34. 根本良一・保母武彦編著『内省不疚の心でまちをつくる』自治体研究社，2003年
35. 高橋彦芳・岡田知弘『自立をめざす村』自治体研究社，2003年
36. 松島貞治・加茂利男『新版　「安心の村」は自律の村』自治体研究社，2004年
37. 小林三喜男・竹下登志成『「農を以って」自律めざす町・津南』自治体研究社，2004年
38. 宇賀克哉『地方自治法概説』有斐閣，2004年
39. 水口憲人・自治体問題研究所編『広域行政と地方分権』自治体研究社，1993年
40. 今井恵介『生まれる地名，消える地名』実業之日本社，2005年
41. 浅井建爾『日本の地名雑学事典』日本実業出版社，2005年
42. 片岡正人『市町村合併で「地名」を殺すな』洋泉社，2005年
43. 地方自治制度研究会監修『地方自治小六法（平成17年版）』学陽書房，2004年
44. 三星昭宏監修／地域福祉自治研究会編著『福祉を広げる』ぎょうせい，2004年
45. 山梨学院大学行政研究センター編『広域行政の諸相』（YGU現代行政叢書②）中央法規出版，2004年
46. 菅沼栄一郎『村が消えた』（祥伝社新書）祥伝社，2005年
47. 三浦文夫『増補改訂　社会福祉政策研究』全国社会福祉協議会，1995年
48. 三浦文夫『社会保障』（公務員研修双書）ぎょうせい，1999年
49. 三浦文夫『社会福祉論』（講座　社会学15）東京大学出版会，1974年
50. 三浦文夫・右田紀久恵・大橋謙策編著『地域福祉の源流と創造』中央法規出版，2003年
51. 青井和夫監修／三浦文夫編『社会福祉と現代的課題―地域・高齢化・福祉―』（ライブラリー　社会学＝9）サイエンス社，1993年
52. 小笠原浩一・平野方紹『社会福祉政策研究の課題―三浦理論の検証―』中央法規出版，2004年
53. 右田紀久恵編『自治型地域福祉の展開』法律文化社，1993年
54. 右田紀久恵編著『地域福祉総合化への途』ミネルヴァ書房，1995年
55. 右田紀久恵『自治型地域福祉の理論』（社会福祉研究選書2）ミネルヴァ書房，2005年
56. 大橋謙策『地域福祉の展開と福祉教育』全国社会福祉協議会，1986年
57. 大橋謙策編『地域福祉計画と地域福祉実践』万葉舎，2001年
58. 土橋善哉・鎌田實・大橋謙策編集代表／茅野市の21世紀の福祉を創る会・日本地域福祉研究所編集『福祉21ビーナスプランの挑戦』中央法規出版，2003年
59. 日本地域福祉学会編／三浦文夫・右田紀久恵・永田幹夫・大橋謙策編集代表『地域福祉事典』中央法規出版，1997年
60. 京極高宣『市民参加の福祉計画』中央法規出版，1987年
61. 山崎克明・岡本栄一編著『21世紀の地域づくり』中央法規出版，2001年
62. 豊山大和編集『現代社会福祉論』中央法規出版，2001年
63. 傘木宏夫『地域づくりワークショップ入門』地方自治体研究社，2004年

64. 松永俊文・野上文夫・渡辺武男編著『現代コミュニティワーク入門』中央法規出版，2003年
65. 上野谷加代子・松端克文・山縣文治編『よくわかる地域福祉』（やわらかアカデミズム・わかるシリーズ）ミネルヴァ書房，2004年
66. 斉藤千鶴・杉本敏夫編著『コミュニティワーク入門』中央法規出版，2003年
67. 川上富雄・山本主税編著『地域福祉時代の社会福祉協議会』中央法規出版，2004年
68. 谷勝英・永井英世編著『現代社会と地域福祉』中央法規出版，1999年
69. 山縣文治編著『社会福祉法の成立と21世紀の社会福祉』（別冊発達25）ミネルヴァ書房，2001年
70. 武川正吾編著『地域福祉計画』（有斐閣アルマ）有斐閣，2005年
71. 坂田周一『社会福祉政策』（有斐閣アルマ）有斐閣，2000年
72. 地域福祉研究会編『地域福祉計画を創る』全国社会福祉協議会，2002年
73. 加茂利男編著／初村尤而・平岡和久・森裕之『資料と解説　自治体自立計画の実際』自治体研究社，2004年
74. 地域福祉（活動）計画マニュアル策定委員会編『必携　地域福祉（活動）計画ステップ30』三重県社会福祉協議会，2001年
75. 地域福祉計画に関する調査研究委員会編『地域福祉計画・支援計画の考え方と実際』全国社会福祉協議会，2002年
76. 川村匡由編著『地域福祉論』（シリーズ・21世紀の社会福祉⑦）ミネルヴァ書房，2005年
77. 川村匡由『社会福祉普遍化への視座』ミネルヴァ書房，2004年
78. 川村匡由『新・介護保険総点検』ミネルヴァ書房，2000年
79. 川村匡由『老人保健福祉計画レベルチェックの手引き』中央法規出版，1994年
80. 川村匡由『地域福祉計画論序説』中央法規出版，1993年
81. 川村匡由原著／季英哲・徐和子訳『地域福祉計画論（韓国語）』弘益斎，1996年
82. 大杉覚「都道府県・市町村関係の変容」武智秀之編著『福祉国家のガヴァナンス』（講座　福祉国家のゆくえ3）ミネルヴァ書房，2003年
83. 「特集　市町村合併と地方分権」『世界』第705号，岩波書店，2002年9月号，2005年
84. 「市町村合併と地方分権」『世界』第705号，岩波書店，2002年9月号，2005年
85. 「特集　地方分権元年」『月刊地方自治職員研修』第33巻 No.1，通巻447号，公職研，2000年1月号
86. 「特集　合併と民主主義」『月刊地方自治職員研修』第38巻 No.3，通巻524号，公職研，2005年3月号
87. 「特集　2004年の改革と激動」『月刊地方自治職員研修』第37巻 No.12，通巻521号，公職研，2004年12月号
88. 「特集　自治体自立元年」『月刊地方自治職員研修』第38巻 No.1，通巻522号，公職研，2005年1月号
89. 宇賀克哉・斎藤誠他「特集　地方分権の重要問題」『法学教室』No.209，有斐閣，1998年
90. 木寺久他「特集　21世紀の地方自治を展望するⅡ（地方自治制度）」『月刊自治フォーラム』No.496，第一法規出版，2001年

91. 今里佳奈子「分権型福祉社会における自治体の連携・合併」武智秀之編著『福祉国家のガヴァナンス』（講座　福祉国家のゆくえ３）ミネルヴァ書房，2003年
92. 「特集　新たな自治体像とこれからの社会福祉」『月刊福祉』第87巻第11号，全国社会福祉協議会，2004年10月号
93. 総務省「市町村合併ホームページ」
94. 厚生労働省「地域福祉計画ホームページ」

第Ⅱ章

1. 大谷信介・木下栄二・後藤範章・小松洋・永野武編著『社会調査へのアプローチ』ミネルヴァ書房，1999年
2. 坂田周一『社会福祉リサーチ』有斐閣，2003年
3. 星野貞一郎・金子勇編著『社会福祉調査論』中央法規出版，2002年
4. 平山尚・武田丈・呉栽喜・藤井美和・李政元『ソーシャルワーカーのための社会福祉調査法』ミネルヴァ書房，2003年
5. 根本博司・高倉節子・高橋幸三郎編著『初めて学ぶ人のための社会福祉調査法』中央法規出版，2001年
6. 畠中宗一・木村直子『社会福祉調査入門』ミネルヴァ書房，2004年
7. 菅民郎『Excelで学ぶ統計解析入門第2版』オーム社，2003年
8. 菅民郎『アンケートデータの分析』現代数学社，2004年
9. 川村匡由編著『地域福祉論（シリーズ21世紀の社会福祉⑦）』ミネルヴァ書房，2005年
10. 井村圭壯・谷川和昭編著『地域福祉の基本体系』勁草書房，2006年
11. 佐々木信夫『市町村合併』筑摩書房，2002年
12. 小西砂千夫『地方自治土曜講座ブックレットNo.76：市町村合併をめぐる状況分析』公人の友社，2002年
13. 高木健二『地方自治土曜講座ブックレットNo.93：市町村合併の財政論』公人の友社，2002年
14. 保母武彦『岩波ブックレットNo.560：市町村合併と地域のゆくえ』岩波書店，2002年
15. 大森彌・大和田建太郎『岩波ブックレットNo.590：どう乗り切るか市町村合併―地域自治を充実させるために』岩波書店，2002年
16. 町田俊彦編著『「平成大合併」の財政学』公人社，2006年
17. 岡田知弘・京都自治体問題研究所編『市町村合併の幻想』自治体研究社，2003年
18. 『合併後の市町村運営の手引き～先進事例調査報告書～』財団法人地域活性化センター，2005年
19. 『地方分権改革が都市自治体に与えた影響等に関する調査研究　報告書』財団法人日本都市センター，2005年
20. 市町村の合併に関する研究会『市町村合併による効果について』総務省自治行政局合併推進課，2006年
21. 『全国自治体データブック2005』ぎょうせい，2005年

第Ⅲ章

①
1．さいたま市政策企画部企画調整課「政令指定都市へのあゆみ」さいたま市，2004年
2．相川宗一『理想都市への挑戦―さいたま市の創造―』関東図書株式会社，2001年
3．辻山幸宣監，埼玉県地方自治研究センター編『誰が合併を決めたのか―さいたま市合併報告書―』公人社，2003年
4．平野隆之・宮城孝・山口稔編『コミュニティワークとソーシャルワーク』有斐閣，2001年
5．保母武彦『市町村合併と地域のゆくえ　岩波ブックレット NO.560』岩波書店，2002年
6．さいたま市「さいたま市保健福祉総合計画」，2003年
7．さいたま市社会福祉協議会「さいたま市地域福祉活動計画」，2004年
8．さいたま市「さいたま希望のまちプラン　総合振興計画　実施計画」，2005年

②
1．田無市・保谷市合併協議会「田無市・保谷市に関する投票方式による市民意向調査」2000年11月
2．西東京市「西東京市暮らしの便利帳」2005年3月
3．西東京市「ふれあいのまち西東京市バリアフリーマップ　お出かけ情報地図」2005年3月
4．西東京市基本構想・基本計画（概要版）

③
1．長岡地域合併協議会『長岡地域新市建設計画』長岡地域合併協議会，2004年
2．長岡地域合併協議会『長岡地域新市将来構想』長岡地域合併協議会，2004年
3．長岡地域合併協議会『長岡市くらしのガイドブック』長岡市地域自治振興室，2005年
4．長岡地域合併協議会『合併協議会報告書』長岡地域合併協議会，2004年

④
1．白沢村社会福祉協議会『白沢村地域福祉活動計画―ひだまり計画』2004年
2．地方制度調査会『今後の地方自治制度のあり方に関する答申』2003年
3．沼田市「ホームページ」
4．沼田市・白沢村・利根村合併協議会「沼田市・白沢村・利根村合併協議会ホームページ」
5．沼田市・白沢村・利根村合併協議会『沼田市・白沢村・利根村の概況』2004年
6．沼田市・白沢村・利根村合併協議会『協議第61号―協議項目9・地域審議会，地域自治区及び合併特例区の取扱いについて』2004年
7．沼田市・白沢村・利根村合併協議会『新市建設計画』2004年
8．沼田市・白沢村・利根村合併協議会『新市のまちづくりプラン―沼田市と白沢村と利根村でつくる新しいまち（合併協議会協議結果住民説明資料）』2004年

⑤
1．川村匡由『社会福祉普遍化への視座』ミネルヴァ書房，2004年

2．川村匡由編著『地域福祉論（シリーズ・21世紀の社会福祉⑦）』ミネルヴァ書房，2005年
3．大橋謙策・原田正樹編『地域福祉計画と地域福祉実践』万葉舎，2001年
4．宮垣元『ヒューマンサービスと信頼』慶応大学出版会，2003年
5．佐々木信夫『市町村合併』ちくま新書，2002年
6．菅沼栄一郎『村が消えた』（祥伝社新書）祥伝社，2005年
7．片柳勉『市町村合併と都市地域構造』古今書院，2002年
8．池上洋通『市町村合併これだけの疑問』自治体研究社，2001年
9．川瀬憲子『市町村合併と自治体の財政』自治体研究社，2001年
10．議会と自治体編集部編『必修Q&A 市町村合併と地域財政』新日本出版社，2004年
11．老川祥一『よくわかる地方自治のしくみと役割』法学書院，2005年
12．重森曉・関西地域問題研究会編著『検証・市町村合併』自治体研究社，2002年
13．三橋良士明・自治体問題研究所編『ちょっと待て市町村合併』自治体研究社，2000年
14．中津川市「中津川市合併経緯」2005年
15．中津川市「越県合併資料＝山口村」2005年
16．中津川市「市民生活ガイドブック」2005年
17．中津川市「介護サービスマップ」2005年
18．中津川市「健康情報システム」（元気カード）2005年
19．中津川市社会福祉協議会「中津川市社会福祉協議会だより」No.101．2005年
20．中津川市社会福祉協議会「支部社協活動の手引き」2005年

⑥
1．高山市企画管理部企画課「広報たかやま」第987号，2005年4月10日
2．高山市企画管理部企画課「広報たかやま」第999号，2005年10月1日
3．高山市告示「地域審議会の設置に関する規定」（「市町村の合併の特例に関する法律」により設置）2005年6月28日
4．高山市社会福祉協議会「高山市福祉委員の手引き」2003年4月
5．高山市社会福祉協議会「高山市地域福祉活動計画」2002年5月
6．高山市商工観光部観光課「2005 飛騨高山総合パンフレット」2005年7月
7．高山市地域振興室「高山市の合併について」（視察用資料）2005年4月
8．高山市地域振興室「第1章　新高山市のすがた」高山市『合併の記錄』2005年7月
9．高山市福祉サービス公社「高山市福祉サービス公社　ごあんない」1997年4月
10．高山市福祉保健部福祉課「高山市地域福祉計画　地域懇談会にご参加ください！」2005年8月
11．高山市福祉保健部福祉課「『地域福祉計画』をつくろう！」2005年8月
12．高山市福祉保健部福祉課「高山市地域福祉計画市民策定推進委員会設置要綱（平成17年3月18日決裁）」2005年3月
13．高山市福祉保健部福祉課「高山市地域福祉計画機構図」2005年3月
14．高山市福祉保健部福祉課「安全・安心・快適なバリアフリーのまちづくり」2005年4月
15．高山市福祉保健部・高山市社会福祉事務所「高山市の福祉と保健　平成16年度」

2005年9月
16．高山市福祉保健部高年介護課「高山市の高齢者福祉　平成17年版」2005年4月

⑦
1．「篠山市次世代育成支援推進計画」2005年3月
2．「篠山市合併視察資料」2004年3月
3．「篠山市における合併の効果・影響に関する調査研究」兵庫県市町振興課，2004年3月
4．「篠山市老人保健福祉計画・第2期介護保険事業計画」2003年3月
5．「篠山市介護保険ガイドブック」2003年5月
6．「篠山市障害者福祉プラン」2003年3月
7．「篠山市新市計画」1999年3月
8．「旧篠山町ほか3町の地域保健福祉計画」1997年3月
9．「篠山市地域福祉計画策定のワークショップまとめ」篠山市ホームページ
10．篠山市「ホームページ」

⑧
1．「四国中央市地域福祉計画住民アンケート調査結果」2005年9月
2．「四国中央市行政改革大綱」2005年8月
3．「四国中央市次世代育成支援行動計画」2005年3月
4．「四国中央市高齢者保健福祉計画・介護保険事業計画」2004年4月
5．「四国中央市合併視察研修資料」2004年4月
6．「新市建設計画」2003年8月
7．「川之江市高齢者対策推進計画」2003年3月
8．「伊予三島市シルバーコスモスプランⅡ」2003年3月
9．「土居町高齢者保健福祉計画・第2期介護保険事業計画」2003年3月
10．「新宮村高齢者保健福祉計画・介護保険事業計画」2003年3月
11．「宇摩4市町村　新市将来構想」2002年5月
12．「川之江市障害者計画」1997年3月
13．「伊予三島市障害者計画」1998年3月
14．「土居町障害者計画」2000年3月
15．「新宮村障害者計画」2000年3月
16．「川之江市勢要覧」平成11年11月
17．「伊予三島市勢要覧」1999年11月
18．「土居町50周年のあゆみ・できごと」（2004年3月）
19．「新宮村村勢要覧」2000年度版
20．四国中央市「ホームページ」

⑨
1．佐々木信夫『市町村合併』筑摩書房，2003年
2．保母武彦『市町村合併と地域のゆくえ』岩波出版，2002年
3．高橋信幸「市町村合併がつくる新たな「福祉圏」と福祉サービス」『月刊福祉』Vol. 81 No.1，全国社会福祉協議会，2004年
4．山本正幸「市町村合併と地域福祉～社会福祉協議会活動の実践と課題～」『月刊福祉』

Vol.87 No.11，全国社会福祉協議会，2004年
5．水谷利亮「市町村合併と地域福祉―地方自治，まちづくり，政治に関する視点から―」編集委員会編『地域福祉研究』No.31，「地域福祉研究」2003年
6．増山道康「市町村合併と社会福祉協議会統合」『地域経済』No.23，岐阜経済大学地域経済研究所，2004年
7．吉村弘「都市規模と福祉・医療サービス水準―市町村合併の福祉・医療サービス水準への効果―」『山口経済学雑誌』Vol.50 NO.5，山口大学経済学会，2002年
8．吉村弘「市町村合併の社会福祉行への効果―コスト・サービス・効率の都市モデル・シュミレーション―」『山口経済学雑誌』Vol.52 NO.4，山口大学経済学会，2004年
9．木戸利秋「市町村合併と地域ケア」『総合社会福祉研究』No.25，総合社会福祉研究所，2004年
10．佐賀市「社会福祉協議会合併協議会だより」2005年
11．佐賀市「社会福祉協議会合併協定書，合併契約書」2005年
12．佐賀市「社会福祉協議会事務事業進捗調査票」2005年
13．佐賀市「社会福祉法人佐賀市社会福祉協議会定礎」2005年
14．佐賀市「新市建設計画」2005年
15．佐賀市「合併協定項目」2005年
16．佐賀市「合併協議会だより Vol.1～Vol.6」2005年
17．佐賀新聞「合併その後1～5」2005年4月30日～2005年5月4日付
18．佐賀新聞「合併刻々上・中・下」2005年8月2日～2005年8月4日付
19．佐賀新聞「曲がり角の社協1～5」2005年9月23日～2005年9月27日付

⑩
1．佐々木信夫『市町村合併』筑摩書房，2003年
2．大田昌秀『沖縄　平和の礎』岩波書店，1998年
3．安里英子『沖縄・共同体の夢～自治のルーツを訪ねて～』溶樹書林，2002年
4．右田紀久惠編『自治型地域福祉の展開』法律文化社，1993年
5．三浦文夫『増補改訂　社会福祉政策研究』全国社会福祉協議会，1995年
6．大橋謙策編『地域福祉計画と地域福祉実践』万葉舎，2001年
7．川村匡由『地域福祉計画論序説』中央法規出版，1993年
8．拙稿「地方自治と地域福祉」川村匡由編著『地域福祉論（シリーズ・21世紀の社会福祉⑦）』ミネルヴァ書房，2005年
9．沖縄県社会福祉協議会編『沖縄の地域福祉』沖縄県社会福祉協議会，2000年
10．伊江村「ホームページ」
11．拙稿（修士論文）「沖縄県の離島の再生への地域福祉的アプローチに関する研究」日本福祉大学大学院社会福祉学研究科，2006年

資料編　アンケート調査票郵送・回収市町村一覧

通し番号	回収サンプル	合併(予定)年月日	年度	都道府県	新市町村名	合併関係市町村	関係市町村数	合併形態	人口(人)	面積(km^2)	調査期
1	回収	平成11年4月1日	11	兵庫県	篠山市	多紀郡篠山町（たきぐんささやまちょう），同郡西紀町（にしきちょう），同郡丹南町（たんなんちょう），同郡今田町（こんだちょう）	4	新設	46,325	377.61	1
2	回収	平成13年1月1日	12	新潟県	新潟市	新潟市（にいがたし），西蒲原郡黒埼町（にしかんばらぐんくろさきまち）	2	編入	527,324	231.91	1
3	回収	平成13年1月21日	12	東京都	西東京市	田無市（たなしし），保谷市（ほうやし）	2	新設	180,885	15.85	1
4	回収	平成13年4月1日	13	茨城県	潮来市	行方郡潮来町（なめかたぐんいたこまち），同郡牛堀町（どうぐんうしぼりまち）	2	編入	31,944	58.12	1
5	回収	平成13年5月1日	13	埼玉県	さいたま市（し）	浦和市（うらわし），大宮市（おおみやし），与野市（よのし）	3	新設	1,024,053	168.33	1
6	回収	平成13年11月15日	13	岩手県	大船渡市	大船渡市（おおふなとし），気仙郡三陸町（けせんぐんさんりくちょう）	2	編入	45,160	323.25	1
7	回収	平成14年4月1日	14	沖縄県	久米島町	島尻郡仲里村（しまじりぐんなかざとそん），同郡具志川村（ぐしかわそん）	2	新設	9,359	63.5	1
8	回収	平成14年4月1日	14	香川県	さぬき市（し）	大川郡津田町（おおかわぐんつだちょう），同郡大川町（おおかわちょう），同郡志度町（しどちょう），同郡寒川町（さんがわちょう），同郡長尾町（ながおちょう）	5	新設	57,772	158.84	1
9	回収	平成14年11月1日	14	茨城県	つくば市（し）	つくば市（し），稲敷郡茎崎町（いなしきぐんくきざきまち）	2	編入	191,814	284.07	1
10	回収	平成15年2月3日	14	広島県	福山市	福山市（ふくやまし），沼隈郡内海町（ぬまくまぐんうつみちょう），芦品郡新市町（あしなぐんしんいちちょう）	3	編入	403,915	430.28	1

275

11	回収	平成15年3月1日	14	広島県	廿日市市	廿日市市（はつかいちし）、佐伯郡佐伯町（さえきぐんさいきちょう）、同郡吉和村（よしわむら）	3	編入	87,061	388.22	1
12	回収	平成15年3月1日	14	山梨県	南部町	南巨摩郡南部町（みなみこまぐんなぶちょう）、同郡富沢町（とみざわちょう）	2	新設	10,863	200.63	1
13	回収	平成15年4月1日	15	愛媛県	新居浜市	新居浜市（にいはまし）、宇摩郡別子山村（うまぐんべっしやまむら）	2	編入	125,814	234.3	1
14	回収	平成15年4月1日	15	岐阜県	山県市	山県郡高富町（やまがたぐんたかとみちょう）、同郡伊自良村（いじらむら）、同郡美山町（みやまちょう）	3	新設	30,951	222.04	1
15	回収	平成15年4月1日	15	宮城県	加美町	加美郡中新田町（かみぐんなかにいだまち）、同郡小野田町（おのだまち）、同郡宮崎町（みやざきちょう）	3	新設	28,330	460.82	1
16	回収	平成15年4月1日	15	熊本県	あさぎり町（ちょう）	球磨郡上村（くまぐんうえむら）、同郡免田町（めんだまち）、同郡岡原村（おかはるむら）、同郡須恵村（すえむら）、同郡深田村（ふかだむら）	5	新設	17,751	159.49	1
17	回収	平成15年4月1日	15	群馬県	神流町	多野郡万場町（たのぐんまんばまち）、同郡中里村（なかさとむら）	2	新設	3,210	114.69	1
18	回収	平成15年4月1日	15	広島県	呉市	呉市（くれし）、安芸郡下蒲刈町（あきぐんしもかまがりちょう）	2	編入	205,382	155.08	1
19	回収	平成15年4月1日	16	広島県	大崎上島町	豊田郡大崎町（とよたぐんおおさきちょう）、同郡東野町（ひがしのちょう）、同郡木江町（きのえちょう）	3	新設	10,131	43.24	1
20	回収	平成15年4月1日	15	香川県	東（ひがし）かがわ市（し）	大川郡引田町（おおかわぐんひけたちょう）、同郡白鳥町（しろとりちょう）、同郡大内町（おおちちょう）	3	新設	37,760	153.34	1

●資料編

21		平成15年4月1日	15	山梨県	南（みなみ）アルプス市（し）	中巨摩郡八田村（なかこまぐんはったむら），同郡白根町（しらねまち），同郡芦安村（あしやすむら），同郡若草町（わかくさちょう），同郡櫛形町（くしがたまち），同郡甲西町（こうさいまち）	6	新設	70,116	264.06	1
22	回収	平成15年4月1日	15	静岡県	静岡市	静岡市（しずおかし），清水市（しみずし）	2	新設	706,513	1,374.05	1
23	回収	平成15年4月1日	15	福岡県	宗像市	宗像市（むなかたし），宗像郡玄海町（むなかたぐんげんかいまち）	2	新設	91,147	111.5	1
24	回収	平成15年4月21日	15	山口県	周南市	徳山市（とくやまし），新南陽市（しんなんようし），熊毛郡熊毛町（くまげぐんくまげちょう），都濃郡鹿野町（つのぐんかのちょう）	4	新設	157,383	656.09	1
25		平成15年5月1日	15	岐阜県	瑞穂市	本巣郡穂積町（もとすぐんほづみちょう），同郡巣南町（すなみちょう）	2	新設	46,571	28.18	1
26		平成15年6月6日	15	千葉県	野田市	野田市（のだし），東葛飾郡関宿町（ひがしかつしかぐんせきやどまち）	2	編入	151,197	103.54	1
27	回収	平成15年7月7日	15	新潟県	新発田市	新発田市（しばたし），北蒲原郡豊浦町（きたかんばらぐんとようらまち）	2	編入	90,604	469.54	1
28		平成15年8月20日	15	愛知県	田原市	渥美郡田原町（あつみぐんたはらちょう），同郡赤羽根町（あかばねちょう）	2	編入	43,132	106.4	1
29	回収	平成15年9月1日	15	長野県	千曲市	更埴市（こうしょくし），更級郡上山田町（さらしなぐんかみやまだまち），埴科郡戸倉町（はにしなぐんとぐらまち）	3	新設	64,549	119.84	1
30	回収	平成15年11月15日	15	山梨県	富士河口湖町	南都留郡河口湖町（みなみつるぐんかわぐちこまち），同郡勝山村（かつやまむら），同郡足和田村（あしわだむら）	3	新設	22,595	93.3	1

277

31		平成15年12月1日	15	三重県	いなべ市（し）	員弁郡北勢町（いなべぐんほくせいちょう），同郡員弁町（いなべちょう），同郡大安町（だいあんちょう），同郡藤原町（ふじわらちょう）	4	新設	45,630	219.58	1
32	回収	平成16年2月1日	15	岐阜県	飛騨市	吉城郡古川町（よしきぐんふるかわちょう），同郡河合村（かわいむら），同郡宮川村（みやがわむら），同郡神岡町（かみおかちょう）	4	新設	30,421	792.31	1
33		平成16年2月1日	15	岐阜県	本巣市	本巣郡本巣町（もとすぐんもとすちょう），同郡真正町（しんせいちょう），同郡糸貫町（いとぬきちょう），同郡根尾村（ねおむら）	4	新設	33,900	374.57	1
34	回収	平成16年3月1日	15	岐阜県	下呂市	益田郡萩原町（ましたぐんはぎわらちょう），同郡小坂町（おさかちょう），同郡下呂町（げろちょう），同郡金山町（かなやまちょう），同郡馬瀬村（まぜむら）	5	新設	40,102	851.06	1
35	回収	平成16年3月1日	15	岐阜県	郡上市	郡上郡八幡町（ぐじょうぐんはちまんちょう），同郡大和町（やまとちょう），同郡白鳥町（しろとりちょう），同郡高鷲村（たかすむら），同郡美並村（みなみむら），同郡明宝村（めいほうむら），同郡和良村（わらむら）	7	新設	49,377	1,030.79	1
36	回収	平成16年3月1日	15	広島県	安芸高田市	高田郡吉田町（たかたぐんよしだちょう），同郡八千代町（やちよちょう），同郡美土里町（みどりちょう），同郡高宮町（たかみやちょう），同郡甲田町（こうだちょう），同郡向原町（むかいはらちょう）	6	新設	34,439	537.71	1

37		平成16年3月1日	15	新潟県	佐渡市	両津市（りょうつし）、佐渡郡相川町（さどぐんあいかわまち）、同郡佐和田町（さわたまち）、同郡金井町（かないまち）、同郡新穂村（にいぼむら）、同郡畑野町（はたのまち）、同郡真野町（まのまち）、同郡小木町（おぎまち）、同郡羽茂町（はもちまち）、同郡赤泊村（あかどまりむら）	10	新設	72,173	849.96	1
38	回収	平成16年3月1日	15	石川県	かほく市	河北郡高松町（かほくぐんたかまつまち）、同郡七塚町（ななつかまち）、同郡宇ノ気町（うのけまち）	3	新設	34,670	64.76	1
39	回収	平成16年3月1日	15	長崎県	壱岐市	壱岐郡郷ノ浦町（いきぐんごうのうらちょう）、同郡勝本町（かつもとちょう）、同郡芦辺町（あしべちょう）、同郡石田町（いしだちょう）	4	新設	33,538	138.45	1
40	回収	平成16年3月1日	15	長崎県	対馬市	下県郡厳原町（しもあがたぐんいづはらまち）、同郡美津島町（みつしまちょう）、同郡豊玉町（とよたまちょう）、上県郡峰町（かみあがたぐんみねちょう）、同郡上県町（かみあがたちょう）、同郡上対馬町（かみつしまちょう）	6	新設	41,230	708.63	1
41	回収	平成16年3月1日	15	福井県	あわら市	坂井郡芦原町（さかいぐんあわらちょう）、同郡金津町（かなづちょう）	2	新設	32,178	114.89	1
42		平成16年3月31日	15	熊本県	上天草市	天草郡大矢野町（あまくさぐんおおやのまち）、同郡松島町（まつしままち）、同郡姫戸町（ひめどまち）、同郡龍ヶ岳町（りゅうがたけまち）	4	新設	35,314	126.02	1
43	回収	平成16年4月1日	16	愛媛県	四国中央市	川之江市（かわのえし）、伊予三島市（いよみしまし）、宇摩郡新宮村（うまぐんしんぐうむら）、同郡土居町（どいちょう）	4	新設	94,326	419.98	1

44	回収	平成16年4月1日	16	愛媛県	西予市	東宇和郡明浜町（ひがしうわぐんあけはまちょう），同郡宇和町（うわちょう），同郡野村町（のむらちょう），同郡城川町（しろかわちょう），西宇和郡三瓶町（にしうわぐんみかめちょう）	5	新設	47,217	514.78	1
45		平成16年4月1日	16	京都府	京丹後市	中郡峰山町（なかぐんみねやまちょう），同郡大宮町（おおみやちょう），竹野郡網野町（たけのぐんあみのちょう），同郡丹後町（たんごちょう），同郡弥栄町（やさかちょう），熊野郡久美浜町（くまのぐんくみはまちょう）	6	新設	65,578	501.84	1
46		平成16年4月1日	16	広島県	呉市	呉市（くれし），豊田郡川尻町（とよたぐんかわじりちょう）	2	編入	215,762	171.93	1
47	回収	平成16年4月1日	16	広島県	三次市	三次市(みよしし)，双三郡君田村（ふたみぐんきみたそん），同郡布野村（ふのそん），同郡作木村（さくぎそん），同郡吉舎町（きさちょう），同郡三良坂町（みらさかちょう），同郡三和町（みわちょう），甲奴郡甲奴町（こうぬぐんこうぬちょう）	8	新設	61,635	778.19	1
48	回収	平成16年4月1日	16	広島県	府中市	府中市（ふちゅうし），甲奴郡上下町（こうぬぐんじょうげちょう）	2	編入	47,697	195.71	1
49		平成16年4月1日	16	新潟県	阿賀野市	北蒲原郡安田町（きたかんばらぐんやすだまち），同郡京ヶ瀬村（きょうがせむら），同郡水原町（すいばらまち），同郡笹神村（ささかみむら）	4	新設	48,456	192.72	1
50	回収	平成16年4月1日	16	静岡県	伊豆市	田方郡修善寺町（たがたぐんしゅぜんじちょう），同郡土肥町（といちょう），同郡天城湯ケ島町（あまぎゆがしまちょう），同郡中伊豆町（なかいずちょう）	4	新設	38,581	363.97	1

●資料編

51	回収	平成16年4月1日	16	静岡県	御前崎市	榛原郡御前崎町（はいばらぐんおまえざきまち）, 小笠郡浜岡町（おがさぐんはまおかちょう）	2	新設	36,059	65.78	1
52	回収	平成16年4月1日	16	長野県	東御市	北佐久郡北御牧村（きたさくぐんきたみまきむら）, 小県郡東部町（ちいさがたぐんとうぶまち）	2	新設	30,944	112.29	1
53	回収	平成16年4月1日	16	兵庫県	養父市	養父郡八鹿町（やぶぐんようかちょう）, 同郡養父町（やぶちょう）, 同郡大屋町（おおやちょう）, 同郡関宮町（せきのみやちょう）	4	新設	30,110	422.78	1
54	回収	平成16年7月1日	16	青森県	五戸町	三戸郡五戸町（さんのへぐんごのへまち）, 同郡倉石村（くらいしむら）	2	編入	21,318	177.82	1
55	回収	平成16年8月1日	16	愛媛県	久万高原町	上浮穴郡久万町（かみうけなぐんくまちょう）, 同郡面河村（おもごむら）, 同郡美川村（みかわむら）, 同郡柳谷村（やなだにむら）	4	新設	11,887	583.66	1
56	回収	平成16年8月1日	16	長崎県	五島市	福江市(ふくえし), 南松浦郡富江町（みなみまつうらぐんとみえちょう）, 同郡玉之浦町（たまのうらちょう）, 同郡三井楽町（みいらくちょう）, 同郡岐宿町（きしゅくちょう）, 同郡奈留町（なるちょう）	6	新設	48,533	420.61	1
57	回収	平成16年8月1日	16	長崎県	新上五島町	南松浦郡若松町（みなみまつうらぐんわかまつちょう）, 同郡上五島町（かみごとうちょう）, 同郡新魚目町（しんうおめちょう）, 同郡有川町（ありかわちょう）, 同郡奈良尾町（ならおちょう）	5	新設	27,559	213.8	1
58		平成16年9月1日	16	山梨県	甲斐市	中巨摩郡竜王町（なかこまぐんりゅうおうちょう）, 同郡敷島町（しきしままち）, 北巨摩郡双葉町（きたこまぐんふたばちょう）	3	新設	71,706	71.94	1

281

59		平成16年9月1日	16	鳥取県	琴浦町	東伯郡東伯町（とうはくぐんとうはくちょう）、同郡赤碕町（あかさきちょう）	2	新設	20,442	139.9	1
60		平成16年9月13日	16	山梨県	身延町	西八代郡下部町（にしやつしろぐんしもべちょう）、南巨摩郡中富町（みなみこまぐんなかとみちょう）、同郡身延町（みのぶちょう）	3	新設	18,021	302	1
61		平成16年9月21日	16	愛媛県	東温市	温泉郡重信町（おんせんぐんしげのぶちょう）、同郡川内町（かわうちちょう）	2	新設	34,701	211.45	1
62	回収	平成16年10月1日	16	愛媛県	愛南町	南宇和郡内海村（みなみうわぐんうちうみむら）、同郡御荘町（みしょうちょう）、同郡城辺町（じょうへんちょう）、同郡一本松町（いっぽんまつちょう）、同郡西海町（にしうみちょう）	5	新設	29,331	239.55	2
63	回収	平成16年10月1日	16	愛媛県	上島町	越智郡魚島村（おちぐんうおしまむら）、同郡弓削町（ゆげちょう）、同郡生名村（いきなむら）、同郡岩城村（いわぎむら）	4	新設	8,605	30.35	2
64		平成16年10月1日	16	岡山県	吉備中央町	御津郡加茂川町（みつぐんかもがわちょう）、上房郡賀陽町（じょうぼうぐんかようちょう）	2	新設	14,651	268.73	2
65		平成16年10月1日	16	岡山県	高梁市	高梁市（たかはしし）、上房郡有漢町（じょうぼうぐんうかんちょう）、川上郡成羽町（かわかみぐんなりわちょう）、同郡川上町（かわかみちょう）、同郡備中町（びっちゅうちょう）	5	新設	41,077	547.01	2
66	回収	平成16年10月1日	16	広島県	安芸太田町	山県郡加計町（やまがたぐんかけちょう）、同郡筒賀村（つつがそん）、同郡戸河内町（とごうちちょう）	3	新設	9,181	342.25	2

282

67	回収	平成16年10月1日	16	広島県	世羅町	世羅郡甲山町（せらぐんこうざんちょう）、同郡世羅町（せらちょう）、同郡世羅西町（せらにしちょう）	3	新設	19,690	278.29	2
68		平成16年10月1日	16	高知県	いの町（ちょう）	吾川郡伊野町（あがわぐんいのちょう）、同郡吾北村（ごほくそん）、土佐郡本川村（とさぐんほんがわむら）	3	新設	28,729	470.7	2
69		平成16年10月1日	16	三重県	志摩市	志摩郡浜島町（しまぐんはまじまちょう）、同郡大王町（だいおうちょう）、同郡志摩町（しまちょう）、同郡阿児町（あごちょう）、同郡磯部町（いそべちょう）	5	新設	61,628	179.63	2
70		平成16年10月1日	16	山口県	周防大島町	大島郡久賀町（おおしまぐんくかちょう）、同郡大島町（おおしまちょう）、同郡東和町（とうわちょう）、同郡橘町（たちばなちょう）	4	新設	23,013	138.09	2
71	回収	平成16年10月1日	16	滋賀県	湖南市	甲賀郡石部町（こうかぐんいしべちょう）、同郡甲西町（こうせいちょう）	2	新設	53,740	70.49	2
72		平成16年10月1日	16	滋賀県	甲賀市	甲賀郡水口町（こうかぐんみなくちちょう）、同郡土山町（つちやまちょう）、同郡甲賀町（こうかちょう）、同郡甲南町（こうなんちょう）、同郡信楽町（しがらきちょう）	5	新設	92,484	481.69	2
73		平成16年10月1日	16	滋賀県	野洲市	野洲郡中主町（やすぐんちゅうずちょう）、同郡野洲町（やすちょう）	2	新設	48,326	61.45	2
74	回収	平成16年10月1日	16	石川県	七尾市	七尾市（ななおし）、鹿島郡田鶴浜町（かしまぐんたつるはままち）、同郡中島町（なかじままち）、同郡能登島町（のとじままち）	4	新設	63,963	317.92	2
75		平成16年10月1日	16	鳥取県	湯梨浜町	東伯郡羽合町（とうはくぐんはわいちょう）、同郡泊村（とまりそん）、同郡東郷町（とうごうちょう）	3	新設	17,381	77.94	2

76		平成16年10月1日	16	鳥取県	南部町	西伯郡西伯町（さいはくぐんさいはくちょう）、同郡会見町（あいみちょう）	2	新設	12,210	114.03	2
77	回収	平成16年10月1日	16	島根県	安来市	安来市(やすぎし)、能義郡広瀬町（のぎぐんひろせまち）、同郡伯太町（はくたちょう）	3	新設	45,255	420.97	2
78	回収	平成16年10月1日	16	島根県	隠岐の島町	隠岐郡西郷町（おきぐんさいごうちょう）、同郡布施村（ふせむら）、同郡五箇村（ごかむら）、同郡都万村（つまむら）	4	新設	18,045	242.93	2
79	回収	平成16年10月1日	16	島根県	江津市	江津市(ごうつし)、邑智郡桜江町（おおちぐんさくらえちょう）	2	編入	29,377	268.51	2
80	回収	平成16年10月1日	16	島根県	美郷町	邑智郡邑智町（おおちぐんおおちちょう）、同郡大和村（だいわむら）	2	新設	6,624	282.92	2
81	回収	平成16年10月1日	16	島根県	邑南町	邑智郡羽須美村（おおちぐんはすみむら）、同郡瑞穂町（みずほちょう）、同郡石見町（いわみちょう）	3	新設	13,866	419.22	2
82		平成16年10月1日	16	徳島県	吉野川市	麻植郡鴨島町（おえぐんかもじまちょう）、同郡川島町（かわしまちょう）、同郡山川町（やまかわちょう）、同郡美郷村（みさとそん）	4	新設	46,794	144.19	2
83	回収	平成16年10月1日	16	奈良県	葛城市	北葛城郡新庄町（きたかつらぎぐんしんじょうちょう）、同郡当麻町（たいまちょう）	2	新設	34,950	33.73	2
84		平成16年10月1日	16	和歌山県	みなべ町（ちょう）	日高郡南部川村（ひだかぐんみなべがわむら）、同郡南部町（みなべちょう）	2	新設	14,734	120.36	2
85	回収	平成16年10月4日	16	山口県	光市	光市（ひかりし）、熊毛郡大和町（くまげぐんやまとちょう）	2	新設	54,680	91.94	2

86	回収	平成16年10月12日	16	山梨県	笛吹市	東八代郡石和町（ひがしやつしろぐんいさわちょう），同郡御坂町（みさかちょう），同郡一宮町（いちのみやちょう），同郡八代町（やつしろちょう），同郡境川村（さかいがわむら），東山梨郡春日居町（ひがしやまなしぐんかすがいちょう）	7	新設	70,435	164.77	2
87	回収	平成16年10月13日	16	鹿児島県	薩摩川内市	川内市（せんだい），薩摩郡樋脇町（さつまぐんひわきちょう），同郡入来町（いりきちょう），同郡東郷町（とうごうちょう），同郡祁答院町（けどういんちょう），同郡里村（さとむら），同郡上甑村（かみこしきむら），同郡下甑村（しもこしきそん），同郡鹿島村（かしまむら）	9	新設	105,464	683.49	2
88	回収	平成16年10月16日	16	茨城県	常陸大宮市	那珂郡大宮町（なかぐんおおみやまち），同郡山方町（やまがたまち），同郡美和村（みわむら），同郡緒川村（おがわむら），東茨城郡御前山村（ひがしいばらきぐんごぜんやまむら）	5	編入	48,964	348.38	2
89	回収	平成16年10月25日	16	岐阜県	恵那市	恵那市（えなし），恵那郡岩村町（えなぐんいわむらちょう），同郡山岡町（やまおかちょう），同郡明智町（あけちちょう），同郡串原村（くしはらむら），同郡上矢作町（かみやはぎちょう）	6	新設	57,274	504.19	2
90	回収	平成16年11月1日	16	愛媛県	西条市	西条市（さいじょうし），東予市（とうよし），周桑郡小松町（しゅうそうぐんこまつちょう），同郡丹原町（たんばらちょう）	4	新設	114,548	509.04	2
91	回収	平成16年11月1日	16	茨城県	日立市	日立市（ひたちし），多賀郡十王町（たがぐんじゅうおうまち）	2	編入	206,589	225.55	2

92		平成16年11月1日	16	岡山県	瀬戸内市	邑久郡牛窓町（おくぐんうしまどちょう）、同郡邑久町（おくちょう）、同郡長船町（おさふねちょう）	3	新設	39,403	125.51	2
93	回収	平成16年11月1日	16	岐阜県	各務原市	各務原市（かかみがはらし）、羽島郡川島町（はしまぐんかわしまちょう）	2	編入	141,765	87.77	2
94	回収	平成16年11月1日	16	熊本県	美里町	下益城郡中央町（しもましきぐんちゅうおうまち）、同郡砥用町（ともちまち）	2	新設	12,969	144.03	2
95	回収	平成16年11月1日	16	広島県	江田島市	安芸郡江田島町（あきぐんえたじまちょう）、佐伯郡能美町（さえきぐんのうみちょう）、同郡沖美町（おきみちょう）、同郡大柿町（おおがきちょう）	4	新設	32,278	100.88	2
96	回収	平成16年11月1日	16	三重県	伊賀市	上野市（うえのし）、阿山郡伊賀町（あやまぐんいがちょう）、同郡島ヶ原村（しまがはらむら）、同郡阿山町（あやまちょう）、同郡大山田村（おおやまだむら）、名賀郡青山町（ながぐんあおやまちょう）	6	新設	101,527	558.17	2
97		平成16年11月1日	16	山口県	宇部市	宇部市（うべし）、厚狭郡楠町（あさぐんくすのきちょう）	2	編入	182,031	287.67	2
98	回収	平成16年11月1日	16	山梨県	北杜市	北巨摩郡明野村（きたこまぐんあけのむら）、同郡須玉町（すたまちょう）、同郡高根町（たかねちょう）、同郡長坂町（ながさかちょう）、同郡大泉村（おおいずみむら）、同郡白州町（はくしゅうまち）、同郡武川村（むかわむら）	7	新設	42,107	609.75	2

●資料編

99	回収	平成16年11月1日	16	鹿児島県	鹿児島市	鹿児島市(かごしまし)、鹿児島郡吉田町(かごしまぐんよしだちょう)、同郡桜島町(さくらじまちょう)、指宿郡喜入町(いぶすきぐんきいれちょう)、日置郡松元町(ひおきぐんまつもとちょう)、同郡郡山町(こおりやまちょう)	6	編入	601,693	546.94	2
100	回収	平成16年11月1日	16	秋田県	美郷町	仙北郡六郷町(せんぼくぐんろくごうまち)、同郡千畑町(せんはたまち)、同郡仙南村(せんなんむら)	3	新設	24,207	167.8	2
101	回収	平成16年11月1日	16	新潟県	魚沼市	北魚沼郡堀之内町(きたうおぬまぐんほりのうちまち)、同郡小出町(こいでまち)、同郡湯之谷村(ゆのたにむら)、同郡広神村(ひろかみむら)、同郡守門村(すもんむら)、同郡入広瀬村(いりひろせむら)	6	新設	45,386	946.93	2
102	回収	平成16年11月1日	16	新潟県	南魚沼市	南魚沼郡六日町(みなみうおぬまぐんむいかまち)、同郡大和町(やまとまち)	2	新設	44,931	394.7	2
103	回収	平成16年11月1日	16	鳥取県	鳥取市	鳥取市(とっとりし)、岩美郡国府町(いわみぐんこくふちょう)、同郡福部村(ふくべそん)、八頭郡河原町(やずぐんかわはらちょう)、同郡用瀬町(もちがせちょう)、同郡佐治村(さじそん)、気高郡気高町(けたかぐんけたかちょう)、同郡鹿野町(しかのちょう)、同郡青谷町(あおやちょう)	9	編入	200,744	765.66	2

287

104	回収	平成16年11月1日	16	島根県	雲南市	大原郡大東町（おおはらぐんだいとうちょう），同郡加茂町（かもまち），同郡木次町（きすきちょう），飯石郡三刀屋町（いいしぐんみとやちょう），同郡吉田村（よしだむら），同郡掛合町（かけやまち）	6	新設	46,323	553.37	2
105		平成16年11月1日	16	島根県	益田市	益田市（ますだし），美濃郡美都町（みのぐんみとちょう），同郡匹見町（ひきみちょう）	3	編入	54,622	733.16	2
106	回収	平成16年11月1日	16	富山県	砺波市	砺波市（となみし），東礪波郡庄川町（ひがしとなみぐんしょうがわまち）	2	新設	48,092	126.96	2
107	回収	平成16年11月1日	16	富山県	南砺市	東礪波郡城端町（ひがしとなみぐんじょうはなまち），同郡平村（たいらむら），同郡上平村（かみたいらむら），同郡利賀村（とがむら），同郡井波町（いなみまち），同郡井口村（いのくちむら），同郡福野町（ふくのまち），西礪波郡福光町（にしとなみぐんふくみつまち）	8	新設	60,182	668.86	2
108	回収	平成16年11月1日	16	福島県	会津若松市	会津若松市（あいづわかまつし），北会津郡北会津村（きたあいづぐんきたあいづむら）	2	編入	125,805	343.46	2
109	回収	平成16年11月1日	16	兵庫県	丹波市	氷上郡柏原町（ひかみぐんかいばらちょう），同郡氷上町（ひかみちょう），同郡青垣町（あおがきちょう），同郡春日町（かすがちょう），同郡山南町（さんなんちょう），同郡市島町（いちじまちょう）	6	新設	72,862	493.28	2
110		平成16年11月5日	16	広島県	神石高原町	神石郡油木町（じんせきぐんゆきちょう），同郡神石町（じんせきちょう），同郡豊松村（とよまつそん），同郡三和町（さんわちょう）	4	新設	12,512	381.81	2

111	回収	平成16年12月1日	16	茨城県	常陸太田市	常陸太田市（ひたちおおたし）、久慈郡金砂郷町（くじぐんかなさごうまち）、同郡水府村（すいふむら）、同郡里美村（さとみむら）	4	編入	61,869	372.01	2
112		平成16年12月1日	16	北海道	函館市	函館市（はこだてし）、亀田郡戸井町（かめだぐんといちょう）、同郡恵山町（えさんちょう）、同郡椴法華村（とどほっけむら）、茅部郡南茅部町（かやべぐんみなみかやべちょう）	5	編入	305,311	677.77	2
113		平成16年12月5日	16	群馬県	前橋市	前橋市（まえばしし）、勢多郡大胡町（せたぐんおおごまち）、同郡宮城村（みやぎむら）、同郡粕川村（かすかわむら）	4	編入	320,165	241.22	2
114		平成16年12月6日	16	三重県	桑名市	桑名市（くわなし）、桑名郡多度町（くわなぐんたどちょう）、同郡長島町（ながしまちょう）	3	新設	134,856	136.61	2
115		平成17年1月1日	16	愛媛県	鬼北町	北宇和郡広見町（きたうわぐんひろみちょう）、同郡日吉村（ひよしむら）	2	新設	13,080	241.87	2
116	回収	平成17年1月1日	16	愛媛県	松山市	松山市（まつやまし）、北条市（ほうじょうし）、温泉郡中島町（おんせんぐんなかじまちょう）	3	編入	508,266	428.84	2
117	回収	平成17年1月1日	16	愛媛県	砥部町	伊予郡砥部町（いよぐんとべちょう）、同郡広田村（ひろたむら）	2	新設	22,075	101.57	2
118	回収	平成17年1月1日	16	愛媛県	内子町	喜多郡内子町（きたぐんうちこちょう）、同郡五十崎町（いかざきちょう）、上浮穴郡小田町（かみうけなぐんおだちょう）	3	新設	20,782	299.5	2
119		平成17年1月1日	16	熊本県	芦北町	葦北郡田浦町（あしきたぐんたのうらまち）、同郡芦北町（あしきたまち）	2	新設	22,373	233.54	2

120	回収	平成17年1月1日	16	群馬県	伊勢崎市	伊勢崎市（いせさきし），佐波郡赤堀町（さわぐんあかぼりまち），同郡東村（あずまむら），同郡境町（さかいまち）	4	新設	194,393	139.33	2
121	回収	平成17年1月1日	16	高知県	高知市	高知市（こうちし），土佐郡鏡村（とさぐんかがみむら），同郡土佐山村（とさやまむら）	3	編入	333,621	264.3	2
122	回収	平成17年1月1日	16	佐賀県	唐津市	唐津市（からつし），東松浦郡浜玉町（ひがしまつうらぐんはまたまちょう），同郡厳木町（きゅうらぎまち），同郡相知町（おうちちょう），同郡北波多村（きたはたむら），同郡肥前町（ひぜんちょう），同郡鎮西町（ちんぜいちょう），同郡呼子町（よぶこちょう）	8	新設	131,446	424.3	2
123	回収	平成17年1月1日	16	佐賀県	白石町	杵島郡白石町（きしまぐんしろいしちょう），同郡福富町（ふくどみまち），同郡有明町（ありあけちょう）	3	新設	28,393	99.46	2
124	回収	平成17年1月1日	16	埼玉県	飯能市	飯能市（はんのうし），入間郡名栗村（いるまぐんなぐりむら）	2	編入	85,886	193.16	2
125	回収	平成17年1月1日	16	三重県	松阪市	松阪市（まつさかし），一志郡嬉野町（いちしぐんうれしのちょう），同郡三雲町（みくもちょう），飯南郡飯南町（いいなんぐんいいなんちょう），同郡飯高町（いいたかちょう）	5	新設	164,504	623.8	2
126	回収	平成17年1月1日	16	滋賀県	高島市	高島郡（たかしまぐん）マキノ町（ちょう），同郡今津町（いまづちょう），同郡朽木村（くつきむら），同郡安曇川町（あどがわちょう），同郡高島町（たかしまちょう），同郡新旭町（しんあさひちょう）	6	新設	55,451	511.36	2

127	回収	平成17年1月1日	16	新潟県	上越市	上越市（じょうえつし）、東頸城郡安塚町（ひがしくびきぐんやすづかまち）、同郡浦川原村（うらがわらむら）、同郡大島村（おおしまむら）、同郡牧村（まきむら）、中頸城郡柿崎町（なかくびきぐんかきざきまち）、同郡大潟町（おおがたまち）、同郡頸城村（くびきむら）、同郡吉川町（よしかわまち）、同郡中郷村（なかごうむら）、同郡板倉町（いたくらまち）、同郡清里村（きよさとむら）、同郡三和村（さんわむら）、西頸城郡名立町（にしくびきぐんなだちまち）	14	編入	211,870	972.62	2
128	回収	平成17年1月1日	16	青森県	十和田市	十和田市（とわだし）、上北郡十和田湖町（かみきたぐんとわだこまち）	2	新設	69,630	688.6	2
129	回収	平成17年1月1日	16	大分県	臼杵市	臼杵市（うすきし）、大野郡野津町（おおのぐんのつまち）	2	新設	45,486	291.02	2
130	回収	平成17年1月1日	16	大分県	大分市	大分市（おおいたし）、大分郡野津原町（おおいたぐんのつはるまち）、北海部郡佐賀関町（きたあまべぐんさがのせきまち）	3	編入	454,424	500.97	2
131	回収	平成17年1月1日	16	長野県	長野市	長野市（ながのし）、更級郡大岡村（さらしなぐんおおおかむら）、上水内郡豊野町（かみみのちぐんとよのまち）、同郡戸隠村（とがくしむら）、同郡鬼無里村（きなさむら）	5	編入	378,932	737.86	2
132	回収	平成17年1月1日	16	鳥取県	伯耆町	西伯郡岸本町（さいはくぐんきしもとちょう）、日野郡溝口町（ひのぐんみぞくちちょう）	2	新設	12,663	139.45	2
133	回収	平成17年1月1日	16	島根県	飯南町	飯石郡頓原町（いいしぐんとんばらちょう）、同郡赤来町（あかぎちょう）	2	新設	6,541	242.84	2

134	回収	平成17年1月1日	16	栃木県	那須塩原市	黒磯市（くろいそし），那須郡西那須野町（なすぐんにしなすのまち），同郡塩原町（しおばらまち）	3	新設	110,828	592.82	2
135		平成17年1月1日	16	福井県	南越前町	南条郡南条町（なんじょうぐんなんじょうちょう），同郡今庄町（いまじょうちょう），同郡河野村（こうのむら）	3	新設	13,221	343.84	2
136	回収	平成17年1月4日	16	長崎県	長崎市	長崎市（ながさきし），西彼杵郡香焼町（にしそのぎぐんこうやぎちょう），同郡伊王島町（いおうじまちょう），同郡高島町（たかしまちょう），同郡野母崎町（のもざきちょう），同郡三和町（さんわちょう），同郡外海町（そとめちょう）	7	編入	457,486	338.72	2
137	回収	平成17年1月11日	16	愛媛県	大洲市	大洲市（おおずし），喜多郡長浜町（きたぐんながはまちょう），同郡肱川町（ひじかわちょう），同郡河辺村（かわべむら）	4	新設	52,762	432.2	2
138		平成17年1月11日	16	三重県	亀山市	亀山市（かめやまし），鈴鹿郡関町（すずかぐんせきちょう）	2	新設	46,606	190.91	2
139		平成17年1月11日	16	秋田県	秋田市	秋田市（あきたし），河辺郡河辺町（かわべぐんかわべまち），同郡雄和町（ゆうわまち）	3	編入	336,646	905.67	2
140	回収	平成17年1月11日	16	兵庫県	南（みなみ）あわじ市（し）	三原郡緑町（みはらぐんみどりちょう），同郡西淡町（せいだんちょう），同郡三原町（みはらちょう），同郡南淡町（なんだんちょう）	4	新設	54,979	229.17	2
141		平成17年1月15日	16	熊本県	宇城市	宇土郡三角町（うとぐんみすみまち），同郡不知火町（しらぬひまち），下益城郡松橋町（しもましきぐんまつばせまち），同郡小川町（おがわまち），同郡豊野町（とよのまち）	5	新設	63,968	188.52	2

142	回収	平成17年1月15日	16	熊本県	山鹿市	山鹿市（やまがし）、鹿本郡鹿北町（かもとぐんかほくまち）、同郡鹿川町（きくかまち）、同郡鹿本町（かもとまち）、同郡鹿央町（かおうまち）	5	新設	59,491	299.67	2
143	回収	平成17年1月16日	16	愛媛県	今治市	今治市（いまばりし）、越智郡朝倉村（おちぐんあさくらむら）、同郡玉川町（たまがわちょう）、同郡波方町（なみかたちょう）、同郡大西町（おおにしちょう）、同郡菊間町（きくまちょう）、同郡関前村（せきぜんむら）、同郡吉海町（よしうみちょう）、同郡宮窪町（みやくぼちょう）、同郡伯方町（はかたちょう）、同郡上浦町（かみうらちょう）、同郡大三島町（おおみしまちょう）	12	新設	180,627	419.61	2
144	回収	平成17年1月17日	16	静岡県	菊川市	小笠郡小笠町（おがさぐんおがさちょう）、同郡菊川町（きくがわちょう）	2	新設	47,036	94.24	2
145	回収	平成17年1月21日	16	茨城県	那珂市	那珂郡那珂町（なかぐんなかまち）、同郡瓜連町（うりづらまち）	2	編入	55,069	97.8	2
146	回収	平成17年1月24日	16	福岡県	福津市	宗像郡福間町（むなかたぐんふくままち）、同郡津屋崎町（つやざきまち）	2	新設	55,778	52.71	2
147	回収	平成17年1月31日	16	岐阜県	揖斐川町	揖斐郡揖斐川町（いびぐんいびがわちょう）、同郡谷汲村（たにぐみむら）、同郡春日村（かすがむら）、同郡久瀬村（くぜむら）、同郡藤橋村（ふじはしむら）、同郡坂内村（さかうちむら）	6	新設	27,453	803.68	2
148	回収	平成17年2月1日	16	茨城県	城里町	東茨城郡常北町（ひがしいばらきぐんじょうほくまち）、同郡桂村（かつらむら）、西茨城郡七会村（にしいばらきぐんななかいむら）	3	新設	23,007	161.73	2

149	回収	平成17年2月1日	16	茨城県	水戸市	水戸市（みとし）、東茨城郡内原町（ひがしいばらきぐんうちはらまち）	2	編入	261,562	217.45	2
150	回収	平成17年2月1日	16	岐阜県	高山市	高山市（たかやまし）、大野郡丹生川村（おおのぐんにゅうかわむら）、同郡清見村（きよみむら）、同郡荘川村（しょうかわむら）、同郡宮村（みやむら）、同郡久々野村（くぐのちょう）、同郡朝日村（あさひむら）、同郡高根村（たかねむら）、吉城郡国府町（よしきぐんこくふちょう）、同郡上宝村（かみたからむら）	10	編入	97,023	2,179.35	2
151		平成17年2月1日	16	広島県	福山市	福山市（ふくやまし）、沼隈郡沼隈町（ぬまくまぐんぬまくまちょう）	2	編入	416,547	461.19	2
152		平成17年2月1日	16	広島県	北広島町	山県郡芸北町（やまがたぐんげいほくちょう）、同郡大朝町（おおあさちょう）、同郡千代田町（ちよだちょう）、同郡豊平町（とよひらちょう）	4	新設	21,929	645.86	2
153		平成17年2月1日	16	高知県	津野町	高岡郡葉山村（たかおかぐんはやまむら）、高岡郡東津野村（たかおかぐんひがしつのむら）	2	新設	7,258	198.2	2
154	回収	平成17年2月1日	16	石川県	能美市	能美郡根上町（のみぐんねあがりまち）、同郡寺井町（てらいまち）、同郡辰口町（たつのくちまち）	3	新設	45,077	83.85	2
155	回収	平成17年2月1日	16	石川県	白山市	松任市（まつとうし）、石川郡美川町（いしかわぐんみかわまち）、同郡鶴来町（つるぎまち）、同郡河内村（かわちむら）、同郡吉野谷村（よしのだにむら）、同郡鳥越村（とりごえむら）、同郡尾口村（おぐちむら）、同郡白峰村（しらみねむら）	8	新設	106,977	755.17	2

156	回収	平成17年2月1日	16	大阪府	堺市	堺市（さかいし），南河内郡美原町（みなみかわちぐんみはらちょう）	2	編入	829,636	149.99	2
157	回収	平成17年2月1日	16	福井県	越前町	丹生郡朝日町（にゅうぐんあさひちょう），同郡宮崎村（みやざきむら），同郡越前町（えちぜんちょう），同郡織田町（おたちょう）	4	新設	25,017	152.9	2
158	回収	平成17年2月5日	16	福岡県	久留米市	久留米市（くるめし），浮羽郡田主丸町（うきはぐんたぬしまるまち），三井郡北野町（みいぐんきたのまち），三潴郡城島町（みずまぐんじょうじままち），同郡三潴町（みづままち）	5	編入	304,884	229.84	2
159	回収	平成17年2月7日	16	岐阜県	関市	関市（せきし），武儀郡洞戸村（むぎぐんほらどむら），同郡板取村（いたどりむら），同郡武芸川町（むげがわちょう），同郡武儀町（むぎちょう），同郡上之保村（かみのほむら）	6	編入	92,061	472.84	2
160	回収	平成17年2月7日	16	広島県	東広島市	東広島市（ひがしひろしまし），賀茂郡黒瀬町（かもぐんくろせちょう），同郡福富町（ふくとみちょう），同郡豊栄町（とよさかちょう），同郡河内町（こうちちょう），豊田郡安芸津町（とよたぐんあきつちょう）	6	編入	175,346	635.32	2
161	回収	平成17年2月7日	16	三重県	四日市市	四日市市（よっかいちし），三重郡楠町（みえぐんくすちょう）	2	編入	302,102	205.16	2
162	回収	平成17年2月11日	16	熊本県	阿蘇市	阿蘇郡一の宮町（あそぐんいちのみやまち），同郡阿蘇町（あそまち），同郡波野村（なみのそん）	3	新設	30,457	376.25	2
163	回収	平成17年2月11日	16	熊本県	山都町	上益城郡矢部町（かみましきぐんやべまち），同郡清和村（せいわそん），阿蘇郡蘇陽町（あそぐんそようまち）	3	新設	20,333	544.83	2

164	回収	平成17年2月11日	16	滋賀県	東近江市	八日市市（ようかいちし）、神崎郡永源寺町（かんざきぐんえいげんじちょう）、同郡五個荘町（ごかしょうちょう）、愛知郡愛東町（えちぐんあいとうちょう）、同郡湖東町（ことうちょう）	5	新設	77,362	317.57	2
165		平成17年2月11日	16	青森県	つがる市（し）	西津軽郡木造町（にしつがるぐんきづくりまち）、同郡森田村（もりたむら）、同郡柏村（かしわむら）、同郡稲垣村（いながきむら）、同郡車力村（しゃりきむら）	5	新設	41,320	253.85	2
166		平成17年2月11日	16	千葉県	鴨川市	鴨川市（かもがわし）、安房郡天津小湊町（あわぐんあまつこみなとまち）	2	新設	37,653	191.3	2
167		平成17年2月13日	16	岐阜県	中津川市	中津川市（なかつがわし）、恵那郡坂下町（えなぐんさかしたちょう）、同郡川上村（かわうえむら）、同郡加子母村（かしもむら）、同郡付知町（つけちちょう）、同郡福岡町（ふくおかちょう）、同郡蛭川村（ひるかわむら）（、長野県木曽郡山口村（ながのけんきそぐんやまぐちむら））	8	編入	85,004	676.38	2
168		平成17年2月13日	16	熊本県	南阿蘇村	阿蘇郡白水村（あそぐんはくすいむら）、同郡久木野村（くぎのむら）、同郡長陽村（ちょうようむら）	3	新設	12,436	137.3	2
169	回収	平成17年2月13日	16	群馬県	沼田市	沼田市（ぬまたし）、利根郡白沢村（とねぐんしらさわむら）、同郡利根村（とねむら）	3	編入	55,278	443.37	2
170		平成17年2月13日	16	山口県	下関市	下関市（しものせきし）、豊浦郡菊川町（とようらぐんきくがわちょう）、同郡豊田町（とよたちょう）、同郡豊浦町（とようらちょう）、同郡豊北町（ほうほくちょう）	5	新設	301,097	715.86	2

171	回収	平成17年2月13日	16	山梨県	上野原市	北都留郡上野原町（きたつるぐんうえのはらまち），南都留郡秋山村（みなみつるぐんあきやまむら）	2	新設	30,157	170.65	2
172		平成17年2月14日	16	三重県	大紀町	度会郡大宮町（わたらいぐんおおみやちょう），同郡紀勢町（きせいちょう），同郡大内山村（おおうちやまむら）	3	新設	11,334	233.54	2
173		平成17年2月14日	16	滋賀県	米原市	坂田郡山東町（さかたぐんさんとうちょう），同郡伊吹町（いぶきちょう），同郡米原町（まいはらちょう）	3	新設	31,859	205.06	2
174		平成17年2月21日	16	山口県	柳井市	柳井市（やないし），玖珂郡大畠町（くがぐんおおばたけちょう）	2	新設	37,251	139.87	2
175	回収	平成17年2月28日	16	岡山県	津山市	津山市（つやまし），苫田郡加茂町（とまたぐんかもちょう），同郡阿波村（あばそん），勝田郡勝北町（かつたぐんしょうぼくちょう），久米郡久米町（くめぐんくめちょう）	5	編入	111,499	506.36	2
176		平成17年2月28日	16	栃木県	佐野市	佐野市（さのし），安蘇郡田沼町（あそぐんたぬまち），同郡葛生町（くずうまち）	3	新設	125,671	356.07	2
177	回収	平成17年3月1日	16	岡山県	井原市	井原市（いばらし），小田郡美星町（おだぐんびせいちょう），後月郡芳井町（しつきぐんよしいちょう）	3	編入	46,489	243.36	2
178		平成17年3月1日	16	岡山県	鏡野町	苫田郡富村（とまたぐんとみそん），同郡奥津町（おくつちょう），同郡上齋原村（かみさいばらそん），同郡鏡野町（かがみのちょう）	4	新設	15,091	419.69	2
179		平成17年3月1日	16	佐賀県	みやき町	三養基郡中原町（みやきぐんなかばるちょう），同郡北茂安町（きたしげやすちょう），同郡三根町（みねちょう）	3	新設	28,176	51.89	2

180		平成17年3月1日	16	佐賀県	小城市	小城郡小城町（おぎぐんおぎまち），同郡三日月町（みかつきちょう），同郡牛津町（うしづちょう），同郡芦刈町（あしかりちょう）	4	新設	45,375	95.85	2
181	回収	平成17年3月1日	16	石川県	中能登町	鹿島郡鳥屋町（かしまぐんとりやまち），同郡鹿島町（かしままち），同郡鹿西町（ろくせいまち）	3	新設	19,149	89.36	2
182		平成17年3月1日	16	石川県	能登町	鳳至郡能都町（ふげしぐんのとまち），同郡柳田村（やなぎだむら），珠洲郡内浦町（すずぐんうちうらまち）	3	新設	23,673	273.45	2
183		平成17年3月1日	16	石川県	宝達志水町	羽咋郡志雄町（はくいぐんしおまち），同郡押水町（おしみずまち）	2	新設	15,891	111.68	2
184	回収	平成17年3月1日	16	大分県	中津市	中津市（なかつし），下毛郡三光村（しもげぐんさんこうむら），同郡本耶馬渓町（ほんやまけいまち），同郡耶馬渓町（やばけいまち），同郡山国町（やまくにまち）	5	編入	85,617	490.61	2
185	回収	平成17年3月1日	16	長崎県	諫早市	諫早市（いさはやし），西彼杵郡多良見町（にしそのぎぐんたらみちょう），北高来郡森山町（きたたかきぐんもりやまちょう），同郡飯盛町（いいもりちょう），同郡高来町（たかきちょう），同郡小長井町（こながいちょう）	6	新設	144,299	312.17	2
186	回収	平成17年3月1日	16	徳島県	つるぎ町（ちょう）	美馬郡半田町（みまぐんはんだちょう），同郡貞光町（さだみつちょう），同郡一宇村（いちうそん）	3	新設	13,100	194.8	2
187		平成17年3月1日	16	徳島県	那賀町	那賀郡鷲敷町（なかぐんわじきちょう），同郡相生町（あいおいちょう），同郡上那賀町（かみなかちょう），同郡木沢村（きさわそん），同郡木頭村（きとうそん）	5	新設	11,893	694.86	2

●資料編

188		平成17年3月1日	16	徳島県	美馬市	美馬郡脇町（みまぐんわきまち）、同郡美馬町（みまちょう）、同郡穴吹町（あなぶきちょう）、同郡木屋平村（こやだいらそん）	4	新設	36,632	367.38	2
189		平成17年3月1日	16	福島県	田村市	田村郡滝根町（たむらぐんたきねまち）、同郡大越町（おおごえまち）、同郡都路村（みやこじむら）、同郡常葉町（ときわまち）、同郡船引町（ふねひきまち）	5	新設	45,052	458.3	2
190		平成17年3月3日	16	大分県	佐伯市	佐伯市（さいきし）、南海部郡上浦町（みなみあまべぐんかみうらまち）、同郡弥生町（やよいまち）、同郡本匠村（ほんじょうむら）、同郡宇目町（うめまち）、同郡直川村（なおかわそん）、同郡鶴見町（つるみまち）、同郡米水津村（よのうづむら）、同郡蒲江町（かまえちょう）	9	新設	84,449	903.14	2
191	回収	平成17年3月6日	16	山口県	萩市	萩市（はぎし）、阿武郡川上村（あぶぐんかわかみそん）、同郡田万川町（たまがわちょう）、同郡むつみ村（そん）、同郡須佐町（すさちょう）、同郡旭村（あさひそん）、同郡福栄村（ふくえそん）	7	新設	61,745	698.86	2
192		平成17年3月7日	16	岡山県	赤磐市	赤磐郡山陽町（あかいわぐんさんようちょう）、同郡赤坂町（あかさかちょう）、同郡熊山町（くまやまちょう）、同郡吉井町（よしいちょう）	4	新設	43,813	209.43	2
193	回収	平成17年3月14日	16	青森県	むつ市（し）	むつ市（し）、下北郡川内町（しもきたぐんかわうちまち）、同郡大畑町（おおはたまち）、同郡脇野沢村（わきのさわむら）	4	編入	67,022	863.78	2
194	回収	平成17年3月19日	16	新潟県	糸魚川市	糸魚川市（いといがわし）、西頸城郡能生町（にしくびきぐんのうまち）、同郡青海町（おうみまち）	3	新設	53,021	746.24	2

299

#		日付		都道府県	市町村	関係市町村	数	種別	人口	面積	
195		平成17年3月20日	16	広島県	呉市	呉市（くれし），安芸郡音戸町（あきぐんおんどちょう），同郡倉橋町（くらはしちょう），同郡蒲刈町（かまがりちょう），豊田郡安浦町（とよたぐんやすうらちょう），同郡豊浜町（とよはまちょう），同郡豊町（ゆたかまち）	7	編入	259,224	353.17	2
196		平成17年3月20日	16	長野県	佐久穂町	南佐久郡佐久町（みなみさくぐんさくまち），同郡八千穂村（やちほむら）	2	新設	13,622	188.13	2
197	回収	平成17年3月20日	16	福岡県	うきは市（し）	浮羽郡吉井町（うきはぐんよしいまち），同郡浮羽町（うきはまち）	2	新設	34,045	117.55	2
198	回収	平成17年3月21日	16	新潟県	新潟市（ダブリ）	新潟市（にいがたし），白根市（しろねし），豊栄市（とよさかし），中蒲原郡小須戸町（なかかんばらぐんこすどまち），同郡横越町（よこごしまち），同郡亀田町（かめだまち），西蒲原郡岩室村（にしかんばらぐんいわむろむら），同郡西川町（にしかわまち），同郡味方村（あじかたむら），同郡潟東村（かたひがしむら），同郡月潟村（つきがたむら），同郡中之口村（なかのくちむら），新津市（にいつし）	13	編入	713,623	571.64	2
199	回収	平成17年3月21日	16	福岡県	柳川市	柳川市（やながわし），山門郡大和町（やまとぐんやまとまち），同郡三橋町（みつはしまち）	3	新設	77,610	76.9	0
200		平成17年3月22日	16	茨城県	稲敷市	稲敷郡江戸崎町（いなしきぐんえどさきまち），同郡新利根町（しんとねまち），同郡桜川村（さくらがわむら），同郡東町（あずままち）	4	新設	51,284	178.12	2
201	回収	平成17年3月22日	16	茨城県	坂東市	岩井市（いわいし），猿島郡猿島町（さしまぐんさしままち）	2	新設	58,673	123.18	2

●資料編

202	回収	平成17年3月22日	16	岡山県	岡山市	岡山市（おかやまし），御津郡御津町（みつぐんみつちょう），児島郡灘崎町（こじまぐんなださきちょう）	3	編入	652,679	658.57	2
203	回収	平成17年3月22日	16	岡山県	総社市	総社市（そうじゃし），都窪郡山手村（つくぼぐんやまてそん），同郡清音村（きよねそん）	3	新設	66,201	212	2
204	回収	平成17年3月22日	16	岡山県	備前市	備前市（びぜんし），和気郡日生町（わけぐんひなせちょう），同郡吉永町（よしながちょう）	3	新設	42,534	258.23	2
205	回収	平成17年3月22日	16	岡山県	美咲町	久米郡中央町（くめぐんちゅうおうちょう），同郡旭町（あさひちょう），同郡柵原町（やなはらちょう）	3	新設	17,562	232.15	2
206	回収	平成17年3月22日	16	熊本県	菊池市	菊池市（きくちし），菊池郡七城町（きくちぐんしちじょうまち），同郡旭志村（きょくしむら），同郡泗水町（しすいまち）	4	新設	52,636	276.66	2
207	回収	平成17年3月22日	16	広島県	三原市	三原市（みはらし），豊田郡本郷町（とよたぐんほんごうちょう），御調郡久井町（みつぎぐんくいちょう），賀茂郡大和町（がもぐんだいわちょう）	4	新設	106,229	470.98	2
208	回収	平成17年3月22日	16	香川県	丸亀市	丸亀市（まるがめし），綾歌郡綾歌町（あやうたぐんあやうたちょう），同郡飯山町（はんざんちょう）	3	新設	108,356	111.77	2
209	回収	平成17年3月22日	16	山口県	山陽小野田市	小野田市（おのだし），厚狭郡山陽町（あさぐんさんようちょう）	2	新設	67,429	132.9	2
210	回収	平成17年3月22日	16	山口県	長門市	長門市（ながとし），大津郡三隅町（おおつぐんみすみちょう），同郡日置町（へきちょう），同郡油谷町（ゆやちょう）	4	新設	43,473	357.9	2
211	回収	平成17年3月22日	16	山梨県	山梨市	山梨市（やまなしし），東山梨郡牧丘町（ひがしやまなしぐんまきおかちょう），同郡三富村（みとみむら）	3	新設	39,797	289.87	2

212		平成17年3月22日	16	鹿児島県	さつま町（ちょう）	薩摩郡宮之城町（さつまぐんみやのじょうちょう），同郡鶴田町（つるだちょう），同郡薩摩町（さつまちょう）	3	新設	27,331	303.43	2
213	回収	平成17年3月22日	16	鹿児島県	錦江町	肝属郡大根占町（きもつきぐんおおねじめちょう），同郡田代町（たしろちょう）	2	新設	10,889	163.15	2
214		平成17年3月22日	16	鹿児島県	湧水町	姶良郡栗野町（あいらぐんくりのちょう），同郡吉松町（よしまつちょう）	2	新設	13,237	144.33	2
215		平成17年3月22日	16	秋田県	潟上市	南秋田郡昭和町（みなみあきたぐんしょうわまち），同郡飯田川町（いいたがわまち），同郡天王町（てんのうまち）	3	新設	35,711	97.96	2
216	回収	平成17年3月22日	16	秋田県	大仙市	大曲市（おおまがりし），仙北郡神岡町（せんぼくぐんかみおかまち），同郡西仙北町（にしせんぼくまち），同郡中仙町（なかせんまち），同郡協和町（きょうわまち），同郡南外村（なんがいむら），同郡仙北町（せんぼくまち），同郡太田町（おおたまち）	7	新設	98,326	866.68	2
217		平成17年3月22日	16	秋田県	男鹿市	男鹿市（おがし），南秋田郡若美町（みなみあきたぐんわかみまち）	2	新設	38,130	240.8	2
218	回収	平成17年3月22日	16	秋田県	湯沢市	湯沢市（ゆざわし），雄勝郡稲川町（おがちぐんいなかわまち），同郡雄勝町（おがちまち），同郡皆瀬村（みなせむら）	4	新設	58,504	790.72	2
219	回収	平成17年3月22日	16	秋田県	北秋田市	北秋田郡鷹巣町（きたあきたぐんたかのすまち），同郡森吉町（もりよしまち），同郡阿仁町（あにまち），同郡合川町（あいかわまち）	4	新設	42,050	1152.57	2

220	回収	平成17年3月22日	16	秋田県	由利本荘市	本荘市（ほんじょうし）、由利郡矢島町（ゆりぐんやしままち）、同郡岩城町（いわきまち）、同郡由利町（ゆりまち）、同郡西目町（にしめまち）、同郡鳥海町（ちょうかいまち）、同郡東由利町（ひがしゆりまち）、同郡大内町（おおうちまち）	8	新設	92,843	1,209.04	2
221	回収	平成17年3月22日	16	大分県	日田市	日田市（ひたし）、日田郡前津江村（ひたぐんまえつえむら）、同郡中津江村（なかつえむら）、同郡上津江村（かみつえむら）、同郡大山町（おおやままち）、同郡天瀬町（あまがせまち）	6	編入	77,369	666.19	2
222	回収	平成17年3月22日	16	鳥取県	倉吉市	倉吉市（くらよしし）、東伯郡関金町（とうはくぐんせきがねちょう）	2	編入	54,027	272.15	2
223	回収	平成17年3月22日	16	島根県	出雲市	出雲市（いずもし）、平田市（ひらたし）、簸川郡佐田町（ひかわぐんさだちょう）、同郡多伎町（たきちょう）、同郡湖陵町（こりょうちょう）、同郡大社町（たいしゃまち）	6	新設	146,960	543.42	2
224	回収	平成17年3月22日	16	福岡県	筑前町	朝倉郡三輪町（あさくらぐんみわまち）、同郡夜須町（やすまち）	2	新設	28,926	67.18	2
225	回収	平成17年3月28日	16	愛媛県	八幡浜市	八幡浜市（やわたはまし）、西宇和郡保内町（にしうわぐんほないちょう）	2	新設	44,206	132.96	2
226	回収	平成17年3月28日	16	茨城県	かすみがうら市（し）	新治郡霞ヶ浦町（にいはりぐんかすみがうらまち）、同郡千代田町（ちよだまち）	2	新設	45,229	118.77	2
227	回収	平成17年3月28日	16	茨城県	取手市	取手市（とりでし）、北相馬郡藤代町（きたそうまぐんふじしろまち）	2	編入	115,993	69.96	2

303

228	回収	平成17年3月28日	16	茨城県	筑西市	下館市（しもだてし），真壁郡関城町（まかべぐんせきじょうまち），同郡明野町（あけのまち），同郡協和町（きょうわまち）	4	新設	116,120	205.35	2
229	回収	平成17年3月28日	16	岐阜県	海津市	海津郡海津町（かいづぐんかいづちょう），同郡平田町（ひらたちょう），同郡南濃町（なんのうちょう）	3	新設	41,204	112.31	2
230	回収	平成17年3月28日	16	群馬県	太田市	太田市（おおたし），新田郡尾島町（にったぐんおじままち），同郡新田町（にったまち），同郡藪塚本町（やぶづかほんまち）	4	新設	210,022	176.49	2
231	回収	平成17年3月28日	16	広島県	尾道市	尾道市（おのみちし），御調郡御調町（みつぎぐんみつぎちょう），同郡向島町（むかいしまちょう）	3	編入	117,407	212.33	2
232	回収	平成17年3月28日	16	青森県	外ヶ浜町	東津軽郡蟹田町（ひがしつがるぐんかにたまち），同郡平舘村（たいらだてむら），同郡三厩村（みんまやむら）	3	新設	9,170	229.92	2
233	回収	平成17年3月28日	16	青森県	五所川原市	五所川原市（ごしょがわらし），北津軽郡金木町（きたつがるぐんかなぎまち），同郡市浦村（しうらむら）	3	新設	63,208	404.58	2
234	回収	平成17年3月28日	16	青森県	中泊町	北津軽郡中里町（たつがるぐんなかさとまち），同郡小泊村（こどまりむら）	2	新設	15,325	216.25	2
235	回収	平成17年3月28日	16	青森県	藤崎町	南津軽郡藤崎町（みなみつがるぐんふじさきまち），同郡常盤村（ときわむら）	2	新設	16,050	37.2	2
236	回収	平成17年3月28日	16	千葉県	柏市	柏市（かしわし），東葛飾郡沼南町（ひがしかつしかぐんしょうなんまち）	2	編入	373,778	112.69	2
237	回収	平成17年3月28日	16	鳥取県	大山町	西伯郡中山町（さいはくぐんなかやまちょう），同郡名和町（なわちょう），同郡大山町（だいせんちょう）	3	新設	19,561	189.79	2

238	回収	平成17年3月28日	16	栃木県	さくら市（し）	塩谷郡氏家町（しおやぐんうじいえまち），同郡喜連川町（きつれがわまち）	2	新設	40,030	125.46	2
239		平成17年3月28日	16	福岡県	宗像市	宗像市（むなかたし），宗像郡大島村（むなかたぐんおおしまむら）	2	編入	92,056	119.64	2
240		平成17年3月28日	16	福岡県	東峰村	朝倉郡小石原村（あさくらぐんこいしわらむら），同郡宝珠山村（ほうしゅやまむら）	2	新設	2,948	51.93	2
241	回収	平成17年3月31日	16	岡山県	新見市	新見市(にいみし)，阿哲郡大佐町（あてつぐんおおさちょう），同郡神郷町（しんごうちょう），同郡哲多町（てったちょう），同郡哲西町（てっせいちょう）	5	新設	38,492	793.27	2
242	回収	平成17年3月31日	16	岡山県	真庭市	上房郡北房町（じょうぼうぐんほくぼうちょう），真庭郡勝山町（まにわぐんかつやまちょう），同郡落合町（おちあいちょう），同郡湯原町（ゆばらちょう），同郡久世町（くせちょう），同郡美甘村（みかもそん），同郡川上村（かわかみそん），同郡八束村（やつかそん），同郡中和村（ちゅうかそん）	9	新設	54,747	828.43	2
243		平成17年3月31日	16	岡山県	美作市	勝田郡勝田町（かつたぐんかつたちょう），英田郡大原町（あいだぐんおおはらちょう），同郡東粟倉村（ひがしあわくらそん），同郡美作町（みまさかちょう），同郡作東町（さくとうちょう），同郡英田町（あいだちょう）	6	新設	34,577	429.19	2

244	回収	平成17年3月31日	16	広島県	庄原市	庄原市（しょうばらし）、甲奴郡総領町（こうぬぐんそうりょうちょう）、比婆郡西城町（ひばぐんさいじょうちょう）、同郡東城町（とうじょうちょう）、同郡口和町（くちわちょう）、同郡高野町（たかのちょう）、同郡比和町（ひわちょう）	7	新設	45,678	1,246.60	2
245	回収	平成17年3月31日	16	鹿児島県	南大隅町	肝属郡根占町（きもつきぐんねじめちょう）、同郡佐多町（さたちょう）	2	新設	10,741	213.59	2
246	回収	平成17年3月31日	16	青森県	七戸町	上北郡七戸町（かみきたぐんしちのへまち）、同郡天間林村（てんまばやしむら）	2	新設	19,357	337.23	2
247	回収	平成17年3月31日	16	青森県	深浦町	西津軽郡深浦町（にしつがるぐんふかうらまち）、同郡岩崎村（いわさきむら）	2	新設	11,799	488.78	2
248	回収	平成17年3月31日	16	青森県	東北町	上北郡上北町（かみきたぐんかみきたまち）、同郡東北町（とうほくまち）	2	新設	20,591	326.71	2
249	回収	平成17年3月31日	16	青森県	八戸市	八戸市（はちのへし）、三戸郡南郷村（さんのへぐんなんごうむら）	2	編入	248,608	305.17	2
250	回収	平成17年3月31日	16	大分県	宇佐市	宇佐市（うさし）、宇佐郡院内町（うさぐんいんないまち）、同郡安心院町（あじむまち）	3	新設	62,349	439.09	2
251	回収	平成17年3月31日	16	大分県	豊後高田市	豊後高田市（ぶんごたかだし）、西国東郡真玉町（にしくにさきぐんまたままち）、同郡香々地町（かかぢちょう）	3	新設	26,206	206.6	2
252	回収	平成17年3月31日	16	大分県	豊後大野市	大野郡三重町（おおのぐんみえまち）、同郡清川村（きよかわむら）、同郡緒方町（おがたまち）、同郡朝地町（あさじまち）、同郡大野町（おおのまち）、同郡千歳村（ちとせむら）、同郡犬飼町（いぬかいまち）	7	新設	43,371	603.36	2

253	回収	平成17年3月31日	16	鳥取県	八頭町	八頭郡郡家町（やずぐんこおげちょう）、同郡船岡町（ふなおかちょう）、同郡八東町（はっとうちょう）	3	新設	20,245	206.71	2
254		平成17年3月31日	16	鳥取県	米子市	米子市（よなごし）、西伯郡淀江町（さいはくぐんよどえちょう）	2	新設	147,837	132.21	2
255		平成17年3月31日	16	島根県	奥出雲町	仁多郡仁多町（にたぐんにたちょう）、同郡横田町（よこたちょう）	2	新設	16,689	368.06	2
256	回収	平成17年3月31日	16	島根県	松江市	松江市（まつえし）、八束郡鹿島町（やつかぐんかしまちょう）、同郡島根町（しまねちょう）、同郡美保関町（みほのせきちょう）、同郡八雲村（やくもむら）、同郡玉湯町（たまゆちょう）、同郡宍道町（しんじちょう）、同郡八束町（やつかちょう）	8	新設	199,289	530.21	2
257		平成17年3月31日	16	福井県	若狭町	三方郡三方町（みかたぐんみかたちょう）、遠敷郡上中町（おにゅうぐんかみなかちょう）	2	新設	17,313	178.29	2
258	回収	平成17年4月1日	17	愛知県	稲沢市	稲沢市（いなざわし）、中島郡祖父江町（なかしまぐんそぶえちょう）、同郡平和町（へいわちょう）	3	編入	136,938	79.3	3
259		平成17年4月1日	17	愛知県	一宮市	一宮市（いちのみやし）、尾西市（びさいし）、葉栗郡木曽川町（はぐりぐんきそがわちょう）	3	編入	362,726	113.91	3
260		平成17年4月1日	17	愛知県	愛西市	海部郡佐屋町（あまぐんさやちょう）、同郡立田村（たつたむら）、同郡八開村（はちかいむら）、同郡佐織町（さおりちょう）	4	新設	65,597	66.63	3

261	回収	平成17年4月1日	17	愛知県	豊田市	豊田市(とよたし), 西加茂郡藤岡町(にしかもぐんふじおかちょう), 同郡小原村(おばらむら), 東加茂郡足助町(ひがしかもぐんあすけちょう), 同郡下山村(しもやまむら), 同郡旭町(あさひちょう), 同郡稲武町(いなぶちょう)	7	編入	395,224	918.47	3
262	回収	平成17年4月1日	17	愛媛県	伊予市	伊予市(いよし), 伊予郡中山町(いよぐんなかやまちょう), 同郡双海町(ふたみちょう)	3	新設	40,505	194.47	3
263	回収	平成17年4月1日	17	愛媛県	伊方町	西宇和郡伊方町(にしうわぐんいかたちょう), 同郡瀬戸町(せとちょう), 同郡三崎町(みさきちょう)	3	新設	13,536	94.34	3
264	回収	平成17年4月1日	17	沖縄県	うるま市(し)	石川市(いしかわし), 具志川市(ぐしかわし), 中頭郡与那城町(なかがみぐんよなしろちょう), 同郡勝連町(かつれんちょう)	4	新設	109,992	85.92	3
265	回収	平成17年4月1日	17	宮城県	登米市	登米郡迫町(とめぐんはさまちょう), 同郡登米町(とよままち), 同郡東和町(とうわちょう), 同郡中田町(なかだちょう), 同郡豊里町(とよさとちょう), 同郡米山町(よねやまちょう), 同郡石越町(いしこしまち), 同郡南方町(みなみかたまち), 本吉郡津山町(もとよしぐんつやまちょう)	9	新設	93,769	534.45	3

●資料編

266	回収	平成17年4月1日	17	宮城県	栗原市	栗原郡築館町（くりはらぐんつきだてちょう），同郡若柳町（わかやぎちょう），同郡栗駒町（くりこままち），同郡高清水町（たかしみずまち），同郡一迫町（いちはさまちょう），同郡瀬峰町（せみねちょう），同郡鶯沢町（うぐいすざわちょう），同郡金成町（かんなりちょう），同郡志波姫町（しわひめちょう），同郡花山村（はなやまむら）	10	新設	84,947	802.57	3
267		平成17年4月1日	17	宮城県	東松島市	桃生郡矢本町（ものうぐんやもとちょう），同郡鳴瀬町（なるせちょう）	2	新設	43,180	101.86	3
268		平成17年4月1日	17	宮城県	石巻市	石巻市（いしのまきし），桃生郡河北町（ものうぐんかほくちょう），同郡雄勝町（おがつちょう），同郡河南町（かなんちょう），同郡桃生町（ものうちょう），同郡北上町（きたかみまち），牡鹿郡牡鹿町（おしかぐんおしかちょう）	7	新設	174,778	550.78	3
269		平成17年4月1日	17	京都府	京都市	京都市（きょうとし），北桑田郡京北町（きたくわだぐんけいほくちょう）	2	編入	1,474,471	827.9	3
270	回収	平成17年4月1日	17	埼玉県	さいたま市(し)	さいたま市（し），岩槻市（いわつきし）	2	編入	1,133,300	217.49	3
271		平成17年4月1日	17	埼玉県	秩父市	秩父市（ちちぶし），秩父郡吉田町（ちちぶぐんよしだまち），同郡大滝村（むむたきむら），同郡荒川村（あらかわむら）	4	新設	73,875	577.69	3
272		平成17年4月1日	17	新潟県	十日町市	十日町市（とおかまちし），中魚沼郡川西町（なかうおぬまぐんかわにしまち），同郡中里村（なかさとむら），東頸城郡松代町（ひがしくびきぐんまつだいまち），同郡松之山町（まつのやままち）	5	新設	65,033	592.07	3

273		平成17年4月1日	17	新潟県	妙高市	新井市(あらいし), 中頸城郡妙高高原町(なかくびきぐんみょうこうこうげんまち), 同郡妙高村(みょうこうむら)	3	編入	39,699	445.51	3
274	回収	平成17年4月1日	17	新潟県	阿賀町	東蒲原郡津川町(ひがしかんばらぐんつがわまち), 同郡鹿瀬町(かのせまち), 同郡上川村(かみかわむら), 同郡三川村(みかわむら)	4	新設	15,813	952.88	3
275		平成17年4月1日	17	新潟県	長岡市	長岡市(ながおかし), 南蒲原郡中之島町(みなみかんばらぐんなかのしままち), 三島郡越路町(さんとうぐんこしじまち), 同郡三島町(みしままち), 古志郡山古志村(こしぐんやまこしむら), 刈羽郡小国町(かりわぐんおぐにまち)	6	編入	237,718	525.89	3
276	回収	平成17年4月1日	17	青森県	青森市	青森市(あおもりし), 南津軽郡浪岡町(みなみつがるぐんなみおかまち)	2	新設	318,732	824.56	3
277	回収	平成17年4月1日	17	静岡県	沼津市	沼津市(ぬまづし), 田方郡戸田村(たがたぐんへだむら)	2	編入	211,559	187.1	3
278	回収	平成17年4月1日	17	静岡県	磐田市	磐田市(いわたし), 磐田郡福田町(いわたぐんふくでちょう), 同郡竜洋町(りゅうようちょう), 同郡豊田町(とよだちょう), 同郡豊岡村(とよおかむら)	5	新設	166,002	164.08	3
279	回収	平成17年4月1日	17	静岡県	掛川市	掛川市(かけがわし), 小笠郡大須賀町(おがさぐんおおすかちょう), 同郡大東町(だいとうちょう)	3	新設	114,328	265.63	3
280		平成17年4月1日	17	静岡県	袋井市	袋井市(ふくろいし), 磐田郡浅羽町(いわたぐんあさばちょう)	2	新設	78,732	108.56	3
281	回収	平成17年4月1日	17	静岡県	伊豆(いず)の国市(くにし)	田方郡伊豆長岡町(たがたぐんいずながおかちょう), 同郡韮山町(にらやまちょう), 同郡大仁町(おおひとちょう)	3	新設	50,062	94.71	3

282	回収	平成17年4月1日	17	静岡県	西伊豆町	賀茂郡西伊豆町（かもぐんにしいずちょう）、同郡賀茂村（かもむら）	2	新設	11,268	105.52	3
283		平成17年4月1日	17	大分県	竹田市	竹田市（たけたし）、直入郡荻町（なおいりぐんおぎまち）、同郡久住町（くじゅうまち）、同郡直入町（なおいりまち）	4	新設	28,689	477.67	3
284		平成17年4月1日	17	長崎県	西海市	西彼杵郡西彼町（にしそのぎぐんせいひちょう）、同郡西海町（さいかいちょう）、同郡大島町（おおしまちょう）、同郡崎戸町（さきとちょう）、同郡大瀬戸町（おおせとちょう）	5	新設	35,288	241.91	3
285	回収	平成17年4月1日	17	長崎県	佐世保市	佐世保市（させぼし）、北松浦郡吉井町（きたまつうらぐんよしいちょう）、同郡世知原町（せちばるちょう）	3	編入	251,232	307.52	3
286		平成17年4月1日	17	長野県	塩尻市	塩尻市（しおじりし）、木曽郡楢川村（きそぐんならかわむら）	2	編入	67,747	290.13	3
287		平成17年4月1日	17	長野県	松本市	松本市（まつもとし）、東筑摩郡四賀村（ひがしちくまぐんしがむら）、南安曇郡奈川村（みなみあづみぐんながわむら）、同郡安曇村（あづみむら）、同郡梓川村（あずさかわむら）	5	編入	229,033	919.35	3
288		平成17年4月1日	17	長野県	佐久市	佐久市（さくし）、南佐久郡臼田町（みなみさくぐんうすだまち）、北佐久郡浅科村（きたさくぐんあさしなむら）、同郡望月町（もちづきまち）	4	新設	100,016	423.99	3
289	回収	平成17年4月1日	17	長野県	中野市	中野市（なかのし）、下水内郡豊田村（しもみのちぐんとよたむら）	2	新設	47,845	112.06	3

290		平成17年4月1日	17	徳島県	阿波市	板野郡吉野町（いたのぐんよしのちょう），同郡土成町（どなりちょう），阿波郡市場町（あわぐんいちばちょう），同郡阿波町（あわちょう）	4	新設	42,388	190.97	3
291	回収	平成17年4月1日	17	奈良県	奈良市	奈良市（ならし），添上郡月ヶ瀬村（そえかみぐんつきがせむら），山辺郡都祁村（やまべぐんつげむら）	3	編入	374,944	276.84	3
292		平成17年4月1日	17	富山県	富山市	富山市（とやまし），上新川郡大沢野町（かみにいかわぐんおおさわのまち），同郡大山町（おおやままち），婦負郡八尾町（ねいぐんやつおまち），同郡婦中町（ふちゅうまち），同郡山田村（やまだむら），同郡細入村（ほそいりむら）	7	新設	420,804	1,241.85	3
293	回収	平成17年4月1日	17	福島県	須賀川市	須賀川市（すかがわし），岩瀬郡長沼町（いわせぐんながぬままち），同郡岩瀬村（いわせむら）	3	編入	79,409	279.55	3
294	回収	17年4月1日	17	兵庫県	朝来市	朝来郡生野町（あさごぐんいくのちょう），同郡和田山町（わだやまちょう），同郡山東町（さんとうちょう），同郡朝来町（あさごちょう）	4	新設	36,069	402.98	3
295	回収	平成17年4月1日	17	兵庫県	豊岡市	豊岡市（とよおかし），城崎郡城崎町（きのさきぐんきのさきちょう），同郡竹野町（たけのちょう），同郡日高町（ひだかちょう），出石郡出石町（いずしぐんいずしちょう），同郡但東町（たんとうちょう）	6	新設	92,752	697.66	3
296	回収	平成17年4月1日	17	兵庫県	淡路市	津名郡津名町（つなぐんつなちょう），同郡淡路町（あわじちょう），同郡北淡町（ほくだんちょう），同郡一宮町（いちのみやちょう），同郡東浦町（ひがしうらちょう）	5	新設	51,884	184.15	3

●資料編

297		平成17年4月1日	17	兵庫県	宍粟市	宍粟郡山崎町（しそうぐんやまさきちょう）、同郡一宮町（いちのみやちょう）、同郡波賀町（はがちょう）、同郡千種町（ちくさちょう）	4	新設	45,460	658.6	3
298		平成17年4月1日	17	兵庫県	香美町	城崎郡香住町（きのさきぐんかすみちょう）、美方郡村岡町（みかたぐんむらおかちょう）、同郡美方町（みかたちょう）	3	新設	23,271	369.08	3
299		平成17年4月1日	17	北海道	森町	茅部郡森町（かやべぐんもりまち）、同郡砂原町（さわらちょう）	2	新設	20,233	368.27	3
300		平成17年4月1日	17	和歌山県	海南市	海南市（かいなんし）、海草郡下津町（かいそうぐんしもつちょう）	2	新設	60,373	101.18	3
301		平成17年4月1日	17	和歌山県	串本町	西牟婁郡串本町（にしむろぐんくしもとちょう）、東牟婁郡古座町（ひがしむろぐんこざちょう）	2	新設	21,429	135.78	3
302		平成17年4月10日	17	高知県	四万十市	中村市（なかむらし）、幡多郡西土佐村（はたぐんにしとさむら）	2	新設	38,784	632.5	3
303		平成17年4月25日	17	広島県	広島市	広島市（ひろしまし）、佐伯郡湯来町（さえきぐんゆきちょう）	2	編入	1,134,134	904.62	3
304	回収	平成17年5月1日	17	岐阜県	可児市	可児市（かにし）、可児郡兼山町（かにぐんかねやまちょう）	2	編入	93,463	87.6	3
305		平成17年5月1日	17	鹿児島県	日置市	日置郡東市来町（ひおきぐんひがしいちきちょう）、同郡伊集院町（いじゅういんちょう）、同郡日吉町（ひよしちょう）、同郡吹上町（ふきあげちょう）	4	新設	53,391	252.97	3
306		平成17年5月1日	17	新潟県	新発田市	新発田市（しばたし）、北蒲原郡紫雲寺町（きたかんばらぐんしうんじまち）、同郡加治川村（かじかわむら）	3	編入	106,016	532.82	3
307		平成17年5月1日	17	新潟県	三条市	三条市（さんじょうし）、南蒲原郡栄町（みなみかんばらぐんさかえまち）、同郡下田村（しただむら）	3	新設	107662	432.05	3

#		日付		都道府県	市町村	対象		種別	人口	面積	
308		平成17年5月1日	17	新潟県	柏崎市	柏崎市（かしわざきし）、刈羽郡高柳町（かりわぐんたかやなぎまち）、同郡西山町（にしやままち）	3	編入	97,896	440.55	3
309		平成17年5月1日	17	和歌山県	田辺市	田辺市（たなべし）、日高郡龍神村（ひだかぐんりゅうじんむら）、西牟婁郡中辺路町（にしむろぐんなかへちちょう）、同郡大塔村（おおとうむら）、東牟婁郡本宮町（ひがしむろぐんほんぐうちょう）	5	新設	85,646	1,026.63	3
310	回収	平成17年5月1日	17	和歌山県	日高川町	日高郡川辺町（ひだかぐんかわべちょう）、同郡中津村（なかつむら）、同郡美山村（みやまむら）	3	新設	11,607	331.61	3
311	回収	平成17年5月5日	17	静岡県	島田市	島田市（しまだし）、榛原郡金谷町（はいばらぐんかなやちょう）	2	新設	96,084	195.4	3
312	回収	平成17年6月6日	17	岩手県	宮古市	宮古市（みやこし）、下閉伊郡田老町（しもへいぐんたろうちょう）、同郡新里村（にいさとむら）	3	新設	63,223	696.82	3
313	回収	平成17年6月13日	17	群馬県	桐生市	桐生市（きりゅうし）、勢多郡新里村（せたぐんにいさとむら）、同郡黒保根村（くろほねむら）	3	編入	134,298	274.57	3
314		平成17年6月20日	17	秋田県	大館市	大館市（おおだてし）、北秋田郡比内町（きたあきたぐんひないまち）、同郡田代町（たしろまち）	3	編入	86,288	913.7	3
315	回収	平成17年7月1日	17	山形県	庄内町	東田川郡立川町（ひがしたがわぐんたちかわまち）、同郡余目町（あまるめまち）	2	新設	25,489	249.26	3
316		平成17年7月1日	17	鹿児島県	曽於市	曽於郡大隅町（そおぐんおおすみちょう）、同郡財部町（たからべちょう）、同郡末吉町（すえよしちょう）	3	新設	44,910	390.39	3
317		平成17年7月1日	17	鹿児島県	肝付町	肝属郡内之浦町（きもつきぐんうちのうらちょう）、同郡高山町（こうやまちょう）	2	新設	19,523	308.12	3

318	回収	平成17年7月1日	17	静岡県	浜松市	浜松市（はままつし）、浜北市（はまきたし）、天竜市（てんりゅうし）、浜名郡舞阪町（はまなぐんまいさかちょう）、同郡雄踏町（ゆうとうちょう）、引佐郡細江町（いなさぐんほそえちょう）、同郡引佐町（いなさちょう）、同郡三ケ日町（みっかびちょう）、周智郡春野町（しゅうちぐんはるのちょう）、磐田郡佐久間町（いわたぐんさくまちょう）、同郡水窪町（みさくぼちょう）、同郡龍山村（たつやまむら）	12	編入	786,306	1511.17	3
319		平成17年7月1日	17	千葉県	旭市	旭市（あさひし）、海上郡海上町（かいじょうぐんうなかみまち）、同郡飯岡町（いいおかまち）、香取郡干潟町（かとりぐんひかたまち）	4	新設	71,176	129.91	3
320		平成17年7月7日	17	愛知県	清須市	西春日井郡西枇杷島町（にしかすがいぐんにしびわじまちょう）、同郡清洲町（きよすちょう）、同郡新川町（しんかわちょう）	3	新設	54,893	13.31	3
321		平成17年8月1日	17	愛媛県	宇和島市	宇和島市（うわじまし）、北宇和郡吉田町（きたうわぐんよしだちょう）、同郡三間町（みまちょう）、同郡津島町（つしまちょう）	4	新設	95,641	469.47	3
322	回収	平成17年8月1日	17	茨城県	神栖市	鹿島郡神栖町（かしまぐんかみすまち）、同郡波崎町（はさきまち）	2	編入	87,626	144.94	3
323	回収	平成17年8月1日	17	岡山県	倉敷市	倉敷市（くらしきし）、浅口郡船穂町（あさくちぐんふなおちょう）、吉備郡真備町（きびぐんまびちょう）	3	編入	460,869	354.29	3

324	回収	平成17年8月1日	17	熊本県	八代市	八代市（やつしろし），八代郡坂本村（やつしろぐんさかもとむら），同郡千丁町（せんちょうまち），同郡鏡町（かがみまち），同郡東陽村（とうようむら），同郡泉村（いずみむら）	6	新設	140,655	680.22	3
325	回収	平成17年8月1日	17	高知県	仁淀川町	吾川郡池川町（あがわぐんいけがわちょう），同郡吾川村（あがわむら），高岡郡仁淀村（たかおかぐんによどむら）	3	新設	8,189	333	3
326	回収	平成17年9月1日	17	岩手県	八幡平市	岩手郡西根町（いわてぐんにしねちょう），同郡安代町（あしろちょう），同郡松尾村（まつおむら）	3	新設	32,485	862.25	3
327	回収	平成17年9月1日	17	新潟県	胎内市	北蒲原郡中条町（きたかんばらぐんなかじょうまち），同郡黒川村（くろかわむら）	2	新設	34,278	265.18	3
328	回収	平成17年9月1日	17	石川県	志賀町	羽咋郡富来町（はくいぐんとぎまち），同郡志賀町（しかまち）	2	新設	25,396	246.55	3
329	回収	平成17年9月1日	17	北海道	せたな町（ちょう）	久遠郡大成町（くどうぐんたいせいちょう），瀬棚郡瀬棚町（せたなぐんせたなちょう），同郡北檜山町（きたひやまちょう）	3	新設	11,842	638.63	3
330	回収	平成17年9月1日	17	北海道	士別市	士別市（しべつし），上川郡朝日町（かみかわぐんあさひちょう）	2	新設	24,991	1,119.29	3
331	回収	平成17年9月2日	17	茨城県	行方市	行方郡麻生町（なめかたぐんあそうまち），同郡北浦町（きたうらまち），同郡玉造町（たまつくりまち）	3	新設	41,465	166.33	3
332	回収	平成17年9月12日	17	茨城県	古河市	古河市（こがし），猿島郡総和町（さしまぐんそうわまち），同郡三和町（さんわまち）	3	新設	146,452	123.58	3

333	回収	平成17年9月20日	17	岩手県	一関市	一関市（いちのせき し），西磐井郡 花泉町（にしいわ いぐんはないずみ まち），東磐井郡 大東町（ひがしい わいぐんだいとう ちょう），同郡千 厩町（せんまやち ょう），同郡東山 町（ひがしやまち ょう），同郡室根 村（むろねむら）， 同郡川崎村（かわ さきむら）	7	新設	130,373	1133.1	3
334		平成17年9月20日	17	秋田県	仙北市	仙北郡田沢湖町 （せんぼくぐんた ざわこまち），同 郡角館町（かくの だてまち），同郡 西木村（にしきむ ら）	3	新設	33,565	1093.64	3
335	回収	平成17年9月20日	17	静岡県	川根本町	榛原郡中川根町 （はいばらぐんな かかわねちょう）， 同郡本川根町（ほ んかわねちょう）	2	新設	9,785	496.72	3
336		平成17年9月25日	17	島根県	津和野町	鹿足郡津和野町 （かのあしぐんつ わのちょう），同 郡日原町（にちは らちょう）	2	新設	10,628	307.09	3
337		平成17年9月25日	17	奈良県	五條市	五條市（ごじょう し），吉野郡西吉 野村（よしのぐん にしよしのむら）， 同郡大塔村（おお とうむら）	3	編入	39,928	291.98	3
338		平成17年9月26日	17	香川県	高松市	高松市（たかまつ し），香川郡塩江 町（かがわぐんし おのえちょう）	2	編入	336,505	274.44	3
339	回収	平成17年10月1日	17	愛知県	田原市	田原市(たはらし)， 渥美郡渥美町（あ つみぐんあつみち ょう）	2	編入	65,534	188.58	3
340	回収	平成17年10月1日	17	愛知県	新城市	新城市（しんしろ し），南設楽郡鳳 来町（みなみした らぐんほうらいち ょう），同郡作手 村（つくでむら）	3	新設	53,603	499	3
341		平成17年10月1日	17	愛知県	設楽町	北設楽郡設楽町 （きたしたらぐん したらちょう）， 同郡津具村（つぐ むら）	2	新設	6,959	273.96	3
342		平成17年10月1日	17	茨城県	桜川市	西茨城郡岩瀬町 （にしいばらきぐ んいわせまち）， 真壁郡真壁町（ま かべぐんまかべま ち），同郡大和村 （やまとむら）	3	新設	50,334	179.78	3

343	回収	平成17年10月1日	17	茨城県	石岡市	石岡市（いしおかし），新治郡八郷町（にいはりぐんやさとまち）	2	新設	83,119	213.38	3
344	回収	平成17年10月1日	17	沖縄県	宮古島市	平良市（ひららし），宮古郡城辺町（みやこぐんぐすくべちょう），同郡下地町（しもじちょう），同郡上野村（うえのそん），同郡伊良部町（いらぶちょう）	5	新設	54,249	204.39	3
345	回収	平成17年10月1日	17	岩手県	遠野市	遠野市（とおのし），上閉伊郡宮守村（かみへいぐんみやもりむら）	2	新設	33,108	825.62	3
346	回収	平成17年10月1日	17	宮城県	南三陸町	本吉郡志津川町（もとよしぐんしづかわちょう），同郡歌津町（うたつちょう）	2	新設	19,860	163.73	3
347	回収	平成17年10月1日	17	熊本県	氷川町	八代郡竜北町（やつしろぐんりゅうほくまち），同郡宮原町（みやはらまち）	2	新設	13,725	33.29	3
348	回収	平成17年10月1日	17	群馬県	みなかみ町（まち）	利根郡月夜野町（とねぐんつきよのまち），同郡水上町（みなかみまち），同郡新治村（にいはるむら）	3	新設	25,079	780.91	3
349	回収	平成17年10月1日	17	佐賀県	佐賀市	佐賀市（さがし），佐賀郡諸富町（さがぐんもろどみちょう），同郡大和町（やまとちょう），同郡富士町（ふじちょう），神埼郡三瀬村（かんざきぐんみつせむら）	5	新設	208,783	355.15	3
350	回収	平成17年10月1日	17	埼玉県	熊谷市	熊谷市（くまがやし），大里郡大里町（おおさとぐんおおさとまち），同郡妻沼町（めぬままち）	3	新設	192,527	137.03	3
351	回収	平成17年10月1日	17	埼玉県	春日部市	春日部市（かすかべし），北葛飾郡庄和町（きたかつしかぐんしょうわまち）	2	新設	240,924	65.98	3
352	回収	平成17年10月1日	17	埼玉県	小鹿野町	秩父郡小鹿野町（ちちぶぐんおがのまち），同郡両神村（りょうかみむら）	2	新設	15,061	171.45	3

353		平成17年10月1日	17	埼玉県	鴻巣市	鴻巣市（こうのすし）、北足立郡吹上町（きたあだちぐんふきあげまち）、北埼玉郡川里町（きたさいたまぐんかわさとまち）	3	編入	120,271	67.49	3
354		平成17年10月1日	17	埼玉県	ふじみ野市（のし）	上福岡市（かみふくおかし）、入間郡大井町（いるまぐんおおいまち）	2	新設	100,118	14.67	3
355		平成17年10月1日	17	三重県	南伊勢町	度会郡南勢町（わたらいぐんなんせいちょう）、同郡南島町（なんとうちょう）	2	新設	18,235	242.93	3
356	回収	平成17年10月1日	17	山形県	鶴岡市	鶴岡市（つるおかし）、東田川郡藤島町（ひがしたがわぐんふじしままち）、同郡羽黒町（はぐろまち）、同郡櫛引町（くしびきまち）、同郡朝日村（あさひむら）、西田川郡温海町（にしたがわぐんあつみまち）	6	新設	147,546	1,311.49	3
357	回収	平成17年10月1日	17	山口県	山口市	山口市（やまぐちし）、佐波郡徳地町（さばぐんとくぢちょう）、吉敷郡秋穂町（よしきぐんあいおちょう）、同郡小郡町（おごおりちょう）、同郡阿知須町（あじすちょう）	5	新設	188,693	730.23	3
358	回収	平成17年10月1日	17	山梨県	市川三郷町	西八代郡三珠町（にしやつしろぐんみたまちょう）、同郡市川大門町（いちかわだいもんちょう）、同郡六郷町（ろくごうちょう）	3	新設	18,854	75.07	3
359		平成17年10月1日	17	滋賀県	米原市	米原市（まいばらし）、坂田郡近江町（さかたぐんおうみちょう）	2	編入	41,251	223.1	3
360		平成17年10月1日	17	秋田県	にかほ市（し）	由利郡仁賀保町（ゆりぐんにかほまち）、同郡金浦町（このうらまち）、同郡象潟町（きさかたまち）	3	新設	30,347	240.61	3

361		平成17年10月1日	17	秋田県	横手市	横手市(よこてし),平鹿郡増田町(ひらかぐんますだまち),同郡平鹿町(ひらかまち),同郡雄物川町(おものがわまち),同郡大森町(おおもりまち),同郡十文字町(じゅうもんじまち),同郡山内村(さんないむら),同郡大雄村(たいゆうむら)	8	新設	109,004	693.59	3
362	回収	平成17年10月1日	17	新潟県	南魚沼市	南魚沼市(みなみうおぬまし),南魚沼郡塩沢町(みなみうおぬまぐんしおざわまち)	2	編入	65492	584.82	3
363	回収	平成17年10月1日	17	石川県	加賀市	加賀市(かがし),江沼郡山中町(えぬまぐんやまなかまち)	2	新設	78,563	305.96	3
364		平成17年10月1日	17	大分県	由布市	大分郡挾間町(おおいたぐんはさままち),同郡庄内町(しょうないちょう),同郡湯布院町(ゆふいんちょう)	3	新設	35,248	319.16	3
365		平成17年10月1日	17	大分県	杵築市	杵築市(きつきし),速見郡山香町(はやみぐんやまがまち),西国東郡大田村(にしくにさきぐんおおたむら)	3	新設	33,363	280	3
366		平成17年10月1日	17	長崎県	平戸市	平戸市(ひらどし),北松浦郡生月町(きたまつうらぐんいきつきちょう),同郡田平町(たびらちょう),同郡大島村(おおしまむら)	4	新設	41,586	235.49	3
367		平成17年10月1日	17	長野県	安曇野市	南安曇郡豊科町(みなみあづみぐんとよしなまち),同郡穂高町(ほたかまち),同郡三郷村(みさとむら),同郡堀金村(ほりがねむら),東筑摩郡明科町(ひがしちくまぐんあかしなまち)	5	新設	92,864	331.82	3
368	回収	平成17年10月1日	17	長野県	飯綱町	上水内郡牟礼村(かみみのちぐんむれむら),同郡三水村(さみずむら)	2	新設	13,062	75.31	3

369	回収	平成17年10月1日	17	長野県	長和町	小県郡長門町（ちいさがたぐんながとまち），同郡和田村（わだむら）	2	新設	7,807	183.95	3
370		平成17年10月1日	17	長野県	飯田市	飯田市（いいだし），下伊那郡上村（しもいなぐんかみむら），同郡南信濃村（みなみしなのむら）	3	編入	110,589	658.76	3
371	回収	平成17年10月1日	17	鳥取県	北栄町	東伯郡北条町（とうはくぐんほうじょうちょう），同郡大栄町（だいえいちょう）	2	新設	16,915	57.15	3
372		平成17年10月1日	17	島根県	浜田市	浜田市（はまだし），那賀郡金城町（なかぐんかなぎちょう），同郡旭町（あさひちょう），同郡弥栄村（やさかむら），同郡三隅町（みすみちょう）	5	新設	65,463	689.52	3
373		平成17年10月1日	17	島根県	大田市	大田市（おおだし），邇摩郡温泉津町（にまぐんゆのつまち），同郡仁摩町（にまちょう）	3	新設	42,573	436.11	3
374		平成17年10月1日	17	島根県	吉賀町	鹿足郡柿木村（かのあしぐんかきのきむら），同郡六日市町（むいかいちちょう）	2	新設	8,179	336.29	3
375		平成17年10月1日	17	栃木県	大田原市	大田原市（おおたわらし），那須郡湯津上村（なすぐんゆづかみむら），同郡黒羽町（くろばねまち）	3	編入	78,993	354.12	3
376	回収	平成17年10月1日	17	栃木県	那須烏山市	那須郡南那須町（なすぐんみなみなすまち），同郡烏山町（からすやままち）	2	新設	32,790	174.42	3
377	回収	平成17年10月1日	17	栃木県	那珂川町	那須郡馬頭町（なすぐんばとうまち），同郡小川町（おがわまち）	2	新設	20,999	192.84	3
378		平成17年10月1日	17	福井県	越前市	武生市（たけふし），今立郡今立町（いまだてぐんいまだてちょう）	2	新設	87,699	230.75	3
379		平成17年10月1日	17	福島県	会津美里町	大沼郡会津高田町（おおぬまぐんあいづたかだまち），同郡会津本郷町（あいづほんごうまち），同郡新鶴村（にいつるむら）	3	新設	26,172	276.37	3

380	回収	平成17年10月1日	17	兵庫県	西脇市	西脇市（にしわきし）、多可郡黒田庄町（たかぐんくろだしょうちょう）	2	新設	45,718	132.47	3
281	回収	平成17年10月1日	17	兵庫県	たつの市（し）	龍野市（たつのし）、揖保郡新宮町（いぼぐんしんぐうちょう）、同郡揖保川町（いぼがわちょう）、同郡御津町（みつちょう）	4	新設	83,207	210.93	3
382	回収	平成17年10月1日	17	兵庫県	佐用町	佐用郡佐用町（さようぐんさようちょう）、同郡上月町（こうづきちょう）、同郡南光町（なんこうちょう）、同郡三日月町（みかづきちょう）	4	新設	22,337	307.51	3
383	回収	平成17年10月1日	17	兵庫県	新温泉町	美方郡浜坂町（みかたぐんはまさかちょう）、同郡温泉町（おんせんちょう）	2	新設	18,601	241	3
384	回収	平成17年10月1日	17	北海道	遠軽町	紋別郡生田原町（もんべつぐんいくたはらちょう）、同郡遠軽町（えんがるちょう）、同郡丸瀬布町（まるせっぷちょう）、同郡白滝村（しらたきむら）	4	新設	24,844	1,332.32	3
385	回収	平成17年10月1日	17	北海道	石狩市	石狩市（いしかりし）、厚田郡厚田村（あつたぐんあつたむら）、浜益郡浜益村（はますぐんはまますむら）	3	編入	59,734	721.86	3
386	回収	平成17年10月1日	17	北海道	八雲町	爾志郡熊石町（にしぐんくまいしちょう）、山越郡八雲町（やまこしぐんやくもちょう）	2	新設	21,438	955.98	3
387	回収	平成17年10月1日	17	和歌山県	新宮市	新宮市（しんぐうし）、東牟婁郡熊野川町（ひがしむろぐんくまのがわちょう）	2	新設	35,176	255.13	3
388	回収	平成17年10月1日	17	和歌山県	かつらぎ町（ちょう）	伊都郡（いとぐん）かつらぎ町（ちょう）、同郡花園村（はなぞのむら）	2	編入	20,945	151.73	3
389	回収	平成17年10月3日	17	熊本県	玉名市	玉名市（たまなし）、玉名郡岱明町（たまなぐんたいめいまち）、同郡横島町（よこしままち）、同郡天水町（てんすいまち）	4	新設	73,051	152.53	3

390	回収	平成17年10月10日	17	新潟県	新潟市	新潟市（にいがたし）、西蒲原郡巻町（にしかんばらぐんまきまち）	2	編入	808,969	726.06	3
391	回収	平成17年10月11日	17	茨城県	鉾田市	鹿島郡旭村（かしまぐんあさひむら）、同郡鉾田町（ほこたまち）、同郡大洋村（たいようむら）	3	新設	50,915	201.74	3
392	回収	平成17年10月11日	17	京都府	京丹波町	船井郡丹波町（ふないぐんたんばちょう）、同郡瑞穂町（みずほちょう）、同郡和知町（わちちょう）	3	新設	17,929	303.07	3
393	回収	平成17年10月11日	17	香川県	観音寺市	観音寺市（かんおんじし）、三豊郡大野原町（みとよぐんおおのはらちょう）、同郡豊浜町（とよはまちょう）	3	新設	66,555	117.45	3
394	回収	平成17年10月11日	17	三重県	紀北町	北牟婁郡紀伊長島町（きたむろぐんきいながしまちょう）、同郡海山町（みやまちょう）	2	新設	21,362	257.01	3
395	回収	平成17年10月11日	17	鹿児島県	いちき串木野市（くしきのし）	串木野市（くしきのし）、日置郡市来町（ひおきぐんいちきちょう）	2	新設	34,266	112.02	3
396	回収	平成17年10月11日	17	静岡県	牧之原市	榛原郡相良町（はいばらぐんさがらちょう）、同郡榛原町（はいばらちょう）	2	新設	51,672	111.41	3
397	回収	平成17年10月11日	17	長崎県	雲仙市	南高来郡国見町（みなみたかきぐんくにみちょう）、同郡瑞穂町（みずほちょう）、同郡吾妻町（あづまちょう）、同郡愛野町（あいのまち）、同郡千々石町（ちぢわちょう）、同郡小浜町（おばまちょう）、同郡南串山町（みなみくしやまちょう）	7	新設	52,230	206.86	3
398	回収	平成17年10月11日	17	長野県	筑北村	東筑摩郡本城村（ひがしちくまぐんほんじょうむら）、同郡坂北村（さかきたむら）、同郡坂井村（さかいむら）	3	新設	6,049	99.5	3
399	回収	平成17年10月11日	17	福岡県	上毛町	築上郡新吉富村（ちくじょうぐんしんよしとみむら）、同郡大平村（たいへいむら）	2	新設	8,296	62.4	3

400	回収	平成17年10月11日	17	北海道	釧路市	釧路市（くしろし），阿寒郡阿寒町（あかんぐんあかんちょう），白糠郡音別町（しらぬかぐんおんべつちょう）	3	新設	201,566	1,362.75	3
401	回収	平成17年10月24日	17	兵庫県	三木市	三木市（みきし），美嚢郡吉川町（みのうぐんよかわちょう）	2	編入	86,117	176.58	3
402	回収	平成17年11月1日	17	岩手県	西和賀町	和賀郡湯田町（わがぐんゆだまち），同郡沢内村（さわうちむら）	2	新設	7,983	590.78	3
403	回収	平成17年11月1日	17	三重県	伊勢市	伊勢市（いせし），度会郡二見町（わたらいぐんふたみちょう），同郡小俣町（おばたちょう），同郡御薗村（みそのむら）	4	新設	136,173	208.52	3
404	回収	平成17年11月1日	17	三重県	熊野市	熊野市（くまのし），南牟婁郡紀和町（みなみむろぐんきわちょう）	2	新設	22,640	373.63	3
405	回収	平成17年11月1日	17	山形県	酒田市	酒田市（さかたし），飽海郡八幡町（あくみぐんやわたまち），同郡松山町（まつやままち），同郡平田町（ひらたまち）	4	新設	121,614	602.74	3
406	回収	平成17年11月1日	17	山梨県	甲州市	塩山市（えんざんし），東山梨郡勝沼町（ひがしやまなしぐんかつぬまちょう），同郡大和村（やまとむら）	3	新設	36,925	264.01	3
407	回収	平成17年11月1日	17	長野県	木曽町	木曽郡木曽福島町（きそぐんきそふくしままち），同郡日義村（ひよしむら），同郡開田村（かいだむら），同郡三岳村（みたけむら）	4	新設	14,866	476.06	3
408	回収	平成17年11月1日	17	富山県	射水市	新湊市（しんみなとし），射水郡小杉町（いみずぐんこすぎまち），同郡大門町（だいもんまち），同郡下村（しもむら），同郡大島町（おおしままち）	5	新設	93,503	109.18	3
409	回収	平成17年11月1日	17	富山県	高岡市	高岡市（たかおかし），西礪波郡福岡町（にしとなみぐんふくおかまち）	2	新設	185,682	209.32	3

●資料編

410	回収	平成17年11月1日	17	福島県	会津若松市	会津若松市（あいづわかまつし）、河沼郡河東町（かわぬまぐんかわひがしまち）	2	編入	135,415	383.03	3
411	回収	平成17年11月1日	17	兵庫県	多可町	多可郡中町（たかぐんなかちょう）、同郡加美町（かみちょう）、同郡八千代町（やちよちょう）	3	新設	25,331	185.15	3
412	回収	平成17年11月3日	17	広島県	廿日市市	廿日市市（はつかいちし）、佐伯郡大野町（さえきぐんおおのちょう）、同郡宮島町（どうぐんみやじまちょう）	3	編入	114,981	489.36	3
413	回収	平成17年11月7日	17	鹿児島県	霧島市	国分市（こくぶし）、姶良郡溝辺町（あいらぐんみぞべちょっ）、同郡横川町（よこがわちょう）、同郡牧園町（まきぞのちょう）、同郡霧島町（きりしまちょう）、同郡隼人町（はやとちょう）、同郡福山町（ふくやまちょう）	7	新設	127,912	603.67	3
414	回収	平成17年11月7日	17	鹿児島県	南（みなみ）さつま市（し）	加世田市（かせだし）、川辺郡笠沙町（かわなべぐんかささちょう）、同郡大浦町（おおうらちょう）、同郡坊津町（ぼうのつちょう）、日置郡金峰町（ひおきぐんきんぽうちょう）	5	新設	43,979	283.3	3
415	回収	平成17年11月7日	17	福井県	大野市	大野市（おおのし）、大野郡和泉村（おおのぐんいずみむら）	2	編入	39,632	872.3	3
416	回収	平成17年11月7日	17	福島県	白河市	白河市（しらかわし）、西白河郡表郷村（にししらかわぐんおもてごうむら）、同郡大信村（たいしんむら）、同郡東村（ひがしむら）	4	新設	66,048	305.3	3
417	回収	平成17年11月7日	17	兵庫県	神河町	神崎郡神崎町（かんざきぐんかんざきちょう）、同郡大河内町（おおかわちちょう）	2	新設	13,500	202.27	3

325

418	回収	平成17年11月7日	17	和歌山県	紀（き）の川市（かわし）	那賀郡打田町（ながぐんうちたちょう），同郡粉河町（こかわちょう），同郡那賀町（ながぐんながちょう），同郡桃山町（ももやまちょう），同郡貴志川町（きしがわちょう）	5	新設	70,067	228.54	3
419	回収	平成17年11月27日	17	愛知県	豊根村	北設楽郡豊根村（きたしたらぐんとよねむら），同郡富山村（とみやまむら）	2	編入	1,629	155.91	3
420	回収	平成17年12月1日	17	福島県	二本松市	二本松市（にほんまつし），安達郡安達町（あだちぐんあだちまち），同郡岩代町（いわしろまち），同郡東和町（とうわまち）	4	新設	66,077	344.65	3
421	回収	平成17年12月5日	17	千葉県	いすみ市（し）	夷隅郡夷隅町（いすみぐんいすみまち），同郡大原町（おおはらまち），同郡岬町（みさきまち）	3	新設	42,835	157.5	3
422	回収	平成18年1月1日	17	愛知県	岡崎市	岡崎市（おかざきし），額田郡額田町（ぬかたぐんぬかたちょう）	2	編入	345,997	387.24	3
423	回収	平成18年1月1日	17	茨城県	常総市	水海道市（みつかいどうし），結城郡石下町（ゆうきぐんいしげまち）	2	編入	66,245	123.52	3
424	回収	平成18年1月1日	17	茨城県	下妻市	下妻市（しもつまし），結城郡千代川村（ゆうきぐんちよかわむら）	2	編入	46,544	80.88	3
425	回収	平成18年1月1日	17	沖縄県	八重瀬町	島尻郡東風平町（しまじりぐんこちんだちょう），同郡具志頭村（ぐしかみそん）	2	新設	24,626	26.9	3
426	回収	平成18年1月1日	17	沖縄県	南城市	島尻郡玉城村（しまじりぐんたまぐすくそん），同郡知念村（ちねんそん），同郡佐敷町（さしきちょう），同郡大里村（おおざとそん）	4	新設	39,130	49.69	3
427	回収	平成18年1月1日	17	岩手県	花巻市	花巻市（はなまきし），稗貫郡大迫町（ひえぬきぐんおおはさまちょう），同郡石鳥谷町（いしどりやちょう），和賀郡東和町（わがぐんとうわちょう）	4	新設	107,175	908.32	3

428	回収	平成18年1月1日	17	岩手県	二戸市	二戸市（にのへし），二戸郡浄法寺町（にのへぐんじょうほうじまち）	2	新設	33,102	420.31	3
429	回収	平成18年1月1日	17	岩手県	洋野町	九戸郡種市町（くのへぐんたねいちまち），同郡大野村（おおのむら）	2	新設	20,465	303.2	3
430		平成18年1月1日	17	岐阜県	岐阜市	岐阜市（ぎふし），羽島郡柳津町（はしまぐんやないづちょう）	2	編入	415,085	202.89	3
431	回収	平成18年1月1日	17	宮崎県	宮崎市	宮崎市（みやざきし），宮崎郡佐土原町（みやざきぐんさどわらちょう），同（どう）郡田野町（たのちょう），東諸県郡高岡町（ひがしもろかたぐんたかおかちょう）	4	編入	363,423	596.68	3
432	回収	平成18年1月1日	17	宮崎県	都城市	都城市（みやこのじょうし），北諸県郡山之口町（きたもろかたぐんやまのくちちょう），同郡高城町（たかじょうちょう），同郡山田町（やまだちょう），同郡高崎町（たかざきちょう）	5	新設	171,812	653.31	3
433		平成18年1月1日	17	宮崎県	美郷町	東臼杵郡南郷村（ひがしうすきぐんなんごうそん），同郡西郷村（さいごうそん），同郡北郷村（きたごうそん）	3	新設	7,509	448.72	3
434		平成18年1月1日	17	宮城県	美里町	遠田郡小牛田町（とおだぐんこごたちょう），同郡南郷町（なんごうちょう）	2	新設	27,395	75.06	3
435		平成18年1月1日	17	京都府	福知山市	福知山市（ふくちやまし），天田郡三和町（あまだぐんみわちょう），同郡夜久野町（やくのちょう），加佐郡大江町（かさぐんおおえちょう）	4	編入	83,120	552.57	3
436		平成18年1月1日	17	京都府	南丹市	船井郡園部町（ふないぐんそのべちょう），同郡八木町（やぎちょう），同郡日吉町（ひよしちょう），北桑田郡美山町（きたくわだぐんみやまちょう）	4	新設	37,617	616.31	3

437		平成18年1月1日	17	群馬県	藤岡市	藤岡市（ふじおかし），多野郡鬼石町（たのぐんおにしまち）	2	編入	70,220	180.09	3
438		平成18年1月1日	17	香川県	三豊市	三豊郡高瀬町（みとよぐんたかせちょう），同郡山本町（やまもとちょう），同郡三野町（みのちょう），同郡豊中町（とよなかちょう），同郡詫間町（たくまちょう），同郡仁尾町（におちょう），同郡財田町（さいたちょう）	7	新設	73,494	222.66	3
439	回収	平成18年1月1日	17	高知県	中土佐町	高岡郡中土佐町（たかおかぐんなかとさちょう），同郡大野見村（どうぐんおおのみそん）	2	新設	8,722	193.1	3
440		平成18年1月1日	17	佐賀県	唐津市	唐津市（からつし），東松浦郡七山村（ひがしまつうらぐんななやまむら）	2	編入	134,144	487.19	3
441		平成18年1月1日	17	佐賀県	嬉野市	藤津郡塩田町（ふじつぐんしおたちょう），同郡嬉野町（うれしのまち）	2	新設	31,324	126.51	3
442	回収	平成18年1月1日	17	埼玉県	行田市	行田市（ぎょうだし），北埼玉郡南河原村（きたさいたまぐんみなみかわらむら）	2	編入	90,530	67.37	3
443	回収	平成18年1月1日	17	埼玉県	深谷市	深谷市（ふかやし），大里郡岡部町（おおさとぐんおかべまち），同郡川本町（かわもとまち），同郡花園町（はなぞのまち）	4	新設	146,562	137.58	3
444		平成18年1月1日	17	埼玉県	神川町	児玉郡神川町（こだまぐんかみかわまち），児玉郡神泉村（こだまぐんかみいずみむら）	2	新設	15,197	47.42	3

●資料編

445		平成18年1月1日	17	三重県	津市	津市(つし)、久居市(ひさいし)、安芸郡河芸町(あげぐんかわげちょう)、同郡芸濃町(げいのうちょう)、同郡美里村(みさとむら)、同郡安濃町(あのうちょう)、一志郡香良洲町(いちしぐんからすちょう)、同郡一志町(いちしちょう)、同郡白山町(はくさんちょう)、同郡美杉村(みすぎむら)	10	新設	286,521	710.78	3
446		平成18年1月1日	17	三重県	多気町	多気郡多気町(たきぐんたきちょう)、同郡勢和村(せいわむら)	2	新設	16,149	103.17	3
447		平成18年1月1日	17	滋賀県	東近江市	東近江市(ひがしおうみし)、神崎郡能登川町(かんざきぐんのとがわちょう)、蒲生郡蒲生町(がもうぐんがもうちょう)	3	編入	114,395	383.33	3
448	回収	平成18年1月1日	17	鹿児島県	鹿屋市	鹿屋市(かのやし)、曽於郡輝北町(そおぐんきほくちょう)、肝属郡串良町(きもつきぐんくしらちょう)、同郡吾平町(あいらちょう)	4	新設	106,462	448.33	3
449	回収	平成18年1月1日	17	鹿児島県	指宿市	指宿市(いぶすきし)、揖宿郡山川町(いぶすきぐんやまがわちょう)、同郡開聞町(かいもんちょう)	3	新設	48,750	148.97	3
450	回収	平成18年1月1日	17	鹿児島県	志布志市	曽於郡松山町(そおぐんまつやまちょう)、同郡志布志町(しぶしちょう)、同郡有明町(ありあけちょう)	3	新設	35,966	289.47	3
451	回収	平成18年1月1日	17	新潟県	五泉市	五泉市(ごせんし)、中蒲原郡村松町(なかかんばらぐんむらまつまち)	2	新設	58,820	351.87	3
452		平成18年1月1日	17	新潟県	長岡市	長岡市(ながおかし)、栃尾市(とちおし)、三島郡与板町(さんとうぐんよいたまち)、同郡和島村(わしまむら)、同郡寺泊町(てらどまりまち)	5	編入	287,139	840.88	3

329

453	回収	平成18年1月1日	17	青森県	平川市	南津軽郡平賀町（みなみつがるぐんひらかまち），同郡尾上町（おのえまち），同郡碇ヶ関村（いかりがせきむら）	3	新設	36,454	345.81	3
454	回収	平成18年1月1日	17	青森県	南部町	三戸郡名川町（さんのへぐんながわまち），同郡南部町（なんぶまち），同郡福地村（ふくちむら）	3	新設	22,596	153.21	3
455	回収	平成18年1月1日	17	長崎県	島原市	島原市（しまばらし），南高来郡有明町（みなみたかきぐんありあけちょう）	2	編入	51,563	82.75	3
456	回収	平成18年1月1日	17	長崎県	松浦市	松浦市（まつうらし），北松浦郡福島町（きたまつうらぐんふくしまちょう），同郡鷹島町（たかしまちょう）	3	新設	28,370	130.13	3
457	回収	平成18年1月1日	17	長野県	大町市	大町市（おおまちし），北安曇郡八坂村（きたあづみぐんやさかむら），同郡美麻村（みあさむら）	3	編入	33,550	564.99	3
458	回収	平成18年1月1日	17	長野県	阿智村	下伊那郡阿智村（しもいなぐんあちむら），同郡浪合村（なみあいむら）	2	編入	6,976	170.31	3
459	回収	平成18年1月1日	17	栃木県	鹿沼市	鹿沼市（かぬまし），上都賀郡粟野町（かみつがぐんあわのまち）	2	編入	104,764	490.62	3
460	回収	平成18年1月1日	17	奈良県	宇陀市	宇陀郡大宇陀町（うだぐんおおうだちょう），同郡榛原町（はいばらちょう），同郡菟田野町（うたのちょう），同郡室生村（むろうむら）	4	新設	39,762	247.62	3
461	回収	平成18年1月1日	17	福島県	南相馬市	原町市（はらまちし），相馬郡小高町（そうまぐんおだかまち），同郡鹿島町（かしままち）	3	新設	75,246	398.5	3
462	回収	平成18年1月1日	17	福島県	伊達市	伊達郡伊達町（だてぐんだてまち），同郡梁川町（やながわまち），同郡保原町（はばらまち），同郡霊山町（りょうぜんまち），同郡月舘町（つきだてまち）	5	新設	71,817	265.1	3

●資料編

463	回収	平成18年1月1日	17	和歌山県	紀美野町	海草郡野上町（かいそうぐんのかみちょう），同郡美里町（みさとちょう）	2	新設	12,387	128.01	3
464		平成18年1月1日	17	和歌山県	有田川町	有田郡吉備町（ありだぐんきびちょう），同郡金屋町（かなやちょう），同郡清水町（しみずちょう）	3	新設	29,563	351.77	3
465		平成18年1月4日	17	長崎県	長崎市	長崎市（ながさきし），西彼杵郡琴海町（にしそのぎぐんきんかいちょう）	2	編入	470,135	406.35	3
466		平成18年1月4日	17	福島県	喜多方市	喜多方市（きたかたし），耶麻郡熱塩加納村（やまぐんあつしおかのうむら），同郡塩川町（しおかわまち），同郡山都町（やまとまち），同郡高郷村（たかさとむら）	5	新設	58,571	554.67	3
467	回収	平成18年1月10日	17	岩手県	盛岡市	盛岡市（もりおかし），岩手郡玉山村（いわてぐんたまやまむら）	2	編入	302,857	886.47	3
468		平成18年1月10日	17	広島県	尾道市	尾道市（おのみちし），因島市（いんのしまし），豊田郡瀬戸田町（とよたぐんせとだちょう）	3	編入	155,200	284.84	3
469		平成18年1月10日	17	香川県	高松市	高松市（たかまつし），香川郡香川町（かがわぐんかがわちょう），同郡香南町（こうなんちょう），綾歌郡国分寺町（あやうたぐんこくぶんじちょう），木田郡庵治町（きたぐんあじちょう）	5	編入	66,710	431.24	3
470		平成18年1月10日	17	埼玉県	本庄市	本庄市（ほんじょうし），児玉郡児玉町（こだまぐんこだままち）	2	新設	82,670	89.71	3
471		平成18年1月10日	17	三重県	大台町	多気郡大台町（たきぐんおおだいちょう），同郡宮川村（みやがわむら）	2	新設	11,399	362.94	3
472		平成18年1月10日	17	三重県	紀宝町	南牟婁郡紀宝町（みなみむろぐんきほうちょう），同郡鵜殿村（うどのそん）	2	新設	12,824	79.66	3

331

473	回収	平成18年1月10日	17	栃木県	下野市	河内郡南河内町（かわちぐんみなみかわちまち）、下都賀郡石橋町（しもつがぐんいしばしまち）、同郡国分寺町（こくぶんじまち）	3	新設	57,447	74.58	3
474		平成18年1月10日	17	福岡県	築上町	築上郡椎田町（ちくじょうぐんしいだまち）、同郡築城町（ついきまち）	2	新設	21,848	119.34	3
475	回収	平成18年1月23日	17	岐阜県	多治見市	多治見市（たじみし）、土岐郡笠原町（ときぐんかさはらちょう）	2	編入	115,740	91.24	3
476	回収	平成18年1月23日	17	群馬県	高崎市	高崎市（たかさきし）、群馬郡倉渕村（ぐんまぐんくらぶちむら）、同郡箕郷町（みさとまち）、同郡群馬町（ぐんままち）、多野郡新町（たのぐんしんまち）	5	編入	311,432	307.42	3
477	回収	平成18年1月23日	17	千葉県	匝瑳市	八日市場市（ようかいちばし）、匝瑳郡野栄町（そうさぐんのさかまち）	2	新設	42,914	101.78	3
478	回収	平成18年2月1日	17	愛知県	豊川市	豊川市（とよかわし）、宝飯郡一宮町（ほいぐんいちのみやちょう）	2	編入	133,582	102.05	3
479	回収	平成18年2月1日	17	埼玉県	ときがわ町（まち）	比企郡都幾川村（ひきぐんときがわむら）、同郡玉川村（たまがわむら）	2	新設	13,966	55.77	3
480	回収	平成18年2月1日	17	石川県	輪島市	輪島市（わじまし）、鳳珠郡門前町（ほうすぐんもんぜんまち）	2	新設	34,531	426.23	3
481	回収	平成18年2月1日	17	福井県	福井市	福井市（ふくいし）、足羽郡美山町（あすわぐんみやまちょう）、丹生郡越廼村（にゅうぐんこしのむら）、同郡清水町（しみずちょう）	4	編入	269,557	536.17	3
482	回収	平成18年2月1日	17	北海道	北斗市	上磯郡上磯町（かみいそぐんかみいそちょう）、亀田郡大野町（かめだぐんおおのちょう）	2	新設	46,804	397.29	3
483	回収	平成18年2月6日	17	北海道	幕別町	中川郡幕別町（なかがわぐんまくべつちょう）、広尾郡忠類村（ひろおぐんちゅうるいむら）	2	編入	26,080	478	3

484	回収	平成18年2月11日	17	福岡県	宮若市	鞍手郡宮田町（くらてぐんみやたまち），同郡若宮町（わかみやまち）	2	新設	31,225	139.99	3
485	回収	平成18年2月11日	17	兵庫県	洲本市	洲本市(すもとし)，津名郡五色町（つなぐんごしきちょう）	2	新設	52,248	182.46	3
486	回収	平成18年2月13日	17	滋賀県	長浜市	長浜市（ながはまし），東浅井郡浅井町（ひがしあざいぐんあざいちょう），同郡びわ町（ちょう）	3	新設	80,532	149.57	3
487	回収	平成18年2月13日	17	滋賀県	愛荘町	愛知郡秦荘町（えちぐんはたしょうちょう），同郡愛知川町（えちがわちょう）	2	新設	18,992	37.98	3
488	回収	平成18年2月13日	17	福井県	永平寺町	吉田郡松岡町（よしだぐんまつおかちょう），同郡永平寺町（えいへいじちょう），同郡上志比村（かみしひむら）	3	新設	21,182	94.34	3
489	回収	平成18年2月20日	17	茨城県	土浦市	土浦市（つちうらし），新治郡新治村（にいはりぐんにいはりむら）	2	編入	144,106	113.82	3
490	回収	平成18年2月20日	17	岩手県	奥州市	水沢市（みずさわし），江刺市（えさしし），胆沢郡前沢町（いさわぐんまえさわちょう），同郡胆沢町（いさわちょう），同郡衣川村（ころもがわむら）	5	新設	133,056	993.35	3
491	回収	平成18年2月20日	17	宮崎県	延岡市	延岡市（のべおかし），東臼杵郡北方町（ひがしうすきぐんきたかたちょう），同郡北浦町（きたうらちょう）	3	編入	134,352	587.97	3
492	回収	平成18年2月20日	17	群馬県	渋川市	渋川市（しぶかわし），北群馬郡伊香保町（きたぐんまぐんいかほまち），同郡小野上村（おのがみむら），同郡子持村（こもちむら），勢多郡赤城村（せたぐんあかぎむら），同郡北橘村（きたたちばなむら）	6	新設	89,795	240.42	3

493	回収	平成18年2月20日	17	山梨県	中央市	中巨摩郡玉穂町（なかこまぐんたまほちょう），同郡田富町（たとみちょう），東八代郡豊富村（ひがしやつしろぐんとよとみむら）	3	新設	30,769	31.81	3
494	回収	平成18年2月25日	17	宮崎県	日向市	日向市（ひゅうがし），東臼杵郡東郷町（ひがしうすきぐんとうごうちょう）	2	編入	64,186	336.07	3
495		平成18年2月27日	17	熊本県	合志市	菊池郡合志町（きくちぐんこうしまち），同郡西合志町（にしごうしまち）	2	新設	49,391	53.17	3
496	回収	平成18年2月27日	17	青森県	弘前市	弘前市（ひろさきし），中津軽郡岩木町（なかつがるぐんいわきまち），同郡相馬村（そうまむら）	3	新設	193,217	523.6	3
497		平成18年3月1日	17	岡山県	和気町	和気郡佐伯町（わけぐんさえきちょう），同郡和気町（わけちょう）	2	新設	16,815	144.23	3
498	回収	平成18年3月1日	17	京都府	与謝野町	与謝郡加悦町（よさぐんかやちょう），同郡岩滝町（いわたきちょう），同郡野田川町（のだがわちょう）	3	新設	25,593	106.94	3
499		平成18年3月1日	17	熊本県	和水町	玉名郡菊水町（たまなぐんきくすいまち），同郡三加和町（みかわまち）	2	新設	12390	98.75	3
500	回収	平成18年3月1日	17	広島県	福山市	福山市（ふくやまし），深安郡神辺町（ふかやすぐんかんなべちょう）	2	編入	456,908	518.04	3
501		平成18年3月1日	17	高知県	香南市	香美郡赤岡町（かみぐんあかおかちょう），同郡香我美町（かがみちょう），同郡野市町（のいちちょう），同郡夜須町（やすちょう），同郡吉川村（よしかわむら）	5	新設	32,659	120.7	3
502		平成18年3月1日	17	高知県	香美市	香美郡土佐山田町（かみぐんとさやまだちょう），同郡香北町（かほくちょう），同郡物部村（ものべそん）	3	新設	31,175	537.9	3

503	回収	平成18年3月1日	17	佐賀県	武雄市	武雄市（たけおし）、杵島郡山内町（きしまぐんやまうちちょう）、同郡北方町（どうぐんきたがたまち）	3	新設	53,068	195.44	3
504	回収	平成18年3月1日	17	佐賀県	有田町	西松浦郡有田町（にしまつうらぐんありたまち）、同郡西有田町（にしありたちょう）	2	新設	22,314	65.8	3
505	回収	平成18年3月1日	17	佐賀県	吉野ヶ里町	神埼郡三田川町（かんざきぐんみたがわちょう）、同郡東脊振村（ひがしせふりそん）	2	新設	16,042	43.94	3
506	回収	平成18年3月1日	17	山梨県	富士河口湖町	南都留郡富士河口湖町（みなみつるぐんふじかわぐちこまち）、西八代郡上九一色村（にしやつしろぐんかみくいしきむら）	2	編入	23,871	158.51	3
507	回収	平成18年3月1日	17	山梨県	甲府市	甲府市（こうふし）、東八代郡中道町（ひがしやつしろぐんなかみちまち）、西八代郡上九一色村（にしやつしろぐんかみくいしきむら）	3	編入	202,073	212.41	3
508	回収	平成18年3月1日	17	青森県	おいらせ町（ちょう）	上北郡百石町（かみきたぐんももいしまち）、同郡下田町（しもだまち）	2	新設	23,220	71.88	3
509	回収	平成18年3月1日	17	徳島県	東（ひがし）みよし町（ちょう）	三好郡三好町（みよしぐんみよしちょう）、同郡三加茂町（みかもちょう）	2	新設	16,199	122.58	3
510	回収	平成18年3月1日	17	徳島県	三好市	三好郡三野町（みよしぐんみのちょう）、同郡池田町（いけだちょう）、同郡山城町（やましろちょう）、同郡井川町（いかわちょう）、同郡東祖谷山村（ひがしいややさん）、同郡西祖谷山村（にしいややまそん）	6	新設	37,305	721.61	3
511	回収	平成18年3月1日	17	北海道	日高町	沙流郡日高町（さるぐんひだかちょう）、同郡門別町（もんべつちょう）	2	新設	15,783	992.67	3
512	回収	平成18年3月1日	17	北海道	伊達市	伊達市（だてし）、有珠郡大滝村（うすぐんおおたきむら）	2	編入	37,139	444.28	3

513	回収	平成18年3月1日	17	和歌山県	橋本市	橋本市(はしもとし),伊都郡高野口町(いとぐんこうやぐちちょう)	2	新設	70,469	130.24	3
514	回収	平成18年3月1日	17	和歌山県	白浜町	西牟婁郡白浜町(にしむろぐんしらはまちょう),同郡日置川町(ひきがわちょう)	2	新設	24,563	201.04	3
515	回収	平成18年3月3日	17	福井県	おおい町(まち)	遠敷郡名田庄村(おにゅうぐんなたしょうむら),大飯郡大飯町(おおいぐんおおいちょう)	2	新設	9,983	212	3
516	回収	平成18年3月5日	17	北海道	北見市	北見市(きたみし),常呂郡端野町(ところぐんたんのちょう),同郡常呂町(ところちょう),同郡留辺蘂町(るべしべちょう)	4	新設	132,125	1,374.95	3
517	回収	平成18年3月6日	17	岩手県	久慈市	久慈市(くじし),九戸郡山形村(くのへぐんやまがたむら)	2	新設	40,178	623.14	3
518	回収	平成18年3月6日	17	長野県	上田市	上田市(うえだし),小県郡丸子町(ちいさがたぐんまるこまち),同郡真田町(さなだまち),同郡武石村(たけしむら)	4	新設	166,568	552	3
519	回収	平成18年3月6日	17	福岡県	福智町	田川郡赤池町(たがわぐんあかいけまち),同郡金田町(かなだまち),同郡方城町(ほうじょうまち)	3	新設	26,375	42.04	3
520	回収	平成18年3月13日	17	鹿児島県	出水市	出水市(いずみし),出水郡野田町(いずみぐんのだちょう),同郡高尾野町(たかおのちょう)	3	新設	58,460	330.06	3
521	回収	平成18年3月15日	17	山梨県	北杜市	北杜市(ほくとし),北巨摩郡小淵沢町(きたこまぐんこぶちさわちょう)	2	編入	47,888	602.89	3
522	回収	平成18年3月18日	17	群馬県	安中市	安中市(あんなかし),碓氷郡松井田町(うすいぐんまついだまち)	2	新設	64,893	276.34	3
523	回収	平成18年3月19日	17	茨城県	笠間市	笠間市(かさまし),西茨城郡友部町(にしいばらきぐんともべまち),同郡岩間町(いわままち)	3	新設	82,358	240.25	3

524		平成18年3月20日	17	愛知県	北名古屋市	西春日井郡師勝町（にしかすがいぐんしかつちょう），同郡西春町（にしはるちょう）	2	新設	75,728	18.37	3
525	回収	平成18年3月20日	17	宮崎県	小林市	小林市（こばやしし），西諸県郡須木村（にしもろかたぐんすきそん）	2	新設	42,777	474.19	3
526		平成18年3月20日	17	香川県	まんのう町（ちょう）	仲多度郡琴南町（なかたどぐんことなみちょう），同郡満濃町（まんのうちょう），同郡仲南町（ちゅうなんちょう）	3	新設	20,969	194.17	3
527	回収	平成18年3月20日	17	高知県	四万十町	高岡郡窪川町（たかおかぐんくぼかわちょう），幡多郡大正町（はたぐんたいしょうちょう），同郡十和村（とおわそん）	3	新設	21,844	642.1	3
528	回収	平成18年3月20日	17	高知県	黒潮町	幡多郡大方町（はたぐんおおがたちょう），同郡佐賀町（さがちょう）	2	新設	14,208	188.3	3
529	回収	平成18年3月20日	17	佐賀県	神埼市	神埼郡神埼町（かんざきぐんかんざきまち），同郡千代田町（ちよだちょう），同郡脊振村（せふりむら）	3	新設	33,648	125.01	3
530		平成18年3月20日	17	山口県	岩国市	岩国市（いわくにし），玖珂郡由宇町（くがぐんゆうちょう），同郡玖珂町（くがちょう），同郡本郷村（ほんごうそん），同郡周東町（しゅうとうちょう），同郡錦町（にしきちょう），同郡美川町（みかわちょう），同郡美和町（みわちょう）	8	新設	153,985	871.62	3
531		平成18年3月20日	17	滋賀県	大津市	大津市（おおつし），滋賀郡志賀町（しがぐんしがちょう）	2	編入	309,793	374.06	3
532		平成18年3月20日	17	鹿児島県	奄美市	名瀬市（なぜし），大島郡住用村（おおしまぐんすみようそん），同郡笠利町（かさりちょう）	3	新設	51,898	305.98	3
533		平成18年3月20日	17	鹿児島県	長島町	出水郡東町（いずみぐんあずまちょう），同郡長島町（ながしまちょう）	2	新設	12,552	116.14	3

534	回収	平成18年3月20日	17	秋田県	三種町	山本郡琴丘町（やまもとぐんことおかまち），同郡山本町（やまもとまち），同郡八竜町（はちりゅうまち）	3	新設	22,112	248.06	3
535	回収	平成18年3月20日	17	新潟県	燕市	燕市（つばめし），西蒲原郡吉田町（にしかんばらぐんよしだまち），同郡分水町（ぶんすいまち）	3	新設	84,297	110.88	3
536	回収	平成18年3月20日	17	神奈川県	相模原市	相模原市（さがみはらし），津久井郡津久井町（つくいぐんつくいまち），同郡相模湖町（さがみこまち）	3	編入	646,802	244.04	3
537	回収	平成18年3月20日	17	千葉県	南房総市	安房郡富浦町（あわぐんとみうらまち），同郡富山町（とみやままち），同郡三芳村（みよしむら），同郡白浜町（しらはままち），同郡千倉町（ちくらまち），同郡丸山町（まるやままち），同郡和田町（わだまち）	7	新設	47,154	230.22	3
538	回収	平成18年3月20日	17	徳島県	阿南市	阿南市(あなんし)，那賀郡那賀川町（なかぐんなかがわちょう），同郡羽(は)ノ浦町（うらちょう）	3	編入	78,971	279.39	3
539	回収	平成18年3月20日	17	栃木県	日光市	今市市（いまいちし），上都賀郡足尾町（かみつがぐんあしおまち），塩谷郡藤原町（しおやぐんふじはらまち），同郡栗山村(くりやまむら)，日光市（にっこうし）	5	新設	98,143	1,449.93	3
540	回収	平成18年3月20日	17	福井県	坂井市	坂井郡三国町（さかいぐんみくにちょう），同郡丸岡町（まるおかちょう），同郡春江町（はるえちょう），同郡坂井町（さかいちょう）	4	新設	91,173	209.91	3
541	回収	平成18年3月20日	17	福岡県	朝倉市	甘木市(あまぎし)，朝倉郡杷木町（あさくらぐんはきまち），同郡朝倉町（あさくらまち）	3	新設	61,707	246.73	3

542	回収	平成18年3月20日	17	福岡県	みやこ町(まち)	京都郡犀川町(みやこぐんさいがわまち),同郡勝山町(どうぐんかつやままち),同郡豊津町(どうぐんとよつまち)	3	新設	23,767	151.28	3
543	回収	平成18年3月20日	17	福島県	南会津町	南会津郡田島町(みなみあいづぐんたじままち),同郡舘岩村(たていわむら),同郡伊南村(いなむら),同郡南郷村(なんごうむら)	4	新設	21,095	886.52	3
544	回収	平成18年3月20日	17	兵庫県	加東市	加東郡社町(かとうぐんやしろちょう),同郡滝野町(たきのちょう),同郡東条町(とうじょうちょう)	3	新設	40,688	157.49	3
545	回収	平成18年3月20日	17	北海道	枝幸町	枝幸郡枝幸町(えさしぐんえさしちょう),同郡歌登町(うたのぼりちょう)	2	新設	10,509	1,115.65	3
546	回収	平成18年3月21日	17	岡山県	浅口市	浅口郡金光町(あさくちぐんこんこうちょう),同郡鴨方町(かもがたちょう),同郡寄島町(よりしまちょう)	3	新設	37,724	66.46	3
547	回収	平成18年3月21日	17	香川県	小豆島町	小豆郡内海町(しょうずぐんうちのみちょう),同郡池田町(いけだちょう)	2	新設	18,303	95.62	3
548		平成18年3月21日	17	香川県	綾川町	綾歌郡綾上町(あやうたぐんあやかみちょう),同郡綾南町(りょうなんちょう)	2	新設	26,205	109.67	3
549	回収	平成18年3月21日	17	秋田県	能代市	能代市(のしろし),山本郡二ツ井町(やまもとぐんふたつ井町)(いまち)	2	新設	65,237	426.74	3
550	回収	平成18年3月26日	17	福岡県	飯塚市	飯塚市(いいづかし),嘉穂郡筑穂町(かほぐんちくほまち),同郡穂波町(ほなみまち),同郡庄内町(しょうないまち),同郡頴田町(かいたまち)	5	新設	136,701	214.13	3
551	回収	平成18年3月27日	17	茨城県	つくばみらい市(し)	筑波郡伊奈町(つくばぐんいなまち),筑波郡谷和原村(つくばんやわらむら)	2	新設	40,532	79.14	3

552		平成18年3月27日	17	茨城県	小美玉市	東茨城郡小川町（ひがしいばらきぐんおがわまち），同郡美野里町（みのりまち），新治郡玉里村（にいはりぐんたまりむら）	3	新設	53,406	140.21	3
553	回収	平成18年3月27日	17	岐阜県	大垣市	大垣市（おおがきし），養老郡上石津町（ようろうぐんかみいしづちょう），安八郡墨俣町（あんぱちぐんすのまたちょう）	3	編入	161,827	206.52	3
554	回収	平成18年3月27日	17	熊本県	天草市	本渡市（ほんどし），牛深市（うしぶかし），天草郡有明町（あまくさぐんありあけまち），同郡御所浦町（ごしょうらまち），同郡倉岳町（くらたけまち），同郡栖本町（すもとまち），同郡新和町（しんわまち），同郡五和町（いつわまち），同郡天草町（あまくさまち），同郡河浦町（かわうらまち）	10	新設	102,907	682.9	3
555	回収	平成18年3月27日	17	群馬県	富岡市	富岡市（とみおかし），甘楽郡妙義町（かんらぐんみょうぎまち）	2	新設	54,401	122.9	3
556		平成18年3月27日	17	群馬県	みどり市（し）	新田郡笠懸町（にったぐんかさかけまち），山田郡大間々町（やまだぐんおおままち），勢多郡東村（せたぐんあずまむら）	3	新設	51,266	208.23	3
557		平成18年3月27日	17	群馬県	東吾妻町	吾妻郡東村（あがつまぐんあづまむら），同郡吾妻町（あがつままち）	2	新設	17,689	253.65	3
558		平成18年3月27日	17	秋田県	八峰町	山本郡八森町（やまもとぐんはちもりまち），同郡峰浜村（みねはまむら）	2	新設	9,698	234.19	3
559	回収	平成18年3月27日	17	千葉県	横芝光町	山武郡横芝町（さんぶぐんよこしばまち），匝瑳郡光町（そうさぐんひかりまち）	2	新設	26,721	66.91	3
560	回収	平成18年3月27日	17	千葉県	成田市	成田市（なりたし），香取郡下総町（かとりぐんしもふさまち），同郡大栄町（たいえいまち）	3	編入	116,898	211.88	3

561	回収	平成18年3月27日	17	千葉県	香取市	佐原市（さわらし）、香取郡山田町（かとりぐんやまだまち）、同郡栗源町（くりもとまち）、同郡小見川町（おみがわまち）	4	新設	90,943	262.2	3
562	回収	平成18年3月27日	17	千葉県	山武市	山武郡成東町（さんぶぐんなるとうまち）、同郡山武町（さんぶまち）、同郡蓮沼村（はすぬまむら）、同郡松尾町（まつおまち）	4	新設	60,614	146.38	3
563	回収	平成18年3月27日	17	福岡県	嘉麻市	山田市（やまだし）、嘉穂郡稲築町（かほぐんいなつきまち）、同郡碓井町（うすいまち）、同郡嘉穂町（かほまち）	4	新設	48,378	135.18	3
564		平成18年3月27日	17	兵庫県	姫路市	姫路市（ひめじし）、神崎郡香寺町（かんざきぐんこうでらちょう）、宍粟郡安富町（しそうぐんやすとみちょう）、飾磨郡家島町（しかまぐんいえしまちょう）、同郡夢前町（ゆめさきちょう）	5	編入	534,969	534.27	3
565		平成18年3月27日	17	北海道	岩見沢市	岩見沢市（いわみざわし）、空知郡北村（そらちぐんきたむら）、同郡栗沢町（くりさわちょう）	3	編入	96,302	481.1	3
566	回収	平成18年3月27日	17	北海道	名寄市	名寄市（なよろし）、上川郡風連町（かみかわぐんふうれんちょう）	2	新設	33,328	535.23	3
567	回収	平成18年3月27日	17	北海道	安平町	勇払郡早来町（ゆうふつぐんはやきたちょう）、同郡追分町（おいわけちょう）	2	新設	9,438	237.13	3
568	回収	平成18年3月27日	17	北海道	むかわ町（ちょう）	勇払郡鵡川町（ゆうふつぐんむかわちょう）、同郡穂別町（ほべつちょう）	2	新設	11,197	712.91	3
569	回収	平成18年3月27日	17	北海道	洞爺湖町	虻田郡虻田町（あぶたぐんあぶたちょう）、同郡洞爺村（とうやむら）	2	新設	10,622	141.14	3

570	回収	平成18年3月31日	17	宮城県	大崎市	古川市（ふるかわし）、志田郡松山町（しだぐんまつやままち）、同郡三本木町（さんぼんぎちょう）、同郡鹿島台町（かしまだいまち）、玉造郡岩出山町（たまつくりぐんいわでやままち）、同郡鳴子町（なるこちょう）、遠田郡田尻町（とおだぐんたじりちょう）	7	新設	139.313	796.76	3
571	回収	平成18年3月31日	17	宮城県	気仙沼市	気仙沼市（けせんぬまし）、本吉郡唐桑町（もとよしぐんからくわちょう）	2	新設	70.293	226.67	3
572	回収	平成18年3月31日	17	静岡県	静岡市	静岡市（しずおかし）、庵原郡蒲原町（いはらぐんかんばらちょう）	2	編入	719.967	1388.74	3
573	回収	平成18年3月31日	17	大分県	国東市	東国東郡国見町（ひがしくにさきぐんくにみちょう）、同郡国東町（くにさきまち）、同郡武蔵町（むさしまち）、同郡安岐町（あきまち）	4	新設	35.425	317.78	3
574	回収	平成18年3月31日	17	長崎県	南島原市	南高来郡加津佐町（みなみたかきぐんかづさまち）、同郡口之津町（くちのつちょう）、同郡南有馬町（みなみありまちょう）、同郡北有馬町（きたありまちょう）、同郡西有家町（にしありえちょう）、同郡有家町（ありえちょう）、同郡布津町（ふつちょう）、同郡深江町（ふかえちょう）	8	新設	57.045	169.84	3
575	回収	平成18年3月31日	17	長崎県	佐世保市	佐世保市（させぼし）、北松浦郡宇久町（きたまつうらぐんうくまち）、同郡小佐々町（こさざちょう）	3	編入	248.130	278.33	3
576	回収	平成18年3月31日	17	長野県	伊那市	伊那市（いなし）、上伊那郡高遠町（かみいなぐんたかとおまち）、同郡長谷村（はせむら）	3	新設	71.552	667.81	3

●資料編

577		平成18年3月31日	17	徳島県	海陽町	海部郡海南町（かいふぐんかいなんちょう），同郡海部町（かいふちょう），同郡宍喰町（ししくいちょう）	3	新設	12,104	327.58	3
578		平成18年3月31日	17	徳島県	美波町	海部郡由岐町（かいふぐんゆきちょう），同郡日和佐町（ひわさちょう）	2	新設	9,307	140.85	3
579	回収	平成18年3月31日	17	富山県	黒部市	黒部市（くろべし），下新川郡宇奈月町（しもにいかわぐんうなづきまち）	2	新設	43,084	426.34	3
580	回収	平成18年3月31日	17	北海道	大空町	網走郡東藻琴村（あばしりぐんひがしもことむら），同郡女満別町（めまんべつちょう）	2	新設	8,946	331.36	3
581	回収	平成18年3月31日	17	北海道	新（しん）ひだか町（ちょう）	静内郡静内町（しずないぐんしずないちょう），三石郡三石町（みついしぐんみついしちょう）	2	新設	28,438	1,147.73	3
計	340		581	581	581	581	1992	1992	581	581	581

※長野県安曇野市，静岡県牧之原市，岡山県和気町につきましては，集計後に調査票を提出いただきました。

索　引

あ行

ISO14001　126
あらたな公共　23
移送サービス　67
一部事務組合　5,60
一国二制度　60
一島一村制度　234
一般会計　47,57
一般財源　19
インストラクター　72
インテグレーション　27
受け皿論　4
運動習慣普及特別事業　66
エイサー（盆踊り）　244
越県合併　159
大きな政府　4
親子教室　66

か行

介護保険財政　243
介護保険事業計画　49,60,121,179,243
介護保険法　15,73
介護保険料　247
介護用品の支給　67
介護予防　73,190
介護予防運動指導者養成事業　66
介護予防モデル事業　73
介護老人保健施設（老人保健施設）　27
核家族化　111
可住地面積　132
課税自主権　19
過疎　191
家族介護見舞金　67
過疎地域　7,234
合併協議会　43,221
合併研究会　177
合併三法　144
合併振興基金　151
合併新法　41
合併特例区　144
合併特例債　12,36,48,58,59,76,103,121,137,
　　　　　　151,185
合併特例法　110
合併離脱市町村　221
貨幣的ニーズ　5
環境マネジメントシステム　126
観光資源　236
官僚主導　13
議員退職年金　12
機関委任事務　7,13
基幹型在宅介護支援センター　72
企業　7
起業型社協　25
基金残高　115
基金造成　58
起債自主権　19
規制緩和　3,7,13
貴族社会　10
基礎自治体（コミューン）　2
基礎的ニーズ　26
基地経済　252
寄付金　26
基本計画　119
基本構想　119
吸収合併　31
給食サービス　73
給付限度額の上乗せ　66
行財政運営　182
行財政改革　12,56
共生　18
行政改革大綱　178
行政改革プラン　246
強制合併　13
行政管理　18
行政村　10
行政評価　246
協働　77
共同募金　247
緊急短期入所サービス　67
緊急通報システム事業　225,229
近代国家　3
経済財政諮問会議　13

344

索引

経済のグローバル化　3
ＫＪ法　148
経常経費補助金　247
経常収支比率　115,124,178
啓発活動　233
敬老祝い金　73
健康チェック　247
健康づくり　76
原始社会　10
健診の完全無料化　74
建設計画　182
広域合併　168
広域行政　138
広域自治体　3
広域連合　5,60
効果測定　21
後期高齢者　236
公共サービス効率化法　23
公債費比率　178
公私協働　14,138
公的資金　5
公募委員　124
公務員制度改革　23
公立病院　67
高齢化率　19,39,46,47,57,58
高齢社会対策基本法　15
高齢者虐待防止事業　66
高齢者虐待防止宿泊事業　66
高齢者筋力トレーニング　66
高齢者グループホーム　59
高齢者世話付き住宅（シルバーハウジング）　28
高齢者福祉事業　146
高齢者福祉施設　59
高齢者保健福祉計画　228
高齢者保健福祉推進十か年戦略（ゴールドプラン）　15
高齢者率　222
声掛け運動　74
コーディネート　75
コーポレートシチズンシップ　29
国債　8
国民協治　4
国民健康保険税　147
戸籍法　10
護送船団方式　7
子育て支援アドバイザー　66
子育て支援計画　122

国家統治　3
国家予算　3
国庫支出金制度　4
コミュニティ　2
コミュニティケア　14
コミュニティソーシャルワーク　26
コミュニティバス　125
コミュニティビジネス　16
コミュニティミニマム　26
コミュニティワーカー　252
今後5か年間の高齢者保健福祉施策の方向(新ゴールドプラン)　15
今後の子育て支援のための施策の基本的方向について(エンゼルプラン)　15,51

さ行

災害無線　245
財政危機　8
財政構造改革　4
財政自治権　19
財政状況　227
財政制度等審議会　8
財政力　131
財政力指数　22,133,142,159,178,225
在宅介護支援センター　67
在宅福祉　14
在宅復帰支援特別給付　67
さいたま市社協　101,107
さいたま市地域福祉活動計画　104
在任特例　12,54
サッチャーリズム　13
三大改革　3
暫定予算　57
三位一体の改革　4,75,115,128
三割自治　18
GHQ(連合国軍総司令部)　16
CATV　74,244
支援費制度　16
歯科の節目検診　66
時限立法　18
実施計画　119
自主合併　13
自主財源　23
自主自立　250
市場化テスト　23
市場原理　13
自助努力　15

市制　53,57,132
市制および町村制　10
次世代育成行動計画　243
次世代育成支援行動計画　51
次世代育成支援対策法　59
施設福祉　14
下請型社協　25
市単独事業　134
自治型福祉施策　138
自治権　240,250
自治公民館　247
自治事務　15
自治振興区　74
自治振興区交付金　74
自治能力　2
市町村合併　4
市町村合併特例法　11
市町村次世代育成行動計画　180
市町村児童育成計画　15
市町村障害者計画　15
市町村特別給付　37,66
市町村老人保健福祉計画　15
指定管理者制度　23,182,246
児童育成計画　51,63,180,243
児童館　59
児童相談所　108
児童手当　77
市の合併の特例に関する法律　11
市民意向調査　116,117,119
市民会議　186
市民活動　7,67
市民策定推進委員会　186
市民参画　183
市民参加条例　124
市民自治　7
市民主権　7
市民説明会　119
市民団体　69
市民文化　31
市民ワークショップ　119
シャウプ勧告　23
社会貢献活動　7
社会参加　5
社会資源　16,68
社会福祉関係八法改正　15
社会福祉協議会(社協)　7,148
社会福祉協議会基本要項　16

社会福祉計画　225
社会福祉施設　27
社会福祉法　15,34
社会保障　3
社会保障構造改革　23
社会保障費　12,19
社協合併　230
住環境福祉　28
集権・統治型社会　8
集権改革　5,8
集権型行政システム　4
集中改革プラン　56
重点的に推進すべき少子化対策の具体的実施計画について(新エンゼルプラン)　15
住民懇談会　127
住民座談会　75
住民参加　149
住民参加型有償在宅福祉サービス　16
住民自治　3,7,14
住民主体の原則　16
住民税　247
住民説明会　48,118
住民投票　48,223
住民投票条例　242
住民ニーズ　148
住民負担　228
出産子育奨励金　66
出張健診　72
生涯学習　244
障害児児童クラブ　66
障害児タイムケア事業　66
障害者計画　122,179,243
障害者自立支援法　16,50,53,77
障害者自立支援法案　51
障害者生活支援センター　66
障害者福祉計画　49,50,51,63
障害者プラン(ノーマライゼーション七か年戦略)　15
小学校通学区域　127
小規模自治体　131
小規模多機能型サービス　72
少子化　51,52
少子高齢化　3
少子高齢社会　4
消費税　23
消費生活共同組合(生協)　7
消費生活共同組合法　16

情報通信処理　57
情報の非対称性　166
昭和の大合併　7,143
職務代理者　57
自立生活支援センター　74
シルバーハウジング　66
シルバービジネス(高齢者福祉産業)　16
新・社会福祉協議会基本要項　16
新合併特例法　13
寝具乾燥サービス　67
進行管理　30
振興局　153
新婚学級　66
新市建設計画　111,115,149,226
新市将来構想　135
新市町村建設計画　38
新自由主義(新保守主義)　7
尋常高等小学校　10
新設合併　31,43,46,66,99
身体障害者航送料補助事業　66
身体障害者手帳　53
新地方行革指針　56
診療所　59
森林文化都市　141
スケールデメリット　22
スケールメリット　4,22,34,56,66,72
ステークホルダー　56,76
生活保護　15
税源の委譲　4
政策開発　18
政策評価制度　21
政治改革　3,7
精神保健及び精神障害者福祉に関する法律(精神保健福祉法)　16
成年後見制度利用助成　67
政令市　7,46,94
世界最長寿国　5
石油危機　3
世帯会員　247
世代間交流事業　74
全国社会福祉協議会(全社協)　16
総合計画　115,182
総合計画策定審議会　110
総合福祉　28
総務省・片山プラン　14
ソーシャルガバナンス　4
ソーシャルガバメント　4

措置制度　16

た行────────
大政翼賛体制　8
対等合併　31
第2次行革審(臨時行政改革推進審議会)　12
大日本帝国憲法　3
タウンミーティング　25
縦割り行政　28
団体委任事務　13
団体自治　3,24
地域委員会　135
地域エゴ　31
地域格差　5
地域活動計画　73
地域間格差　48,75
地域協議会　76
地域共同体　2
地域ケアシステム　75
地域懇談会　169
地域支えあいネットワーク事業　76
地域支援事業　67
地域自治区　76,144
地域自治組織　250
地域審議会　12,144,169
地域振興室　169
地域振興特別予算　169
地域組織育成事業　66
地域組織化　34,61,73,138
地域づくりリーダー　74
地域バス　74
地域福祉　4
地域福祉活動　25
地域福祉活動計画　30,37,63,65,68,75,122,139,148,180,231
地域福祉活動計画策定モデル事業　148
地域福祉カレッジ　74
地域福祉計画　21,37,62,63,65,72,75,104,122,140,149,170,180,243
地域福祉権利擁護事業　67
地域福祉推進員　73
地域福祉組織化研究委員会　75
地域福祉ネットワーク　74
地域福祉の危機　139
地域福祉リーダー　74
地域包括支援センター　53,59,74,77
地域防災組織　76

地域保健法　15
小さな政府　4
地区社協　101,137
地産地消　18
治山治水事業　18
地上波デジタル放送　244
知的障害者グループホーム　59
知的障害者更正施設　59
地方財源対策　124
地方行財政改革　34
地方公共団体　3
地方交付税　4,185
地方債　8,23
地方財政構造改革　14
地方自治　4
地方自治体　2
地方自治の実験室　2
地方自治の母国　2
地方自治の本旨　10
地方制度調査会　12,144
地方分権　3,4,46,131
地方分権一括法　3
地方分権推進委員会報告　12
チャイルドシートの貸与制度　71
中越地震　131,137
中越地方　132
中央集権　8
中核市　7,46
中核病院　59
中山間地域　18
超過負担　29
町村合併促進法　11
町村制　132,236
町村単独事業　134
定員適正化計画　182
デイサービス　59,191
低所得者利用者負担軽減　66
定数特例　54
テクノポリス　133
デフレ状況　5
伝統文化　132
道州制　8
時のアセスメント　21
徳川幕府　10
特定非営利活動促進法（NPO法）　16
特定非営利活動法人（NPO）　7,38,67,69,71
特例市　7,46

土建型公共事業　3,252
土建型自治体　17
都市型合併　111
トップダウン　18

な行

ナショナルミニマム　26
西東京いこいの森公園（合併記念公園）　125
西東京市社会福祉協議会　110,122
西東京市青年会議所　110,115
西東京市総合計画　111
日常生活圏　130
日本国憲法　3
入所措置　14
人間ドック助成制度　74
認知症を知る一年　150
ネットワーク（化）　69,74,75
農業共同組合（農協）　7
農業共同組合法　16
農村文化　18
ノーマライゼーション　27

は行

配食サービス（給食サービス）　229
配置分合　43
ハコモノ　149
発達クリニック　66
はなバス　125
パブリックコメント　25,119
バブル経済　3
パラダイム　18
バリアフリー　28,173
バリアフリーマップづくり　74,123
阪神・淡路大震災　31
東山油田　133
非貨幣的ニーズ　5
飛騨匠　172
飛騨地域合併協議会　177
人にやさしいイスによるまちづくり　123
一人暮らし高齢者　59
フィランソロピー　29
付加的ニーズ　26
福祉委員　185
福祉委員制度　181
福祉型自治体　17
福祉観光都市　173
福祉教育　29

福祉国家　7
福祉コミュニティ　7,72,73
福祉サービス公社　180
福祉三プラン　19
福祉施設　223
福祉事務所　14,53,107
福祉人材情報センター　28
福祉人材バンク　28
福祉ネットワーク　73,74
福祉バス　74
福祉マップ　66
福祉リーダー　74
武家社会　10
不公平税制　29
父子家庭医療費支給制度　74
普通市　7
不妊治療費助成事業　66
不良債権　5,12
ふれあいのまちづくり事業(ふれまち事業)　123,
　126,127
プロセス　69
分権・自治型社会　7
分権改革　3
分権型行政システム　4
平均寿命　5
編入合併　31,43,44,54,66,109,130,140,168,223
保育事業　146
保育所　15,66,67
保育料　247
保育料無料化　66
放課後児童クラブ　59
包括ケアシステム　75
封建社会　10
訪問介護利用者負担金軽減事業　121
訪問理美容　67
訪問理美容サービス事業　230
保健所　15
保健所法　15
保健センター　15,59,67,107
保健福祉推進員　73
保護児童対策地域協議会　77
補助金　233
補助金行政　7
ボトムアップ　20

ボランティア　38,67,69,72,74,75
ボランティア活動　71
ボランティアセンター　75

ま行

まちづくり　28
まちづくり計画　71
まちづくり審議会　182
マンパワー　29,72,73
ミニデイサービス　69
民活導入　15,28
民間福祉活動　76
民主主義の小学校　25
民生委員・児童委員　105
民生費　47,57
明治維新　3,10
明治憲法　3
明治の大合併　7,236

や行

ゆいまーる　247
郵政民営化　23
郵政民営化法案　51
ユニバーサルデザイン　28
ヨーロッパ地方自治憲章　31

ら・わ行

ライフスタイル　12
ライフライン　18
利益誘導　12
離島地域　18
リレーションシップ　69
臨時行政調査会　12
レーガノミックス　13
老後の生きがい　5
老人福祉法　14
老人訪問看護事業所(老人訪問看護ステーション)
　27
老人保健計画　245
老人保健福祉計画　49,60,121,179,243
ローカルミニマム　26
ワーキンググループ　169
ワークショップ　25
若山牧水　142

■執筆者一覧（＊は編著者，執筆順）

＊川村	匡由	編著者紹介参照	はじめに，第1章
池澤	健嗣	古河市地域包括支援課係長・千葉商科大学非常勤講師 第2章（総括），資料編	
島津	淳	北星学園大学教授	第2章
増子	正	東北学院大学准教授	第2章
田島	洋介	東京都福祉人材センター人材情報室相談員	第2章
小野	篤司	宇都宮短期大学助手	第2章，第3章①
三輪	秀民	江戸川大学総合福祉専門学校社会福祉士養成科学科主任	第2章，第3章②
豊田	保	新潟医療福祉大学教授	第2章，第3章③
荒井	浩道	駒澤大学専任講師	第2章，第3章④
金成	唱未	狭山市社会福祉協議会主事	第2章，第3章⑤
森嶌由紀子		東京女学館大学・淑徳大学非常勤講師	第2章，第3章⑥
今井	久人	マチュールライフ研究所・立命館大学非常勤講師	第2章，第3章⑦⑧
倉田	康路	西九州大学大学院教授	第3章⑨（河村と共著）
河村	裕次	日本文理大学技術員（実習指導担当）	第3章⑨（倉田と共著）
川村	岳人	健康科学大学助教	第3章⑩

《編著者紹介》

川村　匡由（かわむら・まさよし）
1969年　立命館大学文学部卒業，99年，早稲田大学大学院人間科学研究科博士学位取得。
現　在　武蔵野大学大学院福祉マネジメント専攻長・教授，早稲田大学大学院，沖縄国際大学大学院各講師。
　　　　シニア社会学会理事，地域雇用創造アドバイザー（厚生労働省），地域づくりアドバイザー（財団法人地域活性化センター），前大学基準協会評価委員等。
主　著　『社会福祉普遍化への視座』『シリーズ・21世紀の社会福祉（全21巻・編著・続刊）』『社会福祉基本用語集（編著）』『介護保険とシルバーサービス』『福祉のホームページ（編著）』（以上，ミネルヴァ書房），『地域福祉計画論序説』『老人保健福祉計画レベルチェックの手引き』『福祉の仕事ガイドブック（共編著）』『福祉系学生のためのレポート＆卒論の書き方（共著）』『福祉系学生のための就職ハンドブック』（以上，中央法規出版）

編著者ホームページ　http://www.geocities.jp/kawamura0515/

（注）「市町村合併と地域福祉」研究会
　　　市町村合併と地域福祉に関する全国実態調査・研究を目的とする任意団体。代表は川村匡由で，地域福祉や福祉政策，高齢者福祉，地方自治を専門領域とする全国の研究者や社会福祉，行政の実務者，コンサルタントなど計15人で構成されている。
　　　なお，問い合わせや連絡などは川村代表（上記のホームページを参照）まで。

MINERVA福祉ライブラリー⑧⑥
市町村合併と地域福祉
──「平成の大合併」全国実態調査からみた課題──

2007年6月20日　初版第1刷発行　　　＜検印廃止＞

定価はカバーに
表示しています

編著者　　川　村　匡　由
発行者　　杉　田　啓　三
印刷者　　林　　初　彦

発行所　株式会社　ミネルヴァ書房
607-8494 京都市山科区日ノ岡堤谷町1
電話代表（075）581-5191番
振替口座 01020-0-8076番

©川村匡由，2007　　　　　太洋社・清水製本

ISBN 978-4-623-04613-3
Printed in Japan

● MINERVA 福祉ライブラリー・A 5 判美装カバー

㊾私のまちの介護保険
　　樋口恵子編著

㊼介護老人福祉施設の生活援助
　　小笠原祐次編著

㊾子育て支援の現在
　　垣内国光・櫻谷真理子編著

㊾日本の住まい　変わる家族
　　袖井孝子著

㊼IT時代の介護ビジネス
　　森本佳樹監修／介護IT研究会編

ロバート・A.ボールダー著
㊼マネジドケアとは何か
　　日本医療ソーシャルワーク研究会監修／住居広士監訳

㊾介護財政の国際的展開
　　舟場正富・齋藤香里著

⑥社会福祉への招待
　　岡本栄一・澤田清方編著

㊶介護職の健康管理
　　車谷典男・徳永力雄編著

㊷介護実習教育への提言
　　泉　順編著

㊸医療・福祉の市場化と高齢者問題
　　山路克文著

㊹イギリスの社会福祉と政策研究
　　平岡公一著

㊺介護系NPOの最前線
　　田中尚輝・浅川澄一・安立清史著

㊻アメリカ　おきざりにされる高齢者福祉
　　斎藤義彦著

㊼社会福祉の思想と歴史
　　朴　光駿著

㊽少子化社会の家族と福祉
　　袖井孝子編著

㊾精神障害者福祉の実践
　　石神文子・遠塚谷冨美子・眞野元四郎編著

⑦京都発　マイケアプランのすすめ
　　小國英夫監修／マイケアプラン研究会編著

㉛入門　社会福祉の法制度　改訂版
　　蟻塚昌克著

㊼ソーシャルワークの技能
　　岡本民夫・平塚良子編著

㊷少子高齢社会のライフスタイルと住宅
　　倉田　剛著

㊹社会福祉普遍化への視座
　　川村匡由著

㊻女性福祉とは何か
　　林　千代編著

㊽英国年金生活者の暮らし方
　　染谷俶子著

㊿人間らしく生きる福祉学
　　加藤直樹・峰島　厚・山本　隆編著

マニュエル・カステル／ペッカ・ヒマネン著
㊽情報社会と福祉国家
　　高橋睦子訳

マジェラー・キルキー著
㊾雇用労働とケアのはざまで
　　渡辺千壽子監訳

⑧介護保険と21世紀型地域福祉
　　山田　誠編著

㊶社会保障と年金制度
　　本沢一善著

㊷新ケースワーク要論
　　小野哲郎著

㊸地域福祉計画の理論と実践
　　島津　淳・鈴木眞理子編著

㊹高齢者施設の未来を拓く
　　原　慶子・大塩まゆみ編著

㊺障害をもつ人たちの自立生活とケアマネジメント
　　谷口明広著

㊼くらしに活かす福祉の視点
　　宮本義信編著

㊽基礎からはじめる社会福祉論
　　菊池正治・清水教恵編著

⑨ブレア政権の医療福祉改革
　　伊藤善典著

ミネルヴァ書房

http://www.minervashobo.co.jp/